【家庭必备的法律手册 百姓身边

全国"八五"普法推荐读本

不可不知的
BUKEBUZHIDE
1388个
1388 GE
FALÜCHANGSHI
法律常识

既实用又全面的法律知识读本
公民生活法律指南，大众日常维权利器

徐宪江 主编
平云旺 王旭 乐雯晴 副主编

增订9版

中国法制出版社
CHINA LEGAL PUBLISHING HOUSE

本书编委会

主　编　　徐宪江（大众法律图书研究所）

副主编　　平云旺（大成律师事务所）
　　　　　　王　旭（上海市汇业律师事务所）
　　　　　　乐雯晴（上海市新华律师事务所）

编委会成员

荣丽双	李　晓	李　辽	李　燕	刘宇娇	王森炎
孙建荣	荣丽丹	易雪可	邓小静	侯春娟	姜泽栋
储伟曼	范迎迎	赵　雨	李彩乔	穆臣刚	李　巍
刘路路	寇硕恒	李爱琳	穆景富	伊崇喆	刘丽华
綦中明	姚　敏	李姗芷	胡敏萱	沙　丹	魏文超

致亲爱的读者

在当今的社会生活中，法律已经成为调整社会经济文化所不可或缺的工具。也可以说，人生所涉及的法律问题是无穷无尽的，如到商场购物、到餐厅吃饭、在酒店住宿、开车上路、工作教育、开店创业等，无一不和法律有关系。但是在现实生活中，寻常百姓却普遍地存在法律知识欠缺的现象，从而导致了法治意识的浅薄。当生活中自己的合法权益被侵犯，当自己与他人发生纠纷时，却不知如何用法律武器来保护自己；当自己因为不懂法而采取其他途径维权或解决问题时，往往会给自己的生活带来不必要的麻烦。

为了让广大读者更方便、更快捷且更全面地学习法律知识，学会用法律武器来保护自己和解决问题，我们特编写了本书，并赋予其如下特色：

第一，**内容全面**。本书内容涉及基本权益保障、人身利益、生老病死、婚姻家庭、生活消费、交通出行、财产保护、合同权益、劳动就业、社会保险、商业保险、创业投资、知识产权、违法犯罪、行政、诉讼等领域，比较全面完整地涵盖了人们在生活中常见的法律问题。

第二，**简单易懂**。本书以提问的方式引出法律问题，结合相关法律规定进行准确的解说，简单易懂，一目了然。

第三，**语言通俗**。本书以通俗浅白的大众语言传达法律知识，具有较强的通俗性与普及性。

第四，**与时俱进**。紧随国家颁布新法的脚步，为大家传播不可不知的法律常识，是我们秉承的信念之一。因此，在《民法典》等一批新法颁布后，我们又对本书作出了特别修订，完善并增添了相关内容。

第五，也是本书的最大亮点，就是**便于查阅**。如果读者想找某一法律问题，通过目录检索就能很快地找到，省时省力。

希望广大读者能够通过本书，真正地成为一名"法律人"，从而在遇到法律问题时能够以最快捷、最经济、最实用的方式解决问题；在面对各种性质的利益纷争及侵权行为时，能够有理有据地拿起法律武器，维护自己的合法权益。

相信本书能够成为广大读者生活中的法律助手。

目录 Contents

第一章　基本权益保障篇
一、人身权 ………………………………… 1
二、政治权利和自由 ……………………… 2
三、经济、社会、文化权利 ……………… 3

第二章　人身利益篇
一、人身伤害 ……………………………… 5
二、人身自由与名誉保护 ………………… 9

第三章　生老病死篇
一、出生与死亡 …………………………… 13
二、继承 …………………………………… 15
三、医疗事故 ……………………………… 22

第四章　婚姻家庭篇
一、结婚 …………………………………… 30
二、离婚 …………………………………… 33
三、夫妻权利义务 ………………………… 39
四、夫妻财产关系 ………………………… 42
五、监护与抚养 …………………………… 49
六、收养与赡养 …………………………… 53

第五章　生活消费篇
一、购物 …………………………………… 58
二、餐饮 …………………………………… 66

第六章　交通出行篇
一、交通安全 ……………………………… 71
二、出行与住宿 …………………………… 81

第七章　财产保护篇
一、物权与所有权 ………………………… 85
二、土地权益 ……………………………… 89
三、房屋买卖 ……………………………… 92
四、业主权益 ……………………………… 96
五、占有、不当得利与无因管理 ………… 99
六、担保 …………………………………… 100

第八章　合同权益篇
一、合同的成立与效力 …………………… 104
二、合同的履行与变更 …………………… 108
三、合同的解除与终止 …………………… 112
四、违约责任 ……………………………… 114
五、商品买卖合同 ………………………… 115
六、赠与、借款合同 ……………………… 118
七、保管合同 ……………………………… 120
八、其他合同 ……………………………… 122

第九章　劳动就业篇
一、劳动合同订立与解除 ………………… 126
二、试用期、薪资 ………………………… 133
三、工作时间、休息休假、劳动安全 …… 138
四、安全生产与工作纪律 ………………… 144

五、劳动争议解决 …………… 148

第十章　社会保险篇
一、相关知识 ………………… 153
二、养老保险 ………………… 155
三、医疗保险和工伤保险 …… 156
四、失业保险、生育保险、住房公积金 …………………… 158

第十一章　商业保险篇
一、保险合同 ………………… 159
二、投保 ……………………… 162
三、理赔 ……………………… 164
四、保险代理 ………………… 167

第十二章　创业投资篇
一、企业开立 ………………… 170
二、股东和投资人 …………… 173
三、权利转让 ………………… 175
四、企业分立与合并 ………… 178
五、企业事务执行 …………… 179
六、企业合法经营 …………… 183
七、企业税务管理 …………… 190
八、破产清算 ………………… 194

第十三章　知识产权篇
一、著作权 …………………… 197

二、专利权 …………………… 200
三、商标权 …………………… 203

第十四章　违法犯罪篇
一、刑罚与责任 ……………… 206
二、侵犯人身权的犯罪 ……… 214
三、侵犯财产权的犯罪 ……… 216
四、扰乱社会秩序的犯罪 …… 219
五、侵犯公共安全的犯罪 …… 222
六、破坏经济活动的犯罪 …… 224
七、国家公职人员犯罪 ……… 227

第十五章　行政篇
一、行政许可 ………………… 229
二、行政处罚 ………………… 232
三、治安管理处罚 …………… 234
四、行政强制 ………………… 237
五、行政复议 ………………… 238
六、信访 ……………………… 240
七、国家公证 ………………… 241
八、国家赔偿 ………………… 242

第十六章　诉讼篇
一、民事诉讼 ………………… 244
二、刑事诉讼 ………………… 255
三、行政诉讼 ………………… 261

详 目 Contents

第一章　基本权益保障篇

一、人身权 ········· 1
父母可以为干涉女儿婚姻而将女儿锁在家中吗？········· 1
公民被逮捕，需要由哪个机关批准，并由哪个机关执行？········· 1
他人的人格尊严可以侵犯吗？········· 1
人格尊严权到底包括哪些内容？········· 1
个人隐私被他人泄露时如何维护自身权益？········· 1
用身高限制应聘者是否侵犯公民平等权？········· 2

二、政治权利和自由 ········· 2
哪些人享有选举权和被选举权？········· 2
城市中的外来打工者有选举权吗？········· 2
被判处有期徒刑的犯罪分子，享有选举权与被选举权吗？········· 2
公民的言论自由权是无限制的吗？········· 2
游行示威是随随便便就可以进行的吗？········· 3
宗教信仰自由在宪法中是如何规定的？········· 3
可以强迫某人信教吗？········· 3
宪法是否保护公民的举报权？········· 3

三、经济、社会、文化权利 ········· 3
公民的住宅能随便搜查吗？········· 3
"私闯民宅"在宪法上是如何规定的？········· 4
老师可以以了解学生的思想动向为由，私自拆看学生的信件吗？········· 4
法院可以为了审理刑事案件而私拆被告的信件吗？········· 4
女大学生会因怀孕而被学校开除吗？········· 4

第二章　人身利益篇

一、人身伤害 ········· 5
电扇漏电致人身亡，责任由谁承担？········· 5
公路塌陷成坑致行人受损，责任由谁承担？········· 5
动物被他人饲养致人损害，受害者应向谁要求赔偿？········· 5
花盆从楼上坠落砸伤路人，谁承担赔偿责任？········· 5
风把路边的树枝吹断砸伤行人，应当由谁承担责任？········· 6
打伤正在对自己行凶的歹徒，应该赔偿医疗费吗？········· 6
民用核设施发生事故致人损害的，由谁承担赔偿责任？········· 6
被飞机上掉下的物品砸伤，由谁赔偿？········· 6
煤气罐爆炸伤人，谁负责赔偿？········· 7
失足掉下地铁站台而受伤，可以要求地铁部门赔偿吗？········· 7

小孩捡雷管被炸伤，谁负责赔偿？ ········· 7
非法占有的易燃物烧伤他人，谁承
　担责任？ ··· 7
"摩的"为避免罚款给他人造成损
　害，应当承担赔偿责任吗？ ··············· 7
雇员侵犯他人合法权益后，雇主是
　否承担相应的责任？ ··························· 8
雇员在工作过程中人身遭他人损害
　应当如何维护自身权益？ ··················· 8
劳务派遣员工惹事，受害人如何要
　求赔偿？ ··· 8
给人帮忙的过程中造成他人损害，
　应由谁承担责任？ ······························· 8
给别人帮忙造成自己受伤，责任由
　谁来担？ ··· 8
孩子们共同玩耍中一人受伤，但不
　知谁是加害人，应该向谁要求赔
　偿？ ··· 9
承揽人在从事承揽活动过程中致人
　损害应由谁负责？ ······························· 9
对子女的监护权受到侵犯时如何保
　护自己的合法权益？ ··························· 9
暂时没有意识之时伤人，是否承担
　侵权责任？ ··· 9

二、人身自由与名誉保护 ············· 9
错误逮捕人应当如何赔偿？ ············· 9
如何认定侵犯公民肖像权的行为？ ··· 9
合理实施哪些行为的，可以不经肖
　像权人同意？ ······································· 10
人死之后，肖像权也一并消失了吗？ ··· 10
半张脸也有肖像权吗？ ····················· 10
公益团体有肖像权吗？ ····················· 10
他人冒用你的姓名怎么办？ ············· 10
身份证被他人骗去办理信用卡，可
　以要求加害人赔偿吗？ ······················· 10
店名与人名一样有权利吗？ ············· 11
个人名誉受损时如何维护自身合法
　权益？ ··· 11
死者享有名誉权吗？ ························· 11
被人在网上发帖诋毁，可以要求赔
　偿吗？ ··· 11
宣扬他人离婚多次，是否侵犯隐私权？ ··· 11
用望远镜窥探别人家的活动构成侵
　权吗？ ··· 11
妻子偷拍丈夫与情人在一起的照片
　是否侵犯隐私权？ ······························· 12

第三章　生老病死篇

一、出生与死亡 ····························· 13
孩子的法定出生日期怎样确定？有
　何意义？ ··· 13
怎样为非婚生子女办理户口？ ········· 13
孩子一定要随父姓吗？ ····················· 13
新生儿能够接受赠与吗？ ················· 13
胎儿有没有继承权？ ························· 13
宣告死亡的条件是什么？ ················· 14
谁有权申请宣告死亡？ ····················· 14
宣告死亡能被撤销吗？ ····················· 14

被宣告死亡期间实施的民事行为有
　效吗？ ··· 14
被宣告死亡人的死亡日期如何确定？ ··· 14
被宣告死亡后"复活"，其婚姻关系
　如何处理？ ··· 14
被宣告死亡人的子女被他人收养，
　死亡宣告被撤销后能将孩子要回
　吗？ ··· 15
被宣告死亡的人"复活"，被他人恶
　意侵占的财产还能要回吗？ ··············· 15
被宣告死亡后又"复活"，被继承的
　房产还能要回吗？ ······························· 15

村民可以占用耕地修建坟墓吗？ …… 15
制造或者销售纸人纸马等迷信殡葬用品，是非法的吗？ …… 15
对于农村随便土葬的行为，民政部门可以强制火化吗？ …… 15

二、继承 … 15

是不是死者留下的财产都可以作为遗产继承呢？ …… 15
故意杀害父亲，还能继承父亲的遗产吗？ …… 16
拒绝赡养老人的不孝子，有权继承财产吗？ …… 16
遗弃老人后悔改，并且得到老人的原谅，能够继承老人的遗产吗？ …… 16
正在服刑的劳教人员有继承权吗？ …… 16
篡改遗嘱就丧失继承权了吗？ …… 16
为争夺遗产杀害其他继承人，还有权继承遗产吗？ …… 17
虐待、打骂父母的子女还有继承权吗？ …… 17
女儿出嫁就失去继承父母遗产的资格了吗？ …… 17
"私生子"有继承权吗？ …… 17
"过继"子女有继承权吗？ …… 17
什么是法定继承？法定继承的顺序是怎样的？ …… 17
同母异父的兄弟之间可以彼此继承遗产吗？ …… 18
养父母能够继承养子的遗产吗？ …… 18
侄子可以继承大伯的遗产吗？ …… 18
儿媳在什么情况下可以作为继承人继承公婆遗产呢？ …… 18
子女继承遗产的份额必须均等？ …… 18
尽了主要赡养义务的人可以多分遗产吗？ …… 18
被继承人生前扶养的孤寡老人享有继承权吗？ …… 19
公民订立遗嘱可以采取哪些方式？ …… 19

老人的女儿可以作为录音遗嘱的见证人吗？ …… 19
遗嘱可以拒绝分配财产给有智力缺陷的儿女吗？ …… 19
遗嘱继承与法定继承哪个效力优先？ …… 19
遗嘱可以剥夺法定继承人的继承权吗？ …… 19
立遗嘱人能够立口头遗嘱吗？ …… 19
立了两份遗嘱，且内容冲突，该怎么办？ …… 20
遗嘱继承人继承遗产后不履行义务，可以撤销他接受遗产的权利吗？ …… 20
小学生订立的遗嘱有效吗？ …… 20
被人胁迫订立的遗嘱有效吗？ …… 20
立遗嘱后又对遗嘱财产进行了处理，遗嘱还有效吗？ …… 20
公证遗嘱的效力是最高的吗？ …… 20
遗赠扶养协议的效力高于遗嘱的效力吗？ …… 21
互有继承权的人在同一事件中死亡，继承顺序要怎样确定？ …… 21
受死者资助的儿童可以要求分得遗产吗？ …… 21
养子女可以接受生父母的遗嘱赠与财产吗？ …… 21
受遗赠人两个月内没有作出接受遗赠的意思表示，还能接受遗赠吗？ …… 21
分父亲的遗产时能将母亲的财产也分了吗？ …… 21
遗嘱无效后，遗产如何分配？ …… 22
遗产中有汽车等不易分割的财产时怎么分配？ …… 22
无人继承的遗产是不是就可以随意占有了呢？ …… 22
被继承人拖欠的债务或者税款儿子必须偿还吗？ …… 22
提起继承诉讼有时间限制吗？ …… 22

三、医疗事故 22

非法行医导致人身损害的，是否属
于医疗事故？ 22
在情况紧急的时候因抢救行为导致
伤亡的，是否属于医疗事故？ 23
拒绝危重病人造成严重后果的，是
否属于医疗事故？ 23
由于患者拒绝配合治疗，而导致患
者伤亡的，是否属于医疗事故？ ... 23
医务人员由于粗心将医疗器械留在
患者体内，是否为医疗事故？如
何处理？ 23
由于医疗手术而患后遗症的，是否
为医疗事故？应如何处理？ 23
患者接受输血感染乙肝，是否属于
医疗事故？ 23
未经孕妇同意，生育过程遭观摩，
是否侵犯了孕妇的隐私权？ 24
对医疗鉴定结论不服的，是否能起
诉进行鉴定的医学会？ 24
司法鉴定和医疗事故技术鉴定哪个
更应当作为证据被采纳？ 24
医学会单方中止医疗事故的技术鉴
定，是否符合法律的规定？ 24
医疗机构对医疗事故技术鉴定不配
合，该怎么处理？ 24
医务人员在医务活动中因为过错造
成医疗事故的，应该承担什么责
任？ 25
医疗机构擅自改动病例，该承担何
种法律责任？ 25

医疗事故在何种情况下构成医疗事
故犯罪？ 25
患者进行医疗事故的诉讼，该如何
选择法院？ 25
哪些人可以作为原告提出医疗事故
损害的赔偿？可以提出什么请求？ ... 25
医疗事故损害赔偿的范围有哪些？ ... 26
如何计算医疗事故赔偿中的医疗费用？ ... 26
因医疗事故而误工，如何计算误工
费的损失？ 27
医疗事故导致患者残疾的，该如何
计算其生活补助费以及残疾用具
费？ 27
医疗事故导致患者死亡，如何计算
丧葬费、死亡赔偿金？ 27
医疗机构侵犯了患者知情权和选择
权，应承担什么责任？ 28
经卫生行政部门处理后的医疗争议，
如何计算诉讼时效？ 28
患者对于自己的病历，哪些是可以
复印的？ 28
患者能否保管自己的病历？病历若
丢失会导致何种后果？ 28
医生对患者透露病情，结果患者被
吓死，谁应当负责？ 29
医院可以私自处理患者遗体吗？ 29
患者生命垂危需要马上抢救，亲属
有的赞成签字，有的不赞成签字，
医院可以直接抢救吗？ 29

第四章　婚姻家庭篇

一、结婚 30

哪些情形不能结婚？ 30
要想成为夫妻一定要登记吗？ 30

结婚后，女方一定要落户到男方吗？ 30
被父母逼迫嫁给他人，这样的婚姻
有效吗？ 30
结婚必须达到怎样的年龄？ 30

详　目

表兄妹之间可以结婚吗？ ………… 31
服刑中的劳教人员可以结婚吗？ … 31
间歇性精神病人可以结婚吗？ …… 31
一方婚前患有梅毒，婚后另一方能
　　以此为由请求撤销婚姻吗？ …… 31
重婚的婚姻有效吗？ ……………… 31
婚姻无效或被撤销的后果是什么？ … 31
欺骗结婚的属于可撤销婚姻吗？ … 32
可撤销婚姻的请求权有时间限制吗？ … 32
父母可以代替子女申请撤销婚姻吗？ … 32
只有结婚男女才有权向人民法院申
　　请宣告当事人之间的婚姻无效吗？ … 32
男方胁迫女方与之结婚后，女方提
　　出撤销婚姻需向法院提交哪些证
　　明材料？ ………………………… 32
与外国人在我国结婚，要适用我国
　　法律吗？ ………………………… 32
男女未婚同居产生矛盾，一方诉至
　　法院的，人民法院应当受理吗？ … 33

二、离婚 …………………………… 33

离婚冷静期是怎么回事？ ………… 33
自愿离婚的，婚姻登记机关就可以
　　直接发给离婚证吗？ …………… 33
符合哪些情形，法院会判决离婚？ … 33
夫妻只要分居满2年人民法院就会
　　准予离婚吗？ …………………… 33
现役军人的配偶能单方面要求离婚吗？ … 34
在女方怀孕期间，男方可以提出离
　　婚吗？ …………………………… 34
夫妻双方因生育权问题引发纠纷可
　　以请求法院判决离婚吗？ ……… 34
妻子因外遇生下了他人的孩子，丈
　　夫可以提出离婚吗？ …………… 34
妻子发现丈夫包养第三者，可以要
　　求离婚吗？ ……………………… 34
丈夫嗜赌如命，妻子能否以此为由
　　向法院起诉离婚？ ……………… 35
丈夫因交通事故死亡，妻子能继承
　　丈夫的遗产吗？ ………………… 35

妻子发现丈夫患有不能治愈的精神
　　病，是否可以请求离婚？ ……… 35
丈夫经常对妻子实施家庭暴力，妻
　　子可以到人民法院起诉离婚吗？ … 35
女方怀孕期间是否有权向人民法院
　　起诉要求离婚？ ………………… 35
父亲能否代替无民事行为能力的女
　　儿提起离婚诉讼？ ……………… 35
离婚必须得经过法院判决吗？ …… 36
提起离婚诉讼后又反悔了，还可以
　　撤诉吗？ ………………………… 36
当事人收到一审离婚判决后，可以
　　马上再婚吗？ …………………… 36
离婚了，之前的债务由谁承担？ … 36
离婚时一方拒绝承担双方的共同债
　　务该如何处理？ ………………… 36
离婚时，一方生活困难，有权要求
　　另一方给予经济帮助吗？ ……… 37
离婚时，双方可以分割登记在子女
　　名下的财产吗？ ………………… 37
妻子一方在照料老人方面尽了较多
　　的义务，能否在离婚时向丈夫请
　　求给予补偿？ …………………… 37
离婚后，父母与不和自己共同生活
　　的子女的关系会解除吗？ ……… 37
离婚后，子女应归哪方抚养？ …… 37
对于不满2周岁的孩子，父亲在什
　　么条件下可以争取抚养权？ …… 37
离婚时，对于2周岁以上的孩子，
　　双方争夺抚养权的，该归谁？ … 38
离婚后，不与子女共同生活的一方
　　对子女还有义务吗？ …………… 38
离婚协议中约定轮流抚养孩子是否合法？ … 38
离婚协议可以让他人代签吗？ …… 38
离婚后又自愿恢复夫妻关系的，是
　　否需要再办理复婚手续？ ……… 38
协议离婚，还可以要求损害赔偿吗？ … 38

三、夫妻权利义务 ………………… 39

什么是家庭暴力？ ………………… 39

"家庭暴力"构成犯罪吗? ………… 39
发生家庭暴力后,受害方应当怎么办? … 39
作出人身保护令需要符合哪些条件?
　包括哪些措施? ………………… 39
因家庭暴力起诉的,可以使用法律
　援助吗? ………………………… 39
婚姻关系存续期间,无民事行为能
　力的一方遭受家庭暴力、虐待、
　遗弃等严重侵害其合法权益的行
　为时,怎么处理? ……………… 40
夫妻之间签订的"忠贞协议"有法
　律效力吗? ……………………… 40
丈夫能强迫自己的妻子生育吗? …… 40
丈夫与他人同居,妻子可以采取什
　么措施维护权利? ……………… 40
妻子偷偷做了人流,丈夫可以要求
　赔偿吗? ………………………… 40
丈夫能强迫妻子不要工作、在家赋
　闲吗? …………………………… 41
哪些情形下,离婚时无过错的一方
　可以请求损害赔偿? …………… 41
因一方有外遇而导致婚姻终结,另
　一方可以主张精神损害赔偿吗? … 41
丈夫有外遇,妻子得知后不想离婚
　而仅要求丈夫对其进行精神损害
　赔偿,法院会支持吗? ………… 41
丈夫经常虐待妻子,妻子能否向法
　院起诉要求离婚的同时还要求损
　害赔偿? ………………………… 41
离婚后未成年子女致人损害的,未
　与子女共同生活的一方需要承担
　赔偿责任吗? …………………… 41
夫妻双方约定的事情,对外人也有
　效吗? …………………………… 42

四、夫妻财产关系 …………… 42

什么是夫妻个人特有财产? ………… 42
哪些财产属于夫妻个人所有财产? … 42
夫妻可以约定婚前个人财产的归属吗? … 42

夫妻之间赠与房产,如未变更登记
　可撤销赠与吗? ………………… 42
一方在婚前购买的住房,会因结婚
　而转为夫妻共同财产吗? ……… 42
结婚前一方父母为二人购买的结婚
　用房,属于夫妻共同财产吗? … 43
结婚后父母为子女购买的房屋应当
　归谁所有? ……………………… 43
娘家陪嫁的财产是归妻子个人所有吗? … 43
夫妻一方因身体伤害得到的医疗赔
　偿属于夫妻共同财产吗? ……… 43
稿费属于夫妻共同财产吗? ………… 43
住房公积金属于夫妻共同财产吗? … 43
夫妻一方个人财产在婚后产生的收
　益,应当划为夫妻共同财产吗? … 43
婚前的"彩礼"可以要求返还吗? … 44
"全职太太"离婚时可以要求经济
　补偿吗? ………………………… 44
离婚时一方隐匿了财产怎么办? …… 44
请求再次分配夫妻共同财产有时效
　限制吗? ………………………… 44
无效婚姻中的财产属于共同财产吗? … 44
离婚时一方转移共同财产的,怎么办? … 45
离婚时,夫妻一方在公司的股份如
　何分割? ………………………… 45
夫妻一方婚前贷款买房并登记在自
　己名下,婚后用夫妻共同财产还
　贷,离婚时该如何分割? ……… 45
婚姻关系存续期间,双方用夫妻共
　同财产出资购买以一方父母名义
　参加房改的房屋,产权登记在一
　方父母名下,离婚时如何分割? … 46
婚姻关系存续期间,夫妻一方作为继
　承人依法可以继承的遗产,在继承
　人之间尚未实际分割,另一方可否
　通过离婚诉讼来分割该遗产? …… 46
个人独资企业的财产在离婚时如何
　处理? …………………………… 46
离婚时养老保险金应如何分割? …… 46

详　目

"共债共签"是界定夫妻共同债务的唯一标准吗？ …… 47
离婚时哪些债务属于用夫妻一方个人财产清偿的债务？ …… 47
夫妻中收入高的一方在处理财产上可以享有更多权利吗？ …… 47
婚姻关系存续期间，夫妻一方请求分割共同财产的，人民法院应当支持吗？ …… 47
婚姻关系解除后又同居的男女之间有没有继承遗产的权利？ …… 48
丈夫背着妻子以夫妻共同财产设立个人独资企业，妻子是否会成为共同债务人？ …… 48
一方未经另一方同意出售夫妻共同共有的房屋，如何处理？ …… 48
当事人达成的以协议离婚为条件的财产分割协议，如果双方协议离婚未成，一方在离婚诉讼中可以反悔吗？ …… 48
夫妻之间订立借款协议，以夫妻共同财产出借给一方从事个人经营活动或用于其他个人事务的，对该部分借款如何处理？ …… 48

五、监护与抚养 …… 49

什么是监护？ …… 49
未成年人的监护人如何确定？ …… 49
如何确定精神病人的监护人？ …… 49
父母可以立遗嘱指定谁做孩子的监护人吗？ …… 49
小学生在学校将人打伤，赔偿责任由谁承担？ …… 49
精神病人致人损害由谁来承担责任？ …… 50
未成年子女造成他人人身、财产损失时，赔偿责任应如何承担？ …… 50
怀疑孩子不是亲生的，可以起诉否认亲子关系吗？ …… 50
夫妻一方丧失劳动能力后，另一方是否负有扶养的义务？ …… 50

妻子已绝育，离婚时会得到孩子的抚养权吗？ …… 50
离婚后可以要求变更孩子的抚养权吗？ …… 50
离婚后，女方擅自改变了子女的姓氏，男方是否可以据此拒绝给付抚养费吗？ …… 51
离婚后，男方是否可以探望自己的子女呢？ …… 51
离婚后，抚养孩子的一方阻挠对方探视孩子怎么办？ …… 51
女方认为前夫来探望子女不利于子女的成长，是否可以自行禁止男方行使探望权？ …… 51
离婚后，法院判决孩子归母亲抚养，对于子女的相关费用，丈夫还有给付义务吗？ …… 51
夫妻离婚后，法院如何确定双方支付抚养费的数额问题？ …… 52
由于物价上涨，子女可以要求与母亲离婚的父亲增加生活费吗？ …… 52
父母未离婚，子女可以诉请抚养费吗？ …… 52
非婚生子女有权要求生父母履行抚养义务吗？ …… 52
人工授精所生的孩子，离婚时父母就可以不要了吗？ …… 53
大学生没有生活来源，能要求父母给付抚养费吗？ …… 53
祖父母对失去双亲的孙子女有抚养义务吗？ …… 53
兄姐对失去双亲的弟妹有扶养义务吗？ …… 53

六、收养与赡养 …… 53

符合什么条件的孩子才能被收养？ …… 53
收养人应当符合哪些条件？ …… 53
已经年满14周岁的未成年人可以被收养吗？ …… 53
外国人收养我国的儿童应当履行怎样的手续？ …… 54
亲生子女失踪5年后，父母可以收养子女吗？ …… 54

女子收养男童，是否也有年龄差距
　　的限制？ …………………………… 54
孩子被人收养后，与亲生父母是什
　　么关系？ …………………………… 54
收养关系解除，养子女与生父母的
　　关系自行恢复吗？ ………………… 54
抚养亲友子女的行为是收养行为吗？ … 55
丈夫擅自将女儿送给他人收养，妻
　　子可以要回吗？ …………………… 55
收养关系当事人要求保守收养秘密
　　是否应当受到法律保护？ ………… 55
养父母将养子女抚育成年后，还能
　　解除收养关系吗？ ………………… 55
被收养的孩子有赡养亲生父母的义
　　务吗？ ……………………………… 55
收养关系解除后，养子女还要对养
　　父母尽赡养义务吗？ ……………… 55

子女之间能否订立分开赡养父母的
　　协议？ ……………………………… 55
只有老人的子女对老人负有赡养义
　　务吗？ ……………………………… 56
能否因为父亲声明断绝父子关系就
　　拒绝履行赡养义务？ ……………… 56
子女能否以放弃继承权为由拒绝履
　　行赡养父母的义务？ ……………… 56
孙子有赡养爷爷奶奶的义务吗？ …… 56
解除收养关系的养子女是否可以继
　　承父母的遗产？ …………………… 56
家庭成员被遗弃后如何维护自己的
　　合法权益？ ………………………… 57
已成年子女强行向父母索取财物是
　　违法的吗？ ………………………… 57
子女有权利干涉父母再婚吗？ ……… 57
成年子女是否可以不让父母离婚？ … 57

第五章　生活消费篇

一、购物 ………………………………… 58

购物返券，出现质量问题怎样办理
　　退货？ ……………………………… 58
在展销会上买到劣质商品，可以要
　　求举办者赔偿吗？ ………………… 58
网上购物付款后却没有收到货，应
　　该找店家还是找网站赔偿？ ……… 58
在超市购物被人打伤，超市尽到了
　　安全保障义务的，还需要赔偿吗？ … 59
顾客在商场内滑倒，可以向经营者
　　主张损害赔偿吗？ ………………… 59
在商场摔伤入院，可以要求商场赔
　　偿误工费吗？ ……………………… 59
打折商品不开发票合法吗？ ………… 59
用购物卡买东西，超市可以不给发
　　票吗？ ……………………………… 60
要发票就不打折合法吗？ …………… 60
没有发票消费者怎样要求赔偿？ …… 60

顾客的物品在超市免费寄存时被调
　　包，超市是否承担责任？ ………… 60
商店出售假货后，消费者可否要求
　　其加倍赔偿？ ……………………… 61
赠品有质量问题可以索赔吗？ ……… 61
保修期内退换手机还要交纳"换壳
　　费"吗？ …………………………… 61
消费者没有认真验货，买回后出现
　　质量问题可以要求退换吗？ ……… 61
促销、打折的商品出现质量问题就
　　可以不予退货吗？ ………………… 61
商店规定"偷一罚十"合法吗？ …… 62
消费者有权拒绝商家搭售的产品吗？ … 62
试穿过的衣服就必须买吗？ ………… 62
消费者因虚假广告而受骗，有权要
　　求广告经营者赔偿吗？ …………… 62
产品导致消费者受伤，可以要求赔
　　偿吗？ ……………………………… 63
消费者维权可以采取哪些途径？ …… 63

有缺陷的高压电饭锅对人造成损害的,应找谁赔偿? …… 63
商场没有保管好化妆品致其变质,由此造成消费者人身损害的责任由商场承担吗? …… 64
销售商家拒绝提供生产者信息时,是否应对产品造成的损害承担全部责任? …… 64
销售者赔偿了缺陷产品的损失,是否有权向生产厂家追偿? …… 64
生产厂家赔偿后发现责任方是销售商,怎么办? …… 64
刚买的微波炉有异常不敢用,怎么办? …… 65
产品出现问题厂家未及时召回的,造成消费者损害后要赔偿吗? …… 65
销售者明知商品有缺陷还销售,由此给他人造成损害,被侵权人能否要求加倍赔偿? …… 65

二、餐饮 …… 66

在餐馆吃饭时财物丢失,店主是否应当承担责任? …… 66
顾客就餐时停在酒店停车场的车因玻璃被砸导致财物丢失,酒店应负责赔偿吗? …… 66
顾客在吃火锅时因饭店雇员的行为被烫伤的,可以要求饭店赔偿医疗费吗? …… 66
酒店禁止顾客自带酒水或者收取"开瓶费"合法吗? …… 66
预订的酒席被取消,可以双倍索还定金吗? …… 66
怎样应对"优惠活动的最终解释权归饭店所有"? …… 67
在饭店吃完饭不给开发票怎么办? …… 67
酒店以消费小票超过30天为由不给开发票怎么办? …… 67
被啤酒瓶炸伤眼睛,可否要求支付残疾赔偿金? …… 67
摔坏饭店餐具,应当按原价赔偿吗? …… 68
面粉在运输中受潮变坏,吃坏肚子的责任谁负? …… 68
食品安全标准应当包含哪些内容? …… 68
食品生产经营在符合食品安全标准的同时,还要符合哪些要求? …… 68
哪些食品是禁止生产经营的? …… 69
食品标签应当注明哪些事项? …… 69
可以在食品标签上注明有防治疾病的作用吗? …… 69
食品里含有药材的,还是食品吗? …… 70

第六章 交通出行篇

一、交通安全 …… 71

什么是道路交通事故? …… 71
宠物狗被汽车撞伤、撞死,是否属于道路交通事故? …… 71
发生交通事故后,当事人应该怎么办? …… 71
骑自行车把人撞死,构成交通事故吗? …… 72
交通事故中行人负全责,就"撞了白撞"吗? …… 72
借交通事故实施自杀,机动车一方应承担赔偿责任吗? …… 72
骑车人与酒后驾车司机抢道发生事故,机动车能减轻责任吗? …… 72
大雾是交通事故的必然免责事由吗? …… 72
道路交通事故发生的原因是修路未设置"路障"的,责任应由谁负? …… 73
将车辆借给无驾驶证的人引发事故,车主应承担责任吗? …… 73
行人进入高速公路被汽车撞死,机动车辆驾驶人是否应当承担责任? …… 73
农民晒粮食导致交通事故应承担责任吗? …… 73

抢越铁路道口发生事故，铁路部门
　应否承担责任？ ……………………… 73
交通事故后责任人逃逸，保险公司
　承担了赔偿责任后，可以向侵权
　行为人追偿吗？ ……………………… 74
交通事故责任人不履行赔偿协议，
　另一方可以要求强制执行吗？ ……… 74
交通事故在什么情况下可以私了？ …… 74
驾驶改装车上路，造成交通事故，
　责任如何确定？ ……………………… 74
交通肇事后弃车逃离的，是否属于
　交通肇事逃逸行为？ ………………… 74
交通事故发生后，肇事司机受到群
　众围殴而逃离的，是否属于交通
　肇事逃逸？ …………………………… 75
机动车为了躲避违章车辆，造成行
　人受伤，应由谁承担事故责任？ …… 75
交警对酒后驾车人员罚款后，仍然
　允许其驾车，结果发生交通事故，
　责任如何确定？ ……………………… 75
哪些交通违法行为可能导致处以吊
　销驾驶证的处罚？ …………………… 76
在交通事故中受伤，医院可以因为
　没交医疗费而拒绝救治吗？ ………… 76
交通事故的死者家属可以因为事故
　原因不明而拒绝处理死者尸体吗？ … 76
因机动车质量问题造成交通事故，
　应该由谁承担赔偿责任？ …………… 76
刹车失灵引发事故，属于交通事故吗？ … 76
分期付款买的车未办理过户手续就
　发生事故，责任由谁承担？ ………… 76
已经报废的车辆再上路，事故责任
　谁承担？ ……………………………… 77
被盗车辆发生事故，原车主还有责任吗？ … 77
交通事故责任人拒绝赔偿医疗费怎
　么办？ ………………………………… 77
发生交通事故，受害人受伤的，如
　何计算医疗费用？ …………………… 77
道路交通事故的受害人如何计算交
　通费？ ………………………………… 77

道路交通事故的受害人如何计算住
　宿费？ ………………………………… 78
道路交通事故的受害人因伤而误工，
　如何计算误工费？ …………………… 78
道路交通事故致使受害人受伤住院
　的，如何计算住院伙食补助费？ …… 78
道路交通事故致使受害人受伤的，
　如何计算营养费？ …………………… 78
道路交通事故致使受害人残疾的，
　如何计算残疾赔偿金？ ……………… 79
道路交通事故致使受害人残疾的，
　如何计算残疾辅助器具费？ ………… 79
道路交通事故致使受害人死亡的，
　如何计算丧葬费？ …………………… 79
道路交通事故致使受害人死亡的，
　如何计算死亡赔偿金？ ……………… 80
道路交通事故致使受害人死亡的，
　如何计算被扶养人的生活费用？ …… 80
交通事故的当事人可以通过哪些途
　径进行伤残评定？ …………………… 80
进行交通事故伤残评定，是否必须
　制作伤残评定书？ …………………… 80

二、出行与住宿 …………………… 81

乘客乘坐出租车遭遇交通事故，应
　该向谁索赔？ ………………………… 81
出售车票搭售保险的行为合法吗？ …… 81
免票乘车，发生交通意外能否获得
　车主赔偿？ …………………………… 81
乘坐客车行李丢失，可否向承运方
　索赔？ ………………………………… 81
空调车不开空调，乘客可以要求退
　票吗？ ………………………………… 81
变更路线造成费用增加，有权要求
　旅客增加票款吗？ …………………… 82
乘坐的客车晚点了，乘客能否乘车
　站的其他班车吗？ …………………… 82
客运公司擅自变更车辆，可以要求
　乘客加价吗？ ………………………… 82

路滑导致翻车,客运公司能否主张
因不可抗力而不支付乘客医药费? … 82
没有检票入站的乘客在站内受伤,
可以要求车站赔偿吗? …………… 82
承运方没有及时把患病的乘客送到医
院救治,应对乘客的死亡承担责任
吗? ………………………………… 82
乘客自己把胳膊伸出车外导致受伤,
可以要求赔偿吗? ………………… 83
乘客见义勇为而受伤,可以要求承
运人承担赔偿责任吗? …………… 83
游客在旅游过程中猝死,旅行社应
否赔偿? …………………………… 83
游客可以因旅行社单方面变更旅游
景点而要求赔偿吗? ……………… 83
游客自己未尽安全义务而受伤的,
可否要求景区管理者赔偿? ……… 83
旅店对顾客斗殴的事件未及时制止,
是否应当承担赔偿责任? ………… 84
住宿时被旅店保安殴打,旅店经营
者是否承担责任? ………………… 84
旅馆采用扣押旅客行李箱的方式阻
止未付房款的客人离开,是否为
侵权? ……………………………… 84

第七章　财产保护篇

一、物权与所有权 ………………… 85
动产物权的三种特殊交付方式是什么? … 85
未办理登记的不动产买卖合同有效吗? … 85
不动产权属证书与不动产登记簿的
记载事项不一致怎么办? ………… 85
不动产预告登记有什么作用? ……… 86
登记对抗主义是怎么回事? ………… 86
由共有财产引起的债权和债务如何
处理? ……………………………… 86
公民的财产被国家征收了怎么办? … 86
征用公民的财产,造成了损失谁负责 … 87
村民有权在自己的耕地上建房吗? … 87
村干部有权把村里的土地发包给本
村外的人吗? ……………………… 87
善意取得是怎么回事? ……………… 87
归还别人的遗失物有权要求报酬吗? … 88
无人认领的遗失物归捡到的人所有吗? … 88
相邻关系是怎么回事? ……………… 88
相邻权人行使相邻权应注意哪些问题? … 88

二、土地权益 ……………………… 89
土地承包经营权何时成立? ………… 89
承包期内,承包人有权将自己的承
包地转包给他人吗? ……………… 89
建设用地使用权的取得方式有哪些? … 89
取得建设用地使用权后可以随便改
变土地用途吗? …………………… 89
建设用地使用期限届满前,国家能
收回土地吗? ……………………… 90
公民的住宅用地使用期届满怎么办? … 90
农民的宅基地因自然灾害毁灭了怎
么办? ……………………………… 90
能在自家的承包耕地上盖房吗? …… 90
承包户在进城落户前必须放弃土地
承包经营权吗? …………………… 90
妇女离婚后搬出村子,其承包地是
否一律收回? ……………………… 91
什么是地役权?设立地役权应采取
什么形式? ………………………… 91
未经登记的地役权能否对抗善意第
三人? ……………………………… 91
地役权的存续期限最长是多少? …… 91
地役权能否单独转让或是抵押? …… 92
地役权在什么情形下消灭? ………… 92

三、房屋买卖 ……………………… 92

房屋交付后，买受人发现房屋实际情况与销售广告不符，可以要求开发商承担违约责任吗？ ……… 92
哪些房地产不能转让？ ………… 92
仅有房产证，但没有办理不动产登记，能取得房屋所有权吗？ …… 92
买来的住房面积缩水怎么办？ … 93
开发商逾期交房怎么办？ ……… 93
房屋买卖合同签订后，因意外事故而使房屋毁损、灭失的风险由谁承担？ ……………………………… 93
签订商品房预售合同，应具备哪些条件？ ……………………… 93
出卖人未取得商品房预售许可证明，这时其与买受人签订的房屋预售合同是否有效？ ……………… 94
房屋买卖双方签订预售合同后，没有进行登记备案，一方当事人可以请求确认合同无效吗？ ……… 94
房屋出现质量问题，任何时候都可以要求出卖人修复吗？ ……… 94
房屋买卖双方签订合同后，出卖人与第三人恶意串通，又签订合同并交付使用，买受人可以请求确认第二个合同无效吗？ ………… 95
房屋交付使用后，房产证迟迟办不下来，开发商是否承担违约责任？ … 95
房屋买卖时，该房屋所占范围的土地使用权是否随之转移？ …… 95
房屋买卖双方已经办完过户手续，这时双方还能解除合同吗？ … 95
房屋买卖合同签订后，一方以未办理房屋产权变更登记为由主张合同无效，能否成立？ ……………… 95
房屋买卖中，买受人迟延交付购房款，出卖人可否要求解除合同？ … 96
租赁房屋被卖，租房人有权继续居住吗？ ……………………………… 96
什么是房屋承租人的优先购买权？ … 96

四、业主权益 ……………………… 96

建筑物区分所有权是怎么回事？ …… 96
小区的车位到底归谁？ ………… 97
用楼顶做广告收益归谁？ ……… 97
业主对自己的房子进行装修，他人有权干涉吗？ ……………………… 97
业主"住改商"可以随意进行吗？ … 97
业主大会的决定，业主有义务服从吗？ … 97
业主对物业公司不满意的时候可以换物业公司吗？ ……………… 97
一层的住户需要交纳电梯使用费吗？ … 98
业主对其他业主污染小区环境的行为可以采取哪些措施？ ……… 98
哪些事项应由业主共同决定？ … 98
业主转让住房时，其拥有的车位是否一并转让？ ……………………… 98
建筑物及其附属设施的维修资金怎样管理？ ……………………… 99
业主家中被盗，物业公司要承担责任吗？ ……………………………… 99

五、占有、不当得利与无因管理 … 99

不知情的占有人使用占有物时导致占有物损坏的，需要承担责任吗？ … 99
善意占有人因维护占有物支出的必要费用能否要求权利人返还？ … 99
占有人返还原物的请求权应当在什么期间内提出？ ……………… 99
到银行寄错钱了，还能要回来吗？ … 100

六、担保 …………………………… 100

什么是人保？ …………………… 100
哪些人不能成为保证人？ ……… 100
"中间人"能算保证人吗？ ……… 100
人保需要签订保证合同吗？ …… 100
保证合同包含哪些内容？ ……… 101
在不知情的情况下为赌债所做的保证有效吗？ ……………………… 101

详　目

未经保证人同意，债务被转让，保
　证人还要负担保责任吗？ …… 101
什么是共同保证？ ……………… 101
连带保证责任是怎么一回事呢？ …… 101
未约定保证方式，保证人承担什么
　保证责任？ …………………… 101
借贷双方私下加重债务的，保证人
　的保证责任也相应增加吗？ … 101
借贷双方私下协议将还款期限延长
　的，保证期间也相应延长吗？ … 101
什么是抵押权？ ………………… 102
可以抵押的财产有哪些？ ……… 102
不能作为抵押物的财产有哪些？ … 102

汽车作为抵押物，未办理登记的，
　抵押有效吗？ ………………… 102
企业能否以其将来要生产出来的产品
　作为抵押物向银行申请贷款呢？ … 102
签订抵押合同后，抵押财产还可以
　转让吗？ ……………………… 103
将已出租的房子抵押，抵押权人实现
　抵押权后能否要求承租人搬出？ … 103
债务到期前，债权人能否与抵押人
　约定债务人到期不还款时抵押财
　产归债权人所有？ …………… 103
一套房子给两个债权做了抵押，如
　何清偿？ ……………………… 103

第八章　合同权益篇

一、合同的成立与效力 ………… 104

合同的形式有哪些？ …………… 104
《民法典》对于合同内容有何规定？ … 104
什么是要约？有效的要约应具备哪
　些条件？ ……………………… 104
迟到的承诺，有效吗？ ………… 104
要约与要约邀请是一回事吗？ … 105
约定采用书面合同却并未签订，一
　方履行主要义务而对方接受的，
　合同成立吗？ ………………… 105
我国法律关于格式条款是怎么规定
　的？ …………………………… 105
免除自己责任的格式条款是无效的
　吗？ …………………………… 105
对格式条款理解不一致时，以谁的
　解释为准呢？ ………………… 105
对方隐瞒真实情况致使合同不成立，
　应当赔偿损失吗？ …………… 106
约定合同符合一定的条件后才生效，
　符合法律规定吗？ …………… 106
为阻止合同成立使所附条件成就的，
　可以吗？ ……………………… 106

约定半年后将房子租给别人的合同
　有效吗？ ……………………… 106
12岁的中学生能订立合同吗？ …… 106
中学生接受舅舅赠与的钢琴，需要
　经过父母的同意吗？ ………… 107
超越权限签订合同，合同是否就无
　效了呢？ ……………………… 107
因上了"托儿"的当而购买某物，
　买卖合同有效吗？ …………… 107
合同中可以任意约定免责条款吗？ … 107
对货物等级产生误解，可以请求法
　院撤销买卖合同吗？ ………… 107
被欺骗而签订了合同，应该怎么办？ … 107
被胁迫签订了合同，该怎么办？ … 108
签订了明显不公平的合同，该怎么
　办？ …………………………… 108
撤销权的行使期间可以是无限期的
　吗？ …………………………… 108
合同无效或者被撤销后，就什么也
　不用管了吗？ ………………… 108

二、合同的履行与变更 …… 108

- 签合同时忘了约定质量标准怎么办？ …… 108
- 没有约定价格，就没有办法解决纠纷了吗？ …… 109
- 履行期限不明确就是需要立即履行吗？ …… 109
- 价格前后不一致，就必须按照最高的价格履行吗？ …… 109
- 约好了由朋友代还钱，结果朋友还不上，谁来承担违约责任？ …… 109
- 一方违反了"一手交钱，一手交货"的约定，另一方可以拒绝履行合同吗？ …… 109
- 约定了对方先履行，对方却要求我方先履行，怎么办？ …… 110
- 对方经营状况严重恶化导致可能无法履行合同，先履行合同方应怎样维护自己的权益？ …… 110
- 一方不积极追讨债款，致使欠另一方的钱还不上，另一方可以帮他追讨吗？ …… 110
- 欠他人钱不还并低价转让自己的财产，债权人就没有办法要到欠款了吗？ …… 111
- 仅仅约定了变更合同，却并没有约定变更的内容，变更的约定有效吗？ …… 111
- 债权人可以不经债务人同意把自己的债权转让吗？ …… 111
- 哪些债权不得随意转让？ …… 111
- 债权人转让权利给第三人的，债务人能以对债权人的抗辩对抗第三人吗？ …… 111
- 债务人可以不经债权人同意转移债务吗？ …… 112
- 将合同权利义务全部转让给第三人可以吗？ …… 112

三、合同的解除与终止 …… 112

- 合同的权利义务什么时候终止？是不是必须有约定才能终止呢？ …… 112
- 合同没法执行了，能解除合同吗？ …… 112
- 甲欠乙的借款与乙欠甲的粮食款可以相互抵销吗？ …… 112
- 约定以彩电抵销对方的欠款，符合法律的规定吗？ …… 113
- 买卖合同债权债务都归于同一公司后，该买卖合同还需要履行吗？ …… 113
- 合同终止，对方有权要求对其公司情况保密吗？ …… 113
- 一方无理由拒绝受领货物，另一方该怎么办？ …… 113
- 提存后的货物的毁损风险和收益归谁所有？ …… 113

四、违约责任 …… 114

- 对方不履行合同，我们可以采取哪些措施维护自己的权益？ …… 114
- 什么情况下，合同的违约方可以不必承担继续履行的义务？ …… 114
- 故意损坏约定交付的货物，是不是必须等到交付期到来才能请求其承担违约责任？ …… 114
- 对方违约了，我们就可以请求对方支付任何损失吗？ …… 114
- 违约金过高时，对方可以请求人民法院予以减少吗？ …… 114
- 定金和违约金可以在同一合同中适用吗？ …… 115
- 因不可抗力而不能履行合同，可以不支付违约金吗？ …… 115
- 因迟延履行而遭遇不可抗力，可以免除违约责任吗？ …… 115
- 对方违约后，未违约方没有保护好货物而使损失扩大的，可以就扩大的损失要求赔偿吗？ …… 115

因第三人的原因致使不能履行合同
　　的,谁来承担违约责任? ……… 115

五、商品买卖合同 ……… 115

买方什么时候才能取得商品的所有权? … 115
假如买方未支付货款,卖方交付商
　　品就是转移所有权吗? ……… 116
标的物意外毁损,谁来承担损失? … 116
因买方的原因造成商品在运输途中
　　毁坏,风险也由卖方承担吗? ……… 116
买方拒绝接受质量严重不合格的货
　　物,标的物毁损的风险由谁承担? … 116
没有约定包装方式就可以随便进行
　　包装吗? ……… 117
对商品质量的检验是无限期的吗? … 117
忘记通知卖方货物有质量问题,以
　　后还能主张质量问题吗? ……… 117
卖方多发了货物,买方必须得购买
　　吗? ……… 117
母牛在交给买受人之前产仔,牛仔
　　应归谁所有? ……… 117
对方交付的全套物品中有一件不合
　　格,可以拒绝接受整套物品吗? ……… 118
分期付款中买方不积极付款,卖方
　　就无计可施了吗? ……… 118

六、赠与、借款合同 ……… 118

救灾赠与可以随意撤销吗? ……… 118
把东西赠与别人后就不可以要回来
　　了吗? ……… 118
赠与人可以无限期地行使赠与撤销
　　权吗? ……… 118
被朋友打成植物人,赠与朋友的电
　　脑还能要回来吗? ……… 118
赠与人实在没钱了,可以不再履行
　　赠与义务吗? ……… 119
自然人之间借款必须签订书面合同
　　吗? ……… 119
预先扣除利息的做法合法吗? ……… 119

从银行贷出的钱可以随意地使用
　　吗? ……… 119
好朋友之间没有约定还款时间,就
　　是不需要还了吗? ……… 119
跟好友借款,没有约定利息,还需
　　要支付利息吗? ……… 120
民间借款约定利率有限制吗? ……… 120
个人之间的借款合同在什么情况下
　　才算成立? ……… 120
民间借贷合同无效的情形有哪些? … 120

七、保管合同 ……… 120

没有约定保管费用,可以请求寄存
　　人支付保管费吗? ……… 120
行李保管店改变保管场所致使行李
　　损坏,行李所有人有权要求赔偿
　　损失吗? ……… 121
寄存的行李有特殊性质的,需要告
　　知保管人吗? ……… 121
保管人将行李交给其他人代管造成
　　行李毁坏,应当由谁赔偿损失? … 121
保管人可以使用代为保管的财物吗? … 121
无偿保管人的小疏忽造成保管物损
　　害,也需要赔偿吗? ……… 121
提前提取存储物,可以请求仓库经
　　营人减少价款吗? ……… 121

八、其他合同 ……… 122

因没有通知忽然断电蒙受损失,就
　　只能自认倒霉吗? ……… 122
托运人变更目的地,运货司机可以
　　拒绝吗? ……… 122
遭遇不可抗力致使运送货物毁损的,
　　承运人还用赔偿吗? ……… 122
租来的房屋谁负责维修? ……… 122
汽车租赁期间造成他人损失的,谁
　　负责? ……… 122
对融资租赁合同中的租赁物谁享有
　　所有权? ……… 123

不经定作人同意，承揽人把定作工作转托给第三人，符合法律规定吗？ ………………………………… 123
定作人没有按合同制作衣服，怎么办？… 123
公司可以将承包的建设工程分包给他人吗？ ……………………………… 123
运送人突患重病，可以将运送任务转给其他人完成吗？ ……………… 123
受托人以自己的名义签订合同，委托人应该负责吗？ ………………… 124
受托销售货物，超出约定价格的部分归谁？ ………………………… 124
行纪人可以购买代卖的产品吗？ …… 124
消息灵通人士帮助当事人提供签订合同的机会，当事人需要支付报酬吗？… 124
中介人为促成合同成立隐瞒真实事实，致使委托人遭受重大损失的，应当赔偿吗？ ………………………… 124

中介介绍没有成功的，还要支付中介费吗？ ………………………… 124
未约定保证方式，保证人是否应当承担连带责任？ ………………… 124
同一债务有两个以上保证人的，保证人如何承担保证责任？ ……… 125
没人住的房屋需要交物业管理费吗？… 125
业主给他人设立居住权的，有必要告知物业吗？ ………………… 125
合伙合同未约定利润分配比例的，应如何分配？ ………………… 125
合伙企业的债务，合伙人承担什么责任？ ………………………… 125
保理合同生效后，债务人与债权人进行的清偿是否有效？ ………… 125

第九章　劳动就业篇

一、劳动合同订立与解除 ……… 126

若想成立劳动关系，一定要签订劳动合同吗？没有劳动合同就不能索要报酬吗？ ………………… 126
什么是无固定期限劳动合同？通常什么情况下可以签订？ ………… 126
无固定期限劳动合同等于"铁饭碗"吗？ ………………………… 126
员工家属代签的劳动合同有效吗？ … 127
没有公司公章的劳动合同有效吗？ … 127
劳动者应聘到一家用人单位时，有权知道哪些事项？ ……………… 127
用人单位拒绝签订劳动合同，应当承担什么样的责任？ …………… 127
用人单位要求劳动者交"押金"有没有法律依据？ ………………… 128

从事什么职业的劳动者需要与企业签订竞业限制协议？ …………… 128
用人单位在什么情况下可以雇用童工？… 128
用人单位可否录用"他"而不录用"她"？ ……………………………… 128
签订集体合同是企业的强制性义务吗？ …………………………… 128
劳动合同对劳动报酬和劳动条件约定不明怎么办？ ………………… 129
劳动者谎报学历与用人单位签订的劳动合同效力如何？ …………… 129
什么是劳务派遣？ ……………… 129
劳务派遣，工资由谁支付？ …… 129
劳务派遣公司可以向劳动者收取费用吗？ ………………………… 130
如何确定劳务派遣合同中劳动者的报酬？ ………………………… 130

用人单位与其他单位合并，原劳动
　　合同是否继续有效？ …………… 130
就业协议可以代替劳动合同吗？ …… 130
"口头"变更劳动合同，有法律效力吗？ … 130
什么情况下劳动者可以解除合同？ …… 131
劳动者可以不事先通知用人单位，
　　随时解除劳动合同吗？ ………… 131
试用期内发现劳动者不符合录用条
　　件怎么办？ ……………………… 131
公司单方面解除劳动合同要给员工
　　赔偿吗？ ………………………… 131
劳动者在劳动合同期限内犯罪的，用
　　人单位是否有权解除劳动合同？ … 131
拒绝接受工作安排的劳动者，可以
　　解聘吗？ ………………………… 132
员工合同期间考研究生要支付违约
　　金吗？ …………………………… 132
用人单位可以辞退患精神病的劳动
　　者吗？ …………………………… 132
企业可以辞退即将退休的老员工吗？ … 132
公司能以严重亏损为由与劳动者解
　　除合同吗？ ……………………… 132
什么是经济性裁员？哪些情形适用
　　经济性裁员？ …………………… 133
只约定了竞业限制，但没有约定具
　　体补偿的，劳动者事后还可以要
　　求补偿吗？ ……………………… 133

二、试用期、薪资 ………… 133

试用期内企业与劳动者签订试用合
　　同还是劳动合同？ ……………… 133
试用期可以归零，从头再来吗？ …… 133
劳动者在试用期内有哪些权利？ …… 133
试用期包含在劳动合同期限内吗？ … 134
以完成一定工作任务为期限的劳动
　　合同，可以约定试用期吗？ …… 134
单位可以将新员工的试用期设定为
　　1年吗？ ………………………… 134
酒店员工在试用期内患乙肝，酒店
　　可以与之解除劳动合同吗？ …… 134

在试用期内辞职需要提前多久通知
　　用人单位？ ……………………… 134
见习期满，用人单位可以辞退不合
　　格的毕业生吗？ ………………… 134
试用期内的工资如何计算？ ………… 135
非全日制用工的薪酬如何计算？ …… 135
员工的工资可以低于当地最低工资
　　标准吗？ ………………………… 135
国家规定的福利待遇算在最低工资
　　里吗？ …………………………… 135
用人单位是否有权不经过工会而擅自
　　修改有关工作报酬的规章制度？ … 135
企业"包吃包住"，工人工资可不可
　　以为全厂最低？ ………………… 136
企业在停产期间还应该给工人支付
　　工资吗？ ………………………… 136
企业内待岗富余人员也应该发工资
　　吗？ ……………………………… 136
用人单位可否因为劳动者请假，发
　　放的工资就低于最低工资标准？ … 136
劳动者在什么样的情况下，不劳也
　　可以得？ ………………………… 136
劳动者在涉嫌违法犯罪活动后，用
　　人单位还需要支付工资报酬吗？ … 137
残疾人的工资标准比一般人的要低
　　吗？ ……………………………… 137
国家规定了发工资的具体日期吗？ … 137
发放工资时，可以用实物代替货币
　　吗？ ……………………………… 137
在哪些日子加班可以要求用人单位
　　支付三倍工资？ ………………… 137
女职工怀孕，可以按其工作量发工
　　资吗？ …………………………… 138

三、工作时间、休息休假、劳动
　　安全 ………………………… 138

非全日制用工每天都要工作吗？ …… 138
工作日怎么计算？ …………………… 138
加班要支付加班费吗？ ……………… 138
加班费的计算标准是怎样的？ ……… 139

工人春节期间加班工资如何计算？…… 139
每天加班的时间最长为几个小时？…… 139
劳动者主动要求延长加班时间，用人单位因此延长加班时间的行为是不是合法的？…… 139
用人单位能擅自作出加班决定吗？…… 140
企业在对设备进行紧急检修时能否让职工超时加班？…… 140
企业与职工订立劳动合同让职工加班，合法吗？…… 140
劳动者是否应当就其"加班"承担举证责任？…… 140
工程公司能否自定实行"综合计时工作制"？…… 140
新员工工作才半年可以休年假吗？…… 141
什么是探亲假？…… 141
生产任务重，女职工的产假可以减吗？…… 141
用人单位是否应当给怀孕流产的女职工一定时间的产假？…… 141
我国法律对女职工经期有何特殊保护？…… 141
怀孕女职工禁忌从事的劳动作业有哪些？…… 142
用人单位是否可以安排怀孕女职工上夜班？…… 142
在工作期间休息时受伤，可以算工伤吗？…… 142
工作时间因保护单位利益被他人打伤，可以算作工伤吗？…… 142
下班途中遭遇车祸，算是工伤吗？…… 142
上班时心脏病突发而死，能算作工伤吗？…… 143
因醉酒驾驶而发生车祸受伤，能算作工伤吗？…… 143
工人见义勇为而受到伤害的，能算工伤吗？…… 143
职工因工外出期间发生交通事故，负交通事故全责，还能被认定为工伤吗？…… 143
职工在公司组织的旅游期间意外死亡是否属于工伤？…… 143
职工出差发生意外，是工伤吗？…… 143

四、安全生产与工作纪律…… 144

中央企业安全生产禁令包含哪些内容？…… 144
单位的主要负责人对本单位安全生产工作负有哪些职责？…… 144
与一般劳动合同相比，生产经营单位与职工订立的劳动合同更应当突出哪些事项？…… 144
什么是危险物品？…… 144
什么是重大危险源？…… 144
员工有权对本单位的安全生产提出建议吗？…… 145
奋力参与抢险救护的职工，可以得到公司奖励吗？…… 145
职工在发现危险时可以立即停止作业吗？…… 145
员工发现事故隐患时有报告的义务吗？…… 145
什么是安全生产培训？哪些人员要进行安全生产培训？…… 145
安全生产监督管理部门对企业进行监督检查时，拥有哪些职权？…… 146
企业的生产安全事故被电视台曝光，是对企业利益的侵犯吗？…… 146
用人单位有培训劳动者的义务吗？…… 146
发生生产安全事故后，事故有关人员应该怎么做？…… 146
任何人都有义务支持配合生产安全事故抢救吗？…… 146
生产经营单位将其经营项目发包给不具有相应资质的企业的，会承担什么责任？…… 147
企业员工的行为准则一般有哪些？…… 147
作为企业员工应当保守的商业秘密指的是什么？…… 147

劳动者违反约定的保密义务，需要
　　向用人单位支付违约金吗？…… 147
保管人员可以擅自将公司的会计档
　　案借出吗？…………………… 148
员工利用公司秘密谋取私利，要承
　　担赔偿责任吗？……………… 148
员工可以偷偷在外与其他单位建立
　　劳动关系吗？………………… 148
员工可以雇用他人代为劳动吗？… 148

五、劳动争议解决 …………… 148

公司的总经理与员工的矛盾属于劳
　　动争议吗？…………………… 148
劳动争议可以通过哪些途径解决？… 148
在劳动争议中职工不服公司的处理
　　决定应当怎么办？…………… 149
单位单方面解除劳动关系，劳动者
　　应如何维权？………………… 149
发生劳动争议，当事人可以向哪些
　　调解组织申请调解？………… 149
在劳动争议解决过程中，由谁负举
　　证责任？……………………… 149
当事人可以就哪些调解协议向法院
　　申请支付令？………………… 149

对方当事人没有在法定期限内履行
　　调解协议书，另一方可以直接向
　　法院申请强制执行吗？……… 149
劳动争议仲裁委员会由什么组成？
　　依法履行哪些职责？………… 150
劳动争议仲裁申请书应当载明哪些
　　事项？………………………… 150
劳动争议仲裁的管辖是如何确定的？… 150
参加劳动争议仲裁，可以代理吗？… 150
劳动争议仲裁当事人有申请有关人
　　员回避的权利吗？…………… 150
仲裁庭裁决劳动争议案件，有时间
　　限制吗？……………………… 150
哪些劳动争议适用"一裁终局"？… 151
对于终局裁决就一点办法也没有了
　　吗？…………………………… 151
劳动争议没有经过仲裁，可以直接
　　向法院起诉吗？……………… 151
劳动争议已经提请仲裁，企业能否
　　要求和解？…………………… 151
劳动仲裁裁决生效后员工不执行，
　　公司能够强制执行吗？……… 151
申请劳动仲裁有时间限制吗？…… 152

第十章　社会保险篇

一、相关知识 ………………… 153

什么是社会保险？由谁负责征收？… 153
单位可以从员工工资里扣除保险滞
　　纳金吗？……………………… 153
社会保险个人权益记录的含义是什
　　么？内容是什么？…………… 153
关于社会保险个人权益记录，参保人
　　可以进行查询吗？方法是什么？… 153
如果参保人员对社会保险个人权益
　　记录存在异议，该怎么办？… 154

职工有权知晓社会保险费缴纳明细
　　吗？…………………………… 154
变相交易社会保险个人权益记录的
　　行为违法吗？………………… 154
社保工作人员可以接受参保人员的
　　请客送礼吗？………………… 154
社保中心泄露用户信息犯法吗？… 155
认为社保中心的行为侵犯自己权益
　　的，如何维权？……………… 155

二、养老保险 ………………… 155

自由职业者也可以参加养老保险吗？… 155

养老保险的组成部分是什么？…… 155
未到退休年龄，养老保险金可以提前支取吗？…… 155
在领养老保险金之前丧失劳动能力的，是否可以提前领取已缴纳的养老保险？…… 156
个人养老保险待遇是一成不变的吗？…… 156
退休时，养老保险未缴满15年怎么办？…… 156

三、医疗保险和工伤保险 …… 156

因公受伤后，工伤保险和医疗保险可以一起报吗？…… 156
因为患者有医保，医生是否就能够建议患者全面检查呢？…… 156
离退休人员再就业受伤还可以享受工伤保险待遇吗？…… 157
不配合劳动能力鉴定的员工，工伤待遇会被停止吗？停止后能恢复吗？…… 157
被借调到其他用人单位后受伤的职工由谁负责？…… 157
用人单位不承认工伤的，谁承担举证责任？…… 157
在同一用人单位多次发生工伤，应怎样赔偿？…… 158

四、失业保险、生育保险、住房公积金 …… 158

领取失业保险金须符合哪些条件？…… 158
失业保险金的领取期限有多长？…… 158
失业时还有医保吗？…… 158
职工主动中断就业，还能享受失业保险的待遇吗？…… 158

第十一章　商业保险篇

一、保险合同 …… 159

保险合同属于格式合同吗？…… 159
口头约定的保险合同有效吗？…… 159
什么是保险合同中的霸王条款？…… 159
保险合同可以变更吗？…… 159
保险合同订立后，投保人可以解除吗？…… 159
保险人在哪些情况下可以解除合同？…… 160
保险合同中的宽限期是什么？…… 160
保险合同可以分保吗？…… 160
对保险合同条款有争议的，如何处理？…… 160
保险合同的不可抗辩规则是什么？…… 161
正式保单尚未签发时发生事故，合同是否成立？…… 161
分期付款的保单，合同中止的如何恢复效力？…… 161
故意不告知病史的，保险人是否承担责任？…… 161
保险人是否可以向被保险人提出安全建议？…… 162

二、投保 …… 162

什么是投保人？…… 162
什么是受益人？…… 162
如何判断投保人是否具有保险利益？…… 162
投保人在投保时应该告知被保财产的状况吗？…… 162
申报年龄不实致使多交保费如何处理？…… 163
受益人的人数有数量限制吗？…… 163
如何变更受益人？…… 163
投保人要求解除合同的，是否可以全额退还保费？…… 163
财产价值减少的，是否可以降低保费？…… 163
财产全损获赔后，如何确定权利归属？…… 164

详 目

保险人能否在财产理赔后解除合同？…… 164
投保人未履行如实告知义务，保险人得知真实情况的，是否承担责任？…… 164

三、理赔 …… 164

如何向保险人申请理赔？…… 164
保险理赔都有哪些程序？…… 165
保险事故发生后，投保人员负有通知义务吗？…… 165
保险人不予理赔的，投保人该怎么办？…… 165
财产转让后保险公司还理赔吗？…… 165
保险理赔是否有具体时间的限制？…… 165
被保险人故意犯罪致残，且已交足四年保费的，能否得到赔偿？…… 166
投保后的第3年，被保险人自杀的能否获得理赔？…… 166
未约定保险价值的财产如何赔偿？…… 166
被保险人过失致使保险人不能向第三人求偿的法律后果是什么？…… 166
保险人是否可以向被保险人的子女行使代位求偿权？…… 166

被保险人因保险事故支出的诉讼费，是否可以获得理赔？…… 167

四、保险代理 …… 167

什么是保险代理人？…… 167
什么是保险经纪人？…… 167
一个保险代理人可以同时代理多家保险公司吗？…… 167
保险代理人的欺诈行为，被代理的保险公司应该承担责任吗？…… 167
保险经纪人与保险代理人的区别在哪里？…… 168
保险经纪人是否可以出借业务许可证？…… 168
保险代理人代理权终止的，又以保险人名义订立的合同有效吗？…… 168
未取得保险代理业务许可证经营的，要承担怎样的法律责任？…… 168
保险经纪人违反规定动用保证金的，会被限制营业吗？…… 169

第十二章 创业投资篇

一、企业开立 …… 170

一个人可以建立什么样的企业？…… 170
一个人可以设立几个一人有限责任公司？…… 170
个人独资企业是投资就成立吗？需要哪些法律程序？…… 170
个人独资企业经营得很好，可以设立分支机构吗？…… 170
设立有限责任公司，应当具备哪些条件？…… 171
设立合伙企业，应当具备哪些条件？…… 171
合伙企业中能用劳务作为出资吗？…… 171

"有限责任公司"中，到底谁负有限责任？…… 171
有限责任公司股东如何分红？…… 171
有限责任公司的章程应由谁定？…… 172
有限责任公司章程应当包括哪些内容？…… 172
在取得营业执照前公司可以"试营业"吗？…… 172
中国公民可以和华侨一起成立股份有限公司吗？…… 172
股份有限公司的股份被全部认购，公司就成立了吗？…… 172

在股份有限公司的成立过程中，创立大会行使哪些职权？……172
招股说明书和股东认股书是一样的吗？……173
受疫情影响有点经营不下去了，可以办理歇业吗？……173

二、股东和投资人 ……173

总裁、董事长、总经理、CEO，谁是企业的"法定代表人"？……173
哪些人不得担任公司、非公司企业法人的法定代表人？……173
一直供公司使用的投资人个人的财产，应当包括在公司财产当中吗？……174
股东的合法权益受到损害时，可以抽回投资吗？……174
股东大会只能一年召开一次吗？……174
股东可以委托律师参加股东大会吗？……174
股东有权随时召集股东会吗？……174
股东会行使哪些职权？……174
公司的无记名股票持有人可以要求参加该公司的股东大会吗？……175
公司的财务预算案应当由股东制定吗？……175
约定有经营期限的合伙企业，发生哪些事项时，合伙人可以退伙？……175

三、权利转让 ……175

什么是股权？……175
股东可以自由转让他的企业股权吗？……176
有限责任公司股东的权利可以继承吗？……176
在哪些情况下，股东可以请求公司按照合理的价格收购其股权？……176
股权被法院强制执行时，优先购买权不适用吗？……176
什么是股票？……176
为了简洁，股票上可以只写明公司名称和面额吗？……176
公司发行记名股票的，一定要置备股东名册吗？……177
公司还未正式成立，股东可以拿到股票吗？……177
怎么加入合伙企业？……177
合伙人死亡，他成年的儿子可以代替他成为合伙人吗？……177
合伙人想退出合伙企业，他的债权债务怎么定？……177

四、企业分立与合并 ……178

公司合并是自己的事，可以不通知债权人吗？……178
董事长可以独自裁定公司分立吗？……178
公司分立后，以前的债务谁负责？……178
公司减少注册资本后，还要通知债权人吗？……178
公司的注册资本改变不大，可以不变更登记吗？……178
公司的分公司和子公司一样吗？……179
合伙企业之间可以合并吗？……179

五、企业事务执行 ……179

总经理利用职权为自己谋取私利，使公司损失重大，公司应该怎么办？……179
董事会的决议给公司带来损失，没同意决议并在会议记录上写下异议的董事也应当承担责任吗？……179
普通员工可以成为董事吗？……179
哪些人员不得担任公司的董事、监事、高级管理人员？……180
董事长与总经理可以决定董事的收入吗？……180
小公司可以不设董事会吗？……180
股东可以提议召开董事会临时会议吗？……180
重要董事没有出席的董事会，决议有效吗？……180
董事会依法行使哪些职权？……180

有限责任公司的总经理拥有哪些职
　　权？……………………………… 181
股东大会董事长不能到场，应由谁
　　来主持？……………………………… 181
国有独资公司的董事长可以在其他
　　公司兼职吗？………………………… 181
监事会享有哪些职权？………………… 181
人事部负责人可以制定公司的基本
　　管理制度吗？………………………… 181
个人独资企业就是一个人说了算吗？… 182
合伙人是否可以同本合伙企业进行
　　交易？………………………………… 182
合伙企业中对合伙事务约定了分别
　　执行，那么，超越约定工作权限
　　签订的合同有效吗？………………… 182
合伙人个人负有债务，其债权人能
　　否代位行使该合伙人在合伙企业
　　中的权利，代行合伙事务？………… 182
在个人独资企业中，被聘用的管理
　　人员不得有哪些行为？……………… 183

六、企业合法经营 …………… 183

公司的每一项经济活动都办理会计
　　手续，进行会计核算吗？…………… 183
经理自行涂改会计凭证的误差，符
　　合法律规定吗？……………………… 183
公司可以设置一本"明账"一本
　　"暗账"吗？………………………… 184
公司会计必须取得会计从业资格证
　　书吗？………………………………… 184
企业产品广告中可以冠以"国家级"
　　称号吗？……………………………… 184
药品广告不得含有哪些内容？………… 184
设立户外广告有哪些限制？…………… 184
哪些商品在必要时可以实行政府定价？… 185
新闻单位可以对企业刚刚敲定的价
　　格表进行宣传报道吗？……………… 185
经营者不得有哪些不正当价格行为？… 185
我国法律对企业产品包装上的标识
　　有哪些要求？………………………… 185

明知客户信息来路不正却加以利用，
　　能行吗？……………………………… 185
经营者搞有奖销售活动不得有哪些
　　行为？………………………………… 186
什么是商业贿赂行为？………………… 186
对于商业诋毁行为，会受到怎样的
　　处罚？………………………………… 186
对于互联网经营方面的不正当竞争，
　　《反不正当竞争法》作了怎样的
　　规定？………………………………… 187
有瑕疵的物品也可以拍卖吗？………… 187
拍卖会上最高应价人反悔，怎么办？… 187
招标人采用邀请招标方式的，可以只
　　向两家公司发出邀请招标函吗？…… 187
什么是联合体投标？…………………… 188
证券发行包含哪些方式？……………… 188
公开发行公司债券，需要具备哪些
　　条件？………………………………… 188
普通股民可能会涉嫌内幕交易吗？…… 188
在证券交易中，哪些信息是公司内
　　幕信息？……………………………… 189
什么是票据的无因性？………………… 189
公司能签发预留印鉴的空白支票吗？… 190
票据被盗，可以采取哪些补救措施？… 190
企业为了灵活管理，可以设立两个
　　基本账户吗？………………………… 190
企业资信良好，不提供担保就能贷
　　款吗？………………………………… 190
商业银行可以向关系人发放贷款吗？… 190

七、企业税务管理 …………… 190

什么是税收？其特征有哪些？………… 190
什么是税率？其有哪些主要形式？…… 191
什么是减免税？其措施主要有哪些？… 191
什么是税收抵免？我国是如何进行
　　税收抵免的？………………………… 191
哪些企业需要缴纳企业所得税？……… 192
在计算应纳税额时，公司的损失能
　　从中扣除吗？………………………… 192
对于"专利使用费"应当缴纳什么税？… 192

企业招收部分残疾人，可以减免部分税收吗？ …………………………… 192
什么是小规模纳税人？其计税依据是什么？ ………………………… 192
扣缴义务人是由税务机关指定的吗？ … 193
经营上确有困难，可以申请延期缴纳税款吗？ ………………………… 193
滞纳金又不是税款，税务机关可以强制执行吗？ ……………………… 193
因欠税情况被刊登在当地报纸上而影响商业信誉，税务机关是否应该承担责任？ …………………………… 193
税务机关可以要求纳税人对未到期的税务提供纳税担保吗？ ………… 194
纳税人多缴的税可以要回吗？ ………… 194

八、破产清算 …………………… 194

企业已经严重资不抵债，可以申请破产吗？ ………………………… 194

申请企业破产应该提交什么手续？ …… 194
管理人是由破产企业的高级管理人员组成的吗？ ……………………… 194
哪些人员不能担任管理人？ …………… 195
破产管理人的职责有哪些？ …………… 195
和将破产企业之间互有债务，可以抵销吗？ ………………………… 195
破产费用包括哪些费用？ ……………… 195
第一次债权人会议后，谁有权召集债权人会议？ …………………… 195
债权人委员会依法享有哪些职权？ …… 196
破产企业的出资人可以向人民法院要求重整企业吗？ ………………… 196
债务人可以要求自行管理财产和营业事务吗？ ………………………… 196
破产企业应先付职工的医药费还是国家的税款？ ……………………… 196

第十三章　知识产权篇

一、著作权 …………………………… 197

著作权包含哪些权利？ ………………… 197
作品没有发表就不能受到著作权法的保护吗？ ………………………… 197
淫秽小说能够得到著作权法的保护吗？ ………………………………… 197
法人和其他组织可以享有著作权吗？ … 198
合作作品的著作权如何行使？ ………… 198
作者死亡后，著作权可以作为财产被继承吗？ ………………………… 198
委托创作的作品著作权归谁呢？ ……… 198
匿名作品的著作权归谁享有？ ………… 198
著作权的保护有期限的限制吗？ ……… 198
将他人的作品编入教科书是否要经过作者的同意？ ……………………… 199
职务作品的著作权归谁所有？ ………… 199

购买他人的美术作品是不是就取得了该作品的著作权呢？ …………… 199
对室外陈列的艺术品录像并用于广告宣传是否侵犯著作权？ ………… 199
作品在杂志上发表后，其他杂志社可以转载吗？ ……………………… 200
广播电台、电视台播放他人的作品需要支付报酬吗？ ………………… 200
一稿多投符合法律规定吗？ …………… 200
广告中产品介绍与其他公司的产品介绍雷同，是对其著作权的侵犯吗？ … 200

二、专利权 …………………………… 200

专利权包含哪些内容？ ………………… 200
专利权的保护期限是多久？ …………… 201
哪些人可以成为发明人或者设计人呢？ … 201
受托完成的发明创造专利权归谁呢？ … 201

已经转让的专利被宣告无效后如何
　　处理转让费？……………………… 201
职务发明创造的发明人享有哪些权
　　利呢？……………………………… 202
法律对于专利申请中的优先权，是
　　怎样规定的？……………………… 202
先用权人的权利是否应该受到法律
　　的保护？…………………………… 202
专利权人将专利许可他人使用后，
　　被许可人可以将该专利许可给第
　　三人实施吗？……………………… 203
专利权一定要缴纳年费吗？………… 203

三、商标权 …………………………… 203

自然人可以申请商标吗？…………… 203
只有商品的通用名称，能注册为商
　　标吗？……………………………… 203

企业的注册商标被其他企业注册为
　　域名，怎么办？…………………… 204
两个人在相同产品上申请注册的商
　　标相同或者相似的，谁能够获得
　　注册商标权呢？…………………… 204
商标必须经过注册才能使用吗？…… 204
他人已经取得专利权的外观设计可
　　以被用来作为商标申请注册吗？… 204
商标注册申请被驳回时，申请人如
　　何救济？…………………………… 204
不使用注册商标的话商标会被撤销
　　吗？………………………………… 205
商标使用许可合同未经备案是否生
　　效？………………………………… 205
在不知情的情况下销售侵犯商标专
　　用权商品的行为是否构成侵权？… 205
注册商标专用权可以用来质押吗？… 205

第十四章　违法犯罪篇

一、刑罚与责任 ……………………… 206

被公众唾弃的行为可以成立犯罪吗？… 206
情节严重就处罚重吗？……………… 206
年满多少岁，要负刑事责任？……… 206
精神病人故意灌醉自己让自己发病，
　　实施的犯罪行为应受惩罚吗？…… 207
盲人犯罪，可以从轻处罚吗？……… 207
构成犯罪主观上需要什么条件？什
　　么是故意和过失？………………… 207
意外事故造成损害后果，构成犯罪
　　吗？………………………………… 207
路上遭遇劫匪，将其打晕是正当防
　　卫吗？……………………………… 208
将入室行窃的小偷杀死，是正当防
　　卫吗？……………………………… 208
什么是无过当防卫？………………… 208
被人追杀的途中将别人的小汽车强
　　行开走，要负刑事责任吗？……… 208

准备作案工具但还没有实施犯罪，
　　需要负刑事责任吗？……………… 209
杀人没杀成，也构成犯罪吗？……… 209
行为人中途停止了犯罪行为，犯罪
　　还成立吗？………………………… 209
什么是共同犯罪？…………………… 209
对犯罪集团头目的处罚比其他犯罪
　　分子重吗？………………………… 209
从犯处罚时跟主犯一样吗？………… 210
被胁迫参加犯罪，就不用处罚了吗？… 210
教唆犯教唆未遂，是否仍旧构成犯
　　罪？………………………………… 210
犯罪分子支付了罚金就不用赔偿被
　　害人经济损失了吗？……………… 210
什么是管制？被判处管制后应当如
　　何执行？…………………………… 210
对未成年人可以判处死刑吗？……… 211
判了无期徒刑的犯罪分子是不是还
　　享有政治权利呢？………………… 211

被判处没收财产的,以前的债务还
需要偿还吗? ………………… 211
已经被逮捕的犯罪嫌疑人还能成立
自首吗? …………………… 211
罪犯立功的可以减轻处罚吗? …… 212
一人同时实施了数个犯罪行为,该
如何处罚? ………………… 212
在监狱服刑期间表现良好,就可以
减刑吗? …………………… 212
什么是缓刑?哪些情形适用缓刑? … 213
对被宣告缓刑的犯罪分子要做哪些
处置和安排? ……………… 213
服刑期间表现良好就可以被假释吗? … 213
罪犯被假释后就不会再执行原判刑
罚了吗? …………………… 213
过了追诉时效就对犯罪分子不追究
了吗? ……………………… 214

二、侵犯人身权的犯罪 …… 214

逼迫他人自杀的构成故意杀人罪吗? … 214
与不满14周岁的幼女自愿发生性关
系的构成强奸罪吗? ………… 214
负有照护职责人员与15岁的女孩发
生性关系的,要负刑事责任吗? … 214
犯猥亵儿童罪,要判多少年? …… 215
为了索要债务将他人关起来的,构
成何罪? …………………… 215
为勒索财物偷盗婴幼儿的,构成何
罪? ………………………… 215
拐卖妇女、儿童的,要承担怎样的
刑事责任? ………………… 215
收买被拐卖的妇女、儿童,也构成
犯罪吗? …………………… 215
逼迫通奸者游行造成受害人自杀的,
构成何罪? ………………… 216
刑讯逼供造成他人重伤的,构成何
罪? ………………………… 216

三、侵犯财产权的犯罪 …… 216

入户抢劫,就会加重处罚吗? …… 216

多次偷东西,但是涉及的钱财不多,
也会构成犯罪吗? …………… 216
盗接通信线路的行为也构成犯罪吗? … 217
抢夺时怀里揣着刀但是没有用,构
成什么罪? ………………… 217
捡到他人遗忘的物品拒不交还,构
成犯罪吗? ………………… 217
拾得他人存折冒领存款的行为构成
何罪? ……………………… 217
私营企业中,员工私自挪用公司钱
财的,可能构成什么罪? …… 218
伪称自己被绑架敲诈父母钱财的行
为如何定性? ……………… 218
毁坏他人财物的是否构成犯罪吗? … 218
老板拒不给付员工工资的,可能构
成犯罪吗? ………………… 218

四、扰乱社会秩序的犯罪 …… 219

暴力妨害国家工作人员执行公务构
成何罪? …………………… 219
冒充警察收保护费构成何罪? …… 219
冒名顶替上大学,构成何罪? …… 219
编造虚假疫情消息,可能构成犯罪
吗? ………………………… 219
高空抛物,也可能构成犯罪吗? … 219
聚众"打砸抢",致人伤残、死亡的
构成何罪? ………………… 219
经常威胁、打骂他人的构成犯罪吗? … 220
参加黑社会又杀人的,构成一罪还
是多罪? …………………… 220
"恶搞"国歌,有可能构成犯罪吗? … 220
侮辱英烈,有可能构成犯罪吗? … 220
聚众赌博的是否构成犯罪? ……… 221
证人作伪证陷害他人是否构成犯罪? … 221
替他人隐藏犯罪所得赃物是否构成
犯罪? ……………………… 221
为罪犯通风报信构成何罪? ……… 221
医务人员不负责任,造成病人死亡
的构成犯罪吗? …………… 221

利用未成年人贩卖毒品的要加重处
　　罚吗? ………………………………… 222
贩卖淫秽书籍和光盘，也构成犯罪
　　吗? …………………………………… 222

五、侵犯公共安全的犯罪 ………… 222

放火烧自己家的房屋，也构成放火
　　罪吗? ………………………………… 222
在传染病流行期间，已出现症状但
　　拒绝隔离而传染多人的，会承担
　　刑事责任吗? ………………………… 222
犯妨害传染病防治罪的，要面临怎
　　样的处罚? …………………………… 223
偷窃刹车装置构成什么罪? …………… 223
私藏枪支需要承担刑事责任吗? ……… 223
司机撞死人就构成交通肇事罪吗? …… 223
指使肇事司机逃逸，构成犯罪吗? …… 224
疯狂飙车也可能构成犯罪吗? ………… 224
乘客抢夺公交司机方向盘，可能构
　　成犯罪吗? …………………………… 224

六、破坏经济活动的犯罪 ………… 224

恶意透支信用卡构成何罪? …………… 224
签订合同后携款潜逃构成何罪? ……… 224

制造车祸骗取保险金构成何罪? ……… 225
进行虚假纳税申报构成何罪? ………… 225
提供虚假的财会报告，构成犯罪吗? … 225
烧毁会计账册会构成故意销毁会计
　　凭证罪吗? …………………………… 226
为黑社会组织的非法收益提供资金
　　账户的是否构成犯罪? ……………… 226
非法传销也构成犯罪吗? ……………… 226
未经授权在产品上使用他人专利，
　　是假冒专利罪吗? …………………… 227
什么是逃避商检罪? 如何处罚? ……… 227

七、国家公职人员犯罪 …………… 227

私分国有财产的，构成什么罪? ……… 227
有查禁犯罪活动职责的国家工作人
　　员帮助犯罪分子逃避处罚的，构
　　成什么罪? …………………………… 227
国家公务人员在签订合同时，由于
　　失职而被骗的，构成犯罪吗? ……… 228
国有企业工作人员侵吞国有财产的，
　　是否构成贪污罪? …………………… 228
国家工作人员拒不交代巨额财产来
　　源的构成犯罪吗? …………………… 228

第十五章　行政篇

一、行政许可 ………………………… 229

什么是行政许可? 哪些事项可以设
　　定行政许可? ………………………… 229
哪些事项可以不设定行政许可? ……… 229
公民在行政许可中有要求国家机关
　　举行听证会的权利吗? ……………… 229
听证是不是实施行政许可的必经程
　　序? …………………………………… 229
行政机关举办的听证会应按什么样
　　的程序进行? ………………………… 230

DM广告申请经营许可证，可以转让
　　吗? …………………………………… 230
企业可以根据实际经营情况，对其
　　具体事项进行变更吗? ……………… 230
行政许可收费吗? 所收取的费用是
　　不是行政收费? ……………………… 230
年检时，市场监督管理局或税务局
　　会主动到企业进行各项检查吗? …… 231
面对行政机关要求提供的与行政许
　　可申请事项无关的资料，申请人
　　可否拒绝? …………………………… 231

行政机关做出授予行政许可的决定受到时间限制吗？ …… 231
公民隐瞒事实骗取行政许可的，行政机关可以如何处理该行政许可？ …… 231
行政机关可以改变已经生效的行政许可吗？ …… 232
行政许可被撤回，被许可人的权益如何维护？ …… 232
行政机关需要对申请人说明不授予其行政许可的理由吗？ …… 232

二、行政处罚 …… 232

什么是行政处罚？其包含哪些类型？ …… 232
对一个违法行为能否给予两次罚款处罚？ …… 233
地方性法规可不可以设定限制人身自由的行政处罚？ …… 233
被处罚人有权要求执法人员回避吗？ …… 233
其他公民拍摄的司机违章照片可以作为行政处罚的依据吗？ …… 233
行政处罚后，再收集证据合法吗？ …… 233
行政处罚中没收的财产可以折抵刑事处罚中的罚金吗？ …… 234
行政机关当场收缴罚款却不出具罚款收据的，当事人能否拒绝缴纳？ …… 234
事隔两年，行政机关还可以作出行政处罚吗？ …… 234
被处罚人逾期履行行政处罚，行政机关有权采取哪些措施？ …… 234
对行政处罚不服的，可以怎么办？ …… 234

三、治安管理处罚 …… 234

凡是行政机关都可以实施治安管理处罚吗？ …… 234
派出所有权作出行政处罚决定吗？ …… 235
公安机关扣押公民物品时，可以不制作扣押清单吗？ …… 235
公安机关是不是有权力作出吊销营业执照的行政处罚？ …… 235
行政处罚前，行政机关有义务告知被处罚人吗？ …… 235
喝酒喝醉后违反治安管理的，是否应当受到处罚？ …… 235
疫情防控期间，在网上转发不实消息，可能面临怎样的处罚？ …… 235
违法行为造成严重后果与没有造成严重后果的，在处罚上有何不同？ …… 236
警察可以随意检查公民的住宅吗？ …… 236
公安机关调查案件收集证据时可以采取威胁、引诱、欺骗的手段吗？ …… 236
在什么样的情况下，公安机关可以当场收缴罚款？ …… 236
当场收缴罚款怎样进行呢？ …… 236
变卖被查封扣押的汽车是合法的行为吗？ …… 236
公安机关在办理治安案件时，在什么情况下应当举行听证？ …… 237

四、行政强制 …… 237

什么是行政强制？ …… 237
行政强制的种类有哪些？ …… 237
行政强制措施等同于行政强制执行措施吗？ …… 237
自然灾害或事故发生时，相关政府可以采取哪些措施？ …… 238

五、行政复议 …… 238

行政复议是怎么回事？ …… 238
公民可以就哪些事项申请行政复议？ …… 238
公民对于行政机关针对民事纠纷作出的行政调解，可不可以提起行政复议？ …… 239
能针对"会议纪要"提起行政复议吗？ …… 239
申请复议时，应该向哪些机关提出？ …… 239

六、信访 …… 240

什么是信访？ …… 240
可以进行"口头"信访吗？ …… 240

信访事项正在审查过程中的，信访
　　人还能向其上级再上访吗？……… 240
进行走访的，应注意什么？………… 240
信访人在信访过程中不能有哪些行
　　为？……………………………… 240
对信访处理结果不服的怎么办？…… 241
信访人捏造事实诬告他人要承担什
　　么责任？………………………… 241
信访工作人员有吃拿卡要、作风粗
　　暴、给被检举人通风报信等行为
　　的，应受到哪些处罚？………… 241

七、国家公证 ……………………… 241

哪些事项可以到公证机关公证？…… 241

公司可以依据公证的债权文书要求
　　法院强制执行吗？……………… 242
对合同公证时，公证处会重点审查
　　哪些内容？……………………… 242

八、国家赔偿 ……………………… 242

国家赔偿的条件有哪些？…………… 242
行政赔偿的范围包括哪些？………… 242
国家赔偿中，侵犯公民人身自由的
　　赔偿数额如何计算？…………… 243
国家赔偿中，侵害公民生命健康权
　　的赔偿数额如何计算？………… 243
侵犯公民财产权的，如何赔偿？…… 243

第十六章　诉讼篇

一、民事诉讼 ……………………… 244

民事诉讼可以在线进行吗？………… 244
民事起诉应该具备什么条件？……… 244
什么是民事起诉状？如何书写民事
　　起诉状？………………………… 244
打官司如何聘请律师？聘请律师有
　　哪些好处？……………………… 245
民事案件应该到哪个法院去起诉？
　　原告住所地法院还是被告住所地
　　法院？…………………………… 245
因不动产纠纷提起的诉讼如何确定
　　管辖？…………………………… 245
专利纠纷案件归哪些法院管辖？…… 246
对被宣告失踪的人，原告应该向哪
　　个法院提起离婚诉讼？………… 246
对于合同纠纷，除了原告住所地和
　　被告住所地外，还有哪些法院可
　　能有管辖权？…………………… 246
"住所地"和"经常居住地"如何界定？… 246

已经离婚的定居在国外的中国公民，
　　就国内财产分割起诉的，应该去
　　哪里的法院？…………………… 247
向被告送起诉状副本时，若被告拒
　　绝接收，怎么办？……………… 247
如何行使管辖权异议的权利？……… 247
如何书写管辖权异议书？…………… 247
离婚案件当事人可以申请不公开审
　　理吗？…………………………… 248
对同一个具体的民事案件，法院最
　　多能够审理几次？……………… 248
在民事诉讼中，一般由哪一方当事
　　人承担举证责任？……………… 248
当事人可以随便申请人民法院调取
　　证据吗？………………………… 248
遛狗时，狗把别人咬伤，狗主人需
　　要承担举证责任吗？…………… 248
哪些人可以作为证人？……………… 249
无民事行为能力人提供的证言可以
　　作为证据使用吗？……………… 249
证人可以仅向法院提供证人证言而
　　不出庭作证吗？………………… 249

证据可能会遭到损毁该怎么办？……… 249
偷拍偷录的视听资料是合法的证据
　吗？…………………………………… 249
逾期举证会导致什么样的后果？…… 249
持有证据拒不交出会导致什么后果？… 250
什么是诉讼中财产保全？法律对其
　有哪些规定？………………………… 250
申请预予执行需要什么条件？又适
　用于哪些情形？……………………… 250
诉讼费用应当由谁承担？……………… 251
开庭时，被告不到庭，法院如何处
　理？…………………………………… 251
在诉讼过程中，一方当事人死亡，
　案件如何处理？……………………… 251
经过法院调解达成的协议具有法律
　效力吗？……………………………… 251
什么是反诉，该诉求提出后与原案
　件合并审理吗？……………………… 251
什么是简易程序？什么样的案件适
　用简易程序？………………………… 252
提起上诉需要满足什么条件？………… 252
当事人不服一审判决，如何提交上
　诉状？………………………………… 252
什么是民事上诉状？如何书写民事
　上诉状？……………………………… 252
当事人申请再审的，应当符合哪些
　情形？………………………………… 253
申请再审的期限是多长？……………… 254
检察院可以要求法院对已经生效的
　判决进行重审吗？…………………… 254
哪些情形下可以申请支付令？………… 254
申请强制执行的条件、期限是什么？… 254
被执行财产在外地，应该委托哪个
　法院执行？…………………………… 255

二、刑事诉讼 255

什么样的刑事案件可以由当事人自
　己提起诉讼？………………………… 255
一个案子在经两级法院审判以后，
　还有机会得到上一级法院的重新
　审理吗？……………………………… 255
哪些案件必须公开审理？哪些案件
　不得公开审理？……………………… 255
哪些案件由中级人民法院进行一审
　呢？…………………………………… 256
法官审理水平不高，能成为申请法
　官回避的事由吗？…………………… 256
可否申请对方当事人提供的证人回
　避？…………………………………… 256
犯罪嫌疑人如何获得律师帮助？……… 256
在刑事诉讼中，是不是一定得请律
　师担任辩护人？……………………… 257
一名被告人最多可以委托多少辩护
　人？…………………………………… 257
律师在审查起诉阶段可以为委托人
　做什么？……………………………… 257
法院可在被告人没有辩护律师的情
　况下直接审理并判他死刑吗？……… 258
取保候审是怎么回事？………………… 258
可不可以在犯罪行为发生后一周，
　才将犯罪嫌疑人扭送至公安局？…… 258
在正常情况下，公安局最长可以拘
　留犯罪嫌疑人多少天？……………… 258
刑事附带民事诉讼是否可以提起精
　神损害赔偿？………………………… 259
侦查阶段，律师是否享有调查取证权？… 259
一个案件上诉至上一级法院以后，
　上一级法院对于该案件可以作出
　哪些判决？…………………………… 259
被告人上诉，二审法院可以加重其
　刑罚吗？……………………………… 259
对于被判处死刑的罪犯，什么情形
　下可以"刀下留人"？………………… 260
对死刑犯可以"游街示众"吗？……… 260
什么是监外执行？哪些人适用监外
　执行？………………………………… 260
犯罪嫌疑人被抓后如实供述自己的
　罪行，是否真能被宽大处理？……… 261

认罪认罚具结书是怎么回事? …… 261
什么是速裁程序? ……………… 261
速裁程序不得适用于哪些情形? … 261

三、行政诉讼 ………………… 261

行政机关可以阻止人民法院受理行
　政案件吗? ………………………… 261
行政诉讼中,双方当事人的法律地位
　平等吗? …………………………… 262
行政案件可跨区管辖吗? ………… 262
行政诉讼的受案范围有哪些? …… 262
对于哪些事即便提起行政诉讼,法
　院也不会受理? …………………… 262

谁有权提起行政诉讼? …………… 262
认为多个机关作出的同一行政行为
　侵犯自己合法权益的,可以一起
　告吗? ……………………………… 263
行政诉讼中,哪些人可以担任诉讼
　代理人? …………………………… 263
在行政诉讼中,应当由谁承担举证
　责任? ……………………………… 263
提起行政诉讼之前都需要先申请行
　政复议吗? ………………………… 263

第一章 基本权益保障篇

一、人身权

父母可以为干涉女儿婚姻而将女儿锁在家中吗？

答：我国《宪法》第37条规定，公民的人身自由不受侵犯。任何公民，非经人民检察院批准或者决定或者人民法院决定，并由公安机关执行，不受逮捕。据此，任何机关、团体或者个人，未经法律许可，随意限制他人的人身自由都是违法的。父母也不可以因干涉女儿婚姻自由而将女儿锁在家中。

公民被逮捕，需要由哪个机关批准，并由哪个机关执行？

答：逮捕是对公民人身自由的剥夺，因此，对于国家机关逮捕权的行使，必须进行限制。我国《宪法》第37条规定："中华人民共和国公民的人身自由不受侵犯。任何公民，非经人民检察院批准或者决定或者人民法院决定，并由公安机关执行，不受逮捕……"从本条的规定可以看出，检察院在审查提起公诉过程中以及法院在审理案件过程中，有权决定逮捕。此外，对于公安机关拘留了公民之后向检察院提请批准逮捕，检察院审理后认为符合逮捕条件的，应当批准逮捕。需要注意的是，不管是由检察院批准或者决定，还是人民法院决定的逮捕，都由公安机关执行。

他人的人格尊严可以侵犯吗？

答：我国《宪法》第38条规定："中华人民共和国公民的人格尊严不受侵犯。禁止用任何方法对公民进行侮辱、诽谤和诬告陷害。"由此可见，我国《宪法》保护公民的人格尊严，他人的人格尊严依法不容侵犯。

人格尊严权到底包括哪些内容？

答：从我国宪法和法律的规定来看，人格尊严的基本内容包括：（1）公民享有姓名权。公民有权决定、使用和依照法律规定改变自己的姓名，禁止他人干涉、盗用。对公民姓名权的侵犯就是对公民人格尊严的侵犯。（2）公民享有肖像权。肖像权是人形象的客观记录，是公民人身的派生物。（3）公民享有名誉权。名誉权是公民人格权的重要组成部分，是公民要求社会和他人对自己的人格尊严给予尊重的权利。（4）公民享有荣誉权。荣誉权是指公民对国家社会给予的褒扬享有的不可侵犯的权利，如因对社会的贡献而得到的荣誉称号、奖章、奖金等。（5）公民享有隐私权。隐私是公民个人生活中不想为外界所知的事，他人不得非法探听、传播公民的隐私。

个人隐私被他人泄露时如何维护自身权益？

答：每个人都有一部分私人信息不愿让别人知道，公民的隐私权是受法律保护的。《民法典》第1032条规定："自然人享有隐私权。任何组织或者个人不得以刺探、侵扰、泄露、公开等方式侵害他人的隐私权。隐私是自然人的私人生活安宁和不愿为他人知晓的私密空间、私密活动、私密信息。"由此可知，我国法律明确规定了隐私权，如果公民的隐私权受到侵犯，可以通过法律途径维护自己的合法权益，或者先通过协商的方式让侵权人停止侵权并赔礼道歉，如果协商行不通再通过找第三方介入调解或者诉讼的方式来解决。对于侵权人来说，不仅要停止泄露他人的隐私，还要承担赔礼道歉、赔偿损失等法律责任。

用身高限制应聘者是否侵犯公民平等权？

答：我国《宪法》第33条第2款规定："中华人民共和国公民在法律面前一律平等。"平等不仅是一项原则，也是一项权利。企业在招聘时，当岗位的工作性质没有对身高有特殊要求时，却给予了身高在某标准之下的公民以差别对待，就构成了对这些公民的歧视，从而侵犯了他们的平等权。

二、政治权利和自由

哪些人享有选举权和被选举权？

答：我国《宪法》第34条规定："中华人民共和国年满十八周岁的公民，不分民族、种族、性别、职业、家庭出身、宗教信仰、教育程度、财产状况、居住期限，都有选举权和被选举权；但是依照法律被剥夺政治权利的人除外。"此外，我国《全国人民代表大会和地方各级人民代表大会选举法》第4条规定："中华人民共和国年满十八周岁的公民，不分民族、种族、性别、职业、家庭出身、宗教信仰、教育程度、财产状况和居住期限，都有选举权和被选举权。依照法律被剥夺政治权利的人没有选举权和被选举权。"由此我们可以看出，享有选举权与被选举权，只需要符合三个条件，一是具有我国国籍，二是年满18周岁，三是没有被依法剥夺政治权利。

城市中的外来打工者有选举权吗？

答：在我国，只要是年满18周岁的中华人民共和国公民，不分民族、种族、性别、职业、家庭出身、宗教信仰、教育程度、财产状况、居住期限，都有选举权和被选举权。这充分体现了我国选举的普遍性和广泛性。而城市中的外来打工者，只要具有我国国籍、年龄超过18周岁且没有被依法剥夺政治权利，都拥有选举权和被选举权，不能以其在城市中没有户口或者没有暂住证为由而剥夺其选举权利。

被判处有期徒刑的犯罪分子，享有选举权与被选举权吗？

答：根据我国《宪法》第34条和《全国人民代表大会和地方各级人民代表大会选举法》第4条的规定，依照法律被剥夺政治权利的人没有选举权和被选举权。至于被判处有期徒刑的犯罪分子能不能享有选举权与被选举权，则需要看他有没有被剥夺政治权利。如果被剥夺了政治权利，则不享有选举权与被选举权；如果没有被剥夺，那么尽管被判处有期徒刑，同样可以享有选举权与被选举权。

公民的言论自由权是无限制的吗？

答：我国《宪法》赋予了公民言论自由权，但《宪法》第51条同时规定，公民在行使自由和权利的时候，不得损害国家的、社会的、集体的利益和其他公民合法的自由和权利。由此可见，公民的言论自由权不是无限制的，只有依法行使的言论自由才是真正的自由。

游行示威是随随便便就可以进行的吗？

答：我国《宪法》赋予了公民游行、示威的自由，但游行示威不是随随便便就可以进行的。根据《集会游行示威法》的规定，公民要举行游行示威活动，须提前向公安机关提出申请，得到批准后方可按规定的时间及路线举行游行示威活动。未经公安机关批准，或者没有按照公安机关许可的目的、方式、标语、口号、起止时间、地点、路线等进行的，其间出现危害公共安全或者严重破坏社会秩序情况的，均属违法。游行示威要和平地进行，不得携带武器、管制刀具和爆炸物，不得使用暴力或者煽动使用暴力，不得违反治安管理法规及《刑法》的规定。如果在游行示威活动中出现了违反法律的行为，当事人要依法承担相应的责任。

宗教信仰自由在宪法中是如何规定的？

答：宗教信仰自由权是公民生活中一项很重要的权利。我国《宪法》第36条规定："中华人民共和国公民有宗教信仰自由。任何国家机关、社会团体和个人不得强制公民信仰宗教或者不信仰宗教，不得歧视信仰宗教的公民和不信仰宗教的公民。国家保护正常的宗教活动。任何人不得利用宗教进行破坏社会秩序、损害公民身体健康、妨碍国家教育制度的活动。宗教团体和宗教事务不受外国势力的支配。"由此，公民有信教或者不信的自由，有信仰这种宗教或者信仰那种宗教的自由，有信仰同宗教中的这个教派和那个教派的自由，有过去信教现在不信或者过去不信教而现在信教的自由。当然，公民在从事宗教活动时，必须遵守国家法律，尊重他人的合法权益，服从社会整体利益的要求。任何人不得利用宗教进行破坏社会秩序、损害公民身体健康、妨碍国家教育制度的活动。

可以强迫某人信教吗？

答：我国《宪法》第36条第1款、第2款规定："中华人民共和国公民有宗教信仰自由。任何国家机关、社会团体和个人不得强制公民信仰宗教或者不信仰宗教，不得歧视信仰宗教的公民和不信仰宗教的公民。"由此可见，信教是一个人的权利，也是自由，不受任何人的强迫，他人也不可以强迫某人信教。

宪法是否保护公民的举报权？

答：我国《宪法》第41条规定："中华人民共和国公民对于任何国家机关和国家工作人员，有提出批评和建议的权利；对于任何国家机关和国家工作人员的违法失职行为，有向有关国家机关提出申诉、控告或者检举的权利，但是不得捏造或者歪曲事实进行诬告陷害。对于公民的申诉、控告或者检举，有关国家机关必须查清事实，负责处理。任何人不得压制和打击报复。由于国家机关和国家工作人员侵犯公民权利而受到损失的人，有依照法律规定取得赔偿的权利。"从本条的规定可以看出，我国宪法对公民的举报权，是给予充分保护的。

三、经济、社会、文化权利

公民的住宅能随便搜查吗？

答：我国《宪法》第39条规定："中华人民共和国公民的住宅不受侵犯。禁止非法搜查或者非法侵入公民的住宅。"由此可见，公民的住宅是不能随便搜查的。此外，搜查是公安机关、人民检察院在办理刑事案件过程中采取的一种侦查措施，其必须按照法律规定的程序进行。

"私闯民宅"在宪法上是如何规定的?

答：民宅，也就是我们的家，是我们生活、学习和工作的最重要的场所。我国《宪法》第39条明确规定："中华人民共和国公民的住宅不受侵犯。禁止非法搜查或者非法侵入公民的住宅。"由此我们可以看出，公民的住宅是不受侵犯的，没有按照法定程序私闯民宅是违法的行为。即便是公安机关在调查案件的时候，也必须持有搜查令，才可以进入公民住宅。

老师可以以了解学生的思想动向为由，私自拆看学生的信件吗?

答：通信是人们日常生活中不可缺少的联系方法，通信自由是公民的一项基本的民主权利，因此，我国《宪法》第40条明确规定保护公民的通信自由和通信秘密。隐匿、毁弃、非法拆开他人信件都是对公民民主权利的侵犯，即使是老师，也无权对学生的信件私自拆看或者扣留。侵犯他人通信自由与通信秘密情节严重构成犯罪的，还要承担相应的刑事责任。

法院可以为了审理刑事案件而私拆被告的信件吗?

答：在现实生活中，法院在审理刑事案件时，可能被告的某封信件对于案件的定性有极为重要的作用，甚至是唯一的线索。那么，在这种情况下，法院有权私拆被告的这封信件，以对被告判处刑罚吗？我国《宪法》第40条规定："中华人民共和国公民的通信自由和通信秘密受法律的保护。除因国家安全或者追查刑事犯罪的需要，由公安机关或者检察机关依照法律规定的程序对通信进行检查外，任何组织或者个人不得以任何理由侵犯公民的通信自由和通信秘密。"由此可见，公民的通信自由和通信秘密是受到宪法保护的。有权对通信进行检查的机关，只有公安机关或者检察机关，并且只有在因国家安全或者追查刑事案件时，方可依照法定程序进行。所以，法院是没有权力私拆被告的信件的。

女大学生会因怀孕而被学校开除吗?

答：我国《宪法》第46条第1款明确规定："中华人民共和国公民有受教育的权利和义务。"受教育权是我国宪法赋予公民的一项基本权利，法律没有规定发生婚前性行为就要被剥夺受教育权。女大学生不会因怀孕而被学校开除。

第二章　人身利益篇

一、人身伤害

电扇漏电致人身亡，责任由谁承担？

答：我国《民法典》第1203条规定："因产品存在缺陷造成他人损害的，被侵权人可以向产品的生产者请求赔偿，也可以向产品的销售者请求赔偿。产品缺陷由生产者造成的，销售者赔偿后，有权向生产者追偿。因销售者的过错使产品存在缺陷的，生产者赔偿后，有权向销售者追偿。"由此可见，产品责任是一种民事连带责任，产品责任的受害者可以直接向产品的制造者请求赔偿，也可以向产品的销售者请求赔偿，即请求赔偿的选择权属于受害者。产品的制造者或产品的销售者，承担赔偿责任之后，可再向有过错的直接责任者追偿。

公路塌陷成坑致行人受损，责任由谁承担？

答：我国《民法典》第1258条第1款规定："在公共场所或者道路上挖掘、修缮安装地下设施等造成他人损害，施工人不能证明已经设置明显标志和采取安全措施的，应当承担侵权责任。"由此可知，我国法律对地面施工人责任的分配为在地面施工期间造成的损失由施工人负责。施工人在公共场所或者道路上挖掘、修缮、安装地下设施，应当设置明显标志和采取安全措施，如果没有采取相关措施造成他人损害的，施工人应当承担侵权责任。一般情况下对于公路等公共设施倒塌致人损害的，应当由相关具体施工人承担责任。另外《民法典》第1258条第2款还规定："窨井等地下设施造成他人损害，管理人不能证明尽到管理职责的，应当承担侵权责任。"说明窨井等地下设施造成他人损害的，管理人要承担证明责任，如果不能证明自己尽到了管理义务则要承担侵权责任。

动物被他人饲养致人损害，受害者应向谁要求赔偿？

答：我国《民法典》第1245条规定："饲养的动物造成他人损害的，动物饲养人或者管理人应当承担侵权责任；但是，能够证明损害是因被侵权人故意或者重大过失造成的，可以不承担或者减轻责任。"由此可见，如果在动物的饲养人和管理人不一致的情况下，发生动物致人损害的，应由实际的管理人承担责任。因此，动物被他人饲养致人损害，受害者应向管理人要求赔偿。

花盆从楼上坠落砸伤路人，谁承担赔偿责任？

答：我国《民法典》第1253条规定："建筑物、构筑物或者其他设施及其搁置物、悬挂物发生脱落、坠落造成他人损害，所有人、管理人或者使用人不能证明自己没有过错的，应当承担侵权责任。所有人、管理人或者使用人赔偿后，有其他责任人的，有权向其他责任人追偿。"由此可见，花盆从楼上坠落砸伤路人，花盆的所有人、管理人或使用人在不能证明自己没有过错的情况下，应当承担赔偿责任，之后可以向其他责任人追偿。

风把路边的树枝吹断砸伤行人，应当由谁承担责任？

答：我国《民法典》第1257条规定："因林木折断、倾倒或者果实坠落等造成他人损害，林木的所有人或者管理人不能证明自己没有过错的，应当承担侵权责任。"也就是说，风把路边的树枝吹断砸伤行人，如果树木的所有人或者管理人不能证明自己没有过错，就应当承担赔偿责任。

打伤正在对自己行凶的歹徒，应该赔偿医疗费吗？

答：我国《民法典》第181条规定："因正当防卫造成损害的，不承担民事责任。正当防卫超过必要的限度，造成不应有的损害，正当防卫人应当承担适当的民事责任。"由此可见，打伤正在对自己行凶的歹徒属于法律规定的正当防卫，且采取的防卫行为适当，没有超出必要限度的，就不属于侵权行为，也无须承担民事法律责任。

民用核设施发生事故致人损害的，由谁承担赔偿责任？

答：根据《民用核设施安全监督管理条例》第2条和第24条的规定，"民用核设施"包括：核动力厂，如核电厂、核热电厂、核供汽供热厂等；核动力厂以外的其他反应堆，如研究堆、实验堆、临界装置等；核燃料生产、加工、贮存及后处理设施等。"核事故"是指核设施内的核燃料、放射性产物、废料或运入运出核设施的核材料所发生的放射性、毒害性、爆炸性或其他危害性事故，或一系列事故。对于民用核设施发生事故致人损害的，根据我国《民法典》第1237条的规定，应由民用核设施的营运单位承担侵权责任，但能够证明损害是因战争、武装冲突、暴乱等情形或者受害人故意造成的，不承担责任。

被飞机上掉下的物品砸伤，由谁赔偿？

答：本问题涉及民用航空器侵权的法律问题。依据《民用航空法》第5条的规定，民用航空器是指除用于执行军事、海关、警察飞行任务外的航空器。民用航空器所造成的损害，依据《民法典》第1238条的规定，应由民用航空器的经营者承担侵权责任，但能够证明损害是因受害人故意造成的除外。此外，《民用航空法》第157条第1款也规定：因飞行中的民用航空器或者从飞行中的民用航空器上落下的人或者物，造成地面（包括水面，下同）上的人身伤亡或者财产损害的，受害人有权获得赔偿。由此说明，民用航空器在飞行中对他人造成伤害，受害人有权提起赔偿要求，航空器的经营人也应当承担侵权责任。但值得注意的是，《民用航空法》第157条第1款还特别规定：所受损害并非造成损害的事故的直接后果，或者所受损害仅是民用航空器依照国家有关的空中交通规则在空中通过造成的，受害人无权要求赔偿。

煤气罐爆炸伤人，谁负责赔偿？

答： 本问题涉及危险物侵权责任承担的法律问题。根据我国《民法典》第1239条的规定，占有或者使用易燃、易爆、剧毒、高放射性、强腐蚀性、高致病性等高度危险物造成他人损害的，占有人或者使用人应当承担侵权责任；但是，能够证明损害是因受害人故意或者不可抗力造成的，不承担责任。被侵权人对损害的发生有重大过失的，可以减轻占有人或者使用人的责任。煤气罐中是液化气体，极其易燃易爆，其爆炸伤人的侵权责任，适用上述法律规定。

失足掉下地铁站台而受伤，可以要求地铁部门赔偿吗？

答： 本问题涉及危险作业的法律问题。我国《民法典》第1240条规定："从事高空、高压、地下挖掘活动或者使用高速轨道运输工具造成他人损害的，经营者应当承担侵权责任；但是，能够证明损害是因受害人故意或者不可抗力造成的，不承担责任。被侵权人对损害的发生有重大过失的，可以减轻经营者的责任。"使用高速运输工具属于危险作业，但对于受害人因此造成的伤害，其经营人并不一定都应当承担侵权责任。失足掉下地铁站台而受伤，如果证明损害是由受害人故意所为或是因为不可抗力造成的，地铁部门可以不承担侵权责任。被侵权人对损害的发生有重大过失的，可以减轻地铁部门的责任。

小孩捡雷管被炸伤，谁负责赔偿？

答： 本问题涉及危险物管理的法律问题。凡具有爆炸、易燃、毒害、腐蚀、放射性等危险性质，在运输、装卸、生产、使用、储存、保管过程中，于一定条件下能引起燃烧、爆炸，导致人身伤亡和财产损失等事故的化学物品，都具有高度危险性，其所有人、管理人应妥善管理。我国《民法典》第1241条规定："遗失、抛弃高度危险物造成他人损害的，由所有人承担侵权责任。所有人将高度危险物交由他人管理的，由管理人承担侵权责任；所有人有过错的，与管理人承担连带责任。"据此可知，高度危险物的所有人、管理人应尽妥善管理的义务，如有遗失、抛弃等行为，并造成他人损害的，要承担侵权责任。小孩捡雷管被炸伤，遗弃雷管的人应当依法承担侵权责任。

非法占有的易燃物烧伤他人，谁承担责任？

答： 本问题涉及非法占有危险物致人损害的侵权责任的问题。我国《民法典》第1242条规定："非法占有高度危险物造成他人损害的，由非法占有人承担侵权责任。所有人、管理人不能证明对防止非法占有尽到高度注意义务的，与非法占有人承担连带责任。"以上规定说明，在被非法占有状态下的危险物造成他人损害，非法占有人是危险物的直接使用人，对该危险物实行事实的管理关系，因此由该非法占有人承担民事责任。但是与此同时，高度危险物的所有人、管理人应当对危险物尽到高度注意的义务，如果所有人、管理人不能证明自己对防止他人非法占有尽到高度注意义务，则所有人、管理人存在过错，应与非法占有人承担连带赔偿责任。

"摩的"为避免罚款给他人造成损害，应当承担赔偿责任吗？

答： 我国《民法典》第182条规定："因紧急避险造成损害的，由引起险情发生的人承担民事责任。危险由自然原因引起的，紧急避险人不承担民事责任，可以给予适当补偿。紧急避险采取措施不当或者超过必要的限度，造成不应有的损害的，紧急避险人应当承担适当的民事责任。"紧急避险是为了使国家、公共利益、本人或者他人的人身、财产和其他权利免受正在发生的危险，不得已采取的紧急避险行为。也就是说紧急避险的构成要件之一须是合法权益遭受紧急危险，而"摩的"非法运营为躲避处罚而致人损害，其所保护的利益不具有合法性，因此不构成紧急避险，必须赔偿受害人的损失。

雇员侵犯他人合法权益后，雇主是否承担相应的责任？

答：当雇员在工作中致使他人受到损害后，责任是由雇员承担，还是雇主承担，抑或是雇员与雇主共同承担？对此问题，我国《民法典》第1191条第1款有明确规定，用人单位的工作人员因执行工作任务造成他人损害的，由用人单位承担侵权责任。用人单位承担侵权责任后，可以向有故意或者重大过失的工作人员追偿。需要注意的是，雇主承担责任的前提是雇员"因执行工作任务"而侵权，如果不是因为这个原因，则不涉及雇主承担责任的问题。

雇员在工作过程中人身遭他人损害应当如何维护自身权益？

答：对此问题，我国《民法典》第1192条第1款规定，个人之间形成劳务关系，提供劳务一方因劳务造成他人损害的，由接受劳务一方承担侵权责任。接受劳务一方承担侵权责任后，可以向有故意或者重大过失的提供劳务一方追偿。提供劳务一方因劳务受到损害的，根据双方各自的过错承担相应的责任。

劳务派遣员工惹事，受害人如何要求赔偿？

答：本问题涉及劳务派遣人员的侵权责任由谁承担的法律问题。劳务派遣是指由劳务派遣机构与派遣劳工订立劳动合同，由派遣劳工向实际用工单位给付劳务，劳动合同关系存在于劳务派遣机构与派遣劳工之间，但劳动力给付的事实则发生于派遣劳工与实际用工单位之间。劳务派遣的最显著特征就是劳动力的雇佣和使用分离。对于劳务派遣人员的侵权责任由谁承担的法律问题，我国《民法典》第1191条第2款规定："劳务派遣期间，被派遣的工作人员因执行工作任务造成他人损害的，由接受劳务派遣的用工单位承担侵权责任；劳务派遣单位有过错的，承担相应的责任。"由此可知，劳务派遣人员在工作中造成他人损害的侵权责任一般由实际用工单位承担，如果劳务派遣单位有过错，其承担相应的责任。

给人帮忙的过程中造成他人损害，应由谁承担责任？

答：根据《最高人民法院关于审理人身损害赔偿案件适用法律若干问题的解释》第4条的规定，无偿提供劳务的帮工人，在从事帮工活动中致人损害的，被帮工人应当承担赔偿责任。被帮工人承担赔偿责任后向有故意或者重大过失的帮工人追偿的，人民法院应予支持。被帮工人明确拒绝帮工的，不承担赔偿责任。

给别人帮忙造成自己受伤，责任由谁来担？

答：根据《最高人民法院关于审理人身损害赔偿案件适用法律若干问题的解释》第5条的规定，无偿提供劳务的帮工人因帮工活动遭受人身损害的，根据帮工人和被帮工人各自的过错承担相应的责任；被帮工人明确拒绝帮工的，被帮工人不承担赔偿责任，但可以在受益范围内予以适当补偿。帮工人在帮工活动中因第三人的行为遭受人身损害的，有权请求第三人承担赔偿责任，也有权请求被帮工人予以适当补偿。被帮工人补偿后，可以向第三人追偿。

孩子们共同玩耍中一人受伤，但不知谁是加害人，应该向谁要求赔偿？

答：本问题涉及共同危险行为侵权后的责任承担问题。所谓共同危险行为，是指数人实施的危险行为都有对他人造成损害的可能，但不知数人中何人造成实际的损害。共同危险行为中，法律推定每个行为人都是致人损害的行为人，并对这些行为负责。但是，如果行为人能够证明自己的行为与损害结果之间不存在因果关系，则可以免责。如我国《民法典》第1168条规定："二人以上共同实施侵权行为，造成他人损害的，应当承担连带责任。"

承揽人在从事承揽活动过程中致人损害应由谁负责？

答：根据《民法典》第1193条的规定，承揽人在完成工作过程中造成第三人损害或者自己损害的，定作人不承担侵权责任。但是，定作人对定作、指示或者选任有过错的，应当承担相应的责任。

对子女的监护权受到侵犯时如何保护自己的合法权益？

答：《最高人民法院关于确定民事侵权精神损害赔偿责任若干问题的解释》第2条规定："非法使被监护人脱离监护，导致亲子关系或者近亲属间的亲属关系遭受严重损害，监护人向人民法院起诉请求赔偿精神损害的，人民法院应当依法予以受理。"据此，监护权非经法定程序，任何人不得剥夺。对于任何非法剥夺公民监护权的行为，公民均可以依法追究其民事责任。监护权只能在出现法定事由的情况下，由人民法院依法定程序剥夺。

暂时没有意识之时伤人，是否承担侵权责任？

答：根据我国《民法典》第1190条第1款的规定，完全民事行为能力人对自己的行为暂时没有意识或者失去控制造成他人损害有过错的，应当承担侵权责任；没有过错的，根据行为人的经济状况对受害人适当补偿。但值得注意的是，当事人对自己的行为暂时没有意识或者失去控制，且在此状态下进行了侵权行为，首先要对其进行精神病鉴定，如果经法定程序鉴定确认，当事人属于精神病而且当时确实无法控制自己的行为，则依照无民事行为能力人的相关规定对其进行侵权责任追究。

二、人身自由与名誉保护

错误逮捕人应当如何赔偿？

答：我国《国家赔偿法》第2条规定："国家机关和国家机关工作人员行使职权，有本法规定的侵犯公民、法人和其他组织合法权益的情形，造成损害的，受害人有依照本法取得国家赔偿的权利……"对于因警察抓错人而给受害人家人及其本人造成生活上的影响以及人身、财产上的损害，受害人可以要求公安机关公开赔礼道歉，恢复其名誉并赔偿损失。

如何认定侵犯公民肖像权的行为？

答：根据我国《民法典》第1019条的规定，任何组织或者个人不得以丑化、污损，或者利用信息技术手段伪造等方式侵害他人的肖像权。未经肖像权人同意，不得制作、使用、公开肖像权人的肖像，但是法律另有规定的除外。未经肖像权人同意，肖像作品权利人不得以发表、复制、发行、出租、展览等方式使用或者公开肖像权人的肖像。

合理实施哪些行为的，可以不经肖像权人同意？

答：根据我国《民法典》第1020条的规定，合理实施下列行为的，可以不经肖像权人同意：（1）为个人学习、艺术欣赏、课堂教学或者科学研究，在必要范围内使用肖像权人已经公开的肖像；（2）为实施新闻报道，不可避免地制作、使用、公开肖像权人的肖像；（3）为依法履行职责，国家机关在必要范围内制作、使用、公开肖像权人的肖像；（4）为展示特定公共环境，不可避免地制作、使用、公开肖像权人的肖像；（5）为维护公共利益或者肖像权人合法权益，制作、使用、公开肖像权人的肖像的其他行为。

人死之后，肖像权也一并消失了吗？

答：我国《民法典》第994条规定，死者的姓名、肖像、名誉、荣誉、隐私、遗体等受到侵害的，其配偶、子女、父母有权依法请求行为人承担民事责任；死者没有配偶、子女且父母已经死亡的，其他近亲属有权依法请求行为人承担民事责任。由此可见，人死亡后，虽然人格权主体不复存在，但是其姓名、肖像、名誉、荣誉、隐私、遗体等受法律保护。

半张脸也有肖像权吗？

答：根据我国《民法典》规定，自然人享有肖像权。任何组织或者个人不得以丑化、污损，或者利用信息技术手段伪造等方式侵害他人的肖像权。未经肖像权人同意，不得制作、使用、公开肖像权人的肖像，但是法律另有规定的除外。未经肖像权人同意，肖像作品权利人不得以发表、复制、发行、出租、展览等方式使用或者公开肖像权人的肖像。肖像是指自然人的外部形象通过一定的形式在客观上再现所形成的作品。如果半张脸能够反映某人的面部特征，即一般人都能认出是谁，尽管只显示半张脸，仍然是肖像的再现，因此具有肖像权。侵犯了肖像权，就应依法承担民事责任。

公益团体有肖像权吗？

答：我国《民法典》第1018条第1款规定，自然人享有肖像权，有权依法制作、使用、公开或者许可他人使用自己的肖像。也就是说只有自然人才享有基于肖像而产生的各项权利。所以，作为公益团体不具备肖像权的构成要件，也就不具有肖像权。

他人冒用你的姓名怎么办？

答：我国《民法典》第1012条规定，自然人享有姓名权，有权依法决定、使用、变更或者许可他人使用自己的姓名，但是不得违背公序良俗。第1014条规定，任何组织或者个人不得以干涉、盗用、假冒等方式侵害他人的姓名权或者名称权。由此可见，他人冒用你的姓名，是对你姓名权的侵犯，你有权要求其承担民事责任，如停止侵害、排除妨碍、消除危险、消除影响、恢复名誉、赔礼道歉、赔偿损失等。

身份证被他人骗去办理信用卡，可以要求加害人赔偿吗？

答：姓名是公民个人区别于其他人的特殊符号，是一个人的自身标志，受到法律保护。我国《民法典》第1014条规定，任何组织或者个人不得以干涉、盗用、假冒等方式侵害他人的姓名权或者名称权。身份证被人骗去办理信用卡，是其姓名权被盗用的表现。被侵权人有权要求侵权人停止侵害，排除妨碍，恢复名誉，消除影响，赔礼道歉，并可以要求赔偿因盗用行为产生的其他损失。

店名与人名一样有权利吗？

答：根据我国《民法典》第1013条的规定，法人、非法人组织享有名称权，有权依法决定、使用、变更、转让或者许可他人使用自己的名称。姓名是自然人区别于他人的文字符号，名称是法人、个体工商户、个人合伙区别于其他个人和组织的文字符号。因此，店名也和人名一样享有受法律保护的权利。

个人名誉受损时如何维护自身合法权益？

答：根据我国《民法典》第1024条的规定，名誉是对民事主体的品德、声望、才能、信用等的社会评价。民事主体享有名誉权。任何组织或者个人不得以侮辱、诽谤等方式侵害他人的名誉权。名誉权受法律保护。当个人名誉受损时，可以向法院提起诉讼，要求侵权人承担相应的民事责任，如停止侵害、排除妨碍、消除危险、消除影响、恢复名誉、赔礼道歉、赔偿损失等。

死者享有名誉权吗？

答：侵害死者名誉权往往直接影响到死者近亲属的名誉和其他利益，所以保护死者名誉的实质作用在于保护其近亲属的利益。我国《民法典》第994条规定，死者的姓名、肖像、名誉、荣誉、隐私、遗体等受到侵害的，其配偶、子女、父母有权依法请求行为人承担民事责任；死者没有配偶、子女且父母已经死亡的，其他近亲属有权依法请求行为人承担民事责任。

被人在网上发帖诋毁，可以要求赔偿吗？

答：根据我国《民法典》第1024条第1款的规定，民事主体享有名誉权。任何组织或者个人不得以侮辱、诽谤等方式侵害他人的名誉权。在网上发帖诋毁他人，已经构成了对他人名誉权的侵犯。被侵权人可以向人民法院提起诉讼，要求侵权人承担如停止侵害、排除妨碍、消除危险、消除影响、恢复名誉、赔礼道歉、赔偿损失等民事责任。

宣扬他人离婚多次，是否侵犯隐私权？

答：根据我国《民法典》第1032条的规定，自然人享有隐私权。任何组织或者个人不得以刺探、侵扰、泄露、公开等方式侵害他人的隐私权。隐私是自然人的私人生活安宁和不愿为他人知晓的私密空间、私密活动、私密信息。而感情生活与婚姻状况是个人私事中核心的部分，是公民的隐私。宣扬他人离婚多次，从而使得周围的人都知道了他人感情生活不顺的事实，给他人造成精神上的痛苦，已构成对他人隐私权的侵犯，应当依法承担侵权责任。

用望远镜窥探别人家的活动构成侵权吗？

答：公民的隐私受到法律保护，其他任何人都不得非法侵犯。根据《民法典》第1033条第2项的规定，除法律另有规定或者权利人明确同意外，任何组织或者个人不得进入、拍摄、窥视他人的住宅、宾馆房间等私密空间。用望远镜窥探别人家的活动，构成了对他人全家隐私权的侵犯，属于违法行为，被侵权人有权要求其承担相应的民事责任。

妻子偷拍丈夫与情人在一起的照片是否侵犯隐私权？

答：我国法律保护公民的隐私权，但其前提是该隐私内容应当是合法的。因为我国法律只保护合法利益，并不保护非法利益。因此，如果某一个内容或情况虽然为他人个人所有，并不愿他人知晓，但其实质上违反了法律规定，则并不能构成法律中所保护的隐私，所有人也不能主张隐私权。如某人有配偶而与他人同居，既违反了法律的规定，同时也是对夫妻互相忠实义务的背弃。那么，其配偶跟踪其及其情人，并偷拍他们的行为属于维护自身合法权益的行为，并不构成对他们隐私权的侵犯。

第三章 生老病死篇

一、出生与死亡

孩子的法定出生日期怎样确定？有何意义？

答：我国《民法典》第15条规定，自然人的出生时间和死亡时间，以出生证明、死亡证明记载的时间为准；没有出生证明、死亡证明的，以户籍登记或者其他有效身份登记记载的时间为准。有其他证据足以推翻以上记载时间的，以该证据证明的时间为准。由此可知，认定公民出生日期的标准首先为出生证明，其次为户籍登记等。通常情况下，人们不太重视出生日期到底是哪一天，但是在某些特定的情形下，却是差一天也不行。比如《民法典》中对公民的民事行为能力及对结婚年龄的规定、《全国人民代表大会和地方各级人民代表大会选举法》中对选举权与被选举权的规定、《刑法》中对未成年人减轻或免除法律责任的年龄界限等，都是以周岁来计算的，而且具体到出生日期，这时确定的出生日期就显得意义重大。

怎样为非婚生子女办理户口？

答：一般出生婴儿落户由婴儿父亲或母亲持户口簿、身份证及婴儿出生证明向婴儿母亲或父亲常住户口所在地派出所办理出生登记，公安户籍管理部门依据生育服务证或出生证明原件办理新生儿落户登记，婴儿落户可随父随母。凡无生育服务证或出生证明者，一律不予办理落户手续。而在非婚生子女上户口的问题上，具体解决方法各地方各有不同。

孩子一定要随父姓吗？

答：根据我国《民法典》第1015条的规定，孩子应当随父姓或者母姓，但是有法定情形的，可以在父姓和母姓之外选取姓氏。也就是说，孩子不一定要跟随父姓。需要提醒父母的是，名字毕竟只是一个符号，关键是培养孩子成才，如果仅仅为孩子跟谁的姓而闹得夫妻不和、家庭不睦，则有些得不偿失。

新生儿能够接受赠与吗？

答：能否成为赠与合同的当事人，涉及的是公民权利能力的法律范畴，而不是行为能力的法律关系。我国《民法典》第13条规定："自然人从出生时起到死亡时止，具有民事权利能力，依法享有民事权利，承担民事义务。"因此，新生儿具有民事权利能力，依法享有民事权利，自然可以接受赠与。

胎儿有没有继承权？

答：我国《民法典》第13条规定："自然人从出生时起到死亡时止，具有民事权利能力，依法享有民事权利，承担民事义务。"第16条还特别规定："涉及遗产继承、接受赠与等胎儿利益保护的，胎儿视为具有民事权利能力。但是，胎儿娩出时为死体的，其民事权利能力自始不存在。"

第1155条规定："遗产分割时，应当保留胎儿的继承份额。胎儿娩出时是死体的，保留的份额按照法定继承办理。"《最高人民法院关于适用〈中华人民共和国民法典〉总则编若干问题的解释》第4条规定："涉及遗产继承、接受赠与等胎儿利益保护，父母在胎儿娩出前作为法定代理人主张相应权利的，人民法院依法予以支持。"可见，公民的民事权利能力，始于出生，终于死亡，所以尚在腹中的胎儿在一般情况下，是不具有民事权利能力的。但是正常情况下胎儿终有一天是会出生的，为了保全胎儿出生后的合法权利，我国民法典对胎儿的继承权作出了特殊规定，即保留胎儿的继承权，这是"权利能力始于出生"的例外。但是，胎儿出生时就已经死亡的除外。

宣告死亡的条件是什么？

答：根据我国《民法典》第46条的规定，自然人有下列情形之一的，利害关系人可以向人民法院申请宣告该自然人死亡：（1）下落不明满4年；（2）因意外事件，下落不明满2年。因意外事件下落不明，经有关机关证明该自然人不可能生存的，申请宣告死亡不受2年时间的限制。

谁有权申请宣告死亡？

答：根据我国《民法典》第46条的规定，利害关系人可以向人民法院申请宣告符合条件的自然人死亡。这里的利害关系人，根据《最高人民法院关于适用〈中华人民共和国民法典〉总则编若干问题的解释》第16条的规定，包括被申请人的配偶、父母、子女，以及依据《民法典》第1129条规定对被申请人有继承权的亲属。同时，符合下列情形之一的，被申请人的其他近亲属，以及依据民法典第1128条规定对被申请人有继承权的亲属也应当认定为这里的利害关系人：（1）被申请人的配偶、父母、子女均已死亡或者下落不明的；（2）不申请宣告死亡不能保护其相应合法权益的。此外，被申请人的债权人、债务人、合伙人等民事主体不能认定为这里的利害关系人，但是不申请宣告死亡不能保护其相应合法权益的除外。

宣告死亡能被撤销吗？

答：我国《民法典》第50条规定："被宣告死亡的人重新出现，经本人或者利害关系人申请，人民法院应当撤销死亡宣告。"由此可见，宣告死亡是能够被撤销的。

被宣告死亡期间实施的民事行为有效吗？

答：我国《民法典》第49条规定："自然人被宣告死亡但是并未死亡的，不影响该自然人在被宣告死亡期间实施的民事法律行为的效力。"因此，被宣告死亡期间实施的民事行为是有效的。

被宣告死亡人的死亡日期如何确定？

答：根据《民法典》第48条的规定，被宣告死亡的人，人民法院宣告死亡的判决作出之日视为其死亡的日期；因意外事件下落不明宣告死亡的，意外事件发生之日视为其死亡的日期。

被宣告死亡后"复活"，其婚姻关系如何处理？

答：根据《民法典》第51条的规定，被宣告死亡的人的婚姻关系，自死亡宣告之日起消除。死亡宣告被撤销的，婚姻关系自撤销死亡宣告之日起自行恢复，但是，其配偶再婚或者向婚姻登记机关书面声明不愿意恢复的除外。

被宣告死亡人的子女被他人收养，死亡宣告被撤销后能将孩子要回吗？

答：根据《民法典》第 52 条的规定，被宣告死亡的人在被宣告死亡期间，其子女被他人依法收养的，在死亡宣告被撤销后，不得以未经本人同意为由主张收养关系无效。由此可见，被宣告死亡人的子女被他人收养，死亡宣告被撤销后不能当然将孩子要回，要听取收养人和被收养人的意见。

被宣告死亡的人"复活"，被他人恶意侵占的财产还能要回吗？

答：《民法典》第 53 条第 2 款规定："利害关系人隐瞒真实情况，致使他人被宣告死亡而取得其财产的，除应当返还财产外，还应当对由此造成的损失承担赔偿责任。"由此可见，被宣告死亡的人"复活"，被他人恶意侵占的财产不仅能够要回，还可以要求其赔偿损失。

被宣告死亡后又"复活"，被继承的房产还能要回吗？

答：根据《民法典》第 53 条第 1 款的规定，"被撤销死亡宣告的人有权请求依照本法第六编取得其财产的民事主体返还财产；无法返还的，应当给予适当补偿"。由此可见，被宣告死亡后又"复活"，已被继承的房产能否要回，关键是看此房屋是否还在"当时继承人"的名下，如果已被转卖，那么只能就卖房所得的款项进行补偿。

村民可以占用耕地修建坟墓吗？

答：根据我国《殡葬管理条例》第 10 条第 1 款的规定，禁止在下列地区建造坟墓：（1）耕地、林地；（2）城市公园、风景名胜区和文物保护区；（3）水库及河流堤坝附近和水源保护区；（4）铁路、公路主干线两侧。由此可见，村民是不可以占用耕地修建坟墓的。

制造或者销售纸人纸马等迷信殡葬用品，是非法的吗？

答：我国《殡葬管理条例》第 17 条规定："禁止制造、销售封建迷信的丧葬用品。禁止在实行火葬的地区出售棺材等土葬用品。"该法第 22 条还规定："制造、销售不符合国家技术标准的殡葬设备的，由民政部门会同工商行政管理部门责令停止制造、销售，可以并处制造、销售金额 1 倍以上 3 倍以下的罚款。制造、销售封建迷信殡葬用品的，由民政部门会同工商行政管理部门予以没收，可以并处制造、销售金额 1 倍以上 3 倍以下的罚款。"由此可见，制造或者销售纸人纸马等迷信殡葬用品是非法行为，会受到相应的处罚。

对于农村随便土葬的行为，民政部门可以强制火化吗？

答：根据我国《殡葬管理条例》第 13 条等条款的规定，火化遗体必须凭公安机关或者国务院卫生行政部门规定的医疗机构出具的死亡证明，由殡仪馆、火葬场或殡仪服务站承办，即使是运送遗体，也必须进行必要的技术处理，确保卫生，防止污染环境。整个过程都应该按照严格的程序进行，包括民政局在内的其他组织均没有权利火化尸体。由此，对于农村随便土葬的行为，民政部门自己是不可以强制火化的，必须履行法定的程序。

二、继承

是不是死者留下的财产都可以作为遗产继承呢？

答：我国《民法典》第 1122 条规定：

"遗产是自然人死亡时遗留的个人合法财产。依照法律规定或者根据其性质不得继承的遗产，不得继承。"由此可见，遗产是公民死亡时遗留的个人合法财产，如果是非法获得的财产，或者非法财产，则不能作为遗产继承。

故意杀害父亲，还能继承父亲的遗产吗？

答：我国《民法典》第1125条第1款第1项规定："继承人有下列行为之一的，丧失继承权：（一）故意杀害被继承人；……"《最高人民法院关于适用〈中华人民共和国民法典〉继承编的解释（一）》第7条规定："继承人故意杀害被继承人的，不论是既遂还是未遂，均应当确认其丧失继承权。"由此可见，只要继承人故意杀害被继承人的，就一概丧失继承权，并且只要继承人出于故意杀害的目的，不管达到目的与否，都将丧失继承权，不能继承遗产了。

拒绝赡养老人的不孝子，有权继承财产吗？

答：我国《民法典》第1125条第1款第3项明确规定："继承人有下列行为之一的，丧失继承权：……（三）遗弃被继承人，或者虐待被继承人情节严重；……"由此可见，继承人遗弃被继承人的，或者严重虐待被继承人的，丧失继承权。

遗弃老人后悔改，并且得到老人的原谅，能够继承老人的遗产吗？

答：《民法典》第1125条第2款规定："继承人有前款第三项至第五项行为，确有悔改表现，被继承人表示宽恕或者事后在遗嘱中将其列为继承人的，该继承人不丧失继承权。"其中所指的"第三项"为"遗弃被继承人，或者虐待被继承人情节严重"。由此可见，如果继承人严重虐待被继承人或者遗弃被继承人之后有悔改表现并采取积极措施补救，并且得到了被虐待人、被遗弃人的谅解的，不丧失继承权。

正在服刑的劳教人员有继承权吗？

答：根据我国《民法典》第1125条第1款的规定，继承人有下列行为之一的，丧失继承权：（1）故意杀害被继承人；（2）为争夺遗产而杀害其他继承人；（3）遗弃被继承人，或者虐待被继承人情节严重；（4）伪造、篡改、隐匿或者销毁遗嘱，情节严重；（5）以欺诈、胁迫手段迫使或者妨碍被继承人设立、变更或者撤回遗嘱，情节严重。而对于正在服刑的劳教人员是否有继承权，要分不同的情况区别对待。如果继承人是因为《民法典》第1125条中所列罪行入狱服刑的，依法丧失继承权。如果是因为触犯其他法律入狱的，则仍然享有继承权。

篡改遗嘱就丧失继承权了吗？

答：我国《民法典》第1125条第1款第4项明确规定："继承人有下列行为之一的，丧失继承权：……（四）伪造、篡改、隐匿或者销毁遗嘱，情节严重；……"根据《最高人民法院关于适用〈中华人民共和国民法典〉继承编的解释（一）》第9条的规定，继承人伪造、篡改、隐匿或者销毁遗嘱，侵害了缺乏劳动能力又无生活来源的继承人的利益，并造成其生活困难的，应当认定为"情节严重"。由此可见，继承人伪造、篡改、隐匿或者销毁遗嘱，只有达到情节严重的才丧失继承权。此外，即便情节严重，但是继承人确有悔改表现，被继承人表示宽恕或者事后在遗嘱中将其列为继承人的，该继承人也不丧失继承权。

为争夺遗产杀害其他继承人，还有权继承遗产吗？

答：我国《民法典》第1125条第1款第2项规定："继承人有下列行为之一的，丧失继承权：……（二）为争夺遗产而杀害其他继承人；……"由此可见，当继承人为了争夺遗产而杀害其他继承人的，法律会剥夺其继承遗产的权利，使其不得继承被继承人的遗产，以此来约束各继承人不得为了自己的私利而侵害其他继承人的生命权。

虐待、打骂父母的子女还有继承权吗？

答：根据我国《民法典》第1125条第1款第3项的规定，虐待被继承人情节严重的，丧失继承权。同时，根据该条第2款的规定，如果继承人确有悔改表现，被继承人表示宽恕或者事后在遗嘱中将其列为继承人的，该继承人不丧失继承权。可见，虐待、打骂父母的子女，情节严重，丧失继承权，如果其确实悔改并且得到被继承人原谅的，还有继承权。此外，关于情节严重的认定，根据《最高人民法院关于适用〈中华人民共和国民法典〉继承编的解释（一）》第6条规定，继承人是否符合"虐待被继承人情节严重"，可以从实施虐待行为的时间、手段、后果和社会影响等方面认定。虐待被继承人情节严重的，不论是否追究刑事责任，均可确认其丧失继承权。

女儿出嫁就失去继承父母遗产的资格了吗？

答：我国《民法典》第1126条明确规定，继承权男女平等。因此，无论是儿子还是女儿，已婚还是未婚，都有继承父母遗产的权利。女儿是不会因出嫁就失去继承父母遗产的资格的。

"私生子"有继承权吗？

答：根据我国《民法典》第1071条第1款的规定，非婚生子女享有与婚生子女同等的权利，任何组织或者个人不得加以危害和歧视。这里所说的"同等的权利"，包括继承权。《民法典》第1127条第3款对此进行了进一步的明确，规定子女包括婚生子女、非婚生子女、养子女和有扶养关系的继子女。由此可见，"私生子"有继承权。

"过继"子女有继承权吗？

答：根据《民法典》第1127条第3款的规定，子女享有继承权，子女包括婚生子女、非婚生子女、养子女和有扶养关系的继子女。由此，"过继"子女与"过继"父母形成扶养关系的，有继承权；如系封建性质的"过继"或"立嗣"，没有形成扶养关系的，不能享有继承权。

什么是法定继承？法定继承的顺序是怎样的？

答：法定继承又称无遗嘱继承，是在被继承人没有对其遗产的处理立有遗嘱的情况下，由法律直接规定继承人的范围、继承顺序、遗产分配原则的一种继承方式。《民法典》第1127条根据继承人和被继承人之间的婚姻关系、血缘关系、收养关系以及扶养关系，对法定继承人的继承顺序作了明确规定。第一顺序继承人有：配偶、子女（包括婚生子女、非婚生子女、养子女和有扶养关系的继子女）、父母（包括生父母、养父母和有扶养关系的继父母）。第二顺序继承人有：兄弟姐妹（包括同父母的兄弟姐妹、同父异母或同母异父的兄弟姐妹、养兄弟姐妹和有扶养关系的继兄弟姐妹）、祖父母、外祖父母。继承开始后，由第一顺序继承人继承，第二顺序继承人不继承。没有第一顺序继承人的，再由第二顺序继承人继承。

同母异父的兄弟之间可以彼此继承遗产吗？

答：我国《民法典》第1127条明确规定："遗产按照下列顺序继承：（一）第一顺序：配偶、子女、父母；（二）第二顺序：兄弟姐妹、祖父母、外祖父母。……本编所称兄弟姐妹，包括同父母的兄弟姐妹、同父异母或者同母异父的兄弟姐妹、养兄弟姐妹、有扶养关系的继兄弟姐妹。"由此可见，兄弟姐妹之间是可以彼此继承遗产的，在不存在第一顺序继承人的情况下，同母异父的兄弟姐妹之间是可以彼此继承遗产的。

养父母能够继承养子的遗产吗？

答：我国《民法典》第1127条规定："遗产按照下列顺序继承：（一）第一顺序：配偶、子女、父母……本编所称父母，包括生父母、养父母和有扶养关系的继父母……"由此可见，父母作为子女的第一顺序继承人，不但包括生父母，还包括养父母和有扶养关系的继父母。在收养关系存续期间，养父母是能够继承养子的遗产的。

侄子可以继承大伯的遗产吗？

答：在《民法典》颁布前，我国继承制度中的代位继承只发生在直系亲属之间，即孙子女辈代替先去世的父母辈来继承祖父母辈的财产。《民法典》颁布后，将"侄、甥"纳入了代位继承的范围。我国《民法典》第1128条规定："被继承人的子女先于被继承人死亡的，由被继承人的子女的直系晚辈血亲代位继承。被继承人的兄弟姐妹先于被继承人死亡的，由被继承人的兄弟姐妹的子女代位继承。代位继承人一般只能继承被代位继承人有权继承的遗产份额。"举个例子来说，甲的大伯终身没有结婚，没有配偶和子女，父母也都去世了，只有一个弟弟，但先于其去世。那么，当大伯死亡时，其弟弟的孩子就可以代位继承遗产。可以说，《民法典》的规定，更符合中华民族的传统，有利于家庭范围内亲情的维系和财富的传承。

儿媳在什么情况下可以作为继承人继承公婆遗产呢？

答：我国《民法典》第1129条规定："丧偶儿媳对公婆，丧偶女婿对岳父母，尽了主要赡养义务的，作为第一顺序继承人。"由此可见，只要丧偶儿媳对公婆尽了主要赡养义务，或者丧偶女婿对岳父母尽了主要赡养义务的，都可以视同子女一样，作为第一顺序继承人继承公婆或者岳父母的遗产。

子女继承遗产的份额必须均等吗？

答：根据我国《民法典》第1130条的规定，同一顺序继承人继承遗产的份额，一般应当均等。对生活有特殊困难又缺乏劳动能力的继承人，分配遗产时，应当予以照顾。对被继承人尽了主要扶养义务或者与被继承人共同生活的继承人，分配遗产时，可以多分。有扶养能力和有扶养条件的继承人，不尽扶养义务的，分配遗产时，应当不分或者少分。继承人协商同意的，也可以不均等。

尽了主要赡养义务的人可以多分遗产吗？

答：我国《民法典》第1130条规定："同一顺序继承人继承遗产的份额，一般应当均等……对被继承人尽了主要扶养义务或者与被继承人共同生活的继承人，分配遗产时，可以多分……"由此可见，同一顺序的继承人分配遗产的原则为均等，但是如果尽了较多的赡养义务的，则可以多分遗产。

被继承人生前扶养的孤寡老人享有继承权吗？

答：我国《民法典》第1131条规定："对继承人以外的依靠被继承人扶养的人，或者继承人以外的对被继承人扶养较多的人，可以分给适当的遗产。"由此可见，对继承人以外的依靠被继承人扶养的人，虽然不享有继承权，但是可以适当地分得被继承人的遗产。并且，分给他们遗产时，按具体情况可以多于或者少于继承人。

公民订立遗嘱可以采取哪些方式？

答：根据我国《民法典》的规定，公民订立遗嘱的方式有自书遗嘱、代书遗嘱、打印遗嘱、录音录像遗嘱、口头遗嘱和公证遗嘱，只要是公民合法的处理个人财产的意思表示，我国法律都予以认可，当然各种遗嘱要想生效还应该符合法律规定，如公证遗嘱必须经过公证机关公证，自书遗嘱由立遗嘱人亲笔书写，代书遗嘱、打印遗嘱、录音录像遗嘱和口头遗嘱必须有两个以上见证人见证才能成立等。

老人的女儿可以作为录音遗嘱的见证人吗？

答：根据我国《民法典》第1140条的规定，下列人员不能作为遗嘱见证人：（1）无民事行为能力人、限制民事行为能力人以及其他不具有见证能力的人；（2）继承人、受遗赠人；（3）与继承人、受遗赠人有利害关系的人。由此可见，老人的女儿是不可以作为见证人的，因为她属于老人的继承人，与遗嘱有利害关系。

遗嘱可以拒绝分配财产给有智力缺陷的儿女吗？

答：根据我国《民法典》第1141条的规定，遗嘱应当为缺乏劳动能力又没有生活来源的继承人保留必要的遗产份额。此规定旨在使没有劳动能力且没有收入的继承人可以获得维持生存所必需的遗产。因此，遗嘱是不可以拒绝分配财产给有智力缺陷的儿女的。

遗嘱继承与法定继承哪个效力优先？

答：根据我国《民法典》第1123条的规定，继承开始后，按照法定继承办理；有遗嘱的，按照遗嘱继承或者遗赠办理；有遗赠扶养协议的，按照协议办理。由此可见，遗嘱继承优于法定继承。

遗嘱可以剥夺法定继承人的继承权吗？

答：我国《民法典》第1133条规定："自然人可以依照本法规定立遗嘱处分个人财产，并可以指定遗嘱执行人。自然人可以立遗嘱将个人财产指定由法定继承人中的一人或者数人继承。自然人可以立遗嘱将个人财产赠与国家、集体或者法定继承人以外的组织、个人。自然人可以依法设立遗嘱信托。"由此可见，立遗嘱人可以自由依法处分其个人财产，从一定意义上说是可以剥夺法定继承人的继承权的，但需要注意的是，遗嘱应当对缺乏劳动能力又没有生活来源的继承人保留必要的遗产份额。

立遗嘱人能够立口头遗嘱吗？

答：我国《民法典》第1138条规定："遗嘱人在危急情况下，可以立口头遗嘱。口头遗嘱应当有两个以上见证人在场见证。危急情况消除后，遗嘱人能够以书面或者录音录像形式立遗嘱的，所立的口头遗嘱无效。"由此可见，被继承人可以订立口头遗嘱，但是订立口头遗嘱有非常严格的条件：首先必须是在危急情况下才可以立口头遗嘱；其次还应该有两个以上见证人在场见证，并且如果危急情况解除后能够用其他形式订立遗嘱的，口头遗嘱无效。如果不能同时满足上述条件的，口头遗嘱无效。

立了两份遗嘱，且内容冲突，该怎么办？

答：我国《民法典》第1142条第1款和第3款明确规定："遗嘱人可以撤回、变更自己所立的遗嘱。……立有数份遗嘱，内容相抵触的，以最后的遗嘱为准。"由此可见，当遗嘱的内容不冲突的时候，各份遗嘱同时适用，互不干涉；当存在内容冲突的遗嘱时，以最后设立的遗嘱为有效，其他遗嘱无效。

遗嘱继承人继承遗产后不履行义务，可以撤销他接受遗产的权利吗？

答：我国《民法典》第1144条明确规定："遗嘱继承或者遗赠附有义务的，继承人或者受遗赠人应当履行义务。没有正当理由不履行义务的，经利害关系人或者有关组织请求，人民法院可以取消其接受附义务部分遗产的权利。"由此可见，遗嘱继承人在继承遗产之后，应当积极履行遗嘱或者遗赠附有的义务，如果没有正当理由且不履行相关义务的，经利害关系人或者有关组织请求，人民法院可以取消他接受遗产的权利。

小学生订立的遗嘱有效吗？

答：我国《民法典》第1143条第1款规定："无民事行为能力人或者限制民事行为能力人所立的遗嘱无效。"《最高人民法院关于适用〈中华人民共和国民法典〉继承编的解释（一）》第28条规定："遗嘱人立遗嘱时必须具有完全民事行为能力。无民事行为能力人或者限制民事行为能力人所立的遗嘱，即使其本人后来具有完全民事行为能力，仍属无效遗嘱。遗嘱人立遗嘱时具有完全民事行为能力，后来成为无民事行为能力人或者限制民事行为能力人的，不影响遗嘱的效力。"由此可见，只要立遗嘱的人不是完全民事行为能力人，所立的遗嘱一概无效，并且无例外情况，不论其发育状况、理解事物的能力如何。小学生一般不是完全民事行为能力人，因此其订立的遗嘱无效。

被人胁迫订立的遗嘱有效吗？

答：我国《民法典》第1143条第2款规定："遗嘱必须表示遗嘱人的真实意思，受欺诈、胁迫所立的遗嘱无效。"由此可见，只要不是根据立遗嘱人的真实意思表示所立的遗嘱，内容无效。被人胁迫订立的遗嘱自然是无效的。

立遗嘱后又对遗嘱财产进行了处理，遗嘱还有效吗？

答：根据我国《民法典》第1142条第1款和第2款的规定，遗嘱人可以撤回、变更自己所立的遗嘱。立遗嘱后，遗嘱人实施与遗嘱内容相反的民事法律行为的，视为对遗嘱相关内容的撤回。对遗嘱财产进行了处理的，应当视为遗嘱被撤回或部分撤回。

公证遗嘱的效力是最高的吗？

答：根据我国法律规定，经公证文书的证明力一般大于其他书证。那么对于遗嘱来说，是不是经过公证后的遗嘱效力最高呢？依据《民法典》第1142条的规定，遗嘱人可以撤回、变更自己所立的遗嘱。立遗嘱后，遗嘱人实施与遗嘱内容相反的民事法律行为的，视为对遗嘱相关内容的撤回。立有数份遗嘱，内容相抵触的，以最后的遗嘱为准。由此可见，并不是经过公证的遗嘱效力就最高，在立遗嘱人事后更改、撤回、重立遗嘱的情形下，公证遗嘱便失去了效力。

遗赠扶养协议的效力高于遗嘱的效力吗？

答：根据我国《民法典》第1123条的规定，继承开始后，按照法定继承办理；有遗嘱的，按照遗嘱继承或者遗赠办理；有遗赠扶养协议的，按照协议办理。由此可见，当遗嘱和遗赠扶养协议出现冲突的时候，以遗赠扶养协议的内容执行遗产分配。

互有继承权的人在同一事件中死亡，继承顺序要怎样确定？

答：根据《民法典》第1121条的规定，继承从被继承人死亡时开始。相互有继承关系的数人在同一事件中死亡，难以确定死亡时间的，推定没有其他继承人的人先死亡。都有其他继承人，辈份不同的，推定长辈先死亡；辈份相同的，推定同时死亡，相互不发生继承。

受死者资助的儿童可以要求分得遗产吗？

答：根据我国《民法典》第1131条的规定，对继承人以外的依靠被继承人扶养的人，或者继承人以外的对被继承人扶养较多的人，可以分给适当的遗产。由此可见，受死者资助的儿童如果是靠死者扶养的，是可以要求分得遗产的，如果只是单纯的资助，不是扶养，则不可要求分得遗产。

养子女可以接受生父母的遗嘱赠与财产吗？

答：养子女与生父母之间的权利义务关系随着与养父母收养关系的成立而解除，养子女因此丧失法定继承人的资格。但《民法典》第1133条第1款和第3款规定，自然人可以依照本法规定立遗嘱处分个人财产，并可以指定遗嘱执行人。自然人可以立遗嘱将个人财产赠与国家、集体或者法定继承人以外的组织、个人。因此，养子女完全可以接受生父母的遗嘱赠与财产。

受遗赠人两个月内没有作出接受遗赠的意思表示，还能接受遗赠吗？

答：我国《民法典》第1124条第2款规定："受遗赠人应当在知道受遗赠后六十日内，作出接受或者放弃受遗赠的表示；到期没有表示的，视为放弃受遗赠。"由此可见，受遗赠人必须在两个月内作出接受遗赠的表示才可以接受遗赠，否则就将丧失接受遗赠的权利。

分父亲的遗产时能将母亲的财产也分了吗？

答：我国《民法典》第1153条明确规定："夫妻共同所有的财产，除有约定的外，遗产分割时，应当先将共同所有的财产的一半分出为配偶所有，其余的为被继承人的遗产。遗产在家庭共有财产之中的，遗产分割时，应当先分出他人的财产。"由此可见，分遗产前应当先将不属于死者的财产分离出去，只有死者自己的财产才能成为遗产，夫妻之间的共有财产的一半应当先分出来，留给尚在的夫或者妻一方，另外一半的财产才可以成为遗产。当然，如果遗产在家庭共有财产之中的，还应当分出他人的财产。也就是说，不能把夫妻另外一方的财产和其他家人的财产当作遗产。即分父亲的遗产时不能将母亲的财产也分了。

遗嘱无效后，遗产如何分配？

答：根据我国《民法典》第1154条的规定，有下列情形之一的，遗产中的有关部分按照法定继承办理：（1）遗嘱继承人放弃继承或者受遗赠人放弃受遗赠；（2）遗嘱继承人丧失继承权或者受遗赠人丧失受遗赠权；（3）遗嘱继承人、受遗赠人先于遗嘱人死亡或者终止；（4）遗嘱无效部分所涉及的遗产；（5）遗嘱未处分的遗产。由此可见，只要出现了上述规定的情形，相关的遗产或者未分配的遗产就应当按照法定继承办理，遗嘱无效的情形也包括在内。

遗产中有汽车等不易分割的财产时怎么分配？

答：我国《民法典》第1156条规定："遗产分割应当有利于生产和生活需要，不损害遗产的效用。不宜分割的遗产，可以采取折价、适当补偿或者共有等方法处理。"由此可见，继承人在分割遗产的时候，应当根据遗产的使用性能以及继承人的实际需要，采取折价、适当补偿或者共有等方法处理。

无人继承的遗产是不是就可以随意占有了呢？

答：我国《民法典》第1160条规定："无人继承又无人受遗赠的遗产，归国家所有，用于公益事业；死者生前是集体所有制组织成员的，归所在集体所有制组织所有。"由此可见，并不是无人继承的遗产就可以随意占有。

被继承人拖欠的债务或者税款儿子必须偿还吗？

答：我国《民法典》第1161条规定："继承人以所得遗产实际价值为限清偿被继承人依法应当缴纳的税款和债务。超过遗产实际价值部分，继承人自愿偿还的不在此限。继承人放弃继承的，对被继承人依法应当缴纳的税款和债务可以不负清偿责任。"同时，该法第1162条规定："执行遗赠不得妨碍清偿遗赠人依法应当缴纳的税款和债务。"由此可见，继承人继承遗产时，应当清偿被继承人应当缴纳的税款及所欠债务，当然清偿范围以继承遗产的价值为限。如果继承人放弃继承的，就不需要清偿被继承人所欠债务和缴纳被继承人所欠税款了。

提起继承诉讼有时间限制吗？

答：《民法典》第188条规定："向人民法院请求保护民事权利的诉讼时效期间为三年。法律另有规定的，依照其规定。诉讼时效期间自权利人知道或者应当知道权利受到损害以及义务人之日起计算。法律另有规定的，依照其规定。但是，自权利受到损害之日起超过二十年的，人民法院不予保护，有特殊情况的，人民法院可以根据权利人的申请决定延长。"继承诉讼也适用此规定。

三、医疗事故

非法行医导致人身损害的，是否属于医疗事故？

答：《医疗事故处理条例》第61条规定："非法行医，造成患者人身损害，不属于医疗事故，触犯刑律的，依法追究刑事责任；有关赔偿，由受害人直接向人民法院提起诉讼。"由此可见，非法行医导致人身损害的，不属于医疗事故。即对于没有主体资格的从医人员，造成患者伤害的，仅构成侵权，要赔偿患者损失，如果情况严重时，该非法从医人员甚至会触犯刑律，构成犯罪。

第三章 生老病死篇

在情况紧急的时候因抢救行为导致伤亡的，是否属于医疗事故？

答：《医疗事故处理条例》第33条规定："有下列情形之一的，不属于医疗事故：（一）在紧急情况下为抢救垂危患者生命而采取紧急医学措施造成不良后果的；……"对此，我们应作以下理解，首先，必须是为了保护伤病员的生命与健康；其次，必须是伤病员的生命受到了严重影响，具有生命危险；再次，必须是在不得已的情况下；复次，采取的紧急措施损害程度不能超过必要限度；最后，医务人员在抢救的过程中要尽职尽责，恪尽职守。

拒收危重病人造成严重后果的，是否属于医疗事故？

答：该问题事实上涉及两个问题，其一，医院有无拒收危重病人的权利；其二，拒收危重病人造成严重后果是否构成医疗事故。对于第一个问题，我国《医师法》第27条第1款明确规定："对需要紧急救治的患者，医师应当采取紧急措施进行诊治，不得拒绝急救处置。"对于第二个问题，《医师法》第55条规定，医师在执业活动中对需要紧急救治的患者，拒绝急救处置，或者由于不负责任延误诊治的，由县级以上人民政府卫生健康主管部门责令改正，给予警告；情节严重的，责令暂停六个月以上一年以下执业活动直至吊销医师执业证书。

由于患者拒绝配合治疗，而导致患者伤亡的，是否属于医疗事故？

答：《医疗事故处理条例》第33条规定："有下列情形之一的，不属于医疗事故：……（五）因患方原因延误诊疗导致不良后果的；……"由此可见，在一定条件下，出现一定的损害，医院及工作人员的行为属合法行为时，无须承担责任。

医务人员由于粗心将医疗器械留在患者体内，是否为医疗事故？如何处理？

答：医院医护人员在手术的过程中，由于粗心将医疗器械留在患者体内，违反了卫生法规、规范，有明显的过失行为，并且如果直接造成患者人身损害后果的，应当认定为医疗事故，医院应当承担患者的损失。按照《医疗事故处理条例》第49条规定，对于医疗事故赔偿的数额应当考虑以下因素：（1）医疗事故等级；（2）医疗过失行为在医疗事故损害后果中的责任程度；（3）医疗事故损害后果与患者原有疾病状况之间的关系。此外需要注意的是，对于患者在医疗事故中遭受的损失，并不能漫天要价，要求医院予以赔偿，而要根据法律、法规的相关规定，考虑到各方的因素后才能予以确定。

由于医疗手术而患后遗症的，是否为医疗事故？应如何处理？

答：对于后遗症是否可以认定为医疗事故，不能一概而论，关键还在于后遗症是否由医务人员的过错行为导致。若后遗症的发生是在现有科学技术条件下无法预测或不能防范的，则不能构成医疗事故。对此我国《医疗事故处理条例》第33条有明确的规定："有下列情形之一的，不属于医疗事故：……（三）在现有医学科学技术条件下，发生无法预料或者不能防范的不良后果的；……"

患者接受输血感染乙肝，是否属于医疗事故？

答：输血导致患者感染乙肝的，应该看医院是否存在过错，若有过错，应当认定为医疗事故，若没有过错，则医院无须承担责任。对此，我国《医疗事故处理条例》第33条有明确规定："有下列情形之一的,不属于医疗事故:……(四)无过错输血感染造成不良后果的;……"

未经孕妇同意,生育过程遭观摩,是否侵犯了孕妇的隐私权?

答:未经孕妇同意,生育过程遭观摩,侵犯了孕妇的隐私权。我国《民法典》第1032条第1款规定:"自然人享有隐私权。任何组织或者个人不得以刺探、侵扰、泄露、公开等方式侵害他人的隐私权。"第1226条规定:"医疗机构及其医务人员应当对患者的隐私和个人信息保密。泄露患者的隐私和个人信息,或者未经患者同意公开其病历资料的,应当承担侵权责任。"孕妇生育涉及隐私,医院让其他人包括实习生等观摩,都是对孕妇隐私权的侵犯。

对医疗鉴定结论不服的,是否能起诉进行鉴定的医学会?

答:对首次鉴定不服的,可以通过共同委托省、自治区、直辖市的医学会再次进行鉴定,也可以直接向人民法院起诉,由法院决定是否再次组织进行鉴定。但医学会作为公益性的法人团体,对其鉴定不服,是不可以直接起诉的。对此,我国《医疗事故处理条例》第22条已作明确规定:"当事人对首次医疗事故技术鉴定结论不服的,可以自收到首次鉴定结论之日起15日内向医疗机构所在地卫生行政部门提出再次鉴定的申请。"注意,这里的15日,是从当事人收到鉴定结论的次日开始起算,而不是从收到鉴定结论的当日开始起算。

司法鉴定和医疗事故技术鉴定哪个更应当作为证据被采纳?

答:对于医疗事故技术鉴定和司法鉴定,由于二者的启动程序、鉴定人员的组成、鉴定方式、鉴定内容方面的不同,必然导致两种鉴定结论在司法诉讼中的可信程度不同。比较这两种鉴定,从程序方面来讲,司法鉴定优于医疗事故技术鉴定。《最高人民法院关于民事诉讼证据的若干规定》第34条第1款规定:"人民法院应当组织当事人对鉴定材料进行质证。未经质证的材料,不得作为鉴定的根据。"对于医疗事故的技术鉴定,其是卫生行政部门处理医疗事故的一个环节与依据,而法院在审理的过程中并不一定予以采纳,质证的结果则直接关系到鉴定结论的效力。而司法鉴定则是司法机关公断医疗纠纷案件的常规程序,更具效力。

医学会单方中止医疗事故的技术鉴定,是否符合法律的规定?

答:《医疗事故技术鉴定暂行办法》第16条规定,有下列情形之一的,医学会中止组织医疗事故技术鉴定:(1)当事人未按规定提交有关医疗事故技术鉴定材料的;(2)提供的材料不真实的;(3)拒绝缴纳鉴定费的;(4)卫生部规定的其他情形。由此可见,在一定条件下,医学会是可以单方中止医疗事故的技术鉴定的。当然当这些条件不存在时,医学会就相应地没有了中止的理由,应当继续进行鉴定。

医疗机构对医疗事故技术鉴定不配合,该怎么处理?

答:《医疗事故处理条例》第28条第4款规定:"医患双方应当依照本条例的规定提交相关材料。医疗机构无正当理由未依照本条例的规定如实提供相关材料,导致医疗事故技术鉴定不能进行的,应当承担责任。"由此可见,对于医疗机构来讲,作为纠纷的当事人之一,对于医学会的医疗事故技术鉴定应当予以配合,不得对医学会的正当要求置之不理,更不能提供虚假材料，否则将承担医疗事故的全部责任。

医务人员在医务活动中因为过错造成医疗事故的，应该承担什么责任？

答：医疗事故的行政责任是国有医疗机构按照行政隶属关系，给造成医疗事故的医务人员的一种制裁措施，对于非国有医疗机构，则仅对其医务人员给予一般性的纪律处分。行政处分、纪律处分目前包括：警告、记过、记大过、降级、撤职、留用察看、开除，适用何种处分，根据情况而定。《医疗事故处理条例》第55条规定："医疗机构发生医疗事故的，由卫生行政部门根据医疗事故等级和情节，给予警告；情节严重的，责令限期停业整顿直至由原发证部门吊销执业许可证，对负有责任的医务人员依照刑法关于医疗事故罪的规定，依法追究刑事责任；尚不够刑事处罚的，依法给予行政处分或者纪律处分。对发生医疗事故的有关医务人员，除依照前款处罚外，卫生行政部门并可以责令暂停6个月以上1年以下执业活动；情节严重的，吊销其执业证书。"

医疗机构擅自改动病例，该承担何种法律责任？

答：对于医疗机构伪造或篡改病历的行为，我国《医疗事故处理条例》作出了禁止性的规定。《医疗事故处理条例》第58条规定："医疗机构或者其他有关机构违反本条例的规定，有下列情形之一的，由卫生行政部门责令改正，给予警告；对负有责任的主管人员和其他直接责任人员依法给予行政处分或者纪律处分；情节严重的，由原发证部门吊销其执业证书或者资格证书：……（二）涂改、伪造、隐匿、销毁病历资料的。"

医疗事故在何种情况下构成医疗事故犯罪？

答：医疗事故罪是指医务人员严重不负责任，造成就诊人员死亡或者严重损害就诊人员身体健康的行为。从犯罪的构成来讲，分为四个方面，首先，必须是医务人员，即经过考核和卫生行政部门的批准、承认取得相应资格的各级、各类卫生技术人员；其次，医务人员存在过失，即并不是故意要害病人，但往往故意违反规章制度和医疗护理常规；再次，存在严重不负责任的行为，即故意违反规章制度和医疗护理常规，实施了禁止的行为，或没有做应该做的行为；最后，造成患者死亡或健康受到严重损害。对此我国法律已经作出了相关的规定。《刑法》第335条规定："医务人员由于严重不负责任，造成就诊人死亡或者严重损害就诊人身体健康的，处三年以下有期徒刑或者拘役。"

患者进行医疗事故的诉讼，该如何选择法院？

答：患者进行医疗事故的诉讼，该如何选择法院涉及法院管辖权的问题，我国《民事诉讼法》已有规定。《民事诉讼法》第29条规定："因侵权行为提起的诉讼，由侵权行为地或者被告住所地人民法院管辖。"由此可见，患者进行医疗事故的诉讼，可以选择侵权行为发生地的法院或者被告住所所在地的法院进行起诉。此外，我们应当注意，若侵权行为地和被告住所地不在同一个地方，则几个法院均有管辖权，此时原告有权选择其中一个法院进行起诉。若原告同时向几个法院提起诉讼，则由最初受理的法院管辖。

哪些人可以作为原告提出医疗事故损害的赔偿？可以提出什么请求？

答：司法实践中，发生医疗纠纷后，

患者本人、患者死亡时的近亲属、患者的被扶养人、参与医疗事故处理的患者近亲属均可以作为原告，提出医疗事故损害的赔偿，对此，我国法律已经作出了明确规定。《民法典》第1179条规定："侵害他人造成人身损害的，应当赔偿医疗费、护理费、交通费、营养费、住院伙食补助费等为治疗和康复支出的合理费用，以及因误工减少的收入。造成残疾的，还应当赔偿辅助器具费和残疾赔偿金；造成死亡的，还应当赔偿丧葬费和死亡赔偿金。"《医疗事故处理条例》第51条规定："参加医疗事故处理的患者近亲属所需交通费、误工费、住宿费，参照本条例第五十条的有关规定计算，计算费用的人数不超过2人。医疗事故造成患者死亡的，参加丧葬活动的患者的配偶和直系亲属所需交通费、误工费、住宿费，参照本条例第五十条的有关规定计算，计算费用的人数不超过2人。"

医疗事故损害赔偿的范围有哪些？

答：《医疗事故处理条例》第50条规定："医疗事故赔偿，按照下列项目和标准计算：（一）医疗费：按照医疗事故对患者造成的人身损害进行治疗所发生的医疗费用计算，凭据支付，但不包括原发病医疗费用。结案后确实需要继续治疗的，按照基本医疗费用支付。（二）误工费：患者有固定收入的，按照本人因误工减少的固定收入计算，对收入高于医疗事故发生地上一年度职工年平均工资3倍以上的，按照3倍计算；无固定收入的，按照医疗事故发生地上一年度职工年平均工资计算。（三）住院伙食补助费：按照医疗事故发生地国家机关一般工作人员的出差伙食补助标准计算。（四）陪护费：患者住院期间需要专人陪护的，按照医疗事故发生地上一年度职工年平均工资计算。（五）残疾生活补助费：根据伤残等级，按照医疗事故发生地居民年平均生活费计算，自定残之月起最长赔偿30年；但是，60周岁以上的，不超过15年；70周岁以上的，不超过5年。（六）残疾用具费：因残疾需要配置补偿功能器具的，凭医疗机构证明，按照普及型器具的费用计算。（七）丧葬费：按照医疗事故发生地规定的丧葬费补助标准计算。（八）被扶养人生活费：以死者生前或者残疾者丧失劳动能力前实际扶养且没有劳动能力的人为限，按照其户籍所在地或者居所地居民最低生活保障标准计算。对不满16周岁的，扶养到16周岁。对年满16周岁但无劳动能力的，扶养20年；但是，60周岁以上的，不超过15年；70周岁以上的，不超过5年。（九）交通费：按照患者实际必需的交通费用计算，凭据支付。（十）住宿费：按照医疗事故发生地国家机关一般工作人员的出差住宿补助标准计算，凭据支付。（十一）精神损害抚慰金：按照医疗事故发生地居民年平均生活费计算。造成患者死亡的，赔偿年限最长不超过6年；造成患者残疾的，赔偿年限最长不超过3年。"由此可见，我国《医疗事故处理条例》中规定的对医疗事故受害人的保护多达11条，受害人可以根据自己的情况，向加害医院提出合理的请求，以保护自己的最大利益。

如何计算医疗事故赔偿中的医疗费用？

答：《医疗事故处理条例》第50条第1项规定，医疗费：按照医疗事故对患者造成的人身损害进行治疗所发生的医疗费用计算，凭据支付，但不包括原发病医疗费用。结案后确实需要继续治疗的，按照基本医疗费用支付。由此，我们可以将医疗费看作受害人身体受到侵害后所接受的医学上的检查、治疗和康复所必需的费用。包括挂号费、医药费、治疗费、检查费、化验费、住院费、护理费及其他医疗费用。

因医疗事故而误工，如何计算误工费的损失？

答：误工费是指患者因为治疗由医疗事故造成的损害后果耽误工作而遭受的收入损失。对误工费的计算方法，《医疗事故处理条例》第50条第2项规定，误工费：患者有固定收入的，按照本人因误工减少的固定收入计算，对收入高于医疗事故发生地上一年度职工年平均工资3倍以上的，按照3倍计算；无固定收入的，按照医疗事故发生地上一年度职工年平均工资计算。《最高人民法院关于审理人身损害赔偿案件适用法律若干问题的解释》第7条规定："误工费根据受害人的误工时间和收入状况确定。误工时间根据受害人接受治疗的医疗机构出具的证明确定。受害人因伤致残持续误工的，误工时间可以计算至定残日前一天。受害人有固定收入的，误工费按照实际减少的收入计算。受害人无固定收入的，按照其最近三年的平均收入计算；受害人不能举证证明其最近三年的平均收入状况的，可以参照受诉法院所在地相同或者相近行业上一年度职工的平均工资计算。"需要注意的是，对于无固定收入的人，按照医疗事故发生地的上一年度职工年平均工资计算。但如果受害人没有劳动能力，自然误工费的损失也就没有必要计算了，根本不应考虑。

医疗事故导致患者残疾的，该如何计算其生活补助费以及残疾用具费？

答：残疾生活补助费是指患者因医疗事故而致残疾，丧失全部或部分劳动能力，从而需要的必要生活补助费用。同时，伤残者由于部分功能的丧失或障碍，可能需要一些辅助工具以满足生活的需要，这就是残疾用具费。对于医疗事故案件中的生活补助费、残疾用具费的计算方法，我国法律也有相关规定。《最高人民法院关于审理人身损害赔偿案件适用法律若干问题的解释》第12条规定："残疾赔偿金根据受害人丧失劳动能力程度或者伤残等级，按照受诉法院所在地上一年度城镇居民人均可支配收入标准，自定残之日起按二十年计算。但六十周岁以上的，年龄每增加一岁减少一年；七十五周岁以上的，按五年计算。受害人因伤致残但实际收入没有减少，或者伤残等级较轻但造成职业妨害严重影响其劳动就业的，可以对残疾赔偿金作相应调整。"该法第13条规定："残疾辅助器具费按照普通适用器具的合理费用标准计算。伤情有特殊需要的，可以参照辅助器具配制机构的意见确定相应的合理费用标准。辅助器具的更换周期和赔偿期限参照配制机构的意见确定。"《医疗事故处理条例》第50条规定："医疗事故赔偿，按照下列项目和标准计算：……（五）残疾生活补助费：根据伤残等级，按照医疗事故发生地居民年平均生活费计算，自定残之月起最长赔偿30年；但是，60周岁以上的，不超过15年；70周岁以上的，不超过5年。（六）残疾用具费：因残疾需要配置补偿功能器具的，凭医疗机构证明，按照普及型器具的费用计算……"可见，对于残疾生活补助费与残疾用具费，是根据年龄来计算的，不同的年龄可能会导致支付不同的赔偿数额。

医疗事故导致患者死亡，如何计算丧葬费、死亡赔偿金？

答：丧葬费是指由于医疗机构的过失直接或间接导致患者死亡，安葬死者遗体所支付的必要费用，包括存尸费、葬礼费、火化费、坟场支付的费用和其他费用。丧葬费和死亡赔偿金的支付都有一定的标准，并非漫天要价。《医疗事故处理条例》第

50条规定："医疗事故赔偿，按照下列项目和标准计算：……（七）丧葬费：按照医疗事故发生地规定的丧葬费补助标准计算。……"《最高人民法院关于审理人身损害赔偿案件适用法律若干问题的解释》第15条规定："死亡赔偿金按照受诉法院所在地上一年度城镇居民人均可支配收入标准，按二十年计算。但六十周岁以上的，年龄每增加一岁减少一年；七十五周岁以上的，按五年计算。"由此可见，对于患者因为医疗事故死亡的，死者的家属可以要求相关医疗机构支付丧葬费与死亡赔偿金，并且，根据死者的年龄不同，往往会得到不等的死亡赔偿金。

医疗机构侵犯了患者知情权和选择权，应承担什么责任？

答：知情权，是指患者具有了解自己病情、相关治疗方案及其风险的权利；选择权，是指当治疗方案存在两个或两个以上时，患者有自己选择治疗方案的权利。根据《民法典》第1219条的规定，医务人员在诊疗活动中应当向患者说明病情和医疗措施。需要实施手术、特殊检查、特殊治疗的，医务人员应当及时向患者具体说明医疗风险、替代医疗方案等情况，并取得其明确同意；不能或者不宜向患者说明的，应当向患者的近亲属说明，并取得其明确同意。医务人员未尽到前款义务，造成患者损害的，医疗机构应当承担赔偿责任。

经卫生行政部门处理后的医疗争议，如何计算诉讼时效？

答：我国《民法典》第188条规定："向人民法院请求保护民事权利的诉讼时效期间为三年。法律另有规定的，依照其规定。诉讼时效期间自权利人知道或者应当知道权利受到损害以及义务人之日起计算。法律另有规定的，依照其规定。但是，自权利受到损害之日起超过二十年的，人民法院不予保护，有特殊情况的，人民法院可以根据权利人的申请决定延长。"同时，该法第195条规定："有下列情形之一的，诉讼时效中断，从中断、有关程序终结时起，诉讼时效期间重新计算：（一）权利人向义务人提出履行请求；（二）义务人同意履行义务；（三）权利人提起诉讼或者申请仲裁；（四）与提起诉讼或者申请仲裁具有同等效力的其他情形。"由此可见，经卫生行政部门处理后的医疗争议，应重新计算诉讼时效。

患者对于自己的病历，哪些是可以复印的？

答：病历资料包括客观性病历资料和主观性病历资料。主观性病历资料是指医务人员在医疗活动过程中，对病人、治疗过程进行的观察分析而提出的诊断意见等的记录。而客观性病历资料就是其他的了。我国目前的法律规定，病人可以复印客观性病历资料。《医疗事故处理条例》第10条第1款规定："患者有权复印或者复制其门诊病历、住院志、体温单、医嘱单、化验单（检验报告）、医学影像检查资料、特殊检查同意书、手术同意书、手术及麻醉记录单、病理资料、护理记录以及国务院卫生行政部门规定的其他病历资料。"

患者能否保管自己的病历？病历若丢失会导致何种后果？

答：现实生活中，一部分患者可能会要求将病历自己保存，这从法律规范方面来讲，除了一定情形外，患者是不可以自己保存病历的，在患者保存病历的情况下，若患者丢失病历，将承担不能出示病历这一重要证据的责任，并很有可能导致败诉。对于病历的保存以及丢失的责任，我国法律法规都有相关的规定。《医疗事故处理条例》第28条第3款规定："在医疗机构建有病历档案的门诊、急诊患者，其病历资料由医疗机构提供；没有在医疗机构建立病历档案的，由患者提供。"《最高人民法院关于适用〈中华人民共和国民事诉讼法〉的解释》第90条规定："当事人对自己提出的诉讼请求所依据的事实或者反驳对方诉讼请求所依据的事实，应当提供证据加以证明，但法律另有规定的除外。在作出判决前，当事人未能提供证据或者证据不足以证明其事实主张的，由负有举证证明责任的当事人承担不利的后果。"根据该条规定，患者丢失病历，将承担不能出示病历这一重要证据的责任，并很有可能导致败诉。

医生对患者透露病情，结果患者被吓死，谁应当负责？

答：《医疗事故处理条例》第11条规定："在医疗活动中，医疗机构及其医务人员应当将患者的病情、医疗措施、医疗风险等如实告知患者，及时解答其咨询；但是，应当避免对患者产生不利后果。"我国《医师法》第25条规定："医师在诊疗活动中应当向患者说明病情、医疗措施和其他需要告知的事项。需要实施手术、特殊检查、特殊治疗的，医师应当及时向患者具体说明医疗风险、替代医疗方案等情况，并取得其明确同意；不能或者不宜向患者说明的，应当向患者的近亲属说明，并取得其明确同意。"由此可见，医疗机构维护患者的知情权是理所当然的，但并不是毫无顾忌，在有可能对病人产生不利的情况下，医院应当注意告知的方式，否则，医院将可能承担一定的法律后果。

医院可以私自处理患者遗体吗？

答：《医疗事故处理条例》第19条规定："患者在医疗机构内死亡的，尸体应当立即移放太平间。死者尸体存放时间一般不得超过2周。逾期不处理的尸体，经医疗机构所在地卫生行政部门批准，并报经同级公安部门备案后，由医疗机构按照规定进行处理。"由此可见，医院是不可以私自处理患者遗体的。

患者生命垂危需要马上抢救，亲属有的赞成签字，有的不赞成签字，医院可以直接抢救吗？

答：我国《民法典》第1220条规定："因抢救生命垂危的患者等紧急情况，不能取得患者或者其近亲属意见的，经医疗机构负责人或者授权的负责人批准，可以立即实施相应的医疗措施。"那么什么属于不能取得患者近亲属的意见，对此，根据《最高人民法院关于审理医疗损害责任纠纷案件适用法律若干问题的解释》第18条的规定，因抢救生命垂危的患者等紧急情况且不能取得患者意见时，下列情形可以认定为不能取得患者近亲属意见：（1）近亲属不明的；（2）不能及时联系到近亲属的；（3）近亲属拒绝发表意见的；（4）近亲属达不成一致意见的；（5）法律、法规规定的其他情形。此外，依据上述五种情形，医务人员经医疗机构负责人或者授权的负责人批准立即实施相应医疗措施，患者因此请求医疗机构承担赔偿责任的，不予支持；医疗机构及其医务人员怠于实施相应医疗措施造成损害，患者请求医疗机构承担赔偿责任的，应予支持。

第四章　婚姻家庭篇

一、结婚

哪些情形不能结婚？

答：根据我国《民法典》第1048条的规定，直系血亲或者三代以内的旁系血亲禁止结婚。另外，该法第1051条规定，有下列情形之一的，婚姻无效：（1）重婚；（2）有禁止结婚的亲属关系；（3）未到法定婚龄。也就是说，存在以上情形的，都不能结婚。

要想成为夫妻一定要登记吗？

答：我国《民法典》第1049条规定："要求结婚的男女双方应当亲自到婚姻登记机关申请结婚登记。符合本法规定的，予以登记，发给结婚证。完成结婚登记，即确立婚姻关系。未办理结婚登记的，应当补办登记。"《最高人民法院关于适用〈中华人民共和国民法典〉婚姻家庭编的解释（一）》第6条规定："男女双方依据民法典第一千零四十九条规定补办结婚登记的，婚姻关系的效力从双方均符合民法典所规定的结婚的实质要件时起算。"由此可见，要想成为夫妻一定要登记。登记不仅是履行一定的法律程序，也是保障夫妻双方合法权益的前提。

结婚后，女方一定要落户到男方吗？

答：我国《民法典》第1050条规定："登记结婚后，按照男女双方约定，女方可以成为男方家庭的成员，男方可以成为女方家庭的成员。"由此可见，结婚后，不管是女方落户到男方，还是男方落户到女方，都是自愿的，并不是女方一定要落户到男方。

被父母逼迫嫁给他人，这样的婚姻有效吗？

答：被父母逼迫嫁给他人属于胁迫结婚。所谓胁迫结婚是指婚姻关系一方当事人或婚姻关系以外的第三人（包括父母）违反婚姻自由原则，在违背婚姻当事人意愿的情况下，以给其或者其近亲属的生命、身体健康、名誉、财产等方面造成损害为要挟，威胁强迫其缔结结婚姻。根据我国《民法典》第1052条规定，因胁迫结婚的，受胁迫的一方可以向人民法院请求撤销婚姻。请求撤销婚姻的，应当自胁迫行为终止之日起一年内提出。被非法限制人身自由的当事人请求撤销婚姻的，应当自恢复人身自由之日起1年内提出。由此可见，被父母逼迫嫁给他人，这样的婚姻原则上是可以申请撤销的。如果父母没有胁迫，仅构成包办婚姻的，当事人则可提出离婚。

结婚必须达到怎样的年龄？

答：结婚必须达到法定婚龄。所谓法定婚龄是指法律上规定的男女可以结婚的最低年龄。《民法典》第1047条规定："结婚年龄，男不得早于二十二周岁，女不得早于二十周岁。"《民法典》关于法定婚姻的规定具有强制力，要求结婚的男女双方必须遵守，任何一方没有达到法定婚龄的，不得结婚。由此可见，最低法定婚龄是划分无效婚姻与有效婚姻的年龄界限，未达到法定婚龄而结婚的，婚姻登记机关不会给予登记。

表兄妹之间可以结婚吗？

答：根据我国《民法典》第1048条的规定，直系血亲或者三代以内的旁系血亲禁止结婚。直系血亲，就是指和自己有直接血缘关系的亲属，即生育自己的长辈（包括父母、祖父母、外祖父母以及更上的长辈）和自己生育的下辈（包括子女、孙子女、外孙子女以及更下的晚辈）。旁系血亲，是指出自同一祖父母、外祖父母的血亲，包括亲兄弟姐妹（包括同母同父、同母异父、同父异母）、堂兄弟姐妹、表兄弟姐妹、叔伯姑与侄子女、舅姨与外甥女、外甥。由此可见，表兄妹属于三代以内旁系血亲，是不能结婚的。

服刑中的劳教人员可以结婚吗？

答：服刑中的劳教人员可以结婚。我国实行的是自由平等的婚姻制度，只要是具有完全民事行为能力的正常人，在没有法定禁止结婚的事由下，都可以结婚，其婚姻关系是受法律保护的。即使是正在监狱服刑的劳教人员，其依法享有的婚姻自由的权利，也是不能被剥夺的。

间歇性精神病人可以结婚吗？

答：根据《民法典》第1051条规定，婚姻无效的情形包括重婚、有禁止结婚的亲属关系和未到法定婚龄三种，并没有包括间歇性精神病。因此，对于间歇性精神病人来讲，如果其办理结婚登记时神志清醒，结婚登记是有效的；但如果其当时处于发病期，无法控制自己的意志，是无法办理结婚手续的，应在疾病控制住后再去登记。

一方婚前患有梅毒，婚后另一方能以此为由请求撤销婚姻吗？

答：梅毒是性病的一种，属于法律指定的传染病。依照我国《民法典》第1053条规定，一方患有重大疾病的，应当在结婚登记前如实告知另一方；不如实告知的，另一方可以向人民法院请求撤销婚姻。请求撤销婚姻的，应当自知道或者应当知道撤销事由之日起一年内提出。也就是说，如果一方患有梅毒，在尚未治愈的情况下就与他人结婚，另一方可以向法院申请撤销婚姻。

重婚的婚姻有效吗？

答：重婚属于无效婚姻。所谓无效婚姻，是指不具备婚姻成立的法律要件，因而不具有法律效力的婚姻。我国《民法典》第1051条对婚姻无效的情形作了列举性规定，其中第1项就是重婚。所谓重婚，是指有配偶而又与他人结婚或明知他人有配偶而与之结婚的行为。无论是通过登记而构成的法律上的重婚，还是通过与他人以夫妻名义同居生活而构成的事实婚姻，这种婚姻关系均属无效。

婚姻无效或被撤销的后果是什么？

答：根据我国《民法典》第1054条的规定，无效的或者被撤销的婚姻自始没有法律约束力，当事人不具有夫妻的权利和义务。同居期间所得的财产，由当事人协议处理；协议不成的，由人民法院根据照顾无过错方的原则判决。对重婚导致的无效婚姻的财产处理，不得侵害合法婚姻当事人的财产权益。当事人所生的子女，适用本法关于父母子女的规定。婚姻无效或者被撤销的，无过错方有权请求损害赔偿。

欺骗结婚的属于可撤销婚姻吗？

答：根据我国《民法典》的规定，只有在结婚时有胁迫情节或结婚登记前隐瞒重大疾病的，法院才会受理撤销婚姻的诉讼请求，否则不属于可撤销婚姻。法院对采用欺骗手段与另一方结婚的，视不同情况给予不同认定：如果隐瞒了法律上禁止结婚或婚姻无效的情形，则依据《民法典》的规定，判决婚姻无效；如果只是隐瞒了家庭经济条件等信息的，那么以有效婚姻论处。

可撤销婚姻的请求权有时间限制吗？

答：按照我国《民法典》第1052条的规定，受胁迫的一方可撤销婚姻的请求权是有时效限制的，即其应当自胁迫行为终止之日起1年内提出。而被非法限制人身自由的当事人请求撤销婚姻的，应当自恢复人身自由之日起1年内提出。此外，根据《最高人民法院关于适用〈中华人民共和国民法典〉婚姻家庭编的解释（一）》第19条的规定，这里的"一年"，不适用诉讼时效中止、中断或者延长的规定。

父母可以代替子女申请撤销婚姻吗？

答：撤销婚姻的请求权只能由受到胁迫一方的婚姻当事人行使，其他任何人，包括父母、兄弟、姐妹以及其他亲属都不能代为行使。对此，我国《民法典》第1052条和第1053条是有明确规定的。

只有结婚男女才有权向人民法院申请宣告当事人之间的婚姻无效吗？

答：《最高人民法院关于适用〈中华人民共和国民法典〉婚姻家庭编的解释（一）》第9条规定："有权依据民法典第一千零五十一条规定向人民法院就已办理结婚登记的婚姻请求确认婚姻无效的主体，包括婚姻当事人及利害关系人。其中，利害关系人包括：（一）以重婚为由的，为当事人的近亲属及基层组织；（二）以未到法定婚龄为由的，为未到法定婚龄者的近亲属；（三）以有禁止结婚的亲属关系为由的，为当事人的近亲属。"由此可见，申请宣告当事人间婚姻无效的主体不限于婚姻当事人。即不是只有结婚男女才有权向人民法院申请宣告当事人之间的婚姻无效。

男方胁迫女方与之结婚后，女方提出撤销婚姻需向法院提交哪些证明材料？

答：男方胁迫女方与之结婚的，女方有权利向法院提出撤销婚姻的申请。根据《婚姻登记条例》第9条规定，因胁迫结婚的，受胁迫的当事人向婚姻登记机关请求撤销其婚姻的，应当出具下列证明材料：（1）本人的身份证、结婚证；（2）能够证明受胁迫结婚的证明材料。婚姻登记机关经审查认为受胁迫结婚的情况属实且不涉及子女抚养、财产及债务问题的，应当撤销该婚姻，宣告结婚证作废。由此可见，女方只有提供了以上证明材料，法院才会判决撤销婚姻。因此，受胁迫的当事人应当注意收集和保留证据，只有这样才能维护自己的合法权益。

与外国人在我国结婚，要适用我国法律吗？

答：根据我国《民法典》第12条规定，中华人民共和国领域内的民事活动，适用中华人民共和国法律。法律另有规定的，依照其规定。由此可见，与外国人在中国结婚，应当适用中国的法律。

男女未婚同居产生矛盾，一方诉至法院的，人民法院应当受理吗？

答：根据《最高人民法院关于适用〈中华人民共和国民法典〉婚姻家庭编的解释（一）》第3条第2款规定："当事人因同居期间财产分割或者子女抚养纠纷提起诉讼的，人民法院应当受理。"据此，可以得知法院是会受理同居后一方因分割同居期间财产或子女抚养纠纷而提起的诉讼的。当然，国家之所以这样规定不是从法律上肯定非婚同居的正当性，而是为了维护当事人的人身及财产权益。也就是说，未婚同居没有办理婚姻登记的，后来发生纠纷时也可以运用法律手段维护自身的合法权益。

二、离婚

离婚冷静期是怎么回事？

答：离婚冷静期，是指在夫妻双方准备离婚时，根据法律规定，要求双方暂时分开一段时间，以考虑清楚是否继续离婚。我国法律之所以规定离婚冷静期，是为了避免夫妻双方做出草率决定而冲动离婚。我国《民法典》第1077条规定："自婚姻登记机关收到离婚登记申请之日起三十日内，任何一方不愿意离婚的，可以向婚姻登记机关撤回离婚登记申请。前款规定期限届满后三十日内，双方应当亲自到婚姻登记机关申请发给离婚证；未申请的，视为撤回离婚登记申请。"据此可知，在我国离婚冷静期的时间是30日。

自愿离婚的，婚姻登记机关就可以直接发给离婚证吗？

答：根据我国《民法典》第1077条和第1078条的规定，在"离婚冷静期"届满后30日内，双方还想离婚的，应当亲自到婚姻登记机关申请发给离婚证。婚姻登记机关查明双方确实是自愿离婚，并已经对子女抚养、财产以及债务处理等事项协商一致的，予以登记，发给离婚证。此外，《婚姻登记条例》第13条规定："婚姻登记机关应当对离婚登记当事人出具的证件、证明材料进行审查并询问相关情况。对当事人确属自愿离婚，并已对子女抚养、财产、债务等问题达成一致处理意见的，应当当场予以登记，发给离婚证。"由此可见，即使是自愿离婚的，婚姻登记机关也要履行一定的审查程序，并不是随随便便就发给离婚证的。

符合哪些情形，法院会判决离婚？

答：我国《民法典》第1079条规定了人民法院准予离婚的法定情形，其中包括：（1）重婚或者与他人同居；（2）实施家庭暴力或者虐待、遗弃家庭成员；（3）有赌博、吸毒等恶习屡教不改；（4）因感情不和分居满2年；（5）其他导致夫妻感情破裂的情形；（6）一方被宣告失踪，另一方提起离婚诉讼的；（7）经人民法院判决不准离婚后，双方又分居满1年，一方再次提起离婚诉讼的。

夫妻只要分居满2年人民法院就会准予离婚吗？

答：根据我国《民法典》第1079条第3款的规定，夫妻因感情不和分居满2年提出离婚的，人民法院应当进行调解；如感情确已破裂，调解无效，应准予离婚。但应当注意的是：夫妻分居满2年的原因应当是双方感情不和，而不应是因为工作、学习、户口、住房紧张等其他原因。此外，分居满2年不是离婚的绝对条件，不是说只要分居满2年就是"夫妻感情确已破裂"，就一定准许离婚。如果分居满2年，但仍然有和好的可能，夫妻感情没有完全破裂，人民法院也可以判决不准离婚。

现役军人的配偶能单方面要求离婚吗？

答：我国《民法典》第 1081 条明确规定，如果现役军人没有重大过错，其配偶要求离婚，须得军人同意。所谓"现役军人"是指具有军籍的，正在人民解放军或者人民武装警察部队服役的男女军人。所谓"离婚必须得到军人同意"，仅适用于非军人一方向现役军人一方提出离婚的情况。如果是现役军人一方向非军人一方提出离婚，或者是双方都是现役军人的离婚，应当按照一般的离婚案件处理。"军人一方有重大过错"，主要包括以下内容：一是军人一方重婚或者与他人同居；二是军人一方实施家庭暴力或者虐待、遗弃家庭成员；三是军人一方有赌博、吸毒等恶习屡教不改。

在女方怀孕期间，男方可以提出离婚吗？

答：根据我国《民法典》第 1082 条的规定，女方在怀孕期间、分娩后一年内或者终止妊娠后六个月内，男方不得提出离婚；但是，女方提出离婚或者人民法院认为确有必要受理男方离婚请求的除外。现实生活中，有很多女性在怀孕期间都会有情绪波动，甚至性情大变，这是正常的生理及心理反应，男方应多些耐心与呵护，不应因此提出离婚。即使因此提出离婚，法院也不会受理。但是，也有例外规定，即法院认为确有必要受理男方的离婚请求。

夫妻双方因生育权问题引发纠纷可以请求法院判决离婚吗？

答：如果双方因为生育权纠纷导致感情破裂的，依据《最高人民法院关于适用〈中华人民共和国民法典〉婚姻家庭编的解释（一）》第 23 条规定："夫以妻擅自中止妊娠侵犯其生育权为由请求损害赔偿的，人民法院不予支持；夫妻双方因是否生育发生纠纷，致使感情确已破裂，一方请求离婚的，人民法院经调解无效，应依照民法典第一千零七十九条第三款第五项的规定处理。"由此可知，夫妻双方因是否生育发生纠纷，致使感情确已破裂的，可以请求法院判决离婚。

妻子因外遇生下了他人的孩子，丈夫可以提出离婚吗？

答：原则上在女方怀孕期间、分娩后一年内或终止妊娠后六个月内男方不得提出离婚，但是法律还作了特殊情况下的例外规定，即"女方提出离婚或者人民法院认为确有必要受理男方离婚请求的除外"。也就是说，如果确有特殊情况，人民法院会受理男方的离婚请求。在司法实践中，如果存在以下几种情况，男方就可以在妻子怀孕期间提出离婚：（1）女方结婚后重婚或有配偶者与他人同居的，包括与他人发生性关系而导致怀孕的。（2）女方怀孕期间，分娩后 1 年内或终止妊娠后 6 个月内，男方的生命受到女方的威胁或者合法权益遭到女方严重侵害的。（3）女方对婴儿有虐待、遗弃行为的。由此可见，妻子因外遇生下了他人的孩子，丈夫可以提出离婚。

妻子发现丈夫包养第三者，可以要求离婚吗？

答：包养第三者，实为与他人同居的情形，是指有配偶者与婚外第三者，不以夫妻名义，持续、稳定地共同居住。我国《民法典》第 1079 条明确规定，与他人同居是离婚被准许的法定情形之一。并且，根据《民法典》第 1091 条的规定，因与他人同居而导致离婚的，无过错方有权请求损害赔偿。由此可见，妻子发现丈夫包养第三者，不仅可以要求离婚，还可以要求损害赔偿。

丈夫嗜赌如命，妻子能否以此为由向法院起诉离婚？

答：我国《民法典》第1079条明确规定："夫妻一方要求离婚的，可以由有关组织进行调解或者直接向人民法院提起离婚诉讼。人民法院审理离婚案件，应当进行调解；如果感情确已破裂，调解无效的，应当准予离婚。有下列情形之一，调解无效的，应当准予离婚：……（三）有赌博、吸毒等恶习屡教不改；（四）因感情不和分居满二年……"由此可见，夫妻一方有赌博习惯，屡教不改，属于夫妻感情确已破裂的情形，另一方以此为由向法院起诉要求离婚的，法院应先行调解，如果调解无效，应当依法判决准予离婚。

丈夫因交通事故死亡，妻子能继承丈夫的遗产吗？

答：我国《民法典》第1061条明确规定："夫妻有相互继承遗产的权利。"第1127条第1款规定："遗产按照下列顺序继承：（一）第一顺序：配偶、子女、父母；（二）第二顺序：兄弟姐妹、祖父母、外祖父母。"由此可见，丈夫死亡后，妻子是合法的继承人，可以依法继承丈夫的遗产。

妻子发现丈夫患有不能治愈的精神病，是否可以请求离婚？

答：我国《民法典》第1053条第1款规定："一方患有重大疾病的，应当在结婚登记前如实告知另一方；不如实告知的，另一方可以向人民法院请求撤销婚姻。"由此可见，如果丈夫在结婚登记前没有如实告知妻子自己的病情，那么妻子是可以请求撤销婚姻的。如果丈夫是在婚后才患了精神病的，那妻子是不可以此为由请求离婚的。夫妻有相互扶养的义务，妻子应该扶助丈夫积极治疗。

丈夫经常对妻子实施家庭暴力，妻子可以到人民法院起诉离婚吗？

答：我国《民法典》第1079条明确规定："夫妻一方要求离婚的，可以由有关组织进行调解或者直接向人民法院提起离婚诉讼。人民法院审理离婚案件，应当进行调解；如果感情确已破裂，调解无效的，应当准予离婚。有下列情形之一，调解无效的，应当准予离婚：……（二）实施家庭暴力或者虐待、遗弃家庭成员；……"此外，《反家庭暴力法》第2条规定："本法所称家庭暴力，是指家庭成员之间以殴打、捆绑、残害、限制人身自由以及经常性谩骂、恐吓等方式实施的身体、精神等侵害行为。"由此可见，夫妻关系中男方经常对女方进行殴打，实施家庭暴力的，女方有权依法向人民法院起诉要求离婚，人民法院审理离婚案件，应当先进行调解，调解无效的，应当认定夫妻感情确已破裂，则应判决离婚。

女方怀孕期间是否有权向人民法院起诉要求离婚？

答：我国《民法典》第1082条明确规定："女方在怀孕期间、分娩后一年内或者终止妊娠后六个月内，男方不得提出离婚；但是，女方提出离婚或者人民法院认为确有必要受理男方离婚请求的除外。"由此可见，女方在怀孕期间提出离婚的，人民法院应当受理。国家之所以作出这样的规定，主要是出于对妇女权益的保护。在妇女怀孕期间，男方无特殊理由，不得提出离婚，而女方则没有限制条件，只要提出请求，人民法院均应受理。

父亲能否代替无民事行为能力的女儿提起离婚诉讼？

答：根据《民事诉讼法》第60条的规定，无诉讼行为能力人由他的监护人作为法定代理人代为诉讼。《民法典》第28条规定，无民事行为能力或者限制民事行为能力的成年人，由下列有监护能力的人按顺序担任监护人：（1）配偶；（2）父母、子女；（3）其他近亲属；（4）其他愿意担任监护人的个人或者组织，但是须经被监护人住所地的居民委员会、村民委员会或者民政部门同意。由此可见，对于成年人来讲，配偶是第一顺位的监护人之选。但在离婚诉讼中，由于无民事行为能力人的配偶为另一方当事人，所以不能担任其监护人。根据对被监护人有利的原则，应从后一顺序有监护资格的人中择优确定。父亲是女儿的法定监护人，当然可以代为提起和参加离婚诉讼，以保护其女儿的合法权益。

离婚必须得经过法院判决吗？

答：我国《民法典》第1076条规定："夫妻双方自愿离婚的，应当签订书面离婚协议，并亲自到婚姻登记机关申请离婚登记……"《婚姻登记条例》第10条规定："内地居民自愿离婚的，男女双方应当共同到一方当事人常住户口所在地的婚姻登记机关办理离婚登记。中国公民同外国人在中国内地自愿离婚的，内地居民同香港居民、澳门居民、台湾居民、华侨在中国内地自愿离婚的，男女双方应当共同到内地居民常住户口所在地的婚姻登记机关办理离婚登记。"由此可见，夫妻双方如果自愿离婚，达成一致意见，可以不必起诉到法院，只需要提交法律规定的文件到婚姻登记机关办理离婚登记即可。

提起离婚诉讼后又反悔了，还可以撤诉吗？

答：我国《民事诉讼法》第148条第1款规定："宣判前，原告申请撤诉的，是否准许，由人民法院裁定。"也就是说，提起离婚诉讼后又反悔了，当事人是可以撤诉的，但是否准许，需要由人民法院裁定。

当事人收到一审离婚判决后，可以马上再婚吗？

答：我国《民事诉讼法》第171条第1款规定："当事人不服地方人民法院第一审判决的，有权在判决书送达之日起十五日内向上一级人民法院提起上诉。"同时，又在第151条第4款规定："宣告离婚判决，必须告知当事人在判决发生法律效力前不得另行结婚。"也就是说，人民法院的一审判决在15日后才能发生法律效力。由此可见，当事人收到一审离婚判决后，婚姻关系还未解除，其立即与他人结婚是非法的。即使办理了结婚登记，其婚姻关系也是无效的，不能得到法律的保护。

离婚了，之前的债务由谁承担？

答：根据我国《民法典》第1089条的规定，离婚时，夫妻共同债务应当共同偿还。共同财产不足清偿或者财产归各自所有的，由双方协议清偿；协议不成的，由人民法院判决。由此可见，"之前的债务"如果是夫妻共同债务，就该一起偿还。如果不是夫妻共同债务，另当别论。夫妻双方共同签名或者夫妻一方事后追认等共同意思表示所负的债务，以及夫妻一方在婚姻关系存续期间以个人名义为家庭日常生活需要所负的债务，属于夫妻共同债务。

离婚时一方拒绝承担双方的共同债务该如何处理？

答：我国《民法典》第1089条的规定："离婚时，夫妻共同债务应当共同偿还。共同财产不足清偿或者财产归各自所有的，由双方协议清偿；协议不成的，由人民法院判决。"由此可见，离婚时一方拒绝承担双方共同债务的，可以交由人民法院解决。即另一方可以依法起诉。

离婚时，一方生活困难，有权要求另一方给予经济帮助吗？

答：根据我国《民法典》第1090条的规定，离婚时，如果一方生活困难，有负担能力的另一方应当给予适当帮助。具体办法由双方协议；协议不成的，由人民法院判决。该规定是夫妻之间互相扶养的法律义务在离婚时的一种延伸和表现，也是扶弱济贫的社会主义道德的要求。由此可见，离婚时，一方生活困难，有权要求另一方给予经济帮助。

离婚时，双方可以分割登记在子女名下的财产吗？

答：登记在子女名下的财产是属于子女的财产，并不属于夫妻共同财产。我国《民法典》第35条第1款、第2款规定："监护人应当按照最有利于被监护人的原则履行监护职责。监护人除为维护被监护人利益外，不得处分被监护人的财产。未成年人的监护人履行监护职责，在作出与监护人利益有关的决定时，应当根据被监护人的年龄和智力状况，尊重被监护人的真实意愿。"由此可见，离婚时，双方是不可以分割登记在子女名下的财产的。

妻子一方在照料老人方面尽了较多的义务，能否在离婚时向丈夫请求给予补偿？

答：我国《民法典》第1088条明确规定："夫妻一方因抚育子女、照料老年人、协助另一方工作等负担较多义务的，离婚时有权向另一方请求补偿，另一方应当给予补偿。具体办法由双方协议；协议不成的，由人民法院判决。"由此可见，离婚时，妻子一方在照料老人方面尽了较多的义务，可以在离婚时向丈夫请求给予补偿。

离婚后，父母与不和自己共同生活的子女的关系会解除吗？

答：我国《民法典》第1084条第1款、第2款规定："父母与子女间的关系，不因父母离婚而消除。离婚后，子女无论由父或者母直接抚养，仍是父母双方的子女。离婚后，父母对于子女仍有抚养、教育、保护的权利和义务。"由此可见，离婚后，父母与不和自己共同生活的子女的关系不会解除。

离婚后，子女应归哪方抚养？

答：根据我国《民法典》第1084条第2款、第3款的规定，离婚后，父母对于子女仍有抚养、教育、保护的权利和义务。离婚后，不满2周岁的子女，以由母亲直接抚养为原则。已满2周岁的子女，父母双方对抚养问题协议不成的，由人民法院根据双方的具体情况，按照最有利于未成年子女的原则判决。子女已满8周岁的，应当尊重其真实意愿。

对于不满2周岁的孩子，父亲在什么条件下可以争取抚养权？

答：虽然法律规定，离婚时，不满2周岁的子女，以由母亲直接抚养为原则。但是，根据《最高人民法院关于适用〈中华人民共和国民法典〉婚姻家庭编的解释（一）》第44条的规定，母亲有下列情形之一，父亲请求直接抚养的，人民法院应予支持：（1）患有久治不愈的传染性疾病或者其他严重疾病，子女不宜与其共同生活；（2）有抚养条件不尽抚养义务，而父亲要求子女随其生活；（3）因其他原因，子女确不宜随母亲生活。此外，如果父母双方协议不满2周岁子女由父亲直接抚养，并对子女健康成长无不利影响的，人民法院也应予支持。

离婚时，对于2周岁以上的孩子，双方争夺抚养权的，该归谁？

答：根据《最高人民法院关于适用〈中华人民共和国民法典〉婚姻家庭编的解释（一）》第46条的规定，对已满2周岁的未成年子女，父母均要求直接抚养，一方有下列情形之一的，可予优先考虑：(1) 已做绝育手术或者因其他原因丧失生育能力；(2) 子女随其生活时间较长，改变生活环境对子女健康成长明显不利；(3) 无其他子女，而另一方有其他子女；(4) 子女随其生活，对子女成长有利，而另一方患有久治不愈的传染性疾病或者其他严重疾病，或者有其他不利于子女身心健康的情形，不宜与子女共同生活。此外，第47条还规定，父母抚养子女的条件基本相同，双方均要求直接抚养子女，但子女单独随祖父母或者外祖父母共同生活多年，且祖父母或者外祖父母要求并且有能力帮助子女照顾孙子女或者外孙子女的，可以作为父或者母直接抚养子女的优先条件予以考虑。

离婚后，不与子女共同生活的一方对子女还有义务吗？

答：我国《民法典》第1084条第2款规定："离婚后，父母对于子女仍有抚养、教育、保护的权利和义务。"第1085条规定："离婚后，子女由一方直接抚养的，另一方应当负担部分或者全部抚养费。负担费用的多少和期限的长短，由双方协议；协议不成的，由人民法院判决。前款规定的协议或者判决，不妨碍子女在必要时向父母任何一方提出超过协议或者判决原定数额的合理要求。"由此可见，离婚后，不与子女共同生活的一方对子女仍有抚养和教育的义务。

离婚协议中约定轮流抚养孩子是否合法？

答：《最高人民法院关于适用〈中华人民共和国民法典〉婚姻家庭编的解释（一）》第48条规定："在有利于保护子女利益的前提下，父母双方协议轮流直接抚养子女的，人民法院应予支持。"这就是说，只要父母双方在离婚的时候协商一致，且这样做有利于维护子女的利益，子女可以由父母双方轮流抚养。

离婚协议可以请他人代签吗？

答：请别人代签离婚协议是不行的。签署离婚协议的权利属于一种与身份相联系的严格的法律行为，有着明显的人身权利的特征。只有具有夫妻身份的完全民事行为能力人才能办理离婚协议，绝对不能让别人代办。即使让别人代办，婚姻登记机关也会拒绝办理。

离婚后又自愿恢复夫妻关系的，是否需要再办理复婚手续？

答：我国《民法典》第1083条明确规定："离婚后，男女双方自愿恢复婚姻关系的，应当到婚姻登记机关重新进行结婚登记。"由此可见，男女双方不到婚姻登记机关进行复婚登记，二人的婚姻关系在法律上是不能自行恢复的。

协议离婚，还可以要求损害赔偿吗？

答：我国《民法典》第1091条规定，有下列情形之一，导致离婚的，无过错方有权请求损害赔偿：(1) 重婚；(2) 与他人同居；(3) 实施家庭暴力；(4) 虐待、遗弃家庭成员；(5) 有其他重大过错。协议离婚作为离婚的一种方式，如果具有上述情形，当然也可以要求损害赔偿。

三、夫妻权利义务

什么是家庭暴力？

答：根据《反家庭暴力法》第2条的规定，家庭暴力，是指家庭成员之间以殴打、捆绑、残害、限制人身自由以及经常性谩骂、恐吓等方式实施的身体、精神等侵害行为。家庭暴力直接作用于受害者身体，使受害者身体上和精神上感到痛苦，损害其身体健康和人格尊严。持续性、经常性的家庭暴力，构成虐待，严重的家庭暴力还有可能构成犯罪。

"家庭暴力"构成犯罪吗？

答："家庭暴力"的现象其实一直存在，受中国传统思想文化的影响，很多人认为"家庭暴力"是家务事，别人无权干涉，这是人们思想中存在的一般误区。我国法律明令禁止"家庭暴力"，持续性、经常性的家庭暴力，构成虐待，严重的家庭暴力还有可能构成犯罪。如我国《刑法》第260条规定："虐待家庭成员，情节恶劣的，处二年以下有期徒刑、拘役或者管制。犯前款罪，致使被害人重伤、死亡的，处二年以上七年以下有期徒刑。第一款罪，告诉的才处理，但被害人没有能力告诉，或者因受到强制、威吓无法告诉的除外。"这里需要说明的是，第一款罪，告诉的才处理，指的是"虐待家庭成员，情节恶劣的"实行不告不理。

发生家庭暴力后，受害方应当怎么办？

答：根据《反家庭暴力法》第13条的规定，家庭暴力受害人及其法定代理人、近亲属可以向加害人或者受害人所在单位、居民委员会、村民委员会、妇女联合会等单位投诉、反映或者求助。有关单位接到家庭暴力投诉、反映或者求助后，应当给予帮助、处理。家庭暴力受害人及其法定代理人、近亲属也可以向公安机关报案或者依法向人民法院起诉。

需要特别指出的是，面对家庭暴力，受害方还可以申请人身安全保护令。根据该法第23条的规定，当事人因遭受家庭暴力或者面临家庭暴力的现实危险，向人民法院申请人身安全保护令的，人民法院应当受理。当事人是无民事行为能力人、限制民事行为能力人，或者因受到强制、威吓等原因无法申请人身安全保护令的，其近亲属、公安机关、妇女联合会、居民委员会、村民委员会、救助管理机构可以代为申请。

作出人身保护令需要符合哪些条件？包括哪些措施？

答：根据《反家庭暴力法》第27条的规定，作出人身安全保护令，应当具备下列条件：（1）有明确的被申请人；（2）有具体的请求；（3）有遭受家庭暴力或者面临家庭暴力现实危险的情形。

根据《反家庭暴力法》第29条的规定，人身安全保护令可以包括下列措施：（1）禁止被申请人实施家庭暴力；（2）禁止被申请人骚扰、跟踪、接触申请人及其相关近亲属；（3）责令被申请人迁出申请人住所；（4）保护申请人人身安全的其他措施。

因家庭暴力起诉的，可以使用法律援助吗？

答：对于遭受家庭暴力的人来讲，其往往在家庭中处于弱势地位，没有什么钱。那么，起诉对于他们来讲，可能就变成了一件难事。为此，《反家庭暴力法》第19条规定：法律援助机构应当依法为家庭暴力受害人提供法律援助。人民法院应当依法对家庭暴力受害人缓收、减收或者免收诉讼费用。

婚姻关系存续期间，无民事行为能力的一方遭受家庭暴力、虐待、遗弃等严重侵害其合法权益的行为时，怎么处理？

答：《民法典》第36条第1款、第2款规定："监护人有下列情形之一的，人民法院根据有关个人或者组织的申请，撤销其监护人资格，安排必要的临时监护措施，并按照最有利于被监护人的原则依法指定监护人：（一）实施严重损害被监护人身心健康的行为；（二）怠于履行监护职责，或者无法履行监护职责且拒绝将监护职责部分或者全部委托给他人，导致被监护人处于危困状态；（三）实施严重侵害被监护人合法权益的其他行为。本条规定的有关个人、组织包括：其他依法具有监护资格的人，居民委员会、村民委员会、学校、医疗机构、妇女联合会、残疾人联合会、未成年人保护组织、依法设立的老年人组织、民政部门等。"当无民事行为能力人在婚姻关系中遭受家庭暴力、虐待、遗弃等严重侵害其合法权益的行为时，有关个人和组织可以申请撤销其配偶的监护资格，更换监护人，然后还可以就侵权行为提起民事诉讼。

夫妻之间签订的"忠贞协议"有法律效力吗？

答：根据我国《民法典》第1043条第2款的规定，夫妻应当互相忠实，互相尊重，互相关爱；家庭成员应当敬老爱幼，互相帮助，维护平等、和睦、文明的婚姻家庭关系。夫或妻作为完全民事行为能力人，在婚前自愿签订了"忠贞协议"，且该协议不违反法律，不违背公序良俗的，应当认为其合法有效。

丈夫能强迫自己的妻子生育吗？

答：按照我国法律的规定，生育是夫妻双方的事情，必须要有夫妻双方的意志和共同的参与，在实行计划生育的前提下，妊娠或终止妊娠由双方协商一致解决。但由于妇女自身的生理特点，以及妇女在生育中肩负着更加重要的作用，因此《妇女权益保障法》第51条明确规定，女性享有生育的权利和不生育的自由。由此可见，丈夫并不能强迫自己的妻子生育。当夫妻双方就生育问题达不成一致意见时，应进行友好的协商。如果通过协商实在无法达成一致意见，当事人可以选择离婚的途径解决。

丈夫与他人同居，妻子可以采取什么措施维护权利？

答：有配偶者与他人同居的，另一方可以选择如下途径维护自己的权利：（1）请求离婚。有配偶者与他人同居是严重破坏一夫一妻制原则的违法行为，也是人民法院裁判准予离婚的法定理由，受害方可以据此向人民法院请求离婚。（2）请求赔偿。根据法律规定，因有配偶者与他人同居而导致离婚，无过错可以向过错方请求损害赔偿。（3）请求解除同居关系。（4）请求追究行政责任。无过错一方可以请求公安机关介入对其配偶非法与他人姘居的行为进行行政制裁。

妻子偷偷做了人流，丈夫可以要求赔偿吗？

答：根据《最高人民法院关于适用〈中华人民共和国民法典〉婚姻家庭编的解释（一）》第23条规定，夫以妻擅自中止妊娠侵犯其生育权为由请求损害赔偿的，人民法院不予支持；夫妻双方因是否生育发生纠纷，致使感情确已破裂，一方请求离婚的，人民法院经调解无效，应依照

《民法典》第 1079 条第 3 款第 5 项的规定处理。《民法典》第 1079 条第 3 款第 5 项规定："有下列情形之一，调解无效的，应当准予离婚：……（五）其他导致夫妻感情破裂的情形。"也就是说，如果妻子偷偷做了人流，丈夫不能以妻子侵犯了其生育权为由要求赔偿，但如果由此引发纠纷导致感情破裂，丈夫可以起诉离婚。

丈夫能强迫妻子不要工作、在家赋闲吗？

答：我国《宪法》第 42 条第 1 款规定，公民有劳动的权利和义务。《民法典》第 1057 条规定，夫妻双方都有参加生产、工作、学习和社会活动的自由，一方不得对另一方加以限制或者干涉。因此，丈夫不能强迫妻子不要工作、在家赋闲。

哪些情形下，离婚时无过错的一方可以请求损害赔偿？

答：根据我国《民法典》第 1091 条的规定，有下列情形之一，导致离婚的，无过错方有权请求损害赔偿：（1）重婚；（2）与他人同居；（3）实施家庭暴力；（4）虐待、遗弃家庭成员；（5）有其他重大过错。这里的"损害赔偿"，包括物质损害赔偿和精神损害赔偿。

因一方有外遇而导致婚姻终结，另一方可以主张精神损害赔偿吗？

答：配偶有外遇往往是导致婚姻关系终结的一个重要原因。根据我国《民法典》第 1091 条的规定，与他人同居而导致离婚的，无过错方有权请求损害赔偿。由此可见，离婚后无过错的一方向另一方提出精神损害赔偿是合理合法的。

丈夫有外遇，妻子得知后不想离婚而仅要求丈夫对其进行精神损害赔偿，法院会支持吗？

答：《最高人民法院关于适用〈中华人民共和国民法典〉婚姻家庭编的解释（一）》第 87 条第 3 款规定："在婚姻关系存续期间，当事人不起诉离婚而单独依据民法典第一千零九十一条提起损害赔偿请求的，人民法院不予受理。"可见，如果夫妻双方没有离婚，妻子不能要求丈夫对自己进行精神损害赔偿。因为，在夫妻关系存续期间，让丈夫对妻子进行精神损害赔偿，实质上是把左口袋的钱放进右口袋。这样的判决没有实际的意义，只会浪费司法资源。

丈夫经常虐待妻子，妻子能否向法院起诉要求离婚的同时还要求损害赔偿？

答：如果结婚后男方经常虐待女方，那么女方有权向法院起诉要求离婚。法律之所以这样规定是为了保护女方的人身权益。法律还规定，此种情形下，女方要求离婚时还可以同时要求男方给予损害赔偿。这在我国《民法典》第 1091 条有明确的规定。即如果夫妻双方在婚后，丈夫经常虐待妻子，妻子向法院提出离婚的同时，可以依法同时提出损害赔偿的诉讼请求。

离婚后未成年子女致人损害的，未与子女共同生活的一方需要承担赔偿责任吗？

答：我国《民法典》第 1188 条规定："无民事行为能力人、限制民事行为能力人造成他人损害的，由监护人承担侵权责任。监护人尽到监护职责的，可以减轻其侵权责任……"由此可见，未成年子女致人损害的，通常由其父母承担赔偿责任。但是，如果父母离婚了，未与子女共同生活的一方是否需要承担赔偿责任呢？《民法典》规定，离婚后，父母对于子女仍有抚养、教育、保护的权利和义务。由此可见，父母对于子女的各项义务，不因离婚而消灭，即使不与未成年子女共同生活，也有承担赔偿责任的义务。

夫妻双方约定的事情，对外人也有效吗？

答：我国《民法典》第1060条规定："夫妻一方因家庭日常生活需要而实施的民事法律行为，对夫妻双方发生效力，但是夫妻一方与相对人另有约定的除外。夫妻之间对一方可以实施的民事法律行为范围的限制，不得对抗善意相对人。"换言之，夫妻之间的约定，不能对抗善意相对人。"善意"，可以简单地理解为"不知道或应当不知道"。例如，夫妻双方约定任何一方处分2万元的财产必须经过对方同意。一天，妻子擅自赠送朋友一个价值3万元的手提包，丈夫如果不满意，不能根据夫妻之间的协议将手提包要回。

四、夫妻财产关系

什么是夫妻个人特有财产？

答：夫妻个人特有财产是指夫妻在婚后实行共同财产制时，依据法律的规定或夫妻双方的约定，夫妻享有个人财产所有权的财产。法定的夫妻特有财产的性质属于公民个人财产的范围，应当由所有权人依法占有、使用、处分和收益，受法律保护，离婚时归个人所有，不作为共同财产进行分割。所有权人死亡时，应当划入遗产的范围，按遗产处理。

哪些财产属于夫妻个人所有财产？

答：根据我国《民法典》第1063条的规定，夫妻个人财产主要包括一方婚前的财产、一方因身体受到损害获得的赔偿或者补偿、遗嘱或赠与合同中确定只归一方的财产、一方专用的生活用品、根据夫妻之间的约定归夫妻个人所有的财产以及其他应当归夫妻个人所有的财产。

夫妻可以约定婚前个人财产的归属吗？

答：夫妻双方可以约定婚前个人财产的归属。《民法典》第1065条第1款规定："男女双方可以约定婚姻关系存续期间所得的财产以及婚前财产归各自所有、共同所有或者部分各自所有、部分共同所有。约定应当采用书面形式。没有约定或者约定不明确的，适用本法第一千零六十二条、第一千零六十三条的规定。"男女双方在婚前就约定双方在婚后的财产分配，其实也是公民在婚姻生活中自我防范意识的体现。

夫妻之间赠与房产，如未变更登记可撤销赠与吗？

答：我国《民法典》第658条规定："赠与人在赠与财产的权利转移之前可以撤销赠与。经过公证的赠与合同或者依法不得撤销的具有救灾、扶贫、助残等公益、道德义务性质的赠与合同，不适用前款规定。"据此，夫妻之间的房产赠与，若未变更登记，另一方是可以撤销赠与的。

一方在婚前购买的住房，会因结婚而转为夫妻共同财产吗？

答：《最高人民法院关于适用〈中华人民共和国民法典〉婚姻家庭编的解释（一）》第31条规定："民法典第一千零六十三条规定为夫妻一方的个人财产，不因婚姻关系的延续而转化为夫妻共同财产。但当事人另有约定的除外。"夫妻一方在婚前购买住房并且取得了所有权，如果当事人间没有关于该财产为双方共同所有的特别约定，则该财产并不会因结婚而转化为夫妻共同财产，仍是属于一方的财产，离婚时不能作为共同财产进行分割。

结婚前一方父母为二人购买的结婚用房，属于夫妻共同财产吗？

答：《最高人民法院关于适用〈中华人民共和国民法典〉婚姻家庭编的解释（一）》第29条第1款规定："当事人结婚前，父母为双方购置房屋出资的，该出资应当认定为对自己子女个人的赠与，但父母明确表示赠与双方的除外。"由此可见，结婚前一方父母为二人购买的结婚用房，不属于夫妻共同财产，而是属于夫妻个人财产，但父母明确表示赠与双方的为夫妻共同财产。

结婚后父母为子女购买的房屋应当归谁所有？

答：《最高人民法院关于适用〈中华人民共和国民法典〉婚姻家庭编的解释（一）》第29条第2款规定："当事人结婚后，父母为双方购置房屋出资的，依照约定处理；没有约定或者约定不明确的，按照民法典第一千零六十二条第一款第四项规定的原则处理。"《民法典》第1062条第1款第4项规定："夫妻在婚姻关系存续期间所得的下列财产，为夫妻的共同财产，归夫妻共同所有：……（四）继承或者受赠的财产，但是本法第一千零六十三条第三项规定的除外；……"由此可知，结婚后父母为子女购买的房屋，如果没有明确约定给谁，那么就会按夫妻共同财产处理。

娘家陪嫁的财产是归妻子个人所有吗？

答：根据我国《民法典》第1063条的规定，赠与合同中确定只归一方的财产为夫妻一方的财产。而娘家陪嫁女儿的财产，按习惯理解属于赠与女儿的财产，从赠与人交付赠与物时起，赠与物即转移了所有权。也就是说，当女儿接受这些财产之后就成了女儿个人的财产。

夫妻一方因身体伤害得到的医疗赔偿属于夫妻共同财产吗？

答：我国《民法典》第1063条明确规定，一方因受到人身损害获得的赔偿或者补偿，应属于夫妻一方的个人财产。因此，夫妻一方因身体伤害得到的医疗赔偿不属于夫妻共同财产。

稿费属于夫妻共同财产吗？

答：关于夫妻共同财产的范围，我国《民法典》第1062条明确规定，夫妻在婚姻关系存续期间所得的知识产权的收益，属于夫妻共同所有。所谓的知识产权收益，是指夫妻在婚后转让或者许可他人使用自己的著作权、专利权、商标权等所得的收入。稿费即属于著作权的收入，因此属于共同财产。

住房公积金属于夫妻共同财产吗？

答：住房公积金制度实际上是一种住房保障制度，是住房分配货币化的一种形式。《最高人民法院关于适用〈中华人民共和国民法典〉婚姻家庭编的解释（一）》第25条规定，婚姻关系存续期间，男女双方实际取得或者应当取得的住房补贴、住房公积金属于应当归共同所有的财产。

夫妻一方个人财产在婚后产生的收益，应当划为夫妻共同财产吗？

答：根据《最高人民法院关于适用〈中华人民共和国民法典〉婚姻家庭编的解释（一）》第26条规定，夫妻一方个人财产在婚后产生的收益，除孳息和自然增值外，应认定为夫妻共同财产。一般而言，夫妻一方财产在婚后的收益主要包括孳息、投资经营收益及自然增值。例如：夫妻一方结婚前就有一套在出租的房子，每月租金有3000元，那么这3000元的租金就是孳息。租金上涨的话，属于自然增值，即使结了婚，这每月3000元或更多的租金也一样是个人财产。假如夫妻一方婚前有一个工厂，婚后这个工厂所生产产品的收益就是投资经营收益，则属夫妻共同财产。

婚前的"彩礼"可以要求返还吗？

答：根据《最高人民法院关于适用〈中华人民共和国民法典〉婚姻家庭编的解释（一）》第5条规定，当事人请求返还按照习俗给付的彩礼的，如果查明属于以下情形，人民法院应当予以支持：（1）双方未办理结婚登记手续；（2）双方办理结婚登记手续但确未共同生活；（3）婚前给付并导致给付人生活困难。此外，适用前款第（2）项、第（3）项的规定，应当以双方离婚为条件，即在离婚的前提之下才能适用第（2）项、第（3）项。

"全职太太"离婚时可以要求经济补偿吗？

答：我国《民法典》第1088条规定："夫妻一方因抚育子女、照料老年人、协助另一方工作等负担较多义务的，离婚时有权向另一方请求补偿，另一方应当给予补偿。具体办法由双方协议；协议不成的，由人民法院判决。"由此可见，在婚姻关系存续期间，夫妻中为家庭多承担责任、多履行义务的一方，离婚时有权向另一方请求补偿，另一方应当予以补偿。全职太太为了家庭放弃工作，全身心投入家庭，抚育子女、照顾老人等，在离婚时完全有理由依据上述规定请求丈夫给予补偿。

离婚时一方隐匿了财产怎么办？

答：我国《民法典》第1092条规定："夫妻一方隐藏、转移、变卖、毁损、挥霍夫妻共同财产，或者伪造夫妻共同债务企图侵占另一方财产的，在离婚分割夫妻共同财产时，对该方可以少分或者不分。离婚后，另一方发现有上述行为的，可以向人民法院提起诉讼，请求再次分割夫妻共同财产。"由此可见，离婚时一方隐匿了财产的，另一方应当依法维护自己的合法权益，必要时可以寻求法院的帮助。

请求再次分配夫妻共同财产有时效限制吗？

答：请求再次分配夫妻共有财产是有时效限制的。尽管我国法律制定了相应条款，允许婚姻当事人的一方就另一方有隐藏、转移、变卖、毁损和挥霍夫妻共同财产的情节，可以向法院提起诉讼，请求再次分配夫妻共有财产，但是也要遵守诉讼时效的规定。《最高人民法院关于适用〈中华人民共和国民法典〉婚姻家庭编的解释（一）》第84条规定："当事人依据民法典第一千零九十二条的规定向人民法院提起诉讼，请求再次分割夫妻共同财产的诉讼时效期间为三年，从当事人发现之日起计算。"此外，根据《民法典》第188条的规定，向人民法院请求保护民事权利的诉讼时效期间为三年。法律另有规定的，依照其规定。诉讼时效期间自权利人知道或者应当知道权利受到损害以及义务人之日起计算。法律另有规定的，依照其规定。但是，自权利受到损害之日起超过20年的，人民法院不予保护，有特殊情况的，人民法院可以根据权利人的申请决定延长。

无效婚姻中的财产属于共同财产吗？

答：我国《民法典》第1054条规定：

第四章 婚姻家庭篇

"无效的或者被撤销的婚姻自始没有法律约束力,当事人不具有夫妻的权利和义务。同居期间所得的财产,由当事人协议处理;协议不成的,由人民法院根据照顾无过错方的原则判决。对重婚导致的无效婚姻的财产处理,不得侵害合法婚姻当事人的财产权益。当事人所生的子女,适用本法关于父母子女的规定。婚姻无效或者被撤销的,无过错方有权请求损害赔偿。"由此可见,对于无效婚姻中的财产,先由当事人协议处理;协议不成的,由人民法院根据照顾无过错方的原则判决。但是,对重婚导致的无效婚姻的财产处理,不得侵害合法婚姻当事人的财产权益。

离婚时一方转移共同财产的,怎么办?

答:为了保护婚姻生活中弱势群体的利益,法律规定了一些在紧急情况下适用的保护条款。如《最高人民法院关于适用〈中华人民共和国民法典〉婚姻家庭编的解释(一)》第85条规定:"夫妻一方申请对配偶的个人财产或者夫妻共同财产采取保全措施的,人民法院可以在采取保全措施可能造成损失的范围内,根据实际情况,确定合理的财产担保数额。"财产保全,是指人民法院在利害关系人起诉前或者当事人起诉后,为保障将来的生效判决能够得到执行或者避免财产遭受损失,对当事人的财产或者争议的标的物,采取限制当事人处分的强制措施。由此可见,离婚时一方转移共同财产的,另一方可以向法院申请财产保全。

离婚时,夫妻一方在公司的股份如何分割?

答:《最高人民法院关于适用〈中华人民共和国民法典〉婚姻家庭编的解释(一)》第73条规定:"人民法院审理离婚案件,涉及分割夫妻共同财产中以一方名义在有限责任公司的出资额,另一方不是该公司股东的,按以下情形分别处理:(一)夫妻双方协商一致将出资额部分或者全部转让给该股东的配偶,其他股东过半数同意,并且其他股东均明确表示放弃优先购买权的,该股东的配偶可以成为该公司股东;(二)夫妻双方就出资额转让份额和转让价格等事项协商一致后,其他股东半数以上不同意转让,但愿意以同等条件购买该出资额的,人民法院可以对转让出资所得财产进行分割。其他股东半数以上不同意转让,也不愿意以同等条件购买该出资额的,视为其同意转让,该股东的配偶可以成为该公司股东。用于证明前款规定的股东同意的证据,可以是股东会议材料,也可以是当事人通过其他合法途径取得的股东的书面声明材料。"

夫妻一方婚前贷款买房并登记在自己名下,婚后用夫妻共同财产还贷,离婚时该如何分割?

答:《最高人民法院关于适用〈中华人民共和国民法典〉婚姻家庭编的解释(一)》第78条规定,夫妻一方婚前签订不动产买卖合同,以个人财产支付首付款并在银行贷款,婚后用夫妻共同财产还贷,不动产登记于首付款支付方名下的,离婚时该不动产由双方协议处理。依前款规定不能达成协议的,人民法院可以判决该不动产归登记一方,尚未归还的贷款为不动产登记一方的个人债务。双方婚后共同还贷支付的款项及其相对应财产增值部分,离婚时应根据民法典第1087条第1款规定的原则,由不动产登记一方对另一方进行补偿。

婚姻关系存续期间，双方用夫妻共同财产出资购买以一方父母名义参加房改的房屋，产权登记在一方父母名下，离婚时如何分割？

答：《最高人民法院关于适用〈中华人民共和国民法典〉婚姻家庭编的解释（一）》第 79 条规定："婚姻关系存续期间，双方用夫妻共同财产出资购买以一方父母名义参加房改的房屋，登记在一方父母名下，离婚时另一方主张按照夫妻共同财产对该房屋进行分割的，人民法院不予支持。购买该房屋时的出资，可以作为债权处理。"此法条明确规定，房改以一方父母名义参加，产权登记在一方父母名下，房产不作为共有财产，但出资款可作为债权，即另一方有权要求房屋所有权人归还出资款中属于自己的份额。

婚姻关系存续期间，夫妻一方作为继承人依法可以继承的遗产，在继承人之间尚未实际分割，另一方可否通过离婚诉讼来分割该遗产？

答：《最高人民法院关于适用〈中华人民共和国民法典〉婚姻家庭编的解释（一）》第 81 条规定："婚姻关系存续期间，夫妻一方作为继承人依法可以继承的遗产，在继承人之间尚未实际分割，起诉离婚时另一方请求分割的，人民法院应当告知当事人在继承人之间实际分割遗产后另行起诉。"由此可见，当夫妻一方在离婚诉讼时请求分割其中一方继承的尚未实际分割的遗产时，法院应当告知当事人在继承人之间实际分割遗产后另行起诉。

个人独资企业的财产在离婚时如何处理？

答：《最高人民法院关于适用〈中华人民共和国民法典〉婚姻家庭编的解释（一）》第 75 条规定，夫妻以一方名义投资设立个人独资企业的，人民法院分割夫妻在该个人独资企业中的共同财产时，应当按照以下情形分别处理：（1）一方主张经营该企业的，对企业资产进行评估后，由取得企业资产所有权一方给予另一方相应的补偿；（2）双方均主张经营该企业的，在双方竞价基础上，由取得企业资产所有权的一方给予另一方相应的补偿；（3）双方均不愿意经营该企业的，按照《中华人民共和国个人独资企业法》等有关规定办理。

离婚时养老保险金应如何分割？

答：根据现实状况，离婚时养老保险金存在三种不同的情形：第一种是离婚时，男女双方均已达法定退休年龄，已开始领取的养老保险金；第二种是离婚时，男女双方均未达到法定退休年龄，已缴纳一定数额的养老保险费，但尚未开始领取养老保险金；第三种是一方已开始领取养老保险金，另一方尚未开始领取养老保险金。

第一种情形，双方已开始领取养老保险金的，其按月领取养老保险金的数额明确，在分割时可操作性强，可按平等原则进行处理，即由领取保险金多的一方按月给少的一方补付差额款即可。

第二种情形，双方只缴纳了养老保险费，由于尚未达到法定退休年龄，不能领取养老保险金，将来到底能否领取养老保险金、能领取多少养老保险金尚无法确定。此种情形，法院只能根据平等原则进行分割，即法院裁判时，以双方实际缴纳的养老保险费总额数为基数，按平等原则进行分割，由养老保险费账户总额多的一方给少的一方补差，调平原、被告的财产差额。

第三种情形，《最高人民法院关于适用〈中华人民共和国民法典〉婚姻家庭编的解释（一）》第 80 条规定："离婚时夫妻一方尚未退休、不符合领取基本养老金条件，另一方请求按照夫妻共同财产分割基本养老金的，人民法院不予支持；婚后以夫妻共同财产缴纳基本养老保险费，离婚时一方主张将养老金账户中婚姻关系存续期间个人实际缴纳部分及利息作为夫妻共同财产分割的，人民法院应予支持。"由此可以看出，离婚时夫妻一方尚未退休、不符合领取养老保险金条件，另一方请求按照夫妻共同财产分割养老保险金的，得不到法院的支持。但是，离婚时，可以对养老保险金账户中婚姻关系存续期间个人实际缴付部分作为夫妻共同财产分割。

"共债共签"是界定夫妻共同债务的唯一标准吗？

答： 在现代社会，随着经济的不断发展，债权债务关系日益复杂，尤其是夫妻共同债务的界定问题。在过去，有的夫妻一方因对方有赌博、吸毒等行为背负了巨额债务，生存艰难。对此，为了避免夫妻一方在另一方不知情的情况下欠下巨额债务，《民法典》规定了夫妻"共债共签"。但是，"共债共签"并非唯一标准。我国《民法典》第1064条第1款规定："夫妻双方共同签名或者夫妻一方事后追认等共同意思表示所负的债务，以及夫妻一方在婚姻关系存续期间以个人名义为家庭日常生活需要所负的债务，属于夫妻共同债务。"由此可见，确定夫妻共同债务的标准是：(1)夫妻双方共同签名的债务；(2)夫妻一方事后追认等共同意思表示所负的债务；(3)在婚姻关系存续期间以个人名义为家庭日常生活需要所负的债务。此外，如果夫妻一方以个人名义超出家庭日常生活需要所负的债务，不属于夫妻共同债务，但是，债权人能够证明的除外。

离婚时哪些债务属于用夫妻一方个人财产清偿的债务？

答： 我国《民法典》第1064条第2款规定："夫妻一方在婚姻关系存续期间以个人名义超出家庭日常生活需要所负的债务，不属于夫妻共同债务；但是，债权人能够证明该债务用于夫妻共同生活、共同生产经营或者基于夫妻双方共同意思表示的除外。"第1065条第3款规定："夫妻对婚姻关系存续期间所得的财产约定归各自所有，夫或者妻一方对外所负的债务，相对人知道该约定的，以夫或者妻一方的个人财产清偿。"由此可见，在婚姻关系存续期间，夫妻一方以个人名义超出家庭日常生活需要所负的债务，除非债权人能够证明该债务用于夫妻共同生活、共同生产经营或者基于夫妻双方共同意思表示，否则该债务应为夫妻一方的个人债务。此外，婚姻关系存续期间，夫妻之间约定财产归各自所有并且债权人知道此约定的，该债务属于夫妻一方的个人债务。

夫妻中收入高的一方在处理财产上可以享有更多权利吗？

答： 我国《民法典》第1055条规定："夫妻在婚姻家庭中地位平等。"《妇女权益保障法》第47条第1款规定："妇女对依照法律规定的夫妻共同财产享有与其配偶平等的占有、使用、收益和处分的权利，不受双方收入状况的影响。"由此可见，夫妻中收入高的一方在处理财产上是不可以享有更多权利的。对夫妻共同财产，夫妻双方有平等的处理权，并不因哪方的收入相对较少而因此享有相对较少的权利。

婚姻关系存续期间，夫妻一方请求分割共同财产的，人民法院应当支持吗？

答： 婚姻关系存续期间，除民法典第1066条规定情形以外，夫妻一方请求分割共同财产的，人民法院不予支持。也就是说，一般情况下，夫妻分割共同财产，要以离婚为前提条件，如果不离婚，是不能提出分割共同财产的。根据《民法典》第1066条规定，婚姻关系存续期间，有下列情形之一的，夫妻一方可以向人民法院请求分割共同财产：（1）一方有隐藏、转移、变卖、毁损、挥霍夫妻共同财产或者伪造夫妻共同债务等严重损害夫妻共同财产利益的行为；（2）一方负有法定扶养义务的人患重大疾病需要医治，另一方不同意支付相关医疗费用。

婚姻关系解除后又同居的男女之间有没有继承遗产的权利？

答：我国《民法典》第1061条规定："夫妻有相互继承遗产的权利。"该法第1049条规定："要求结婚的男女双方应当亲自到婚姻登记机关申请结婚登记。符合本法规定的，予以登记，发给结婚证。完成结婚登记，即确立婚姻关系。未办理结婚登记的，应当补办登记。"据此，我们需要明确这样一个问题：婚姻关系不会因为同居事实的出现而自行恢复。我国法律对此有强制性规定，男女双方自愿恢复夫妻关系的，必须到婚姻登记机关进行复婚登记。不履行登记行为夫妻关系不能恢复。由此可见，婚姻关系解除后，男女双方之间相互继承的权利丧失。婚姻关系解除后又同居的男女之间没有继承遗产的权利。

丈夫背着妻子以夫妻共同财产设立个人独资企业，妻子是否会成为共同债务人？

答：我国《民法典》第1089条规定："离婚时，夫妻共同债务应当共同偿还。共同财产不足清偿或者财产归各自所有的，由双方协议清偿；协议不成的，由人民法院判决。"我国《个人独资企业法》第18条规定："个人独资企业投资人在申请企业设立登记时明确以其家庭共有财产作为个人出资的，应当依法以家庭共有财产对企业债务承担无限责任。"由此可见，夫妻离婚时，对于共同生活所负的债务，应当共同偿还。如果个人独资企业投资人在申请企业设立登记时以夫妻共同财产为个人出资的，应当以夫妻共同财产对外承担偿还债务责任。

一方未经另一方同意出售夫妻共同共有的房屋，如何处理？

答：根据《最高人民法院关于适用〈中华人民共和国民法典〉婚姻家庭编的解释（一）》第28条规定，一方未经另一方同意出售夫妻共同所有的房屋，第三人善意购买、支付合理对价并已办理不动产登记，另一方主张追回该房屋的，人民法院不予支持。夫妻一方擅自处分共同所有的房屋造成另一方损失，离婚时另一方请求赔偿损失的，人民法院应予支持。

当事人达成的以协议离婚为条件的财产分割协议，如果双方协议离婚未成，一方在离婚诉讼中可以反悔吗？

答：根据《最高人民法院关于适用〈中华人民共和国民法典〉婚姻家庭编的解释（一）》第69条规定，当事人达成的以协议离婚或者到人民法院调解离婚为条件的财产以及债务处理协议，如果双方离婚未成，一方在离婚诉讼中反悔的，人民法院应当认定该财产以及债务处理协议没有生效，并根据实际情况依法对夫妻共同财产进行分割。

夫妻之间订立借款协议，以夫妻共同财产出借给一方从事个人经营活动或用于其他个人事务的，对该部分借款如何处理？

答：根据《最高人民法院关于适用〈中华人民共和国民法典〉婚姻家庭编的解释（一）》第82条规定，夫妻之间订立借款协议，以夫妻共同财产出借给一方从事个人经营活动或者用于其他个人事务的，应视为双方约定处分夫妻共同财产的行为，离婚时可以按照借款协议的约定处理。

五、监护与抚养

什么是监护？

答：监护，是指对未成年人和精神病人的人身、财产以及其他合法权益进行监督和保护的一种民事制度。监护具有以下特征：（1）被监护人须为无民事行为能力人和限制民事行为能力人。（2）监护人须为完全民事行为能力人。（3）监护人的职责是由法律规定的，而不能由当事人约定。

未成年人的监护人如何确定？

答：我国《民法典》第27条规定："父母是未成年子女的监护人。未成年人的父母已经死亡或者没有监护能力的，由下列有监护能力的人按顺序担任监护人：（一）祖父母、外祖父母；（二）兄、姐；（三）其他愿意担任监护人的个人或者组织，但是须经未成年人住所地的居民委员会、村民委员会或者民政部门同意。"由此我们看出，对于未成年人的法定监护人的确定，首先应该是父母。如果父母死亡或者没有监护能力，那么就在其他人中产生。在这个"其他人"的范围中，是存在顺序的，即在先顺序人可以优先于在后顺序人承担监护责任。

如何确定精神病人的监护人？

答：我国《民法典》第28条规定："无民事行为能力或者限制民事行为能力的成年人，由下列有监护能力的人按顺序担任监护人：（一）配偶；（二）父母、子女；（三）其他近亲属；（四）其他愿意担任监护人的个人或者组织，但是须经被监护人住所地的居民委员会、村民委员会或者民政部门同意。"由此可见，和未成年人的监护规定比较起来，承担精神病人监护职责的人的范围是不同的，顺序也不相同，这些必须引起我们的注意。但当精神病人是未成年人时，我们又该如何处理？我们大可不必困惑，直接按照未成年人的相关规定处理就好。

父母可以立遗嘱指定谁做孩子的监护人吗？

答：我国《民法典》第29条规定："被监护人的父母担任监护人的，可以通过遗嘱指定监护人。"由此可见，父母作为孩子的监护人时，是有权利"托孤"，指定谁做孩子监护人的，这也叫作"遗嘱指定"。"遗嘱指定"一般适用于父母身患疾病、面对灾难险情等有可能不能再抚养孩子的情形。通过遗嘱指定的监护人，应该会更有利于孩子的成长。

小学生在学校将人打伤，赔偿责任由谁承担？

答：我国《民法典》第1188条规定："无民事行为能力人、限制民事行为能力人造成他人损害的，由监护人承担侵权责任。监护人尽到监护职责的，可以减轻其侵权责任。有财产的无民事行为能力人、限制民事行为能力人造成他人损害的，从本人财产中支付赔偿费用；不足部分，由监护人赔偿。"该法第1201条还规定："无民事行为能力人或者限制民事行为能力人在幼儿园、学校或者其他教育机构学习、生活期间，受到幼儿园、学校或者其他教育机构以外的第三人人身损害的，由第三人承担侵权责任；幼儿园、学校或者其他教育机构未尽到管理职责的，承担相应的补充责任。幼儿园、学校或者其他教育机构承担补充责任后，可以向第三人追偿。"由此可见，小学生在学校将人打伤，监护人要承担赔偿责任，如果小学生自己有财产，优先从其财产中支付赔偿金。学校未尽到相应责任的，也要承担一定的赔偿责任。

精神病人致人损害由谁来承担责任？

答：我国《民法典》第1188条规定："无民事行为能力人、限制民事行为能力人造成他人损害的，由监护人承担侵权责任。监护人尽到监护职责的，可以减轻其侵权责任。有财产的无民事行为能力人、限制民事行为能力人造成他人损害的，从本人财产中支付赔偿费用；不足部分，由监护人赔偿。"无法辨认自己行为的精神病人属于无民事行为能力人，其致人损害的赔偿责任原则上应由其监护人承担，如果其有个人财产，应优先从其财产中支付赔偿金。

未成年子女造成他人人身、财产损失时，赔偿责任应如何承担？

答：我国《民法典》第1068条明确规定："父母有教育、保护未成年子女的权利和义务。未成年子女造成他人损害的，父母应当依法承担民事责任。"同时，该法第1188条规定："无民事行为能力人、限制民事行为能力人造成他人损害的，由监护人承担侵权责任。监护人尽到监护职责的，可以减轻其侵权责任。有财产的无民事行为能力人、限制民事行为能力人造成他人损害的，从本人财产中支付赔偿费用；不足部分，由监护人赔偿。"由此可见，未成年人给他人造成损害的，应当由监护人承担责任，如果监护人尽了监护职责的，可以适当减轻其民事责任。但是，如果未成年人有个人财产的，应先从其财产中支付赔偿金。

怀疑孩子不是亲生的，可以起诉否认亲子关系吗？

答：我国《民法典》第1073条规定："对亲子关系有异议且有正当理由的，父或者母可以向人民法院提起诉讼，请求确认或者否认亲子关系。对亲子关系有异议且有正当理由的，成年子女可以向人民法院提起诉讼，请求确认亲子关系。"由此可知，如果对亲子关系有异议，父母、成年子女都可以向法院提出请求确认或者否认亲子关系之诉。

夫妻一方丧失劳动能力后，另一方是否负有扶养的义务？

答：所谓夫妻之间的扶养义务主要是指夫妻之间相互为对方提供经济上的供养和生活上的扶助，以此来维持日常的生活。根据我国《民法典》第1059条的规定，夫妻有相互扶养的义务。需要扶养的一方，在另一方不履行扶养义务时，有要求其给付扶养费的权利。

妻子已绝育，离婚时会得到孩子的抚养权吗？

答：我国《妇女权益保障法》第50条规定："离婚时，女方因实施绝育手术或者其他原因丧失生育能力的，处理子女抚养问题，应在有利子女权益的条件下，照顾女方的合理要求。"由此可见，妻子已绝育，离婚时得到孩子抚养权的机会比较大。

离婚后可以要求变更孩子的抚养权吗？

答：《最高人民法院关于适用〈中华人民共和国民法典〉婚姻家庭编的解释（一）》第56条规定："具有下列情形之一，父母一方要求变更子女抚养关系的，人民法院应予支持：（一）与子女共同生活的一方因患严重疾病或者因伤残无力继续抚养子女；（二）与子女共同生活的一方不尽抚养义务或有虐待子女行为，或者其与子女共同生活对子女身心健康确有不利影响；(三) 已满八周岁的子女，愿随另一方生活，该方又有抚养能力；(四) 有其他正当理由需要变更。"同时，该法第 57 条规定："父母双方协议变更子女抚养关系的，人民法院应予支持。"由此可见，离婚后，是可以要求变更孩子的抚养权的。

离婚后，女方擅自改变了子女的姓氏，男方是否可以据此拒绝给付抚养费？

答：《最高人民法院关于适用〈中华人民共和国民法典〉婚姻家庭编的解释（一）》第 59 条规定："父母不得因子女变更姓氏而拒付子女抚养费。父或者母擅自将子女姓氏改为继母或继父姓氏而引起纠纷，应当责令恢复原姓氏。"由此可见，女方擅自改变孩子的姓氏，男方可以请求法院责令女方将孩子的姓氏改回来。而男方也不能以此为借口，拒付孩子的抚养费，而只能到法院起诉。

离婚后，男方是否可以探望自己的子女呢？

答：我国《民法典》第 1086 条第 1 款、第 2 款明确规定："离婚后，不直接抚养子女的父或者母，有探望子女的权利，另一方有协助的义务。行使探望权利的方式、时间由当事人协议；协议不成的，由人民法院判决。"由此可见，男方享有对自己子女的探望权，但权利的行使应该在法律规定的范围内。男方不能以行使探望权为由，影响女方和子女的正常生活，应该同女方协议行使探望权的时间和地点。如果双方不能协商一致，应交由人民法院判决。

离婚后，抚养孩子的一方阻挠对方探视孩子怎么办？

答：探视权是离婚后不直接抚养子女的父或母依法享有的一项权利，除了由人民法院依法中止探望权外，其他任何人、单位或组织都不能非法阻止探望权的行使。《最高人民法院关于适用〈中华人民共和国民法典〉婚姻家庭编的解释（一）》第 68 条规定："对于拒不协助另一方行使探望权的有关个人或者组织，可以由人民法院依法采取拘留、罚款等强制措施，但是不能对子女的人身、探望行为进行强制执行。"由此可见，离婚后，抚养孩子的一方阻挠对方探视孩子的，另一方可以向法院申请强制执行，也就是对阻挠一方采取罚款、拘留等强制措施。

女方认为前夫来探望子女不利于子女的成长，是否可以自行禁止男方行使探望权？

答：我国《民法典》第 1086 条第 3 款规定："父或者母探望子女，不利于子女身心健康的，由人民法院依法中止探望；中止的事由消失后，应当恢复探望。"《最高人民法院关于适用〈中华人民共和国民法典〉婚姻家庭编的解释（一）》第 67 条规定："未成年子女、直接抚养子女的父或者母以及其他对未成年子女负担抚养、教育、保护义务的法定监护人，有权向人民法院提出中止探望的请求。"由此可见，女方认为前夫来探望子女不利于子女的成长的，有向法院提出中止男方行使探望权的权利，但女方不能单方禁止男方来探望未成年子女。女方实施单方禁止的行为，是对男方合法权益的侵犯，是法律所不允许的。

离婚后，法院判决孩子归母亲抚养，对于子女的相关费用，丈夫还有给付义务吗？

答：我国《民法典》第 1084 条第 1 款、第 2 款明确规定："父母与子女间的关系，不因父母离婚而消除。离婚后，子女无论由父或者母直接抚养，仍是父母双方的子女。离婚后，父母对于子女仍有抚养、教育、保护的权利和义务。"该法第1085条第1款还规定："离婚后，子女由一方直接抚养的，另一方应当负担部分或者全部抚养费。负担费用的多少和期限的长短，由双方协议；协议不成的，由人民法院判决。"由此可见，离婚后男方对自己的子女依然负有抚养和教育的权利和义务。当法院判决子女的抚养权归女方所有时，男方仍应承担对子女的生活费和教育费等有关费用，具体承担的方式可以和女方协商；如果对于费用数额双方达不成协议，则由法院判决。

夫妻离婚后，法院如何确定双方支付抚养费的数额问题？

答：《最高人民法院关于适用〈中华人民共和国民法典〉婚姻家庭编的解释（一）》第49条明确规定："抚养费的数额，可以根据子女的实际需要、父母双方的负担能力和当地的实际生活水平确定。有固定收入的，抚养费一般可以按其月总收入的百分之二十至三十的比例给付。负担两个以上子女抚养费的，比例可以适当提高，但一般不得超过月总收入的百分之五十。无固定收入的，抚养费的数额可以依据当年总收入或者同行业平均收入，参照上述比例确定。有特殊情况的，可以适当提高或者降低上述比例。"由此可见，关于子女抚养费的具体数额，法律规定得比较灵活，针对不同的情况适用不同的标准：父母有固定收入的和没有固定收入的适用不同的标准；如果有特殊情况发生的，抚养费的数额还可以提高或者降低。

由于物价上涨，子女可以要求与母亲离婚的父亲增加生活费吗？

答：我国《民法典》第1085条第2款规定："前款规定的协议或者判决，不妨碍子女在必要时向父母任何一方提出超过协议或者判决原定数额的合理要求。"由此可见，由于物价上涨，子女是可以要求与母亲离婚的父亲增加生活费的，但此增加不能是狮子大开口，必须是一个合理的数额。

父母未离婚，子女可以诉求抚养费吗？

答：我国《民法典》第1067条规定："父母不履行抚养义务的，未成年子女或者不能独立生活的成年子女，有要求父母给付抚养费的权利……"《最高人民法院关于适用〈中华人民共和国民法典〉婚姻家庭编的解释（一）》第43条规定："婚姻关系存续期间，父母双方或者一方拒不履行抚养子女义务，未成年子女或者不能独立生活的成年子女请求支付抚养费的，人民法院应予支持。"根据以上规定，即使父母未离婚，未成年的子女也可以作为原告向未尽抚养义务的任何一方追索抚养费。

非婚生子女有权要求生父母履行抚养义务吗？

答：在实际生活中，非婚生子女的地位是很尴尬的，通常得不到父母的承认，生活也没有保障。我国法律针对这样的问题，已经作了非常明确的规定，从立法上确实保护了非婚生子女的合法权益。如我国《民法典》第1071条规定："非婚生子女享有与婚生子女同等的权利，任何组织或者个人不得加以危害和歧视。不直接抚养非婚生子女的生父或者生母，应当负担未成年子女或者不能独立生活的成年子女的抚养费。"由此可见，非婚生子女有权要求自己的亲生父母履行抚养义务。

人工授精所生的孩子，离婚时父母就可以不要了吗？

答：通过先进的医疗手段诞生的子女，等同于婚生子女，一样享有被抚养的权利。人工授精的手段主要用于解决男性不育的问题，是指将男性的精子以人工的手段注入女性体内，以完成受孕。在合法婚姻关系的保护伞下，无论孩子是通过自然方式生产，还是经过医学手段生产，都不影响孩子的合法地位。因此，人工授精所生的孩子，离婚时父母是不可以不要的。

大学生没有生活来源，能要求父母给付抚养费吗？

答：我国《民法典》第1067条第1款规定："父母不履行抚养义务的，未成年子女或者不能独立生活的成年子女，有要求父母给付抚养费的权利。"《最高人民法院关于适用〈中华人民共和国民法典〉婚姻家庭编的解释（一）》第41条明确规定："尚在校接受高中及其以下学历教育，或者丧失、部分丧失劳动能力等非因主观原因而无法维持正常生活的成年子女，可以认定为民法典第一千零六十七条规定的'不能独立生活的成年子女'。"由此可见，大学生不属于此类群体，即使没有生活来源，也不能向父母索要抚养费。

祖父母对失去双亲的孙子女有抚养义务吗？

答：我国《民法典》第1074条第1款规定："有负担能力的祖父母、外祖父母，对于父母已经死亡或者父母无力抚养的未成年孙子女、外孙子女，有抚养的义务。"由此可见，父母已经死亡或父母无力抚养未成年子女时，祖父母和外祖父母如有负担能力，应履行抚养的义务。

兄姐对失去双亲的弟妹有扶养义务吗？

答：我国《民法典》第1075条第1款规定："有负担能力的兄、姐，对于父母已经死亡或者父母无力抚养的未成年弟、妹，有扶养的义务。"由此可见，父母去世后，有负担能力的兄、姐对未成年的弟、妹要履行扶养义务。社会上存在兄弟姐妹之间没有扶养义务的误区，认为兄弟姐妹之间的扶养纠纷只是社会问题。其实，这不仅是社会问题，还是法律问题，受到我国相关法律的调整。

六、收养与赡养

符合什么条件的孩子才能被收养？

答：根据我国《民法典》第1093条的规定，下列未成年人，可以被收养：（1）丧失父母的孤儿；（2）查找不到生父母的未成年人；（3）生父母有特殊困难无力抚养的子女。此外，根据该法第1104条的规定，收养人收养与送养人送养，应当双方自愿。收养8周岁以上未成年人的，应当征得被收养人的同意。

收养人应当符合哪些条件？

答：根据我国《民法典》第1098条的规定，收养人应当同时具备下列条件：（1）无子女或者只有一名子女；（2）有抚养、教育和保护被收养人的能力；（3）未患有在医学上认为不应当收养子女的疾病；（4）无不利于被收养人健康成长的违法犯罪记录；（5）年满30周岁。

已经年满14周岁的未成年人可以被收养吗？

答：根据我国《民法典》第1093条的规定，下列未成年人，可以被收养：

(1)丧失父母的孤儿;(2)查找不到生父母的未成年人;(3)生父母有特殊困难无力抚养的子女。《民法典》将以前《收养法》中所规定的"下列不满十四周岁的未成年人可以被收养"改为"下列未成年人,可以被收养",也就是说,已经年满14周岁的未成年人可以被收养。

外国人收养我国的儿童应当履行怎样的手续?

答:根据我国《民法典》第1109条的规定,外国人依法可以在中华人民共和国收养子女。外国人在中华人民共和国收养子女,应当经其所在国主管机关依照该国法律审查同意。收养人应当提供由其所在国有权机构出具的有关其年龄、婚姻、职业、财产、健康、有无受过刑事处罚等状况的证明材料,并与送养人签订书面协议,亲自向省、自治区、直辖市人民政府民政部门登记。前款规定的证明材料应当经收养人所在国外交机关或者外交机关授权的机构认证,并经中华人民共和国驻该国使领馆认证,但是国家另有规定的除外。

亲生子女失踪5年后,父母可以收养子女吗?

答:一般情况下,当自己的亲生子女失踪后,父母是不可以因此收养子女的,因为亲生子女的失踪并不能表明其已经死亡。但是如果父母双方在亲生子女失踪5年后向法院申请宣告子女死亡,并且法院宣告其子女死亡的,父母双方则可以再收养子女。

女子收养男童,是否也有年龄差距的限制?

答:在现实生活中,选择独自生活或者离异的人越来越多,收养子女的现象也逐渐增多。为了保护未成年子女的合法权益,法律规定了无配偶者收养异性子女的年龄限制。我国《民法典》第1102条规定:"无配偶者收养异性子女的,收养人与被收养人的年龄应当相差四十周岁以上。"可见,无论是女性收养男童还是男性收养女童,收养人与被收养人的年龄差距必须在40周岁以上。

孩子被人收养后,与亲生父母是什么关系?

答:我国《民法典》第1111条规定:"自收养关系成立之日起,养父母与养子女间的权利义务关系,适用本法关于父母子女关系的规定;养子女与养父母的近亲属间的权利义务关系,适用本法关于子女与父母的近亲属关系的规定。养子女与生父母以及其他近亲属间的权利义务关系,因收养关系的成立而消除。"由此可见,收养关系自成立之日起,养子女与生父母的权利义务关系,因收养关系的成立而消除。

收养关系解除,养子女与生父母的关系自行恢复吗?

答:我国《民法典》第1117条规定:"收养关系解除后,养子女与养父母以及其他近亲属间的权利义务关系即行消除,与生父母以及其他近亲属间的权利义务关系自行恢复。但是,成年养子女与生父母以及其他近亲属间的权利义务关系是否恢复,可以协商确定。"由此可见,未成年养子女与养父母之间解除收养关系后,与生父母的关系自行恢复。但成年养子女与生父母之间的关系是否恢复,可以由当事人协商确定。

抚养亲友子女的行为是收养行为吗？

答：我国《民法典》第1107条规定："孤儿或者生父母无力抚养的子女，可以由生父母的亲属、朋友抚养；抚养人与被抚养人的关系不适用本章规定。"由此可见，抚养亲戚朋友的孩子不属于收养行为，他们之间不适用收养关系。

丈夫擅自将女儿送给他人收养，妻子可以要回吗？

答：我国《民法典》第1097条规定："生父母送养子女，应当双方共同送养。生父母一方不明或者查找不到的，可以单方送养。"由此可见，子女是父母共同的子女，生父母送养子女时，必须双方协商一致共同送养，任何一方未经另一方同意，不得单独送养子女，否则，送养行为不发生法律效力。

收养关系当事人要求保守收养秘密是否应当受到法律保护？

答：收养行为在一定程度上属于公民个人隐私的内容，为此法律专门作了有关保密的规定。《民法典》第1110条规定："收养人、送养人要求保守收养秘密的，其他人应当尊重其意愿，不得泄露。"《最高人民法院关于确定民事侵权精神损害赔偿责任若干问题的解释》第2条规定："非法使被监护人脱离监护，导致亲子关系或者近亲属间的亲属关系遭受严重损害，监护人向人民法院起诉请求赔偿精神损害的，人民法院应当依法予以受理。"由此可见，收养关系当事人要求保守收养秘密应当受到法律的支持与保护。

养父母将养子女抚育成年后，还能解除收养关系吗？

答：我国《民法典》第1115条明确规定："养父母与成年养子女关系恶化、无法共同生活的，可以协议解除收养关系。不能达成协议的，可以向人民法院提起诉讼。"由此可见，即便是养父母将养子女抚育长大、成年的，在符合一定的条件下，养子女仍然可以同养父母协议解除收养关系或者到人民法院起诉解除收养关系。

被收养的孩子有赡养亲生父母的义务吗？

答：我国《民法典》第1111条第2款规定："养子女与生父母以及其他近亲属间的权利义务关系，因收养关系的成立而消除。"由此可见，孩子被收养后，其与生父母之间的关系就已经消除，对生父母不再承担赡养义务。

收养关系解除后，养子女还要对养父母尽赡养义务吗？

答：根据我国《民法典》第1118条的规定，收养关系解除后，经养父母抚养的成年养子女，对缺乏劳动能力又缺乏生活来源的养父母，应当给付生活费。因养子女成年后虐待、遗弃养父母而解除收养关系的，养父母可以要求养子女补偿收养期间支出的抚养费。生父母要求解除收养关系的，养父母可以要求生父母适当补偿收养期间支出的抚养费；但是，因养父母虐待、遗弃养子女而解除收养关系的除外。

子女之间能否订立分开赡养父母的协议？

答：我国《宪法》《民法典》都有明确规定，成年子女有赡养扶助父母的义务。根据我国《老年人权益保障法》第14条第1款的规定，赡养人应当履行对老年人经济上供养、生活上照料和精神上慰藉的义务，并照顾老年人的特殊需要。同时，该法第20条还规定，经老年人同意，赡养人之间可以就履行赡养义务签订协议。赡养协议的内容不得违反法律的规定和老年人的意愿。基层群众性自治组织、老年人组织或者赡养人所在单位监督协议的履行。

只有老人的子女对老人负有赡养义务吗？

答：对老人有赡养义务的，不仅是老人的子女（包括亲生子女和养子女），还包括老人的孙子女、外孙子女。孙子女和外孙子女履行赡养义务是有明确的前提条件的。一般是在老人子女已经死亡或子女没有赡养老人能力的前提下。除此之外，老人的弟弟和妹妹在一定条件下也应对老人承担抚养义务。这些都是我国法律明文规定的。如我国《民法典》第1067条第2款规定："成年子女不履行赡养义务的，缺乏劳动能力或者生活困难的父母，有要求成年子女给付赡养费的权利。"第1074条第2款规定："有负担能力的孙子女、外孙子女，对于子女已经死亡或者子女无力赡养的祖父母、外祖父母，有赡养的义务。"

能否因为父亲声明断绝父子关系就拒绝履行赡养义务？

答：我国《民法典》第1067条第2款规定："成年子女不履行赡养义务的，缺乏劳动能力或者生活困难的父母，有要求成年子女给付赡养费的权利。"父母子女关系是一种自然的血缘关系，它只能因死亡或子女被他人依法收养而终止，除此之外，并不能人为地消除或改变。由此可见，不能因为父亲声明断绝父子关系就拒绝履行赡养义务。

子女能否以放弃继承权为由拒绝履行赡养父母的义务？

答：赡养父母是成年子女的法定义务，这种义务是无条件的，任何人不得以任何理由推卸责任。当父母丧失劳动能力，生活困难时，子女应当给付生活费，当父母生病时，子女应当悉心照料，提供医疗费用等。这些赡养人应尽的义务，既不允许赡养人以任何理由拒绝履行，也不允许对履行附加任何条件。并且，我国《老年人权益保障法》第19条第1款还对此作出专门规定："赡养人不得以放弃继承权或者其他理由，拒绝履行赡养义务。"

孙子有赡养爷爷奶奶的义务吗？

答：家庭成员中负有赡养义务的赡养人，不仅是指老人的儿女，还包括老人的孙子女、外孙子女。根据我国《民法典》第1074条第2款的规定，老人的孙子女、外孙子女承担赡养义务有一个前提条件，就是老人的子女没有赡养能力、失去了赡养能力或者是他们先于老人死亡，并且老人的孙子女、外孙子女有履行赡养义务的能力。如果老人的子女有赡养能力而不履行赡养义务，则老人不能要求孙子女、外孙子女履行赡养义务。

解除收养关系的养子女是否可以继承生父母的遗产？

答：我国《民法典》第1117条规定："收养关系解除后，养子女与养父母以及其他近亲属间的权利义务关系即行消除，与生父母以及其他近亲属间的权利义务关系自行恢复。但是，成年养子女与生父母以及其他近亲属间的权利义务关系是否恢复，可以协商确定。"由此可见，养子女未成年的，收养关系解除后，养子女和亲生父母的权利义务关系自行恢复，在这种情况下，养子女可以继承生父母的遗产；但如果成年的养子女，他们本人愿意自食其力而不愿意回到生父母身边，或者生父母不同意与他们恢复关系，那么他们对生父母的财产则不享有继承权。

家庭成员被遗弃后如何维护自己的合法权益？

答：我国《民法典》第1042条中明确规定，禁止家庭成员间的虐待和遗弃。在实践中，被遗弃的家庭成员有多种途径维护自己的合法权益，例如选择报警，或是请求居委会、村委会进行调解和劝阻；如果这些方式不能解决问题，还可以依法诉诸法院，请求法律上的帮助。

已成年子女强行向父母索取财物是违法的吗？

答：我国《老年人权益保障法》第22条第1款规定："老年人对个人的财产，依法享有占有、使用、收益和处分的权利，子女或者其他亲属不得干涉，不得以窃取、骗取、强行索取等方式侵犯老年人的财产权益。"同时该法第77条还规定："家庭成员盗窃、诈骗、抢夺、侵占、勒索、故意损毁老年人财物，构成违反治安管理行为的，依法给予治安管理处罚；构成犯罪的，依法追究刑事责任。"由此可见，已成年子女强行向父母索取财物是违法的，情节严重构成犯罪的，还要承担刑事责任。

子女有权利干涉父母再婚吗？

答：我国《民法典》第1069条规定："子女应当尊重父母的婚姻权利，不得干涉父母离婚、再婚以及婚后的生活。子女对父母的赡养义务，不因父母的婚姻关系变化而终止。"同时，《老年人权益保障法》第21条也规定："老年人的婚姻自由受法律保护。子女或者其他亲属不得干涉老年人离婚、再婚及婚后的生活。赡养人的赡养义务不因老年人的婚姻关系变化而消除。"由此可见，子女不得干涉也无权干涉父母再婚以及婚后的生活，父母再婚后，子女要继续履行对父母的赡养义务。

成年子女是否可以不让父母离婚？

答：在现实生活中，部分成年子女拒绝让父母离婚、阻止父母再婚的现象是时有发生的，而这种行为是违法的。对此，我国《民法典》第1069条明确规定，子女应当尊重父母的婚姻权利，不得干涉父母离婚、再婚以及婚后的生活。子女对父母的赡养义务，不因父母的婚姻关系变化而终止。据此可知，每个人都享有离婚自由和结婚自由的权利，即使子女已经成年，其也应当尊重父母的婚姻权利，不能干涉父母离婚。

第五章　生活消费篇

一、购物

购物返券，出现质量问题怎样办理退货？

答：根据我国《消费者权益保护法》第23条及第24条的规定，无论使用现金还是赠券购买的商品，经营者都应当保证在正常使用商品的情况下其提供的商品应当具有的质量、性能、用途和有效期限。经营者提供的商品不符合质量要求的，消费者可以依照国家规定、当事人约定退货，或者要求经营者履行更换、修理等义务。没有国家规定和当事人约定，消费者可以自收到商品之日起7日内退货；7日后符合法定解除合同条件的，消费者可以及时退货，不符合法定解除合同条件的，可以要求经营者履行更换、修理等义务。《消费者权益保护法》第10条还规定，消费者享有公平交易的权利。也就是说，消费者在购买商品或者接受服务时，有权获得质量保障、价格合理、计量正确等公平交易条件，有权拒绝经营者的强制交易行为。由此可见，购物返券，出现质量问题照样可以要求经营者承担"三包"责任。

在展销会上买到劣质商品，可以要求举办者赔偿吗？

答：我国《消费者权益保护法》第43条规定："消费者在展销会、租赁柜台购买商品或者接受服务，其合法权益受到损害的，可以向销售者或服务者要求赔偿。展销会结束或者柜台租赁期满后，也可以向展销会的举办者、柜台的出租者要求赔偿。……"据此，无论展销会的举办者对销售者或者服务者损害消费者权益的行为是否具有过错，是否负有直接责任，均有先行赔偿消费者所受损害的义务。由此可见，在展销会上买到劣质商品的消费者，在展销会结束后，可以向展销会的举办者索赔。展销会的举办者向消费者承担责任后，有权依法向出售劣质商品的销售者追偿。

网上购物付款后却没有收到货，应该找店家还是找网站赔偿？

答：消费者在网上下单购物并预先支付了货款，商家应该遵守其承诺的发货时间，及时发货。消费者与商家之间的买卖合同已经成立并生效。买家履行自己的付款义务，但卖家没有按约定交付货物。根据我国《消费者权益保护法》第53条的规定，"经营者以预收款方式提供商品或者服务的，应当按照约定提供。未按照约定提供的，应当按照消费者的要求履行约定或者退回预付款；并应当承担预付款的利息、消费者必须支付的合理费用。"买家可以要求卖家返还货款并承担给其造成的损失。对于网络交易平台应承担的责任，《消费者权益保护法》第44条进行了明确的规定，消费者通过网络交易平台购买商品或者接受服务，其合法权益受到损害的，可以向销售者或者服务者要求赔偿。网络交易平台提供者不能提供销售者或者服务者的真实名称、地址和有效联系方式的，消费者也可以向网络交易平台提供者要求赔偿；网络交易平台提供者作出更有利于消费者的承诺的，应当履行承诺。网络交易平台提供者赔偿后，有权向销售者或者服务者追偿。网络交易平台提供者明知或者应知销售者或者服务者利用其平台侵害消费者合法权益，未采取必要措施的，依法与该销售者或者服务者承担连带责任。

在超市购物被人打伤，超市尽到了安全保障义务的，还需要赔偿吗？

答：我国《民法典》第1198条第1款规定："宾馆、商场、银行、车站、机场、体育场馆、娱乐场所等经营场所、公共场所的经营者、管理者或者群众性活动的组织者，未尽到安全保障义务，造成他人损害的，应当承担侵权责任。"我国《消费者权益保护法》第18条第2款规定："宾馆、商场、餐馆、银行、机场、车站、港口、影剧院等经营场所的经营者，应当对消费者尽到安全保障义务。"第48条第2款规定："经营者对消费者未尽到安全保障义务，造成消费者损害的，应当承担侵权责任。"由此可见，消费者在旅馆、饭店、商店、银行、娱乐场所等公共场所，因为第三人的行为造成损害的，由第三人承担侵权责任。这些公共场所的管理人或者组织者未尽到安全保障义务的，由其承担相应的补充责任。

顾客在商场内滑倒，可以向经营者主张损害赔偿吗？

答：我国《消费者权益保护法》第18条第2款规定："宾馆、商场、餐馆、银行、机场、车站、港口、影剧院等经营场所的经营者，应当对消费者尽到安全保障义务。"如果商场未尽到安全保障义务，致使顾客在商场滑倒，造成顾客人身损害的，应当按照《消费者权益保护法》第48条第2款的规定承担责任，根据该条规定，"经营者对消费者未尽到安全保障义务，造成消费者损害的，应当承担侵权责任"。由此可见，顾客因在商场内滑倒受到损害，商场经营者未尽到安全保障义务的，应当向顾客承担侵权责任。

在商场摔伤入院，可以要求商场赔偿误工费吗？

答：我国《民法典》第1179条规定："侵害他人造成人身损害的，应当赔偿医疗费、护理费、交通费、营养费、住院伙食补助费等为治疗和康复支出的合理费用，以及因误工减少的收入。造成残疾的，还应当赔偿辅助器具费和残疾赔偿金；造成死亡的，还应当赔偿丧葬费和死亡赔偿金。"由此可知，受害人在侵权行为中遭受人身伤害，可以依法要求医疗费、护理费、交通费、营养费、住院伙食补助费以及误工费等合理费用。此外，依照《消费者权益保护法》第18条及第48条的规定，商场、旅店、超市等服务单位的经营者应当对顾客尽到安全保障义务，如果没有尽到安全保障义务造成消费者损害的，商场、旅店、超市等公共场所的经营者就构成侵权。可见，消费者在商场摔伤住院，商场的经营者未尽到安全保障义务的，消费者不但可以要求商场经营者向其赔偿医疗费、护理费等费用，也可以要求商场赔偿自己因误工减少的收入。

打折商品不开发票合法吗？

答：我国《消费者权益保护法》第22条规定："经营者提供商品或者服务，应当按照国家有关规定或者商业惯例向消费者出具发票等购货凭证或者服务单据；消费者索要发票等购货凭证或者服务单据的，经营者必须出具。"由此可见，经营者为消费者出具发票是其法定义务。对于商家来说，不管消费者是按正价销售进行购买，还是消费打折处理的商品，只要有消费行为发生，出售方都应依法开具发票，不得以任何理由拒开，否则消费者可以向税务部门举报。

用购物卡买东西，超市可以不给发票吗？

答：目前，许多超市推行购物卡、代金券，很多单位购买购物卡作为发给员工的福利或馈赠客户的礼品，因此，商家对使用购物卡、代金券消费的消费者不开发票已经成了其惯常行为。对此，消费者协会的相关工作人员认为，按照《消费者权益保护法》第22条的规定，在消费过程中，消费者索要发票是其应该享有的权利，商家有义务为消费者开具发票。因为发票既可以用作报销的凭证，也可以作为产品质量纠纷的证据，同时更是保障国家税收的重要举措。事实上，并非所有的商家出售购物卡都给了购买人发票。既然购物卡不是实名卡，而且又没有身份证明，如果超市认为其已经开具发票，应该向消费者出具相关的证据，否则单凭一面之词拒绝向消费者开发票是于法无据的。

要发票就不打折合法吗？

答：我国《消费者权益保护法》第22条规定："经营者提供商品或者服务，应当按照国家有关规定或者商业惯例向消费者出具发票等购货凭证或者服务单据；消费者索要发票等购货凭证或者服务单据的，经营者必须出具。"由此可见，为消费者出具发票，是商场的法定义务。开发票与打不打折没有关系，要发票就不打折的说法是不合法的。

没有发票消费者怎样要求赔偿？

答：在现实生活中，消费者由于发票丢失或者未向经营者索要过发票，在其购买的商品有质量问题或造成人身、财产损害时，要追究经营者的责任就比较困难。一些经营者也往往以没有购物凭据为由，拒绝消费者的索赔要求。消费者在遇到上述情况时，可以采取如下措施：（1）首先应当注意寻找有无其他凭证可以证明购物这一事实。比如，寻找购物的收据或电脑打印的小票，这些也能起到证明作用。还可以寻找证人。（2）要产品的生产者退货、赔偿缺陷产品造成的人身伤亡、财产损失的，并不需要购买发票，只需有产品残骸并足以证明该产品是生产者所生产消费者就可以索赔了。（3）如果消费者购买的这件商品没有发票，在正常使用该商品的情况下，给消费者的人身、财产造成损害，消费者与经营者协商后又无任何结果，那么，根据《消费者权益保护法》第40条第2款的规定，消费者或其他受害人因商品缺陷造成人身、财产损害的，可以向销售者要求赔偿，也可以向生产者要求赔偿。因此，消费者可直接与生产厂家联系，要求赔偿，如果生产厂家拒绝的话，可通过诉讼途径加以解决。

顾客的物品在超市免费寄存时被调包，超市是否承担责任？

答：根据我国《民法典》第897条的规定，顾客在超市存包应属于保管合同。保管期内，因保管人保管不善造成保管物毁损、灭失的，保管人应当承担赔偿责任。但是，无偿保管人证明自己没有故意或者重大过失的，不承担赔偿责任。超市存包一般都是无偿保管。如果顾客的物品在超市寄存时被调包是由于超市工作人员保管不善所致的，超市要负赔偿责任。在现实生活中，消费者因存包丢失而与经营者产生纠纷的现象很多。而在司法实践中，由于消费者常常无法提供有力的证据证明自己所存物品的价值，往往很难有效索赔。

因此建议消费者在存包时尽量不要把贵重物品放在包内，如果包内有贵重物品，可以先向保管人员说明。否则如因所存物品遗失而与经营者打官司，可能会因无法举证而承担不利的后果。

商店出售假货后，消费者可否要求其加倍赔偿？

答：根据我国《消费者权益保护法》第55条的规定，经营者提供商品或者服务有欺诈行为的，应当按照消费者的要求增加赔偿其受到的损失，增加赔偿的金额为消费者购买商品的价款或者接受服务的费用的3倍；增加赔偿的金额不足500元的，为500元。法律另有规定的，依照其规定。

赠品有质量问题可以索赔吗？

答：根据我国《民法典》第662条第1款的规定，"赠与的财产有瑕疵的，赠与人不承担责任。附义务的赠与，赠与的财产有瑕疵的，赠与人在附义务的限度内承担与出卖人相同的责任"。商家所谓的赠与一般的赠与不同，消费者只有根据商家要求，在指定地点就指定的商品达到一定的消费总额时，才能获得赠与的商品，因此商家的这一赠与是附义务的，而不是无偿的。因此当赠品有质量问题时，商家应当承担退换或者赔偿的责任。而从《消费者权益保护法》的角度来讲，获取货真价实的商品是消费者不可侵犯的权利。即使是附赠品，也应当合格、合乎等级、合乎约定的品质，商家不得以赠送为由提供不合格产品或者假冒的产品。事实上，商家用于促销的赠品大多都计入销售成本，因此，赠品实际上也是商家用于销售的产品，应当受到《消费者权益保护法》及《产品质量法》的约束。《零售商促销行为管理办法》第12条更加明确地规定："零售商开展促销活动，不得降低促销商品（包括有奖销售的奖品、赠品）的质量和售后服务水平，不得将质量不合格的物品作为奖品、赠品。"所以，商家用于促销的奖品或者赠品如果有质量问题，消费者同样可以要求退换或者赔偿。

保修期内退换手机还要交纳"换壳费"吗？

答：我国《移动电话机商品修理更换退货责任规定》第13条明确指出，在三包有效期内，如因手机出现特定的性能故障，经两次修理仍不能正常使用的，消费者可以要求商家免费更换同型号、同规格的主机。这里所说的"免费"，应该理解为不得要消费者承担外壳等正常磨损的费用。如果商家认为磨损是消费者不正当使用或者人为破坏造成的，应当承担举证责任。否则不得向消费者收取"换壳费"。

消费者没有认真验货，买回后出现质量问题可以要求退换吗？

答：根据我国《部分商品修理更换退货责任规定》第5条的规定，"销售者应当履行下列义务：……（四）产品出售时，应当开箱检验，正确调试，介绍使用维护事项、三包方式及修理单位，提供有效发票和三包凭证……"也就是说，销售者负有验货义务，应该对售出的商品进行开箱检验，调试商品功能，检查配件是否齐全。由此可见，消费者没有认真验货，买回商品后出现质量问题的，是可以要求退换的。

促销、打折的商品出现质量问题就可以不予退货吗？

答："促销、打折的商品出现质量问题就可以不予退货"是没有法律依据的，如果其出售的商品存在质量问题，就必须依法退货。经营者对消费者从其处购买的商品，要保证能够正常使用，这是基本的道理。因此《消费者权益保护法》第24条规定，经营者必须保证售出商品的质量，如果售出的商品在一定期限内出现质量问题，应该无条件修理、更换或者退货，即便是打折商品也不能例外。而《零售商促销行为管理办法》第18条更是明确规定了零售商不得以促销为由拒绝退换货或者为消费者退货设置障碍。

商店规定"偷一罚十"合法吗？

答：根据我国《消费者权益保护法》第26条的规定，经营者不得以格式条款、通知、声明、店堂告示等方式，作出排除或者限制消费者权利、减轻或者免除经营者责任、加重消费者责任等对消费者不公平、不合理的规定。格式条款、通知、声明、店堂告示等含有前款所列内容的，其内容无效。由此可见，商店规定"偷一罚十"是不合法的。如果商店据此对某些消费者进行处罚，则是侵犯消费者权益的行为，是违反《消费者权益保护法》相关规定的行为，是无效的，消费者有权予以拒绝。

消费者有权拒绝商家搭售的产品吗？

答：所谓搭售，也就是经营者将自己销售情况不好的商品和销售情况好的商品放在一起销售，消费者要买畅销商品就必须将滞销商品一块儿买去的销售行为。我国《消费者权益保护法》第9条规定："消费者享有自主选择商品或者服务的权利。消费者有权自主选择提供商品或者服务的经营者，自主选择商品品种或者服务方式，自主决定购买或者不购买任何一种商品、接受或者不接受任何一项服务。消费者在自主选择商品或者服务时，有权进行比较、鉴别和挑选。"据此规定，消费者有权自主选择到哪里购买东西或接受服务，有权自主选择商品品种或者服务方式，有权自主决定购买或者不购买任何一种商品、接受或者不接受任何一项服务。因此，商家的搭售商品行为从本质上来讲是违法的，消费者有权拒绝接受商家搭售的自己无购买意图的商品。

试穿过的衣服就必须买吗？

答：我国《消费者权益保护法》第10条规定："消费者享有公平交易的权利。消费者在购买商品或者接受服务时，有权获得质量保障、价格合理、计量正确等公平交易条件，有权拒绝经营者的强制交易行为。"由此可见，消费者在购买商品时有公平交易的权利，有权拒绝经营者的强制交易行为。如果试穿过的衣服就必须买，就是强制交易。所谓强制交易，是指交易一方利用自己的优势地位迫使对方与自己达成交易的行为。对于强制交易行为，消费者有权予以拒绝。

但值得注意的是，有些商品由于包装昂贵、烦琐或者打开后难以还原，因此销售者在销售这些商品时明确告知消费者不能打开包装，一旦打开如果没有质量问题消费者就必须购买。这种情况下，如果允许消费者打开包装后又无故不买，就会损害经营者的利益，因此，本着权利义务相一致的原则，此种情况下经营者要求消费者购买的行为不违法。

消费者因虚假广告而受骗，有权要求广告经营者赔偿吗？

答：我国《消费者权益保护法》第45条明确规定："消费者因经营者利用虚假广告或者其他虚假宣传方式提供商品或者服务，其合法权益受到损害的，可以向经营者要求赔偿。广告经营者、发布者发布虚假广告的，消费者可以请求行政主管部门予以惩处。广告经营者、发布者不能提供经营者的真实名称、地址和有效联系方式的，应当承担赔偿责任……"由此可见，广告的经营者因播放虚假广告造成消费者损失，不仅要承担行政责任，必要的时候还要承担民事赔偿责任。该条规定对广告经营者赔偿责任的规定具有重大的现实意义，它迫使广告经营者承担起审查其做广告的商品的质量及商品生产者的信誉的责任，能够在一定程度上避免消费者因广告的误导而上当受骗，有力地保护消费者的合法权益。

产品导致消费者受伤，可以要求赔偿吗？

答：我国《消费者权益保护法》第11条规定："消费者因购买、使用商品或者接受服务受到人身、财产损害的，享有依法获得赔偿的权利。"该法第40条还规定："消费者在购买、使用商品时，其合法权益受到损害的，可以向销售者要求赔偿。销售者赔偿后，属于生产者的责任或者属于向销售者提供商品的其他销售者的责任的，销售者有权向生产者或者其他销售者追偿。消费者或者其他受害人因商品缺陷造成人身、财产损害的，可以向销售者要求赔偿，也可以向生产者要求赔偿。属于生产者责任的，销售者赔偿后，有权向生产者追偿。属于销售者责任的，生产者赔偿后，有权向销售者追偿……"由此可见，产品导致消费者受伤，可以要求赔偿。

消费者维权可以采取哪些途径？

答：我国《消费者权益保护法》第39条规定："消费者和经营者发生消费者权益争议的，可以通过下列途径解决：（一）与经营者协商和解；（二）请求消费者协会或者依法成立的其他调解组织调解；（三）向有关行政部门投诉；（四）根据与经营者达成的仲裁协议提请仲裁机构仲裁；（五）向人民法院提起诉讼。"消费者可以通过上述途径维权。

有缺陷的高压电饭锅对人造成损害的，应找谁赔偿？

答：依据我国《产品质量法》第46条的规定，缺陷产品中的"缺陷"是指产品存在危及人身、他人财产安全的不合理的危险；产品有保障人体健康和人身、财产安全的国家标准、行业标准的，是指不符合该标准。具体是指因设计、生产或提供过程中的原因使某一批次、型号或类别的产品中存在的具有同一性的危及人身、财产安全的不合理危险，或者不符合保障人体健康和人身、财产安全的国家标准和行业标准的产品。对于缺陷产品造成人身损害的侵权责任，我国《民法典》第1203条规定："因产品存在缺陷造成他人损害的，被侵权人可以向产品的生产者请求赔偿，也可以向产品的销售者请求赔偿。产品缺陷由生产者造成的，销售者赔偿后，有权向生产者追偿。因销售者的过错使产品存在缺陷的，生产者赔偿后，有权向销售者追偿。"我国《消费者权益保护法》第40条也规定，"消费者在购买、使用商品时，其合法权益受到损害的，可以向销售者要求赔偿。销售者赔偿后，属于生产者的责任或者属于向销售者提供商品的其他销售者的责任的，销售者有权向生产者或者其他销售者追偿。消费者或者其他受害人因商品缺陷造成人身、财产损害的，可以向销售者要求赔偿，也可以向生产者要求赔偿。属于生产者责任的，销售者赔偿后，有权向生产者追偿。属于销售者责任的，生产者赔偿后，有权向销售者追偿"。由此可见，在具体要求赔偿时，消费者可以选择向生产者或销售者要求赔偿，如果是生产者的责任，销售者承担赔偿责任后，可以依法向生产者进行追偿。

商场没有保管好化妆品致其变质，由此造成消费者人身损害的责任由商场承担吗？

答：我国《产品质量法》第42条第1款规定："由于销售者的过错使产品存在缺陷，造成人身、他人财产损害的，销售者应当承担赔偿责任。"由此可知，销售者承担产品侵权责任须同时具备三个条件：一是销售者存在过错。销售者的过错包括两个方面：一方面是由于销售者积极的行为而使产品存在缺陷，如销售者对产品进行了改装；另一方面是由于销售者不积极的行为而使产品存在缺陷，比如不在适宜的条件下保存产品，结果造成产品缺陷。二是须有损害事实的存在，即已经造成了他人人身、财产损害。三是损害事实是由于销售者的过错使产品存在缺陷而引起的。即使销售者能证明自己对产品缺陷引起的损害没有过错，也应就消费者的损害赔偿的请求先行赔偿，属于商品的生产者或商品的运输者、仓储者等第三人责任的，销售者赔偿后，可以向相应责任人追偿。商场没有保管好化妆品致其变质，并造成消费者的人身伤害，对此，商场应当承担侵权责任，依法赔偿消费者的人身伤害损失。

销售商家拒绝提供生产者信息时，是否应对产品造成的损害承担全部责任？

答：我国《产品质量法》第42条第2款规定："销售者不能指明缺陷产品的生产者也不能指明缺陷产品的供货者的，销售者应当承担赔偿责任。"由此可见，销售商家拒绝提供生产者信息时，应对产品造成的损害承担全部责任。法律的这一规定，避免了发生因不能准确确定缺陷产品的生产者而使受害人求偿无着的情况，体现了对受害人利益的充分保护，也有利于促使销售者谨慎进货。

销售者赔偿了缺陷产品的损失，是否有权向生产厂家追偿？

答：根据《民法典》和《产品质量法》的规定，因产品存在缺陷造成人身、缺陷产品以外的其他财产损害的，生产者应当承担赔偿责任。虽然生产者是缺陷产品的赔偿主体，但是消费者即被侵权人因为多种原因不一定能找到生产者，此时依据法律规定消费者可以向产品的生产者要求赔偿，也可以向产品的销售者要求赔偿。但这种情况下，由销售者为生产者的责任"买单"，对销售者而言显然不公平，因此《民法典》第1203条第2款规定，产品缺陷由生产者造成的，销售者赔偿后，有权向生产者追偿。《产品质量法》第43条也作了相同的规定。

生产厂家赔偿后发现责任方是销售商，怎么办？

答：产品有缺陷不一定完全是生产者的原因，销售者的行为也可能使产品产生缺陷。销售者在经销过程中对产品使用了不真实、不适当甚至是虚假的说明，或者由于自己的消极行为使产品失去应有的质量保证，都应对此承担侵权责任。我国《民法典》第1203条第2款规定："产品缺陷由生产者造成的，销售者赔偿后，有权向生产者追偿。因销售者的过错使产品存在缺陷的，生产者赔偿后，有权向销售者追偿。"《产品质量法》第43条规定，属于产品的销售者的责任，产品的生产者赔偿的，产品的生产者有权向产品的销售者追偿。由此可见，如果产品侵权是销售者的责任，而生产者已经进行了赔偿的，生产者可以向销售者追偿。

刚买的微波炉有异常不敢用，怎么办？

答：可以要求商家或者微波炉生产厂家消除危险、排除妨碍，或者退换微波炉。这实际上涉及产品缺陷可能危及人身财产安全时如何处理的法律问题。我国《民法典》第1205条规定："因产品缺陷危及他人人身、财产安全的，被侵权人有权请求生产者、销售者承担停止侵害、排除妨碍、消除危险等侵权责任。"《消费者权益保护法》第18条也有相关的规定："经营者应当保证其提供的商品或者服务符合保障人身、财产安全的要求。对可能危及人身、财产安全的商品和服务，应当向消费者作出真实的说明和明确的警示，并说明和标明正确使用商品或者接受服务的方法以及防止危害发生的方法……"需要注意的是，并不是产品符合保障人体健康和人身、财产安全的国家标准、行业标准就不存在缺陷了，缺陷的核心是存在不合理的危险。面对极有可能发生的缺陷产品侵权行为，消费者可以依法要求生产者、销售者承担相应消除危险、排除妨碍的侵权责任。

产品出现问题厂家未及时召回的，造成消费者损害后要赔偿吗？

答：《消费者权益保护法》第19条规定："经营者发现其提供的商品或者服务存在缺陷，有危及人身、财产安全危险的，应当立即向有关行政部门报告和告知消费者，并采取停止销售、警示、召回、无害化处理、销毁、停止生产或者服务等措施。采取召回措施的，经营者应当承担消费者因商品被召回支出的必要费用。"经营者对于其提供的有危及人身、财产安全的商品，应立即采取补救措施。我国《民法典》第1206条规定："产品投入流通后发现存在缺陷的，生产者、销售者应当及时采取停止销售、警示、召回等补救措施；未及时采取补救措施或者补救措施不力造成损害扩大的，对扩大的损害也应当承担侵权责任……"由此可知，对于缺陷产品，生产者、销售者应当采取召回等措施，以防止损害发生。若未及时采取警示、召回等补救措施而造成他人损害的，应当承担侵权责任。

销售者明知商品有缺陷还销售，由此给他人造成损害，被侵权人能否要求加倍赔偿？

答：这涉及产品侵权时，被侵权人是否有权要求惩罚性赔偿的法律问题。惩罚性赔偿即报复性赔偿，是指由法庭所作出的赔偿数额超出实际损害数额的赔偿。如《食品安全法》第148条第2款规定的"生产不符合食品安全标准的食品或者经营明知是不符合食品安全标准的食品，消费者除要求赔偿损失外，还可以向生产者或者经营者要求支付价款十倍或者损失三倍的赔偿金；增加赔偿的金额不足一千元的，为一千元。但是，食品的标签、说明书存在不影响食品安全且不会对消费者造成误导的瑕疵的除外"就是惩罚性赔偿。我国《民法典》第1207条规定："明知产品存在缺陷仍然生产、销售，或者没有依据前条规定采取有效补救措施，造成他人死亡或者健康严重损害的，被侵权人有权请求相应的惩罚性赔偿。"同时，《消费者权益保护法》第55条也作了明确的规定："……经营者明知商品或者服务存在缺陷，仍然向消费者提供，造成消费者或者其他受害人死亡或者健康严重损害的，受害人有权要求经营者依照本法第四十九条、第五十一条等法律规定赔偿损失，并有权要求所受损失二倍以下的惩罚性赔偿。"由此可知，生产者、销售者对产品的安全性负有保证责任，在明知有安全隐患的情况下，坚持生产和销售，可以认定为其对结果有主观恶意，为保护受害人的利益，维护社会公益，受害人可以依法要求惩罚性赔偿。

二、餐饮

在餐馆吃饭时财物丢失，店主是否应当承担责任？

答：根据我国《消费者权益保护法》第18条第2款的规定，宾馆、商场、餐馆、银行、机场、车站、港口、影剧院等经营场所的经营者，应当对消费者尽到安全保障义务。经营者对消费者未尽到安全保障义务，造成消费者损害的，应当承担侵权责任。也就是说，经营者在为消费者提供商品和服务时，有保障消费者人身、财产安全的义务。但这并不意味着任何经营者都必须对顾客随身携带的物品承担保管义务。通常情况下，消费者在餐馆吃饭时财物丢失，只要餐馆经营者尽到了其合理限度范围内的安全保障义务，店主不存在过错，不应当承担责任。

顾客就餐时停在酒店停车场的车因玻璃被砸导致财物丢失，酒店应负责赔偿吗？

答：顾客到酒店就餐，已与酒店形成服务合同关系。顾客将车辆停放在餐厅停车管理人员指定的停车场内，属于餐厅提供服务的延伸范围，与随身携带的财物不同，顾客将车交由饭店保管，在此期间就已失去了对车辆的实际控制；而餐厅作为经营者，就应当将保管顾客的车辆作为一种附随义务。《消费者权益保护法》第18条规定了经营者具有保障消费者人身、财产安全的义务。因此，若由于酒店的管理疏忽，未尽到合理的安全保障义务，致使顾客的汽车玻璃窗被砸，并且导致顾客丢失财物的，酒店应承担相应的补充赔偿责任。

顾客在吃火锅时因饭店雇员的行为被烫伤的，可以要求饭店赔偿医疗费吗？

答：根据《消费者权益保护法》第18条和第41条的规定，饭店对其经营场所负有提供安全保障的义务。经营者提供商品或者服务，造成消费者或者其他受害人人身伤害的，应当支付医疗费、治疗期间的护理费、因误工减少的收入等费用。据此，顾客在吃火锅时因饭店雇员的行为被烫伤的，可以要求饭店赔偿损失。

酒店禁止顾客自带酒水或者收取"开瓶费"合法吗？

答：酒店以店堂告示的形式禁止消费者自带酒水或者向自带酒水的顾客收取"开瓶费"，违反了《消费者权益保护法》的相关规定，是侵犯消费者自主选择权的行为。所谓"自主选择权"，是指消费者有权自主选择提供商品或服务的经营者，自主选择商品品种或者服务方式，自主决定购买或者不购买任何一种商品，接受或者不接受任何一种服务。酒店禁止自带酒水的店堂告示，实际上是变相剥夺了消费者的选择权。对此，《消费者权益保护法》第26条规定，经营者不得以店堂告示、格式条款、通知、声明等对消费者作出不公平、不合理的规定，否则该规定无效。总之，酒店禁止顾客自带酒水或者收取"开瓶费"都是不合法的。

预订的酒席被取消，可以双倍索还定金吗？

答：我国《消费者权益保护法》第4条规定了经营者应遵循诚实信用原则。所谓的诚实信用原则是指经营者在与消费者进行交易时，应该诚实守信，不得违反法律的规定与双方的约定。如果顾客已经向酒店预订了酒席并交付了定金，酒店没有经过顾客同意就擅自取消了酒席，其行为显然有违诚信，按照我国《民法典》第587条关于定金罚则的规定，应该向顾客双倍返还定金。

怎样应对"优惠活动的最终解释权归饭店所有"？

答：根据我国《消费者权益保护法》第8条和第9条的规定，消费者对自己的消费对象有自由选择权，也有知情权。商家对消费者就其提供的商品有如实告知的义务。《零售商促销行为管理办法》第6条规定："零售商促销活动的广告和其他宣传，其内容应当真实、合法、清晰、易懂，不得使用含糊、易引起误解的语言、文字、图片或影像。不得以保留最终解释权为由，损害消费者的合法权益。"

所以商家不得以所谓的最终解释权损害消费者的合法权益。总之，只要是商家没有就其提供的商品尽到如实的告知义务，消费者就没必要为自己不知情的消费买单。

在饭店吃完饭不给开发票怎么办？

答：我国《消费者权益保护法》第22条明确规定："经营者提供商品或者服务，应当按照国家有关规定或者商业惯例向消费者出具发票等购货凭证或者服务单据；消费者索要发票等购货凭证或者服务单据的，经营者必须出具。"据此规定，开发票是法律规定的义务，饭店不能以任何借口不给顾客开发票。值得注意的是，购货凭证和服务单据既是消费者购买商品和接受服务的凭据，也是消费者日后索赔的直接证据。根据《消费者权益保护法》第39条及第46条的规定，消费者和经营者发生消费者权益争议的，消费者可以向有关行政部门投诉，向有关行政部门投诉的，该部门应当自收到投诉之日起7个工作日内，予以处理并告知消费者。消费者对经营者不开具发票的，可以向相关行政部门投诉。

酒店以消费小票超过30天为由不给开发票怎么办？

答：根据《消费者权益保护法》第22条的规定，消费者与商家的买卖关系成立，商家应当给消费者开具发票，这是商家的法定义务；同时国家税务部门从来就没有作出过购物小票超过30天就不给开具发票的规定。现在，大多数酒店、大型超市为了自己内部管理的方便，而对开具发票的时间做出一些限制，这已经形成惯例，在日常生活中，大多数情况下也获得消费者认可。但是从法律上来讲，即使商家提前告知了消费者这样的规定，限定时间开发票的规定也属于限制消费者权益的行为，违反了其应尽的法定义务。如果消费者向经营者索要发票遭到拒绝，可以向税务部门投诉。

被啤酒瓶炸伤眼睛，可否要求支付残疾赔偿金？

答：残疾赔偿金是对受害人因人身遭受损害致残而丧失全部或者部分劳动能力的财产赔偿。我国《消费者权益保护法》第49条规定："经营者提供商品或者服务，造成消费者或者其他受害人人身伤害的，应当赔偿医疗费、护理费、交通费等为治疗和康复支出的合理费用，以及因误工减少的收入。造成残疾的，还应当赔偿残疾生活辅助具费和残疾赔偿金。造成死亡的，还应当赔偿丧葬费和死亡赔偿金。"由此可见，被啤酒瓶炸伤眼睛，可以要求支付医疗费、误工费等费用。造成残疾的，还可以要求支付残疾赔偿金。

摔坏饭店餐具，应当按原价赔偿吗？

答：这涉及侵害财产如何赔偿的法律问题。财产损害是指侵权行为侵害财产权，使财产的使用价值贬损、减少或者完全灭失，或者破坏了财产权人对于财产的支配关系，从而导致权利人拥有的财产价值的减少和可得财产利益的丧失。我国《民法典》第1184条规定："侵害他人财产的，财产损失按照损失发生时的市场价格或者其他合理方式计算。"财产权利人因为财产的贬损、减少、灭失，可以要求侵权人进行赔偿，恢复原状或者折价赔偿。在对财产进行折价赔偿时"价"的计算，应当按损失发生时的市场价格计算，而不是简单地按购买时的价格赔偿。因此，摔坏饭店餐具，如果是贵重的瓷器等，是不可以按原价赔偿的，而应当按该餐具被损坏时的市场价格进行赔偿。

面粉在运输中受潮变坏，吃坏肚子的责任谁负？

答：我国《民法典》第1204条规定："因运输者、仓储者等第三人的过错使产品存在缺陷，造成他人损害的，产品的生产者、销售者赔偿后，有权向第三人追偿。"由此可见，产品侵权中赔偿义务主体不仅包括生产者、销售者，运输者、仓储者也有可能成为赔偿义务主体。运输者、仓储者是产品责任赔偿关系消灭以后产生的另一种求偿法律关系的赔偿义务主体，其负有的义务，是因自己在运输、仓储过程中的过错使产品存在缺陷，而赔偿销售者、制造者因赔偿损失而造成的损失。与生产者、销售者相比较，运输者、仓储者应为第二顺序的赔偿义务主体，消费者不能直接向其请求赔偿，只有当生产者、销售者在对消费者进行赔偿后，再由赔偿人向这些人进行追偿。由此，面粉在运输中受潮变坏，吃坏肚子的，可要求面粉厂或销售者赔偿，事后，面粉厂或销售者可以依法向运输公司进行追偿。

食品安全标准应当包含哪些内容？

答：根据我国《食品安全法》第26条的规定，食品安全标准应当包括下列内容：（1）食品、食品添加剂、食品相关产品中的致病性微生物，农药残留、兽药残留、生物毒素、重金属等污染物质以及其他危害人体健康物质的限量规定；（2）食品添加剂的品种、使用范围、用量；（3）专供婴幼儿和其他特定人群的主辅食品的营养成分要求；（4）对与卫生、营养等食品安全要求有关的标签、标志、说明书的要求；（5）食品生产经营过程的卫生要求；（6）与食品安全有关的质量要求；（7）与食品安全有关的食品检验方法与规程；（8）其他需要制定为食品安全标准的内容。

食品生产经营在符合食品安全标准的同时，还要符合哪些要求？

答：根据我国《食品安全法》第33条的规定，食品生产经营应当符合食品安全标准，并符合下列要求：（1）具有与生产经营的食品品种、数量相适应的食品原料处理和食品加工、包装、贮存等场所，保持该场所环境整洁，并与有毒、有害场所以及其他污染源保持规定的距离；（2）具有与生产经营的食品品种、数量相适应的生产经营设备或者设施，有相应的消毒、更衣、盥洗、采光、照明、通风、防腐、防尘、防蝇、防鼠、防虫、洗涤以及处理废水、存放垃圾和废弃物的设备或者设施；（3）有专职或者兼职的食品安全专业技术人员、食品安全管理人员和保证食品安全的规章制度；（4）具有合理的设备布局和工艺流程，防止待加工食品与直接入口食品、原料与成品交叉污染，避免食品接触有毒物、不洁物；（5）餐具、饮具和盛放直接入口食品的容器，使用前应当洗净、消毒，炊具、用具用后应当洗净，保持清洁；（6）贮存、运输和装卸食品的容器、工具和设备应当安全、无害，保持清洁，防止食品污染，并符合保证食品安全所需的温度、湿度等特殊要求，不得将食品与有毒、有害物品一同贮存、运输；（7）直接入口的食品应当使用无毒、清洁的包装材料、餐具、饮具和容器；（8）食品生产经营人员应当保持个人卫生，生产经营食品时，应当将手洗净，穿戴清洁的工作衣、帽，销售无包装的直接入口食品时，应当使用无毒、清洁的容器、售货工具和设备；（9）用水应当符合国家规定的生活饮用水卫生标准；（10）使用的洗涤剂、消毒剂应当对人体安全、无害；（11）法律、法规规定的其他要求。非食品生产经营者从事食品贮存、运输和装卸的，应当符合前款第6项的规定。

哪些食品是禁止生产经营的？

答：根据我国《食品安全法》第34条的规定，禁止生产经营下列食品、食品添加剂、食品相关产品：（1）用非食品原料生产的食品或者添加食品添加剂以外的化学物质和其他可能危害人体健康物质的食品，或者用回收食品作为原料生产的食品；（2）致病性微生物，农药残留、兽药残留、生物毒素、重金属等污染物质以及其他危害人体健康的物质含量超过食品安全标准限量的食品、食品添加剂、食品相关产品；（3）用超过保质期的食品原料、食品添加剂生产的食品、食品添加剂；（4）超范围、超限量使用食品添加剂的食品；（5）营养成分不符合食品安全标准的专供婴幼儿和其他特定人群的主辅食品；（6）腐败变质、油脂酸败、霉变生虫、污秽不洁、混有异物、掺假掺杂或者感官性状异常的食品、食品添加剂；（7）病死、毒死或者死因不明的禽、畜、兽、水产动物肉类及其制品；（8）未按规定进行检疫或者检疫不合格的肉类，或者未经检验或者检验不合格的肉类制品；（9）被包装材料、容器、运输工具等污染的食品、食品添加剂；（10）标注虚假生产日期、保质期或者超过保质期的食品、食品添加剂；（11）无标签的预包装食品、食品添加剂；（12）国家为防病等特殊需要明令禁止生产经营的食品；（13）其他不符合法律、法规或者食品安全标准的食品、食品添加剂、食品相关产品。

食品标签应当注明哪些事项？

答：根据我国《食品安全法》第67条的规定，预包装食品的包装上应当有标签。标签应当标明下列事项：（1）名称、规格、净含量、生产日期；（2）成分或者配料表；（3）生产者的名称、地址、联系方式；（4）保质期；（5）产品标准代号；（6）贮存条件；（7）所使用的食品添加剂在国家标准中的通用名称；（8）生产许可证编号；（9）法律、法规或者食品安全标准规定必须标明的其他事项。此外，专供婴幼儿和其他特定人群的主辅食品，其标签还应当标明主要营养成分及其含量。食品安全国家标准对标签标注事项另有规定的，从其规定。

可以在食品标签上注明有防治疾病的作用吗？

答：我国《食品安全法》第71条第1款规定："食品和食品添加剂的标签、说明书，不得含有虚假内容，不得涉及疾病预防、治疗功能。生产经营者对其提供的标签、说明书的内容负责。"由此可见，生产者是不可以在食品标签上注明有防治疾病的作用的。

食品里含有药材的，还是食品吗？

答：我国《食品安全法》第38条规定："生产经营的食品中不得添加药品，但是可以添加按照传统既是食品又是中药材的物质。按照传统既是食品又是中药材的物质目录由国务院卫生行政部门会同国务院食品安全监督管理部门制定、公布。"由此可见，食品里含有药材的，主要看添加的是什么药材。如果是传统上既是食品又是中药材的物质，是可以添加的。而除此之外的其他药材是不可以添加的。

第六章 交通出行篇

一、交通安全

什么是道路交通事故？

答：我国《道路交通安全法》第119条规定，本法中下列用语的含义：(1)"道路"，是指公路、城市道路和虽在单位管辖范围但允许社会机动车通行的地方，包括广场、公共停车场等用于公众通行的场所。(2)"车辆"，是指机动车和非机动车。(3)"机动车"，是指以动力装置驱动或者牵引，上道路行驶的供人员乘用或者用于运送物品以及进行工程专项作业的轮式车辆。(4)"非机动车"，是指以人力或者畜力驱动，上道路行驶的交通工具，以及虽有动力装置驱动但设计最高时速、空车质量、外形尺寸符合有关国家标准的残疾人机动轮椅车、电动自行车等交通工具。(5)"交通事故"，是指车辆在道路上因过错或者意外造成的人身伤亡或者财产损失的事件。

由此可见，交通事故应当具备四个基本条件，首先，必须是车辆事故，其中车辆包括机动车辆和非机动车辆；其次，应当发生在交通道路上，此道路是指允许机动车辆通行的所有地方；再次，当事人的主观心理状态可以是过失，也可以是没有过错，但绝不可以是故意；最后，应当造成一定的损害，包括人身伤害和财产损失。

宠物狗被汽车撞伤、撞死，是否属于道路交通事故？

答：根据我国《道路交通安全法》第119条第5项的规定，交通事故是指车辆在道路上因过错或者意外造成的人身伤亡或者财产损失的事件。可见，如果事故发生在道路上，又是被汽车所撞，宠物狗也属于个人财产的范围，应当属于道路交通事故。换句话说，道路交通事故的构成，不是看被撞的是人还是物，而是看是否符合道路交通安全法的规定。

发生交通事故后，当事人应该怎么办？

答：根据我国《道路交通安全法》第70条及《道路交通事故处理程序规定》第13条等法律条文的规定，交通事故发生后，当事人应当根据现场情况，并采取下列措施：(1)抢救伤员。如有人员伤亡，当事人应立即拨打120免费急救电话。平时也可以学习积累基本的急救常识，例如正确的包扎方法、人工呼吸等。(2)拨打122交通事故报警电话。报警时，应当告知发生交通事故的地点、车辆类型、有无危险物品，人员伤亡情况，车辆损伤情况，自己的姓名和联系电话。如果对方逃逸的，应当告知逃逸车辆的颜色、特征及其逃逸方向等有关情况。(3)保护现场、收集证据。不移动发生交通事故的车辆以及相关物品。有条件的情况下应当及时拍摄现场照片，保留证据。(4)配合公安交通管理部门处理交通事故。(5)撤离现场、恢复交通。撤离现场有两种情况，一种是在公安交通管理部门出警勘查现场完毕之后，事故当事人撤离现场；另一种是没有造成人身伤亡，双方当事人对事实及成因没有争议的，或者仅造成轻微财产损失，基本事实清楚的，双方当事人应当即行撤离现场，恢复交通。

骑自行车把人撞死，构成交通事故吗？

答：我国《道路交通安全法》对"交通事故"的定义是"车辆在道路上因过错或者意外造成的人身伤亡或者财产损失的事件"。同时，该法明确将自行车列为构成交通事故的非机动车范畴，而且还规定了非机动车应当遵守有关交通安全的规定。因此，无论机动车还是非机动车，不遵守交通法规致人重伤、死亡的，都构成交通事故。

交通事故中行人负全责，就"撞了白撞"吗？

答：根据我国《道路交通安全法》第76条的规定，机动车发生交通事故造成人身伤亡、财产损失的，由保险公司在机动车第三者责任强制保险责任限额内予以赔偿，超过限额部分，如果机动车一方没有过错，承担不超过10%的赔偿责任。此外根据法律的规定，在行人与机动车之间的交通事故中，机动车一方唯一免责的条件是事故由非机动车驾驶人、行人故意造成的。据此，车主或司机尽管不负事故责任，但仍应在10%以下对死者家属予以赔偿。

借交通事故实施自杀，机动车一方应承担赔偿责任吗？

答：根据我国《道路交通安全法》第76条的规定，机动车与行人之间发生交通事故的，如果交通事故是由行人故意造成的，机动车一方不承担责任。由此可见，行人有借交通事故实施自杀，而司机又没有过错或违章行为的，机动车一方不承担赔偿责任。

骑车人与酒后驾车司机抢道发生事故，机动车能减轻责任吗？

答：依据我国《道路交通安全法》第76条规定，机动车与非机动车驾驶人、行人之间发生交通事故的，由机动车一方承担责任；但是，有证据证明非机动车驾驶人、行人违反道路交通安全法律、法规，机动车驾驶人已经采取必要处置措施的，减轻机动车一方的责任。也就是说，机动车一方要减轻事故责任，必须同时满足两个条件，一是有证据证明非机动车驾驶人、行人存在违反道路交通安全法律、法规的行为；二是有证据证明机动车驾驶人已经采取必要处置措施。如果非机动车或者行人一方有违章行为，但机动车驾驶人没有采取必要处置措施的，也不能减轻机动车一方的责任。因此，骑车人与酒后驾车司机抢道发生事故，机动车一方能否减轻责任，还要看其是否满足以上两个条件。

大雾是交通事故的必然免责事由吗？

答：虽然大雾属于不可抗力，具有不可预见性，但如果大雾并不是导致交通事故的必然原因的，就不能成为免责理由。如司机在上路之前已经发现防雾灯损坏，但未加修理，致使防雾灯在遭到大雾天气后无法使用，最终导致交通事故的发生，机动车显然不能以大雾属于不可抗力为由免除责任。对此，我国《道路交通安全法》第21条规定："驾驶人驾驶机动车上道路行驶前，应当对机动车的安全技术性能进行认真检查；不得驾驶安全设施不全或者机件不符合技术标准等具有安全隐患的机动车。"

道路交通事故发生的原因是修路未设置"路障"的，责任应由谁负？

答：我国《民法典》第1258条第1款规定："在公共场所或者道路上挖掘、修缮安装地下设施等造成他人损害，施工人不能证明已经设置明显标志和采取安全措施的，应当承担侵权责任。"可见，道路交通事故发生的原因是修路未设置"路障"的，由道路施工人承担侵权责任。

将车辆借给无驾驶证的人引发事故，车主应承担责任吗？

答：我国《民法典》第1209条规定："因租赁、借用等情形机动车所有人、管理人与使用人不是同一人时，发生交通事故造成损害，属于该机动车一方责任的，由机动车使用人承担赔偿责任；机动车所有人、管理人对损害的发生有过错的，承担相应的赔偿责任。"我国《道路交通安全法》第19条第1款规定："驾驶机动车，应当依法取得机动车驾驶证。"可见，如果车主明知借车人不具有机动车驾驶资格，应当能够预见到其驾车上路可能会有危险，但仍将车辆借给借车人，车主在主观上就存在了过错。此时，车主应当承担一定的责任。

行人进入高速公路被汽车撞死，机动车辆驾驶人是否应当承担责任？

答：我国《道路交通安全法》第67条规定："行人、非机动车、拖拉机、轮式专用机械车、铰接式客车、全挂拖斗车以及其他设计最高时速低于七十公里的机动车，不得进入高速公路。高速公路限速标志标明的最高时速不得超过一百二十公里。"该法第76条规定，机动车与非机动车驾驶人、行人之间发生交通事故，非机动车驾驶人、行人没有过错的，由机动车一方承担赔偿责任；有证据证明非机动车驾驶人、行人有过错的，根据过错程度适当减轻机动车一方的赔偿责任；机动车一方没有过错的，承担不超过10%的赔偿责任。由此可见，行人横穿高速公路，严重违反了交通安全法则，机动车辆驾驶人不负事故责任，但对于赔偿责任却并不一定免除，保险公司在机动车第三人责任强制保险责任范围内予以赔偿，超过部分，即使机动车一方没有过错，也要在一定范围内予以承担，但不超过10%。

农民晒粮食导致交通事故应承担责任吗？

答：我国《道路交通安全法》第31条规定："未经许可，任何单位和个人不得占用道路从事非交通活动。"农民出于个人目的，将粮食晒在公路上，对道路形成严重的通行障碍，更威胁了过往车辆的通行安全，对此行为导致的事故负有不可推卸的责任。即农民晒粮食导致交通事故的，应承担责任。但如果机动车司机在如此危险的道路上行驶，在未保障安全的情况下超车，导致交通事故的，应当承担事故的主要责任。

抢越铁路道口发生事故，铁路部门应否承担责任？

答：我国《道路交通安全法》第46条规定："机动车通过铁路道口时，应当按照交通信号或者管理人员的指挥通行；没有交通信号或者管理人员的，应当减速或者停车，在确认安全后通过。"我国《铁路法》第58条规定："因铁路行车事故及其他铁路运营事故造成人身伤亡的，铁路运输企业应当承担赔偿责任；如果人身伤亡是因不可抗力或者由于受害人自身的原因造成的，铁路运输企业不承担赔偿责任。违章通过平交道口或者人行过道，或者在铁路线路上行走、坐卧造成的人身伤亡，属于受害人自身的原因造成的人身伤亡。"由此可见，抢越铁路道口发生事故的，铁路部门不需承担赔偿责任。

交通事故后责任人逃逸，保险公司承担了赔偿责任后，可以向侵权行为人追偿吗？

答：我国《民法典》第1216条规定："机动车驾驶人发生交通事故后逃逸，该机动车参加强制保险的，由保险人在机动车强制保险责任限额范围内予以赔偿；……"肇事司机对自己的车投保了第三者责任险，将他人撞伤后驾车逃逸，保险公司依法赔偿了被撞人的相关费用后，有权向肇事司机进行追偿。肇事司机归案后要面对的不仅是赔偿被撞人的人身伤害费用，还要面对刑事责任，可能会锒铛入狱。

交通事故责任人不履行赔偿协议，另一方可以要求强制执行吗？

答：根据我国《道路交通安全法》第74条的规定，交通事故中当事人就损害赔偿发生争议的，可以请求公安机关交通管理部门进行调解，但公安机关交通管理部门的调解，不是行使其行政权力的行为，也不是法律规定的必经程序。交通事故中的损害赔偿是一种民事法律关系，因此对于责任人不履行公安机关交通管理部门作出的调解行为，另一方只能向法院提起民事诉讼或者申请先予执行，通过诉讼途径解决损害赔偿的争议。

交通事故在什么情况下可以私了？

答：根据我国《道路交通安全法》第70条的规定，交通事故中如果当事人双方对事实没有争议，且无人员伤亡，即可私了自行解决。也就是说，私了必须满足两个条件：（1）当事人双方对事实和成因没有争议；（2）没有造成人员伤亡。这种解决方法由于没有行政干预，因此具有便捷的优点，但是在私了中，没有责任的一方应该收集及保留证据，以防对方反悔。

驾驶改装车上路，造成交通事故，责任如何确定？

答：我国《道路交通安全法》第10条规定："准予登记的机动车应当符合机动车国家安全技术标准。申请机动车登记时，应当接受对该机动车的安全技术检验。但是，经国家机动车产品主管部门依据机动车国家安全技术标准认定的企业生产的机动车型，该车型的新车在出厂时经检验符合机动车国家安全技术标准，获得检验合格证的，免予安全技术检验。"该法第16条规定，任何单位或者个人不得有下列行为：（1）拼装机动车或者擅自改变机动车已登记的结构、构造或者特征；（2）改变机动车型号、发动机号、车架号或者车辆识别代号；（3）伪造、变造或者使用伪造、变造的机动车登记证书、号牌、行驶证、检验合格标志、保险标志；（4）使用其他机动车的登记证书、号牌、行驶证、检验合格标志、保险标志。由此可见，擅自改变机动车的构造从而导致车辆的安全系数降低，是一种非常严重的违法行为。因此，发生交通事故时，应当由擅自改变车辆结构的一方承担全部责任。

交通肇事后弃车逃离的，是否属于交通肇事逃逸行为？

答：根据我国《道路交通事故处理程序规定》第112条的规定，交通肇事逃逸是指发生道路交通事故后，当事人为逃避法律责任，驾驶或者遗弃车辆逃离道路交通事故现场以及潜逃藏匿的行为。依据此规定，交通肇事后，无论是驾驶肇事车辆逃离现场，还是弃车逃离现场，都属于交通肇事逃逸行为，都要接受《刑法》的处罚。我国《刑法》第133条规定："违反交通运输管理法规，因而发生重大事故，致人重伤、死亡或者使公私财产遭受重大损失的，处三年以下有期徒刑或者拘役；交通运输肇事后逃逸或者有其他特别恶劣情节的，处三年以上七年以下有期徒刑；因逃逸致人死亡的，处七年以上有期徒刑。"

交通事故发生后，肇事司机受到群众围殴而逃离的，是否属于交通肇事逃逸？

答：根据我国《道路交通事故处理程序规定》第112条的规定，交通肇事逃逸是指发生道路交通事故后，当事人为逃避法律责任，驾驶或者遗弃车辆逃离道路交通事故现场以及潜逃藏匿的行为。《道路交通安全法实施条例》第92条第1款规定："发生交通事故后当事人逃逸的，逃逸的当事人承担全部责任。但是，有证据证明对方当事人也有过错的，可以减轻责任。"由此可见，交通肇事逃逸行为会导致严重的法律后果，但并不是所有从现场逃离的行为都是交通肇事逃逸行为，只有那些为了逃避法律责任的逃跑行为才是。为了躲避殴打而被迫逃离，并且在事后主动报案，并没有逃避责任意图的，不是交通肇事逃逸行为。

机动车为了躲避违章车辆，造成行人受伤，应当由谁承担事故责任？

答：这个问题涉及紧急避险。紧急避险是指为了使国家、公共利益、本人或者他人的人身、财产和其他权利免受正在发生的危险，不得已采取损害另一利益的行为。我国《民法典》第182条规定："因紧急避险造成损害的，由引起险情发生的人承担民事责任。危险由自然原因引起的，紧急避险人不承担民事责任，可以给予适当补偿。紧急避险采取措施不当或者超过必要的限度，造成不应有的损害的，紧急避险人应当承担适当的民事责任。"由此可见，机动车为了躲避违章车辆，造成行人受伤的，违章车辆应承担事故责任。

交警对酒后驾车人员罚款后，仍然允许其驾车，结果发生交通事故，责任如何确定？

答：我国《道路交通安全法》第87条第1款规定："公安机关交通管理部门及其交通警察对道路交通安全违法行为，应当及时纠正。"《道路交通安全法实施条例》第104条规定："机动车驾驶人有下列行为之一，又无其他机动车驾驶人即时替代驾驶的，公安机关交通管理部门除依法给予处罚外，可以将其驾驶的机动车移至不妨碍交通的地点或者有关部门指定的地点停放：……（三）饮酒、服用国家管制的精神药品或者麻醉药品、患有妨碍安全驾驶的疾病，或者过度疲劳仍继续驾驶的……"同时，《最高人民法院关于适用〈中华人民共和国行政诉讼法〉的解释》第98条指出："因行政机关不履行、拖延履行法定职责，致使公民、法人或者其他组织的合法权益遭受损害的，人民法院应当判决行政机关承担行政赔偿责任。在确定赔偿数额时，应当考虑该不履行、拖延履行法定职责的行为在损害发生过程和结果中所起的作用等因素。"由此可见，酒后驾车如是导致交通事故发生的主要原因，驾车人应当承担主要责任，但公安机关交通管理部门作为国家行政机关，应当对违反道路交通安全的行为予以及时纠正。因此，若交警没有履行相关行政责任的，公安机关交通管理部门也应当承担相应的行政赔偿责任。

哪些交通违法行为可能导致处以吊销驾驶证的处罚？

答：根据我国《道路交通安全法》第91条、第99条、第100条、第101条的规定，吊销驾驶证的情况分为五种：（1）一年内酒后驾车被处罚的；（2）将机动车交由没有驾照的人驾驶或者严重超速行驶的；（3）驾驶拼装和已报废机动车上路的；（4）交通肇事构成犯罪或者肇事后逃逸的；（5）在先予扣除驾驶证的情况下未按照规定期限接受违章处理的。

在交通事故中受伤，医院可以因为没交医疗费而拒绝救治吗？

答：我国《道路交通安全法》第75条规定："医疗机构对交通事故中的受伤人员应当及时抢救，不得因抢救费用未及时支付而拖延救治……"可见，救治交通事故中的受伤人员是医疗机构的法定义务。一切医疗机构都有义务无条件抢救道路交通事故受伤人员，不得因抢救费用未及时支付而拖延救治。如果医疗机构违反这项法定义务给受害人造成损失，受害人可以依法提起民事诉讼，要求医疗机构就所受损失进行赔偿。

交通事故的死者家属可以因为事故原因不明而拒绝处理死者尸体吗？

答：根据《道路交通事故处理程序规定》第53条第1款的规定，尸体检验报告确定后，公安机关应当书面通知死者家属在10日内办理丧葬事宜，无正当理由逾期不办理的应记录在案，并经县级以上公安机关或者上一级公安机关交通管理部门负责人批准，由公安机关或者上一级公安机关交通管理部门处理尸体，逾期存放的费用由死者家属承担。由此可见，交通事故的死者家属因为事故原因不明而拒绝处理死者尸体是不合法的。实际上，死者尸体是否处理与事故的责任认定和赔偿没有法律上的关系。

因机动车质量问题造成交通事故，应该由谁承担赔偿责任？

答：根据《消费者权益保护法》第40条第2款的规定，消费者或者其他受害人因商品缺陷造成人身、财产损害的，可以向销售者要求赔偿，也可以向生产者要求赔偿。属于生产者责任的，销售者赔偿后，有权向生产者追偿。属于销售者责任的，生产者赔偿后，有权向销售者追偿。因此，机动车因质量问题造成交通事故，机动车所有人因交通事故受到的损失应当由汽车的制造者和销售者赔偿。而在交通事故中，如有其他人被撞的，该车的生产商和销售商就此交通事故的损害赔偿和机动车所有人一起承担连带责任。

刹车失灵引发事故，属于交通事故吗？

答：根据我国《道路交通安全法》第119条的规定，交通事故是指车辆在道路上因过错或者意外造成的人身伤亡或者财产损失的事件。由此可见，刹车失灵引发事故，不管是因为司机在出车前没有对车辆进行检查而存在过错，还是出于意外情况，都属于交通事故。

分期付款买的车未办理过户手续就发生事故，责任由谁承担？

答：我国《民法典》第1210条规定："当事人之间已经以买卖或者其他方式转让并交付机动车但是未办理登记，发生交通事故造成损害，属于该机动车一方责任的，由受让人承担赔偿责任。"由此可见，发生交通事故时，虽然车辆尚未过户，但实际上已由受让人管理使用，对于交通肇事的损失依法应当由受让人负责赔偿，而卖主不应当承担赔偿责任。

已经报废的车辆再上路，事故责任谁承担？

答：我国《民法典》第1214条规定："以买卖或者其他方式转让拼装或者已经达到报废标准的机动车，发生交通事故造成损害的，由转让人和受让人承担连带责任。"由此可知，驾驶报废机动车和销售报废机动车的双方，交通肇事后共同承担连带赔偿责任。此外，我国《道路交通安全法》第100条规定："驾驶拼装的机动车或者已达到报废标准的机动车上道路行驶的，公安机关交通管理部门应当予以收缴，强制报废。对驾驶前款所列机动车上道路行驶的驾驶人，处二百元以上二千元以下罚款，并吊销机动车驾驶证。出售已达到报废标准的机动车的，没收违法所得，处销售金额等额的罚款，对该机动车依照本条第一款的规定处理。"

被盗车辆发生事故，原车主还有责任吗？

答：我国《民法典》第1215条规定："盗窃、抢劫或者抢夺的机动车发生交通事故造成损害的，由盗窃人、抢劫人或者抢夺人承担赔偿责任。盗窃人、抢劫人或者抢夺人与机动车使用人不是同一人，发生交通事故造成损害，属于该机动车一方责任的，由盗窃人、抢劫人或者抢夺人与机动车使用人承担连带责任。保险人在机动车强制保险责任限额范围内垫付抢救费用的，有权向交通事故责任人追偿。"由此可见，被盗车辆发生事故，原车主不承担任何责任。

交通事故责任人拒绝赔偿医疗费怎么办？

答：根据我国《民事诉讼法》第109条的规定，人民法院对于追索赡养费、扶养费、抚育费、抚恤金、医疗费用的，追索劳动报酬的，或者其他因情况紧急需要先予执行的案件，根据当事人的申请，可以裁定先予执行。据此，交通事故责任人拒绝赔偿医疗费的，受害人可以向法院申请对医疗费先予执行。此外，根据《道路交通安全法》第75条规定，投保了机动车交通事故责任强制险的，可由保险公司先行支付，由公安机关交通管理部门通知保险公司办理。肇事车辆未参加保险的、抢救费用超过保险限额的部分或肇事车辆逃逸的，可由道路交通事故社会救助基金先行垫付。

发生交通事故，受害人受伤的，如何计算医疗费用？

答：《最高人民法院关于审理人身损害赔偿案件适用法律若干问题的解释》第6条规定："医疗费根据医疗机构出具的医药费、住院费等收款凭证，结合病历和诊断证明等相关证据确定。赔偿义务人对治疗的必要性和合理性有异议的，应当承担相应的举证责任。医疗费的赔偿数额，按照一审法庭辩论终结前实际发生的数额确定。器官功能恢复训练所必要的康复费、适当的整容费以及其他后续治疗费，赔偿权利人可以待实际发生后另行起诉。但根据医疗证明或者鉴定结论确定必然发生的费用，可以与已经发生的医疗费一并予以赔偿。"由此可见，医疗费赔偿的金额大体上包括：诊疗费、医药费、住院费以及其他费用。

道路交通事故的受害人如何计算交通费？

答：在发生交通事故后，受害人或当事人亲属会因为处理交通事故、运送伤员等事项而为乘坐交通工具支付费用，这就是交通事故中的交通费用。《最高人民法院关于审理人身损害赔偿案件适用法律若干问题的解释》第9条规定："交通费根据受害人及其必要的陪护人员因就医或者转院治疗实际发生的费用计算。交通费应当以正式票据为凭；有关凭据应当与就医地点、时间、人数、次数相符合。"由此可见，交通费用的金额，一般与乘车人的往返费用、乘车次数和乘车人数密切相关。

道路交通事故的受害人如何计算住宿费？

答：住宿费是指因交通事故导致受害人受伤，而需要在医院接受治疗，所花费的住院费，还包括其自己以及护理人员为了配置伤残工具、处理事故而支付的住宿费，死亡者的近亲属处理丧葬事宜所需的住宿费等。《最高人民法院关于审理人身损害赔偿案件适用法律若干问题的解释》第10条第2款规定："受害人确有必要到外地治疗，因客观原因不能住院，受害人本人及其陪护人员实际发生的住宿费和伙食费，其合理部分应予赔偿。"此外，需要注意的是，住宿是有一定标准的，一般以事故发生地的国家机关一般工作人员的出差住宿标准计算，并且要凭据。处理交通事故的人员一般不超过两人。所以，我们可以把住宿费用的计算看成国家机关一般工作人员的出差住宿标准与住宿天数的乘积。

道路交通事故的受害人因伤而误工，如何计算误工费？

答：误工费是指在发生道路交通事故后，遭受人身伤害的受害人需要治疗，以及受害人的相关亲属需要参加与该交通事故有关的处理事项，而无法参加工作或正常经营，因此遭受的损失。《最高人民法院关于审理人身损害赔偿案件适用法律若干问题的解释》第7条规定："误工费根据受害人的误工时间和收入状况确定。误工时间根据受害人接受治疗的医疗机构出具的证明确定。受害人因伤致残持续误工的，误工时间可以计算至定残日前一天。受害人有固定收入的，误工费按照实际减少的收入计算。受害人无固定收入的，按照其最近三年的平均收入计算；受害人不能举证证明其最近三年的平均收入状况的，可以参照受诉法院所在地相同或者相近行业上一年度职工的平均工资计算。"由此可见，误工费是交通事故中受害人应当受到赔偿的重要组成部分，受害人可以提出此项赔偿要求，但应当符合法律规定，而不能漫天要价。

道路交通事故致使受害人受伤住院的，如何计算住院伙食补助费？

答：住院伙食补助费是指道路交通事故的受害人在医院治疗期间，及其陪护人员需要适当的伙食消费，相关责任人依据一定标准给予的补偿。住院伙食补助费是由于道路交通事故的原因导致的，是事故责任的基本内容之一。《最高人民法院关于审理人身损害赔偿案件适用法律若干问题的解释》第10条规定："住院伙食补助费可以参照当地国家机关一般工作人员的出差伙食补助标准予以确定。受害人确有必要到外地治疗，因客观原因不能住院，受害人本人及其陪护人员实际发生的住宿费和伙食费，其合理部分应予赔偿。"根据该解释，我们可以将住院伙食理解为交通事故发生地的一般国家机关工作人员出差伙食补助费和住院天数的乘积。

道路交通事故致使受害人受伤的，如何计算营养费？

答：营养费是指道路交通事故的受害人因为在事故中受伤，经医疗机构或者鉴定机构根据情况确定的，需要补充营养品作为受害人的辅助治疗手段而支付的费用。《最高人民法院关于审理人身损害赔偿案件适用法律若干问题的解释》第11条规定："营养费根据受害人伤残情况参照医疗机构的意见确定。"由此可见，对受害人营养费的支付并不是必然的，而是根据道路交通事故的受害人的实际情况，只有在医疗机构鉴定需要的时候才会发生。这时的营养费用只是医疗机构或鉴定机构建议的数额。

道路交通事故致使受害人残疾的，如何计算残疾赔偿金？

答：残疾赔偿金，又被称作生活补助费，是指当道路交通事故的受害人在交通事故中不幸残疾时，严重影响了其获得经济收入的能力，受害人今后的生活来源将受到严重影响，为了保证受害人在将来的生活中能够得到基本的生活保障而给予的补助。《最高人民法院关于审理人身损害赔偿案件适用法律若干问题的解释》第12条规定："残疾赔偿金根据受害人丧失劳动能力程度或者伤残等级，按照受诉法院所在地上一年度城镇居民人均可支配收入标准，自定残之日起按二十年计算。但六十周岁以上的，年龄每增加一岁减少一年；七十五周岁以上的，按五年计算。受害人因伤致残但实际收入没有减少，或者伤残等级较轻但造成职业妨害严重影响其劳动就业的，可以对残疾赔偿金作相应调整。"该法第18条第1款规定："赔偿权利人举证证明其住所地或者经常居住地城镇居民人均可支配收入高于受诉法院所在地标准的，残疾赔偿金或者死亡赔偿金可以按照其住所地或者经常居住地的相关标准计算。"该法第19条规定："超过确定的护理期限、辅助器具费给付年限或者残疾赔偿金给付年限，赔偿权利人向人民法院起诉请求继续给付护理费、辅助器具费或者残疾赔偿金的，人民法院应予受理。赔偿权利人确需继续护理、配制辅助器具，或者没有劳动能力和生活来源的，人民法院应当判令赔偿义务人继续给付相关费用五至十年。"由此可见，我国对在交通事故中受伤残疾的受害人作出了相关规定，对残疾赔偿金的支付要求也是不一样的，往往受到伤残者年龄的影响，我们尤其要注意这一点。

道路交通事故致使受害人残疾的，如何计算残疾辅助器具费？

答：《最高人民法院关于审理人身损害赔偿案件适用法律若干问题的解释》第13条规定："残疾辅助器具费按照普通适用器具的合理费用标准计算。伤情有特殊需要的，可以参照辅助器具配制机构的意见确定相应的合理费用标准。辅助器具的更换周期和赔偿期限参照配制机构的意见确定。"该法第19条规定："超过确定的护理期限、辅助器具费给付年限或者残疾赔偿金给付年限，赔偿权利人向人民法院起诉请求继续给付护理费、辅助器具费或者残疾赔偿金的，人民法院应予受理。赔偿权利人确需继续护理、配制辅助器具，或者没有劳动能力和生活来源的，人民法院应当判令赔偿义务人继续给付相关费用五至十年。"由此可见，我们可以把残疾辅助器具的费用看作普通适用器具的合理费用与器具数量的乘积。

道路交通事故致使受害人死亡的，如何计算丧葬费？

答：丧葬费是指在交通事故中受害人死亡，其家属为死者处理丧葬等后事所支付的费用，相关的责任人应当根据一定标准予以支付，丧葬费一般包括死者遗容整理费、火化费、运尸费、尸体冷藏停运费、灵车运费、骨灰寄存费、购买墓碑棺材费、遗体告别场地租赁费、墓穴费等。《最高人民法院关于审理人身损害赔偿案件适用法律若干问题的解释》第14条规定："丧葬费按照受诉法院所在地上一年度职工月平均工资标准，以六个月总额计算。"由此可见，对于在交通事故中死亡的受害人，其亲属为其丧葬事项所支付的费用即丧葬费是可以在合理限度内要求加害人支付赔偿的，丧葬费的赔偿数额，一般情况下为受诉法院所在地的职工上一年度月平均工资乘以6个月的总额。

道路交通事故致使受害人死亡的，如何计算死亡赔偿金？

答： 死亡赔偿金，也叫作死亡补偿金，是指受害人在道路交通事故中不幸死亡的，由加害人按照一定标准给予死者家属一定数量的赔偿。《最高人民法院关于审理人身损害赔偿案件适用法律若干问题的解释》第15条规定："死亡赔偿金按照受诉法院所在地上一年度城镇居民人均可支配收入标准，按二十年计算。但六十周岁以上的，年龄每增加一岁减少一年；七十五周岁以上的，按五年计算。"该法第20条规定："赔偿义务人请求以定期金方式给付残疾赔偿金、辅助器具费的，应当提供相应的担保。人民法院可以根据赔偿义务人的给付能力和提供担保的情况，确定以定期金方式给付相关费用。但是，一审法庭辩论终结前已经发生的费用、死亡赔偿金以及精神损害抚慰金，应当一次性给付。"由此可见，对于死亡赔偿金，不同的受害人是有不同的标准的，不能简单地划一，对于这一点受害人家属尤其应当注意。

道路交通事故致使受害人死亡的，如何计算被扶养人的生活费用？

答： 一般情况下，被扶养人的生活费按照受诉法院所在地上一年度城镇居民人均消费性支出标准计算。我国最高人民法院对此作出了相关的司法解释。《最高人民法院关于审理人身损害赔偿案件适用法律若干问题的解释》第18条规定："赔偿权利人举证证明其住所地或者经常居住地城镇居民人均可支配收入高于受诉法院所在地标准的，残疾赔偿金或者死亡赔偿金可以按照其住所地或者经常居住地的相关标准计算。被扶养人生活费的相关计算标准，依照前款原则确定。"除此之外，我们还应当注意，当赔偿权利人对残疾赔偿金、死亡赔偿金和被扶养人生活费用进行选择的时候，在一定条件下是被允许的。一般采取就高不就低的原则，尽量给予被扶养人多的一些补偿。

交通事故的当事人可以通过哪些途径进行伤残评定？

答： 对于交通事故的当事人，进行伤残鉴定是可以通过两种方式完成的。既可以自行委托有资格的鉴定机构进行评定，也可以先起诉，再向人民法院申请残疾评定。此外，伤残鉴定的本质还是向法庭提供证据，所以一定要在法律规定的时间内进行鉴定，并提交于法庭。

进行交通事故伤残评定，是否必须制作伤残评定书？

答： 道路交通事故伤残评定书，是资格评定人将检验结果、分析意见和评定结论制作而成的书面文书。对于道路交通事故伤残评定，鉴定人是必须做出评定书的，它既是鉴定工作的结果，更是当事人用于法庭的重要证据。评定书包括一般情节、案情介绍、病历摘抄、检验结果记录、分析意见和结论等内容。可以说，伤残评定书是进行伤残评定的最终目的和结果。所以必须制作伤残评定书。

二、出行与住宿

乘客乘坐出租车遭遇交通事故，应该向谁索赔？

答：乘客乘坐出租车，便与出租车公司之间形成了客运服务合同关系。出租车司机在途中遭遇交通事故，未能将乘客安全送达目的地，应当承担违约责任。我国《民法典》第811条规定："承运人应当在约定期限或者合理期限内将旅客、货物安全运输到约定地点。"该法第823条第1款规定："承运人应当对运输过程中旅客的伤亡承担赔偿责任；但是，伤亡是旅客自身健康原因造成的或者承运人证明伤亡是旅客故意、重大过失造成的除外。"由此可见，乘客乘坐出租车遭遇交通事故，可以向出租车公司索赔。出租车公司可以在赔偿乘客的损失后，按照交警出具的事故责任认定结果，向其他责任人进行追偿。

出售车票搭售保险的行为合法吗？

答：我国《消费者权益保护法》第4条规定："经营者与消费者进行交易，应当遵循自愿、平等、公平、诚实信用的原则。"该法第9条第1款规定："消费者享有自主选择商品或者服务的权利。"由此可以得出，车票附加保险销售必须自愿，经营者不得强行要求消费者接受搭售保险。因此，车站搭售保险的行为，违背了公平交易的原则，侵犯了消费者的选择权。乘客若遇强售保险的行为，可以拒绝车站搭售保险，也可以向当地的工商部门举报。

免票乘车，发生交通意外能否获得车主赔偿？

答：乘客乘车，就与承运人之间形成了一种旅客运输合同法律关系。依照《民法典》第823条的规定，承运人应当对运输过程中旅客的伤亡承担损害赔偿责任。这一规定同样适用于按照规定免票、持优待票或者经承运人许可搭乘的无票旅客。所以不管乘客是有偿乘坐还是免费搭车，承运人都有将乘客安全送达目的地的法定义务。换句话说，免票乘车，发生交通意外可以获得车主的赔偿。

乘坐客车行李丢失，可否向承运方索赔？

答：根据我国《民法典》第824条的规定，当乘客购买车票乘车时，其与运输公司之间已形成客运合同关系，运输公司应当根据合同内容履行义务。当乘客将自己的行李交给司机并告知其妥善保管时，运输公司的工作人员应当对其行李进行妥善保管，如果运输公司将该行李丢失，并且无法提出有力证据证明自己履行了妥善保管义务的，运输公司应当承担责任。

空调车不开空调，乘客可以要求退票吗？

答：乘客按空调车票价购买车票时，即与该承运公司建立了客运合同关系。客运公司应严格按照合同的约定为其提供服务。然而，客运公司并没有按照合同约定履行义务，擅自变更合同中约定的内容，将空调车改为普通车，是一种降低服务标准的行为，其行为已经构成违约。对于这种情况，我国《民法典》第821条有明确的规定："承运人擅自降低服务标准的，应当根据旅客的请求退票或者减收票款；提高服务标准的，不得加收票款。"因此，空调车应该开空调而不开空调，乘客可以依法要求退票。

变更路线造成费用增加，有权要求旅客增加票款吗？

答：我国《民法典》第813条规定："旅客、托运人或者收货人应当支付票款或者运输费用。承运人未按照约定路线或者通常路线运输增加票款或者运输费用的，旅客、托运人或者收货人可以拒绝支付增加部分的票款或者运输费用。"由此可见，旅客、托运人或者收货人应当支付票款或者运输费用，但是客运公司未按照通常路线而临时改行其他路线，造成费用增加的，只能自己承担费用，而不得要求乘客增加票款。同理对于托运人或者收货人也是一样的，未采用通常路线的，不得要求托运人或者收货人支付增加的费用。

乘坐的客车晚点了，乘客能改乘车站的其他班车吗？

答：我国《民法典》第820条规定："承运人应当按照有效客票记载的时间、班次和座位号运输旅客。承运人迟延运输或者有其他不能正常运输情形的，应当及时告知和提醒旅客，采取必要的安置措施，并根据旅客的要求安排改乘其他班次或者退票；由此造成旅客损失的，承运人应当承担赔偿责任，但是不可归责于承运人的除外。"由此可见，当客运公司没有按照客票上载明的时间和班次运输乘客的，应当根据乘客的要求安排改乘其他班次或者退票，并且不得加收运费。

客运公司擅自变更车辆，可以要求乘客加价吗？

答：我国《民法典》第821条规定："承运人擅自降低服务标准的，应当根据旅客的请求退票或者减收票款；提高服务标准的，不得加收票款。"由此可见，如果承运人（现实生活中主要是客运公司或者客运个体户）擅自变更交通工具的，如果降低了服务标准的，应当减收价款或者按照旅客的要求退票；如果提高了服务标准的，不应当加收票款。

路滑导致翻车，客运公司能否主张因不可抗力而不支付乘客医药费？

答：我国《民法典》第823条第1款规定："承运人应当对运输过程中旅客的伤亡承担赔偿责任；但是，伤亡是旅客自身健康原因造成的或者承运人证明伤亡是旅客故意、重大过失造成的除外。"由此可见，承运人有义务保护旅客的安全，造成旅客伤亡的，承运人应当承担损害赔偿责任，除非旅客伤亡是由于旅客自身固有的健康原因或者是旅客故意重大过失造成的。因此，路滑导致翻车，客运公司是不能主张因不可抗力而不支付乘客医药费的。

没有检票入站的乘客在站内受伤，可以要求车站赔偿吗？

答：我国《民法典》第814条规定，客运合同自承运人向旅客出具客票时成立，但是当事人另有约定或者另有交易习惯的除外。也就是说，当乘客拿到车票时，其与火车站之间就已经存在生效的客运合同关系，是否检票不影响该合同的效力。因此，火车站应严格按照合同约定履行义务，在合理的限度内保护乘客的人身、财产安全。没有检票入站的乘客在站内受伤，可以要求车站赔偿。

承运方没有及时把患病的乘客送到医院救治，应对乘客的死亡承担责任吗？

答：我国《民法典》第822条规定："承运人在运输过程中，应当尽力救助患有急病、分娩、遇险的旅客。"由此可见，承运人在运输过程中对患病的旅客有救助义务。而承运方没有及时把患病的乘客送到医院救治的，客运公司应当承担赔偿责任。

乘客自己把胳膊伸出车外导致受伤，可以要求赔偿吗？

答：根据我国《民法典》第823条的规定，在运输过程中发生旅客伤亡的赔偿责任，如果伤亡是旅客自身健康原因造成的，或者承运人能证明伤亡是旅客故意或重大过失造成的，承运人无须承担责任。当乘客将胳膊伸出车窗时，如果司机和售票员多次对其进行劝阻，作为承运人其本身就不存在过错。但乘客不听劝阻并造成自身受伤的，这属于其重大过失引起的伤害。所以，承运人无须为此承担赔偿责任。

乘客见义勇为而受伤，可以要求承运人承担赔偿责任吗？

答：我国《民法典》第823条规定："承运人应当对运输过程中旅客的伤亡承担赔偿责任；但是，伤亡是旅客自身健康原因造成的或者承运人证明伤亡是旅客故意、重大过失造成的除外……"乘客见义勇为而受伤，不是由于自身健康原因或者有故意和重大过失造成的，承运人应当依法承担赔偿责任。

游客在旅游过程中猝死，旅行社应否赔偿？

答：我国《旅游法》第81条规定："突发事件或者旅游安全事故发生后，旅游经营者应当立即采取必要的救助和处置措施，依法履行报告义务，并对旅游者作出妥善安排。"对于违反上述规定的法律后果，该法第70条第3款明确规定："在旅游者自行安排活动期间，旅行社未尽到安全提示、救助义务的，应当对旅游者的人身损害、财产损失承担相应责任。"由此可见，

游客在旅游过程中猝死，如果旅行社没有尽到上述规定的义务的，应当承担赔偿责任。

游客可以因旅行社单方面变更旅游景点而要求赔偿吗？

答：我国《旅游法》第69条规定："旅行社应当按照包价旅游合同的约定履行义务，不得擅自变更旅游行程安排……"旅行社单方面擅自变更旅游景点属于履行合同义务不符合约定的情形，依照该法第70条第1款的规定，旅行社不履行包价旅游合同义务或者履行合同义务不符合约定的，应当依法承担继续履行、采取补救措施或者赔偿损失等违约责任；造成旅游者人身损害、财产损失的，应当依法承担赔偿责任。旅行社具备履行条件，经旅游者要求仍拒绝履行合同，造成旅游者人身损害、滞留等严重后果的，旅游者还可以要求旅行社支付旅游费用一倍以上三倍以下的赔偿金。由此可见，游客可以因旅行社单方面变更旅游景点而要求旅行社承担赔偿责任，造成严重后果的还可以要求旅行社支付赔偿金。但旅行社按合同约定履行了绝大部分义务，游客也享受了旅行社提供的各项服务的，不能以个别景点的变更为由要求旅行社赔偿全部旅游费用。

游客自己未尽安全义务而受伤的，可否要求景区管理者赔偿？

答：游客购票到景区游览，景区负有保护其健康和人身安全的义务。实践中，景区多以导游图、游览须知等方式提示游客。这实际已经对每一位不特定游客尽到了告知景区景点、路线以及提请道路险要、注意安全的义务。如果游客所走的路线是明确标明的非景点区域，因此致其自身或财产蒙受损失的，根据我国《旅游法》第70条第2款"由于旅游者自身原因导致包

价旅游合同不能履行或者不能按照约定履行,或者造成旅游者人身损害、财产损失的,旅行社不承担责任"的规定,其责任应当自行负担。

旅店对顾客斗殴的事件未及时制止,是否应当承担赔偿责任?

答:《民法典》第1198条规定:"宾馆、商场、银行、车站、机场、体育场馆、娱乐场所等经营场所、公共场所的经营者、管理者或者群众性活动的组织者,未尽到安全保障义务,造成他人损害的,应当承担侵权责任。因第三人的行为造成他人损害的,由第三人承担侵权责任;经营者、管理者或者组织者未尽到安全保障义务的,承担相应的补充责任。经营者、管理者或者组织者承担补充责任后,可以向第三人追偿。"由此可见,旅店对顾客斗殴的事件未及时制止的,应当承担赔偿责任。

住宿时被旅店保安殴打,旅店经营者是否承担责任?

答:根据《消费者权益保护法》第7条第1款的规定,消费者在购买、使用商品和接受服务时享有人身、财产安全不受损害的权利。此外,《民法典》第1191条第1款规定:"用人单位的工作人员因执行工作任务造成他人损害的,由用人单位承担侵权责任。用人单位承担侵权责任后,可以向有故意或者重大过失的工作人员追偿。"由上可见,作为旅店工作人员的保安在工作期间将顾客打伤,旅店的经营者应该承担连带赔偿责任。

旅馆采用扣押旅客行李箱的方式阻止未付房款的客人离开,是否为侵权?

答:《民法典》第1177条规定:"合法权益受到侵害,情况紧迫且不能及时获得国家机关保护,不立即采取措施将使其合法权益受到难以弥补的损害的,受害人可以在保护自己合法权益的必要范围内采取扣留侵权人的财物等合理措施;但是,应当立即请求有关国家机关处理。受害人采取的措施不当造成他人损害的,应当承担侵权责任。"这就是所谓自助行为,是指权利人为保护自己的权利,在事情紧迫而又不能及时请求国家机关予以救助的情况下,对他人的财产等施加的为法律和社会公德所认可的强制行为。自助行为必须符合以下要件:必须是为保护合法权益;必须为事情紧迫而又不能及时请求国家机关予以救助;必须为法律和社会公德所认可;必须不得超过必要限度;必须事后及时提请有关部门处理。因此,旅馆阻止未付房款的客人离开,如果在合理限度内,就属于合理的自助行为,不构成侵权。

第七章　财产保护篇

一、物权与所有权

动产物权的三种特殊交付方式是什么？

答：动产物权的交付方式有四种，即现实交付、简易交付、指示交付和占有改定。现实交付是日常交易中最常见的交付方式，另外三种是比较特殊的交付方式。简易交付是指动产物权设立和转让前，权利人已经先行占有该动产的，无须现实交付，物权在法律行为发生时发生变动效力。如受让人已经通过寄托、租赁、借用等方式实际占有了动产，则当双方当事人关于动产物权变动的合意生效时，标的物的交付完成。对此《民法典》第226条规定："动产物权设立和转让前，权利人已经占有该动产的，物权自民事法律行为生效时发生效力。"所谓指示交付，又称返还请求权的让与，是指让与动产物权的时候，如果让与人的动产由第三人占有，让与人可以将其享有的对第三人的返还请求权让与受让人，以代替现实交付。对此《民法典》第227条规定："动产物权设立和转让前，第三人占有该动产的，负有交付义务的人可以通过转让请求第三人返还原物的权利代替交付。"所谓占有改定，是指动产物权的出让人与受让人之间特别约定，标的物仍然由出让人继续占有，受让人取得对标的物的间接占有以代替标的物的现实交付。这样在双方达成物权让与合意时，视为已经交付。对此《民法典》第228条规定："动产物权转让时，当事人又约定由出让人继续占有该动产的，物权自该约定生效时发生效力。"

未办理登记的不动产买卖合同有效吗？

答：不动产物权的变动必须经过登记才能生效，但是，买卖合同的效力与是否办理登记没有必然联系。也就是说，没有办理登记的结果只是物权不发生变动，但买卖合同是有效的。我国《民法典》第215条规定："当事人之间订立有关设立、变更、转让和消灭不动产物权的合同，除法律另有规定或者当事人另有约定外，自合同成立时生效；未办理物权登记的，不影响合同效力。"该条规定旨在保护未违反义务的一方当事人的权益，如果未办理登记，而买卖合同已成立并且生效，那么卖方就必须继续履行为买方办理过户登记的义务。如果事实上已经不能履行，卖方要向买方承担违约责任。

不动产权属证书与不动产登记簿的记载事项不一致怎么办？

答：我国《民法典》第217条规定："不动产权属证书是权利人享有该不动产物权的证明。不动产权属证书记载的事项，应当与不动产登记簿一致；记载不一致的，除有证据证明不动产登记簿确有错误外，以不动产登记簿为准。"因此，日常生活中，如果当事人发现自己的不动产权属证书与不动产登记簿的记载事项不一致，应当及时到不动产登记部门申请核对，并要求登记部门对不一致的事项作出变更，重新为自己发放不动产权属证书。

不动产预告登记有什么作用？

答： 我国《民法典》第221条第1款规定："当事人签订买卖房屋的协议或者签订其他不动产物权的协议，为保障将来实现物权，按照约定可以向登记机构申请预告登记。预告登记后，未经预告登记的权利人同意，处分该不动产的，不发生物权效力。"不动产预告登记制度是为防止卖方"一物二卖"的不诚信行为，是对买方的一种保护，但为了平衡买卖双方的利益，避免买方在申请预告登记后长期拖延不办理正式登记，损害卖方的利益，《民法典》第221条第2款对买方的权利也作出了限制，即"预告登记后，债权消灭或者自能够进行不动产登记之日起九十日内未申请登记的，预告登记失效"。因此，买方在申请了预告登记后应当及时申请正式登记，千万不能认为办理了预告登记就可以高枕无忧。

登记对抗主义是怎么回事？

答： 所谓登记对抗主义，是指某些特殊动产，如船舶、航空器和机动车等物权的变动虽然不需要办理登记，但如果不登记，一旦发生纠纷，动产取得人的所有权就不能产生对抗善意第三人的效力。我国《民法典》第225条规定："船舶、航空器和机动车等的物权的设立、变更、转让和消灭，未经登记，不得对抗善意第三人。"值得注意的是，登记对抗主义还涉及善意第三人的问题。所谓善意第三人，就是对买卖双方的交易行为不知情的人，基于对卖方的信任而与卖方进行交易，如果发生纠纷，法律为了保护交易安全，就优先保护他的利益。在实行登记对抗主义的动产变动中，如果善意第三人先于买方与卖方办理了登记手续，那么法律就优先保护善意第三人的利益，买方虽然取得了船舶、航空器和机动车等动产的物权，但这些动产依据法律规定最终归善意第三人所有。

由共有财产引起的债权和债务如何处理？

答： 依据我国《民法典》第307条的规定，因共有的不动产或者动产产生的债权债务，在对外关系上，共有人享有连带债权、承担连带债务，但是法律另有规定或者第三人知道共有人不具有连带债权债务关系的除外；在共有人内部关系上，除共有人另有约定外，按份共有人按照份额享有债权、承担债务，共同共有人共同享有债权、承担债务。偿还债务超过自己应当承担份额的按份共有人，有权向其他共有人追偿。

公民的财产被国家征收了怎么办？

答： 我国《民法典》第243条规定："为了公共利益的需要，依照法律规定的权限和程序可以征收集体所有的土地和组织、个人的房屋以及其他不动产。征收集体所有的土地，应当依法及时足额支付土地补偿费、安置补助费以及农村村民住宅、其他地上附着物和青苗等的补偿费用，并安排被征地农民的社会保障费用，保障被征地农民的生活，维护被征地农民的合法权益。征收组织、个人的房屋以及其他不动产，应当依法给予征收补偿，维护被征收人的合法权益；征收个人住宅的，还应当保障被征收人的居住条件。任何组织或者个人不得贪污、挪用、私分、截留、拖欠征收补偿费等费用。"这就意味着国家不能随心所欲地征收公民的财产，而只能基于公共利益的需要进行合法征收，并且必须

第七章 财产保护篇

给予被征收人经济补偿。如果国家拒绝支付补偿或者支付标准过低，公民有权依据法律规定向法院提起行政诉讼，以维护自己的合法权益。

征用公民的财产，造成了损失谁负责？

答： 所谓征用，是指因抢险、救灾的需要，依照法律规定的权限和程序暂时性地使用他人动产或不动产的行为。《民法典》第245条规定："因抢险救灾、疫情防控等紧急需要，依照法律规定的权限和程序可以征用组织、个人的不动产或者动产。被征用的不动产或者动产使用后，应当返还被征用人。组织、个人的不动产或者动产被征用或者征用后毁损、灭失的，应当给予补偿。"由此可见，国家征用公民财产虽然是无偿的，但在使用后应当归还被征用人，一旦造成财产毁损、灭失的，还应当给予补偿。

村民有权在自己的耕地上建房吗？

答： 我国《民法典》第244条规定："国家对耕地实行特殊保护，严格限制农用地转为建设用地，控制建设用地总量。不得违反法律规定的权限和程序征收集体所有的土地。"据此，村民无权在自己的耕地上建房。耕地是人类赖以生存的根本，尤其对我国这样人多地少的大国而言，保护耕地，保障粮食生产至关重要。为此，党中央、国务院把确保18亿亩耕地定为我国耕地总量的红线，采取多项措施保护耕地，全国人大也专门制定法律对耕地实行特殊保护，严格限制耕地转为建设用地。

村干部有权把村里的土地发包给本村外的人吗？

答： 根据我国《民法典》第261条的规定，农民集体所有的不动产和动产，属于本集体成员集体所有。制定土地承包方案以及将土地发包给本集体以外的组织或者个人承包，应当依照法定程序经本集体成员决定。村干部扮演的不过是管理者的角色，对村集体财产没有处分权。如果村干部越权处分村集体财产，如把本村的土地发包给本村外的人，那么村民们有权予以否决，并要求有关部门追究村干部的法律责任。

善意取得是怎么回事？

答： 所谓善意取得，是指动产占有人或者不动产的名义登记人将动产或者不动产不法转让给受让人后，如果受让人取得该财产时出于善意，即可依法取得该财产的所有权或其他物权的法律制度。我国《民法典》第311条规定："无处分权人将不动产或者动产转让给受让人的，所有权人有权追回；除法律另有规定外，符合下列情形的，受让人取得该不动产或者动产的所有权：（一）受让人受让该不动产或者动产时是善意；（二）以合理的价格转让；（三）转让的不动产或者动产依照法律规定应当登记的已经登记，不需要登记的已经交付给受让人。受让人依据前款规定取得不动产或者动产的所有权的，原所有权人有权向无处分权人请求损害赔偿……"根据此规定，善意取得须符合以下三个要件：(1) 受让人受让财产时主观上是善意的。受让人善意，是指受让人相信财产的让与人不是无处分权人。(2) 以合理的价格有偿受让，以无偿方式取得财产的，不能适用善意取得制度。这里的"合理的价格"，应当根据转让标的物的性质、数量以及付款方式等具体情况，参考转让时交易地市场价格以及交易习惯等因素综合认定。(3) 转让财产依照法律规定应当登记的已经登记，不需要登记的已经交付给受让人。如果双方当事人仅仅达成合意，没有物权变动的公示行为，当事人之间只是债的法律关系，没有形成物权法律关系，不能发生善意取得的效果。

归还别人的遗失物有权要求报酬吗？

答：我国《民法典》第317条明确规定："权利人领取遗失物时，应当向拾得人或者有关部门支付保管遗失物等支出的必要费用。权利人悬赏寻找遗失物的，领取遗失物时应当按照承诺履行义务。拾得人侵占遗失物的，无权请求保管遗失物等支出的费用，也无权请求权利人按照承诺履行义务。"需要注意的是，拾得人在拾到他人遗失物之后，负有妥善保管遗失物的义务，如果因故意或重大过失造成遗失物毁损、灭失，拾得人要承担赔偿责任。当然，由于拾得人归还他人遗失物并不领取报酬，所以拾得人只在保管遗失物时有重大过错，即故意和重大过失时才对拾得物的毁损、灭失负赔偿责任。如果只因一般过失造成拾得物毁损、灭失的，拾得人不负赔偿责任。

无人认领的遗失物归捡到的人所有吗？

答：根据我国《民法典》第318条的规定，遗失物自发布招领公告之日起一年内无人认领的，归国家所有。此时，公安机关可以拍卖、变卖遗失物，所得价金上缴国库。

相邻关系是怎么回事？

答：所谓相邻关系，是指两个以上相互毗邻的不动产的所有人或使用人，在行使不动产的所有权或使用权时，因相邻各方应当给予便利和接受限制而发生的权利义务关系。相邻权是一种法定权利，不需要当事人的约定即可行使，其设置的目的是调解相邻的不动产所有权人或使用权人在行使自己权利的过程中所产生的不可避免的利益冲突。我国《民法典》第288条规定："不动产的相邻权利人应当按照有利生产、方便生活、团结互助、公平合理的原则，正确处理相邻关系。"值得注意的是，相邻权虽然具有法定性和无偿性，但相邻权人如果在行使相邻权的过程中造成对方损害，相邻权人应当承担赔偿责任。

相邻权人行使相邻权应注意哪些问题？

答：根据我国《民法典》第290条至第296条的规定可知，相邻权人行使相邻权应注意以下问题：（1）应当为相邻权利人用水、排水提供必要的便利。对自然流水的利用，应当在不动产的相邻权利人之间合理分配。对自然流水的排放，应当尊重自然流向。（2）对相邻权利人因通行等必须利用其土地的，应当提供必要的便利。（3）因建造、修缮建筑物以及铺设电线、电缆、水管、暖气和燃气管线等必须利用相邻土地、建筑物的，该土地、建筑物的权利人应当提供必要的便利。（4）建造建筑物，不得违反国家有关工程建设标准，不得妨碍相邻建筑物的通风、采光和日照。（5）不得违反国家规定弃置固体废物，排放大气污染物、水污染物、土壤污染物、噪声、光辐射、电磁辐射等有害物质。（6）挖掘土地、建造建筑物、铺设管线以及安装设备等，不得危及相邻不动产的安全。（7）因用水、排水、通行、铺设管线等利用相邻不动产的，应当尽量避免对相邻的不动产权利人造成损害。

二、土地权益

土地承包经营权何时成立？

答：我国《民法典》第333条规定："土地承包经营权自土地承包经营权合同生效时设立。登记机构应当向土地承包经营权人发放土地承包经营权证、林权证等证书，并登记造册，确认土地承包经营权。"由此可见，现实生活中一些发包人在签订土地承包经营权合同后，以承包人尚未取得土地承包经营权证为名，主张土地承包经营权没有设立并随意收回土地的做法是违法的。土地承包经营权证只不过是对已经设立的土地承包经营权的官方确认，其意义相当于备案。在土地承包经营权合同成立后，包地人就取得了土地的承包经营权，此后，发包方如果要收回土地，其行为将构成违约，要承担违约责任。

承包期内，承包人有权将自己的承包地转包给他人吗？

答：我国《民法典》第334条明确规定："土地承包经营权人依照法律规定，有权将土地承包经营权互换、转让。未经依法批准，不得将承包地用于非农建设。"该法第335条规定："土地承包经营权互换、转让的，当事人可以向登记机构申请登记；未经登记，不得对抗善意第三人。"由此可见，承包期内，承包人有权将自己的承包地转包给他人。承包人在承包期内将自己的承包地转包是法定的权利，不需要经过发包人的同意。而且，转包给他人只要签订的转包合同生效即可，也不一定要变更登记。此时，登记虽然不是生效要件，但却是对抗要件，即未办理登记的，不得对抗善意第三人。

建设用地使用权的取得方式有哪些？

答：我国《民法典》对建设用地使用权的取得方式规定了两种，即出让和划拨。出让是指国有土地的出让方通过一定的形式将建设用地使用权出让给特定的使用者的建设用地使用权设立方式。出让是有偿取得使用权的方式，国家将建设用地使用权在一定年限内让与土地使用者，由土地使用者向国家支付建设用地使用权出让金。划拨是指县级以上人民政府依法批准，在土地使用者缴纳补偿、安置等费用后，将国有土地交付其使用，或者将建设用地使用权无偿交付给土地使用者使用的行为。划拨是无偿取得建设用地使用权的方式，因此法律严格限制以划拨方式设立建设用地使用权。如我国《民法典》第347条规定："设立建设用地使用权，可以采取出让或者划拨等方式。工业、商业、旅游、娱乐和商品住宅等经营性用地以及同一土地有两个以上意向用地者的，应当采取招标、拍卖等公开竞价的方式出让。严格限制以划拨方式设立建设用地使用权。"

取得建设用地使用权后可以随便改变土地用途吗？

答：我国《民法典》第350条规定："建设用地使用权人应当合理利用土地，不得改变土地用途；需要改变土地用途的，应当依法经有关行政主管部门批准。"由此可见，建设用地使用权人无权随意改变土地用途。当然，土地用途也不是绝对不允许改变，如果根据客观情况确需对土地用途作出调整，法律也予以准许，只不过应当经过有关行政主管部门批准并办理相应的变更登记。

建设用地使用期限届满前，国家能收回土地吗？

答：我国《民法典》第358条规定："建设用地使用权期限届满前，因公共利益需要提前收回该土地的，应当依据本法第二百四十三条的规定对该土地上的房屋以及其他不动产给予补偿，并退还相应的出让金。"据此，建设用地使用权可以因公共利益、城市规划的需要，以及土地闲置和使用权人的其他违反合同的行为提前收回。因为公共利益、城市规划等原因收回的，应当给予使用权人相应的补偿，并退还相应的土地出让金。对于农村集体土地的使用权可以因公共设施建设、不按约定用途使用或者土地闲置收回。

公民的住宅用地使用期届满怎么办？

答：根据我国《民法典》第359条第1款的规定，住宅建设用地使用权期限届满的，自动续期。续期费用的缴纳或者减免，依照法律、行政法规的规定办理。由此可见，公民的住宅用地就算已经使用了70年，但公民还可以继续使用下去，只要公民不改变自己住宅用地的性质，公民就可以世世代代在这块土地上住下去。

农民的宅基地因自然灾害毁灭了怎么办？

答：我国《民法典》第364条规定："宅基地因自然灾害等原因灭失的，宅基地使用权消灭。对失去宅基地的村民，应当依法重新分配宅基地。"据此规定，村民的宅基地因自然灾害等原因灭失的，原宅基地使用权消灭，村集体经济组织应当为村民重新分配宅基地。

能在自家的承包耕地上盖房吗？

答：承包方应当合理利用土地，按照土地承包合同中确定的目的使用土地，维持土地的农业用途，不得擅自将自己的耕地用于非农建设。"农业用途"是指将土地直接用作农业生产，例如在土地上进行种植业、林业生产；"非农建设"是指将土地用作农业生产目的以外的建设活动，比如在土地上建造房屋、建造工厂、采石采矿等。《农村土地承包法》第63条还规定，承包方、土地经营权人违法将承包地用于非农建设的，由县级以上地方人民政府有关主管部门依法予以处罚。承包方给承包地造成永久性损害的，发包方有权制止，并有权要求赔偿由此造成的损失。除《农村土地承包法》的规定外，我国《土地管理法》第37条也规定：非农业建设必须节约使用土地，可以利用荒地的，不得占用耕地；可以利用劣地的，不得占用好地。禁止占用耕地建窑、建坟或者擅自在耕地上建房、挖砂、采石、采矿、取土等。禁止占用永久基本农田发展林果业和挖塘养鱼。由此可见，不能违反法律规定擅自在自家耕地上盖房。

承包户在进城落户前必须放弃土地承包经营权吗？

答：我国《农村土地承包法》保护进城农户的土地经营权，并不要求进城落户的承包户交回承包地。该法第27条规定："承包期内，发包方不得收回承包地。国家保护进城农户的土地承包经营权。不得以退出土地承包经营权作为农户进城落户的条件。承包期内，承包农户进城落户的，引导支持其按照自愿有偿原则依法在本集体经济组织内转让土地承包经营权或者将承包地交回发包方，也可以鼓励其流转土地经营权。承包期内，承包方交回承包地或者发包方依法收回承包地时，承包方对其在承包地上投入而提高土地生产能力的，有权获得相应的补偿。"由此可见，在承包期内，发包方不能以承包户不再是集体经济组织内部成员为由要求收回土地，更不能将退出土地经营权作为承包户进城落户的条件。根据《农村土地承包法》第57条的规定，如果发包方违反规定收回承包地，应当承担停止侵害、排除妨碍、消除危险、返还财产、恢复原状或赔偿损失等民事责任。但是，如果承包户进城落户后自愿交回承包地，法律是允许的。

妇女离婚后搬出村子，其承包地是否一律收回？

答： 我国《农村土地承包法》第31条规定："承包期内，妇女结婚，在新居住地未取得承包地的，发包方不得收回其原承包地；妇女离婚或者丧偶，仍在原居住地生活或者不在原居住地生活但在新居住地未取得承包地的，发包方不得收回其原承包地。"据此可知，在承包期内，即便妇女离婚后搬出村子居住，只要其在其他新居住地没有取得承包地，那么发包方就不能收回其在本村的承包地。也就是说，无论如何，也要保障妇女有一份承包地。如果村委会以其不再是本村成员为由收回其承包地，便侵害了妇女依法享有的土地承包经营权，根据我国《农村土地承包法》第57条的规定，发包方应当承担停止侵害、排除妨碍、消除危险、返还财产、恢复原状、赔偿损失等民事责任。

什么是地役权？设立地役权应采取什么形式？

答： 现实生活中有很多人通过利用他人土地、房屋等不动产或者限制他人不动产的使用来提高自己不动产的效益，这一般是基于通行、取水、排水、铺设管线等需要。这时候他人的不动产就被称为供役地，自己的不动产就是需役地。比如说张三在海边有一套三层别墅，他特别喜欢每天早晨从阳台上欣赏海景，而在他家前面有一套当地居民李四盖的二层小楼。某日他听说李四要加盖楼层，于是他找到李四，提出给其100万元要求其停止加盖楼层，李四同意并签订了书面合同，那么此时张三别墅所在土地就是需役地，李四家所在地就是供役地。并且双方必须采用书面形式订立合同，对此我国法律有明确规定。《民法典》第372条规定："地役权人有权按照合同约定，利用他人的不动产，以提高自己的不动产的效益。前款所称他人的不动产为供役地，自己的不动产为需役地。"该法第373条第1款还规定："设立地役权，当事人应当采用书面形式订立地役权合同。"由此可见，地役权是通过合同设立的。地役权合同是要式合同，法律规定采取书面形式，因此想设立地役权的当事人应当注意采取书面形式。

未经登记的地役权能否对抗善意第三人？

答： 我国《民法典》第374条规定："地役权自地役权合同生效时设立。当事人要求登记的，可以向登记机构申请地役权登记；未经登记，不得对抗善意第三人。"据此可知，地役权虽然在合同生效时就已成立，但是在没有向登记机构进行地役权登记的情况下是不能对抗善意第三人的，这就给那些享有地役权的人提个醒，要想真正高枕无忧地享受便利还是去登记一下最好。

地役权的存续期限最长是多少？

答： 我国《民法典》第377条规定："地役权期限由当事人约定；但是，不得超过土地承包经营权、建设用地使用权等用益物权的剩余期限。"据此可知，地役权的期限是有最长期限的，这要结合我国《土地管理法》中对于土地承包经营权、建设用地使用权等用益物权使用年限的规定，根据具体情形订立合同。

地役权能否单独转让或是抵押？

答：我国《民法典》第380条规定："地役权不得单独转让。土地承包经营权、建设用地使用权等转让的，地役权一并转让，但是合同另有约定的除外。"该法第381条规定："地役权不得单独抵押。土地经营权、建设用地使用权等抵押的，在实现抵押权时，地役权一并转让。"由此可知，地役权因为其具有从属性，不能单独转让或者作为债务的担保而抵押给其他人，任何单独转让或者抵押地役权的合同都是不受法律保护的，对此我们应当注意。

地役权在什么情形下消灭？

答：我国《民法典》第384条规定，地役权人有下列情形之一的，供役地权利人有权解除地役权合同，地役权消灭：（1）违反法律规定或者合同约定，滥用地役权；（2）有偿利用供役地，约定的付款期限届满后在合理期限内经两次催告未支付费用。由此可见，地役权消灭的法定情形有两种，一种是滥用地役权的情况，另一种就是有偿使用却没有支付费用的情况，当这两种情况出现时，供役地的一方就可以主张地役权消灭，停止他人对自己土地的利用来获得便利。

三、房屋买卖

房屋交付后，买受人发现房屋实际情况与销售广告不符，可以要求开发商承担违约责任吗？

答：为了保护购房者的权益，《最高人民法院关于审理商品房买卖合同纠纷案件适用法律若干问题的解释》第3条规定："商品房的销售广告和宣传资料为要约邀请，但是出卖人就商品房开发规划范围内的房屋及相关设施所作的说明和允诺具体确定，并对商品房买卖合同的订立以及房屋价格的确定有重大影响的，构成要约。该说明和允诺即使未载入商品房买卖合同，亦应当为合同内容，当事人违反的，应当承担违约责任。"由此可见，对于房地产广告中的有关房屋及其相关设施的说明及允诺，如果其对订立合同定价有重大影响，那么即使该说明和允诺未载入房屋买卖合同，也属于合同内容。若购房者发现说明或允诺的内容与实际不符，可以要求开发商承担违约责任。

哪些房地产不能转让？

答：我国《城市房地产管理法》第38条规定："下列房地产，不得转让：（一）以出让方式取得土地使用权的，不符合本法第三十九条规定的条件的；（二）司法机关和行政机关依法裁定、决定查封或者以其他形式限制房地产权利的；（三）依法收回土地使用权的；（四）共有房地产，未经其他共有人书面同意的；（五）权属有争议的；（六）未依法登记领取权属证书的；（七）法律、行政法规规定禁止转让的其他情形。"

仅有房产证，但没有办理不动产登记，能取得房屋所有权吗？

答：不动产以登记的方式进行公示，只有进行登记才发生物权的效力，买受人才能获得不动产的所有权，登记就是将新的所有人的名字登记在房产部门的登记簿上，不动产登记簿是物权归属和内容的根据。而房产证是房产部门发给权利人的一种享有权利的凭证，只起到证据的作用，当不动产登记簿记载的权利人和房产证记载的权利人不同时，以不动产登记簿为准。即房产证的效力弱于不动产登记簿的效力。当不出现纠纷的时候还好，一旦出现关于房屋产权的纠纷，不动产登记簿上所记载的人则拥有房屋的所有权。因此，大家在买卖房屋时，一定要注意进行不动产登记

第七章 财产保护篇

或者不动产登记的变更。

买来的住房面积缩水怎么办？

答：房屋面积缩水是买房族经常遇到的问题，对于房屋"面积缩水"的问题，应该以房地产管理部门所做的测量面积为准。根据《商品房销售管理办法》第20条的规定，按套内建筑面积或者建筑面积计价的，当事人应当在合同中载明合同约定面积与产权登记面积发生误差的处理方式。合同未作约定的，按以下原则处理：（1）面积误差比绝对值在3%以内（含3%）的，据实结算房价款。（2）面积误差比绝对值超出3%时，买受人有权退房。买受人退房的，房地产开发企业应当在买受人提出退房之日起30日内将买受人已付房价款退还给买受人，同时支付已付房价款利息。买受人不退房的，产权登记面积大于合同约定面积时，面积误差比在3%以内（含3%）部分的房价款由买受人补足；超出3%部分的房价款由房地产开发企业承担，产权归买受人。产权登记面积小于合同约定面积时，面积误差比绝对值在3%以内（含3%）部分的房价款由房地产开发企业返还买受人；绝对值超出3%部分的房价款由房地产开发企业双倍返还买受人。面积误差比＝（产权登记面积－合同约定面积）/合同约定面积×100%。合同约定面积因该办法第24条规定的规划设计变更造成面积差异，当事人不解除合同的，应当签署补充协议。

开发商逾期交房怎么办？

答：开发商应该按照约定的时间交付房屋，这是开发商的主要义务。如果开发商没有按期交房，买受人可以根据不同情况，采取不同的方式来维护自己的合法权益。第一，开发商不能按期交房，经催告后在合理期限内仍没有履行的，买受人可以解除合同；第二，逾期交付，经催告后在合理期限内仍没有履行的，买受人不解除合同，可以请求开发商承担违约责任；第三，逾期交付，经催告后开发商在合理期间内交付的，不能解除合同，但是可以请求承担违约责任。需要注意的是，买受人享有解除权的必须在法定期间内行使，不行使的，解除权就消灭。

房屋买卖合同签订后，因意外事故而使房屋毁损、灭失的风险由谁承担？

答：《最高人民法院关于审理商品房买卖合同纠纷案件适用法律若干问题的解释》第8条就此问题的不同情况分别作了规定："对房屋的转移占有，视为房屋的交付使用，但当事人另有约定的除外。房屋毁损、灭失的风险，在交付使用前由出卖人承担，交付使用后由买受人承担；买受人接到出卖人的书面交房通知，无正当理由拒绝接收的，房屋毁损、灭失的风险自书面交房通知确定的交付使用之日起由买受人承担，但法律另有规定或者当事人另有约定的除外。"由此可见，在一般情况下，房屋损坏的风险，在房屋交付给买受人之前，由出卖人承担；在房屋交付给买受人之后，由买受人承担。此处所说的交付，是指房屋的转移占有，就是把房屋由出卖人手中，交到买受人手中，由买受人占有使用该房屋。

签订商品房预售合同，应具备哪些条件？

答：根据我国《城市房地产管理法》第45条的规定，商品房预售，应当符合下列条件：（1）已交付全部土地使用权出让金，取得土地使用权证书；（2）持有建设工程规划许可证；（3）按提供预售的商品房计算，投入开发建设的资金达到工程建设总投资的25%以上，并已经确定施工进度和竣工交付日期；（4）向县级以上人民政府房产管理部门办理预售登记，取得商品房预售许可证明。商品房预售人应当按照国家有关规定将预售合同报县级以上人民政府房产管理部门和土地管理部门登记备案。商品房预售所得款项，必须用于有关的工程建设。

出卖人未取得商品房预售许可证明，这时其与买受人签订的房屋预售合同是否有效？

答：《最高人民法院关于审理商品房买卖合同纠纷案件适用法律若干问题的解释》第2条规定："出卖人未取得商品房预售许可证明，与买受人订立的商品房预售合同，应当认定无效，但是在起诉前取得商品房预售许可证明的，可以认定有效。"可见，要签订商品房预售合同，开发商必须取得商品房预售许可证明，否则，该合同是无效的。当然，也有例外情况。如果在买受人向法院起诉之前，商品房预售人取得了商品房预售许可证明，也可以认定预售合同有效，但前提是在起诉前取得。

房屋买卖双方签订预售合同后，没有进行登记备案，一方当事人可以请求确认合同无效吗？

答：《最高人民法院关于审理商品房买卖合同纠纷案件适用法律若干问题的解释》第6条规定："当事人以商品房预售合同未按照法律、行政法规规定办理登记备案手续为由，请求确认合同无效的，不予支持。当事人约定以办理登记备案手续为商品房预售合同生效条件的，从其约定，但当事人一方已经履行主要义务，对方接受的除外。"由此可见，虽然法律要求签订商品房预售合同后，要进行登记备案，但是如果双方签订预售合同后没有办理登记备案手续的，当事人要求确认合同无效，法院是不支持的，是否办理登记备案手续不是预售合同生效的条件。

房屋出现质量问题，任何时候都可以要求出卖人修复吗？

答：《商品房销售管理办法》第33条规定："房地产开发企业应当对所售商品房承担质量保修责任。当事人应当在合同中就保修范围、保修期限、保修责任等内容做出约定。保修期从交付之日起计算。商品住宅的保修期限不得低于建设工程承包单位向建设单位出具的质量保修书约定保修期的存续期；存续期少于《规定》中确定的最低保修期限的，保修期不得低于《规定》中确定的最低保修期限。非住宅商品房的保修期限不得低于建设工程承包单位向建设单位出具的质量保修书约定保修期的存续期。在保修期限内发生的属于保修范围的质量问题，房地产开发企业应当履行保修义务，并对造成的损失承担赔偿责任。因不可抗力或者使用不当造成的损坏，房地产开发企业不承担责任。"此外，我国《建设工程质量管理条例》第40条规定，在正常使用条件下，建设工程的最低保修期限为：（1）基础设施工程、房屋建筑的地基基础工程和主体结构工程，为设计文件规定的该工程的合理使用年限；（2）屋面防水工程、有防水要求的卫生间、房间和外墙面的防渗漏，为5年；（3）供热与供冷系统，为2个采暖期、供冷期；（4）电气管线、给排水管道、设备安装和装修工程，为2年。其他项目的保修期限由发包方与承包方约定。由此可见，关于房屋的保修期，是比较复杂的，当事人为了维护自己的权益，除了依照法律的规定，还可以在合同中进行详细的约定，制定房屋的保修条款。所以，房屋出现质量问题，并不是任何时候都可以要求出卖人维修的，出卖人的保修期是有一定期限的。

房屋买卖双方签订合同后，出卖人与第三人恶意串通，又签订合同并交付使用，买受人可以请求确认第二个合同无效吗？

答：《最高人民法院关于审理商品房买卖合同纠纷案件适用法律若干问题的解释》第7条规定："买受人以出卖人与第三人恶意串通，另行订立商品房买卖合同并将房屋交付使用，导致其无法取得房屋为由，请求确认出卖人与第三人订立的商品房买卖合同无效的，应予支持。"因此，房屋买卖双方签订合同后，出卖人又与他人签订合同，并将房屋交付使用，买受人只要能够证明出卖人与第三人是恶意串通，其就能请求法院确认出卖人与第三人签订的合同无效。而实际生活中，如果第三人明知买卖双方的合同，还与出卖人签约，其实就是恶意。

房屋交付使用后，房产证迟迟办不下来，开发商是否承担违约责任？

答：《最高人民法院关于审理商品房买卖合同纠纷案件适用法律若干问题的解释》第14条规定："由于出卖人的原因，买受人在下列期限届满未能取得不动产权属证书的，除当事人有特殊约定外，出卖人应当承担违约责任：（一）商品房买卖合同约定的办理不动产登记的期限；（二）商品房买卖合同的标的物为尚未建成房屋的，自房屋交付使用之日起90日；（三）商品房买卖合同的标的物为已竣工房屋的，自合同订立之日起90日。合同没有约定违约金或者损失数额难以确定的，可以按照已付购房款总额，参照中国人民银行规定的金融机构计收逾期贷款利息的标准计算。"上述条文规定了开发商逾期办理房产证应承担的责任。在实际生活中，房产证迟迟办不下来，有部分原因是开发商出售手续不能及时办理齐全，由于开发商的原因，导致购房者在一定的期间拿不到房产证的，购房者可以要求开发商承担违约责任。为了更好地维护自己的权益，购房者在签订购房合同时，最好约定办理房产证的期限，把时间约定明确，以防开发商恶意拖延办证时间。

房屋买卖时，该房屋所占范围的土地使用权是否随之转移？

答：我国《城市房地产管理法》第32条规定："房地产转让、抵押时，房屋的所有权和该房屋占用范围内的土地使用权同时转让、抵押。"根据上述法条的规定，在房屋买卖时，该房屋所占范围的土地使用权也随之转移，这就是所谓的"地随房走"。房屋买卖双方签订购房合同后，买卖双方应到房屋所在地的县级以上地方人民政府的房产管理部门办理房屋产权转移登记手续，之后房屋买卖双方凭借变更后的房屋所有权证书和相关证件，到同级人民政府的土地管理部门申请办理土地使用权变更登记，土地管理部门核实以后，由同级人民政府更换土地使用权证书，至此，土地使用权随着房屋买卖发生变更。

房屋买卖双方已经办完过户手续，这时双方还能解除合同吗？

答：我国《民法典》第562条规定："当事人协商一致，可以解除合同。当事人可以约定一方解除合同的事由。解除合同的事由发生时，解除权人可以解除合同。"由此可见，即使房屋已经过户，只要当事人双方协商好了，达成一致的意见，也是可以解除合同的。

房屋买卖合同签订后，一方以未办理房屋产权变更登记为由主张合同无效，能否成立？

答：我国《民法典》第215条规定：

"当事人之间订立有关设立、变更、转让和消灭不动产物权的合同,除法律另有规定或者当事人另有约定外,自合同成立时生效;未办理物权登记的,不影响合同效力。"由此可见,对于房屋买卖双方当事人来说,只要签订了合同,是否到登记机关办理登记,不影响合同的效力。除非当事人在合同中约定合同生效的时间或其他条款,否则,自合同成立时生效。所以,不能因未办理变更登记,而主张合同无效。

房屋买卖中,买受人迟延交付购房款,出卖人可否要求解除合同?

答:根据《最高人民法院关于审理商品房买卖合同纠纷案件适用法律若干问题的解释》第11条的规定可知,房屋的买受人迟延交付购房款的,出卖人可以先予催告,要求其履行合同,支付购房款,如果买受人在催告后3个月的合理期限内仍不支付,那么,出卖人可以请求解除合同。此外,解除权有一定的行使期限,即催告后的3个月内。

租赁房屋被卖,租房人有权继续居住吗?

答:我国《民法典》第725条规定:"租赁物在承租人按照租赁合同占有期限内发生所有权变动的,不影响租赁合同的效力。"《商品房屋租赁管理办法》第12条第1款规定:"房屋租赁期间内,因赠与、析产、继承或者买卖转让房屋的,原房屋租赁合同继续有效。"由此可见,租赁房屋被卖,租房人有权继续居住。

什么是房屋承租人的优先购买权?

答:我国《民法典》第726条第1款规定:"出租人出卖租赁房屋的,应当在卖之前的合理期限内通知承租人,承租人享有以同等条件优先购买的权利;但是,房屋按份共有人行使优先购买权或者出租人将房屋出卖给近亲属的除外。"《商品房屋租赁管理办法》第13条也规定:"房屋租赁期间出租人出售租赁房屋的,应当在出售前合理期限内通知承租人,承租人在同等条件下有优先购买权。"

房屋承租人的优先购买权是指出租人出卖租赁房屋的,应当在出卖之前的合理期限内通知承租人,承租人享有以同等条件优先购买的权利。出卖人没有通知承租人的,承租人可以请求人民法院宣告该房屋买卖无效。房屋承租人优先购买必须符合两个条件:第一,在房屋承租的场合,其他承租人没有这一权利;第二,承租人开出的条件和其他人开出的条件相同。

四、业主权益

建筑物区分所有权是怎么回事?

答:建筑物区分所有权,是指业主对建筑物内的住宅、经营性用房等专有部分享有的专有权,对电梯、绿地等共有部分享有的共有权,以及因共有关系所形成的成员权的结合。建筑物区分所有权不是一种单一的所有权,而是一项复合型权利,它由三部分构成,即专有部分的所有权、共有部分的共有权和成员权。专有部分的所有权,是指业主对构造上能够明确区分、具有排他性且可独立使用的建筑物部分享有的所有权,如自有房屋的内部空间。共有部分的共有权,是指业主对专有部分以外的共有部分,如电梯、过道、外墙面等享有的共有的权利。成员权,是指业主对专有部分以外的共有部分享有共同管理的权利。我国《民法典》第271条规定:"业主对建筑物内的住宅、经营性用房等专有部分享有所有权,对专有部分以外的共有部分享有共有和共同管理的权利。"

小区的车位到底归谁？

答：现实买房中业主和开发商之间有关车位的纠纷时常发生。我国《民法典》就车位的归属问题作了规定，分三个方面。第一，建筑区划内，规划用于停放汽车的车位、车库的归属，由当事人通过出售、附赠或者出租等方式约定；第二，占用业主共有的道路或者其他场地用于停放汽车的车位，属于业主共有；第三，建筑区划内，规划用于停放汽车的车位、车库应当首先满足业主的需要。因此，为了避免纠纷，建议消费者在买房时应该和开发商就车位和车库作出明确约定。

用楼顶做广告收益归谁？

答：业主购买了开发商的房子后，不但对专有部分享有专有权（如套房），对小区内的共有部分（如电梯，楼顶以及建筑区划内的其他公用设施）享有共有权，同时享有对共有部分进行管理的权利。因此，小区的楼顶是业主共有的而不是开发商的，所以业主有对这一楼顶进行使用和收益的权利，开发商在将楼顶出租的时候应该经过相关业主、业主大会、物业服务企业的同意后，按照规定办理有关手续，开发商没有权利擅自做主将楼顶用于广告获取利润。即使开发商将楼顶用于出租经过有关权利人的同意，获得的广告收益也应该归于相关业主。

业主对自己的房子进行装修，他人有权干涉吗？

答：业主购买房屋后就对该房屋享有所有权，因此可以自由地对该房屋进行占有、使用、收益和处分，对房屋进行装修是行使其所有权的一种表现形式。但是如果此项权利与同一建筑物上的其他房屋有密切关系，存在公共利益，业主在对自己的房屋进行占有、使用、收益和处分的时候就不能侵犯他人的权益或者公共利益，否则就是违法的，此时他人也有权进行干涉。

业主"住改商"可以随意进行吗？

答：我国《民法典》第279条明确规定业主不可以违反法律、法规以及管理规约，将住宅改成经营性用房。业主将住宅改成经营性用房，除遵守法律、法规以及管理规约外，应当经有利害关系的业主一致同意。这是对业主行使所有权的一种限制。业主对自己的房屋拥有所有权，原则上可以随意支配自己的房屋，但是当这种支配侵害到其他业主的权益的时候，就要受到法律的制约。法律之所以规定业主不可以随意地"住改商"就是为了保证小区有一个好的居住环境，建立一个良好的生活秩序。

业主大会的决定，业主有义务服从吗？

答：业主大会是全体业主行使自治权的主要机构，一些重大事项都要经过业主大会审议通过。我国《民法典》第280条第1款规定："业主大会或者业主委员会的决定，对业主具有法律约束力。"《物业管理条例》第7条也规定，执行业主大会的决定和业主大会授权业主委员会做出的决定是业主在物业管理活动中应当履行的义务。由此可见，业主大会的决定，业主有义务服从。但是，《民法典》第280条第2款还规定，业主大会或者业主委员会做出的决定侵害业主合法权益的，受侵害的业主可以请求人民法院予以撤销。

业主对物业公司不满意的时候可以换物业公司吗？

答：我国《民法典》第278条第1款规定："下列事项由业主共同决定：……

(四)选聘和解聘物业服务企业或者其他管理人；……"该法第284条还规定："业主可以自行管理建筑物及其附属设施,也可以委托物业服务企业或者其他管理人管理。对建设单位聘请的物业服务企业或者其他管理人,业主有权依法更换。"由上述规定可知,业主入住后,可以自行选择物业公司。此外,按照《民法典》第278条第2款的规定,由专有部分面积占比2/3以上的业主且人数占比2/3以上的业主参与表决,经参与表决专有部分面积过半数的业主且参与表决人数过半数的业主同意,业主可以选聘和解聘物业公司。

一层的住户需要交纳电梯使用费吗?

答：我国《民法典》第283条规定："建筑物及其附属设施的费用分摊、收益分配等事项,有约定的,按照约定；没有约定或者约定不明确的,按照业主专有部分面积所占比例确定。"由上述规定可以得知：电梯作为建筑物内的公共设施,它的正常运转关系到业主的切身利益,电梯的维护费来源于业主,业主如何缴纳电梯维护费,可以由业主们共同约定。没有约定的,按照业主专有部分所占比例确定。所以对于一层的住户来说,如果业主们约定其不用缴纳电梯维护费的,他就不用缴纳,如果没有约定的,则应按照其购买的专有部分所占的比例来确定需要缴纳的电梯维护费。

业主对其他业主污染小区环境的行为可以采取哪些措施?

答：根据我国《民法典》第286条的规定,业主应当遵守法律、法规以及管理规约。相关行为应当符合节约资源、保护生态环境的要求。对于物业服务企业或者其他管理人执行政府依法实施的应急处置措施和其他管理措施,业主应当依法予以配合。业主大会或者业主委员会,对任意弃置垃圾、排放污染物或者噪声、违反规定饲养动物、违章搭建、侵占通道、拒付物业费等损害他人合法权益的行为,有权依照法律、法规以及管理规约,请求行为人停止侵害、排除妨碍、消除危险、恢复原状、赔偿损失。业主或者其他行为人拒不履行相关义务的,有关当事人可以向有关行政主管部门报告或者投诉,有关行政主管部门应当依法处理。当然,业主对侵害自己合法权益的行为,还可以依法向人民法院提起诉讼。

哪些事项应由业主共同决定?

答：根据我国《民法典》第278条的规定,下列事项由业主共同决定：(1)制定和修改业主大会议事规则；(2)制定和修改管理规约；(3)选举业主委员会或者更换业主委员会成员；(4)选聘和解聘物业服务企业或者其他管理人；(5)使用建筑物及其附属设施的维修资金；(6)筹集建筑物及其附属设施的维修资金；(7)改建、重建建筑物及其附属设施；(8)改变共有部分的用途或者利用共有部分从事经营活动；(9)有关共有和共同管理权利的其他重大事项。

业主共同决定事项,应当由专有部分面积占比2/3以上的业主且人数占比2/3以上的业主参与表决。决定前款第6项至第8项规定的事项,应当经参与表决专有部分面积3/4以上的业主且参与表决人数3/4以上的业主同意。决定前款其他事项,应当经参与表决专有部分面积过半数的业主且参与表决人数过半数的业主同意。

业主转让住房时,其拥有的车位是否一并转让?

答：我国《民法典》第273条第2款规定："业主转让建筑物内的住宅、经营性用房，其对共有部分享有的共有和共同管理的权利一并转让。"由此可以看出，业主转让其住宅的时候，其享有的对共有部分的共有权和共同管理的权利一并转让。车位作为共有权利的一种，也应当一并转让。

建筑物及其附属设施的维修资金怎样管理？

答：根据我国《民法典》第281条的规定，建筑物及其附属设施的维修资金，属于业主共有。经业主共同决定，可以用于电梯、屋顶、外墙、无障碍设施等共有部分的维修、更新和改造。建筑物及其附属设施的维修资金的筹集、使用情况应当定期公布。紧急情况下需要维修建筑物及其附属设施的，业主大会或者业主委员会可以依法申请使用建筑物及其附属设施的维修资金。

业主家中被盗，物业公司要承担责任吗？

答：《物业管理条例》第35条规定："物业服务企业应当按照物业服务合同的约定，提供相应的服务。物业服务企业未能履行物业服务合同的约定，导致业主人身、财产安全受到损害的，应当依法承担相应的法律责任。"同时，该法第46条第1款规定："物业服务企业应当协助做好物业管理区域内的安全防范工作。发生安全事故时，物业服务企业在采取应急措施的同时，应当及时向有关行政管理部门报告，协助做好救助工作。"由此可知，物业公司接受业主的委托，为业主提供管理服务，物业公司究竟提供什么样的服务由业主和物业公司签订的物业服务合同来约定。物业服务企业应该履行物业服务合同，为业主提供符合合同约定的管理服务，否则就要承担违约责任。如果双方在合同中没有约定，

物业公司没有负责业主的财产安全防范义务，那么业主家中被盗，物业公司不需要承担责任。

五、占有、不当得利与无因管理

不知情的占有人使用占有物时导致占有物损坏的，需要承担责任吗？

答：我国《民法典》第459条规定："占有人因使用占有的不动产或者动产，致使该不动产或者动产受到损害的，恶意占有人应当承担赔偿责任。"据此，善意占有人和恶意占有人在使用占有物造成占有物受损时的责任承担上是不同的，至于是善意占有还是恶意占有是要由占有人自己负责举证的，如果不能证明自己是善意占有就要承担不利后果，即要承担赔偿责任。

善意占有人因维护占有物支出的必要费用能否要求权利人返还？

答：我国《民法典》第460条明确规定："不动产或者动产被占有人占有的，权利人可以请求返还原物及其孳息；但是，应当支付善意占有人因维护该不动产或者动产支出的必要费用。"根据上述规定可知，在必要费用的返还问题上要区分占有人是善意占有还是恶意占有，只有善意占有人方可要求必要费用的返还。

占有人返还原物的请求权应当在什么期间内提出？

答：我国《民法典》第462条规定："占有的不动产或者动产被侵占的，占有人有权请求返还原物；对妨害占有的行为，占有人有权请求排除妨害或者消除危险；因侵占或者妨害造成损害的，占有人有权依法请求损害赔偿。占有人返还原物

的请求权,自侵占发生之日起一年内未行使的,该请求权消灭。"由此可见,占有被侵害时占有人返还原物的请求权应当自侵占发生之日起1年内行使,这是一个除斥期间,不能像诉讼时效一样中止、中断或者延长,占有人要及时地行使这一权利。

到银行寄错钱了,还能要回来吗?

答:该问题涉及不当得利的构成要件以及不当得利是否应当返还的问题。《民法典》第122条规定:"因他人没有法律根据,取得不当利益,受损失的人有权请求其返还不当利益。"简单地说,不当得利就是别人应得而不是自己应该得到的,自己得到了,就应该返还给本应得到的人。不当得利的构成要件有四个:(1)受益人取得财产;(2)另一方丧失了该利益,遭受损失;(3)受益人取得利益与受害人遭受损失之间有因果关系;(4)无法律上的原因。到银行寄错钱了,对方收款人属于不当得利,还能要回来。

六、担保

什么是人保?

答:人保即保证。保证是指保证人和债权人约定,当债务人不履行债务时,保证人按照约定履行债务或者承担责任的行为。

哪些人不能成为保证人?

答:根据我国《民法典》第683条的规定,机关法人不得为保证人,但是经国务院批准为使用外国政府或者国际经济组织贷款进行转贷的除外。以公益为目的的非营利法人、非法人组织不得为保证人。此外,根据《最高人民法院关于适用〈中华人民共和国民法典〉有关担保制度的解释》第5条、第6条中的规定,居民委员会、村民委员会提供担保的,人民法院应当认定担保合同无效,但是依法代行村集体经济组织职能的村民委员会,依照村民委员会组织法规定的讨论决定程序对外提供担保的除外。以公益为目的的非营利性学校、幼儿园、医疗机构、养老机构等提供担保的,人民法院应当认定担保合同无效,但是有下列情形之一的除外:(1)在购入或者以融资租赁方式承租教育设施、医疗卫生设施、养老服务设施和其他公益设施时,出卖人、出租人为担保价款或者租金实现而在该公益设施上保留所有权;(2)以教育设施、医疗卫生设施、养老服务设施和其他公益设施以外的不动产、动产或者财产权利设立担保物权。

"中间人"能算保证人吗?

答:民法中的保证,是指保证人和债权人约定,当债务人不履行债务时,保证人按照约定履行债务或者承担责任的行为。现实生活中,尤其是在农村,有很多这样的情况,欠条上第三人写着"中间人"或者"见证人"等。对于能否将其作为保证人并对债务承担保证责任,司法实践中一般采取这样的原则:在债务关系成立中起联系、介绍作用且确有保证意思表示的,应承担保证责任。

人保需要签订保证合同吗?

答:我国《民法典》第685条规定:"保证合同可以是单独订立的书面合同,也可以是主债权债务合同中的保证条款。第三人单方以书面形式向债权人作出保证,债权人接收且未提出异议的,保证合同成立。"由此可见,人保需要签订保证合同。

保证合同包含哪些内容？

答：根据我国《民法典》第684条的规定，保证合同的内容一般包括被保证的主债权的种类、数额，债务人履行债务的期限，保证的方式、范围和期间等条款。

在不知情的情况下为赌债所做的保证有效吗？

答：我国《民法典》第682条规定："保证合同是主债权债务合同的从合同。主债权债务合同无效的，保证合同无效，但是法律另有规定的除外。保证合同被确认无效后，债务人、保证人、债权人有过错的，应当根据其过错各自承担相应的民事责任。"由此可见，主合同无效，担保合同无效。为赌债所做的保证，赌债可以视为"主合同"，由于赌债是不受法律保护的，主合同无效，那么赌债的从合同——保证合同也无效。而保证人又是在不知情的情况下做的保证，因此，保证人没有过错，不需要承担任何担保责任。

未经保证人同意，债务被转让，保证人还要负担保责任吗？

答：根据我国《民法典》第697条的规定，债权人未经保证人书面同意，允许债务人转移全部或者部分债务，保证人对未经其同意转移的债务不再承担保证责任，但是债权人和保证人另有约定的除外。

什么是共同保证？

答：共同保证是指两人或两人以上对同一债务人的同一债务所做的保证。共同保证最大的特点在于保证人不是一人而是二人以上。根据我国《民法典》第699条的规定，同一债务有两个以上保证人的，保证人应当按照保证合同约定的保证份额，承担保证责任；没有约定保证份额的，债权人可以请求任何一个保证人在其保证范围内承担保证责任。

连带保证责任是怎么一回事？

答：根据我国《民法典》第688条的规定，当事人在保证合同中约定保证人和债务人对债务承担连带责任的，为连带责任保证。连带责任保证的债务人不履行到期债务或者发生当事人约定的情形时，债权人可以请求债务人履行债务，也可以请求保证人在其保证范围内承担保证责任。

未约定保证方式，保证人承担什么保证责任？

答：根据我国《民法典》第686条的规定，保证的方式包括一般保证和连带责任保证。当事人在保证合同中对保证方式没有约定或者约定不明确的，按照一般保证承担保证责任。

借贷双方私下加重债务的，保证人的保证责任也相应增加吗？

答：我国《民法典》第695条第1款规定："债权人和债务人未经保证人书面同意，协商变更主债权债务合同内容，减轻债务的，保证人仍对变更后的债务承担保证责任；加重债务的，保证人对加重的部分不承担保证责任。"由此可见，借贷双方私下加重债务的，保证人的保证责任不会相应增加，只对旧债承担保证责任。

借贷双方私下协议将还款期限延长的，保证期间也相应延长吗？

答：我国《民法典》第695条第2款规定："债权人和债务人变更主债权债务合同的履行期限，未经保证人书面同意的，保证期间不受影响。"由此可见，借贷双方私下协议将还款期限延长的，并未经过保证人书面同意，保证期间不会相应延长。

什么是抵押权？

答：对于什么是抵押权，我国《民法典》第394条有明确的规定："为担保债务的履行，债务人或者第三人不转移财产的占有，将该财产抵押给债权人的，债务人不履行到期债务或者发生当事人约定的实现抵押权的情形，债权人有权就该财产优先受偿。前款规定的债务人或者第三人为抵押人，债权人为抵押权人，提供担保的财产为抵押财产。"根据上述规定，抵押时债务人或者第三人是不转移财产的占有的，故既能够担保债权人的债权实现，又能够使得抵押物的价值得到最大的发挥，因此抵押又有"担保之王"的美称。当债务人到期不能履行义务或者发生当事人约定的实现抵押权的情形时，债权人就可以优先受偿。

可以抵押的财产有哪些？

答：根据我国《民法典》第395条的规定，债务人或者第三人有权处分的下列财产可以抵押：（1）建筑物和其他土地附着物；（2）建设用地使用权；（3）海域使用权；（4）生产设备、原材料、半成品、产品；（5）正在建造的建筑物、船舶、航空器；（6）交通运输工具；（7）法律、行政法规未禁止抵押的其他财产。此外，抵押人可以将前面所列财产一并抵押。据此，只要法律、行政法规没有禁止抵押的财产都可以作为债务的担保进行抵押。

不能作为抵押物的财产有哪些？

答：根据我国《民法典》第399条的规定，下列财产不得抵押：（1）土地所有权；（2）宅基地、自留地、自留山等集体所有土地的使用权，但是法律规定可以抵押的除外；（3）学校、幼儿园、医疗机构等为公益目的成立的非营利法人的教育设施、医疗卫生设施和其他公益设施；（4）所有权、使用权不明或者有争议的财产；（5）依法被查封、扣押、监管的财产；（6）法律、行政法规规定不得抵押的其他财产。据此，法律法规对于能够作为抵押物的财产是有一定的限制规定的，个人或者单位在接受抵押物时一定要注意该财产是否为法律法规禁止作为抵押物的财产。

汽车作为抵押物，未办理登记的，抵押有效吗？

答：根据我国《民法典》第395条以及第403条的规定，汽车属于可抵押的范围，抵押于抵押合同成立时生效，因此不需要办理登记就可以行使抵押权，但是未办理登记的不得对抗善意第三人。

企业能否以其将来要生产出来的产品作为抵押物向银行申请贷款呢？

答：我国《民法典》第396条规定："企业、个体工商户、农业生产经营者可以将现有的以及将有的生产设备、原材料、半成品、产品抵押，债务人不履行到期债务或者发生当事人约定的实现抵押权的情形，债权人有权就抵押财产确定时的动产优先受偿。"据此可知，当个体工商户或者企业出现资金短缺等情况时，能够把现有的以及将有的生产设备、原材料、半成品、产品作为抵押向银行申请贷款，而当借款人不偿还到期债务或是发生当事人约定的实现抵押权的情形时，银行等贷款人就可以对此时现存的抵押物享有优先受偿的权利。

签订抵押合同后，抵押财产还可以转让吗？

答：根据我国《民法典》第406条的规定，抵押期间，抵押人可以转让抵押财产。当事人另有约定的，按照其约定。抵押财产转让的，抵押权不受影响。抵押人转让抵押财产的，应当及时通知抵押权人。抵押权人能够证明抵押财产转让可能损害抵押权的，可以请求抵押人将转让所得的价款向抵押权人提前清偿债务或者提存。转让的价款超过债权数额的部分归抵押人所有，不足部分由债务人清偿。

将已出租的房子抵押，抵押权人实现抵押权后能否要求承租人搬出？

答：我国《民法典》第405条明确规定："抵押权设立前，抵押财产已经出租并转移占有的，原租赁关系不受该抵押权的影响。"由此可见，将已出租的房子抵押，是租赁在先，抵押在后，原租赁关系不受该抵押权的影响，即抵押权人实现抵押权后不能要求承租人搬出。

债务到期前，债权人能否与抵押人约定债务人到期不还款时抵押财产归债权人所有？

答：我国《民法典》第401条规定："抵押权人在债务履行期限届满前，与抵押人约定债务人不履行到期债务时抵押财产归债权人所有的，只能依法就抵押财产优先受偿。"由此可见，债务到期前，即使债权人与抵押人签订债务人到期不还款时抵押财产归债权人所有的协议，享有抵押权的债权人也只能就抵押物享有优先受偿的权利。

一套房子给两个债权做了抵押，如何清偿？

答：根据我国《民法典》第414条的规定，同一财产向两个以上债权人抵押的，拍卖、变卖抵押财产所得的价款依照下列规定清偿：（1）抵押权已经登记的，按照登记的时间先后确定清偿顺序；（2）抵押权已经登记的先于未登记的受偿；（3）抵押权未登记的，按照债权比例清偿。

第八章 合同权益篇

一、合同的成立与效力

合同的形式有哪些？

答：我国《民法典》第469条规定："当事人订立合同，可以采用书面形式、口头形式或者其他形式。书面形式是合同书、信件、电报、电传、传真等可以有形地表现所载内容的形式。以电子数据交换、电子邮件等方式能够有形地表现所载内容，并可以随时调取查用的数据电文，视为书面形式。"由此可见，当事人订立合同可以采用口头形式、书面形式或其他形式。

《民法典》对于合同内容有何规定？

答：我国《民法典》第470条规定："合同的内容由当事人约定，一般包括下列条款：（一）当事人的姓名或者名称和住所；（二）标的；（三）数量；（四）质量；（五）价款或者报酬；（六）履行期限、地点和方式；（七）违约责任；（八）解决争议的方法。当事人可以参照各类合同的示范文本订立合同。"据此，只要当事人在合同中明确约定了这些条款，则可以在很大程度上保护自己的权益，节约交易成本。当然根据具体的情况，上述只是一般的条款，当事人可以根据实际情况加入一些其他条款。

什么是要约？有效的要约应具备哪些条件？

答：要约是一方当事人向另一方当事人提出订立合同的条件，希望对方能完全接受此条件的意思表示。发出要约的一方称为要约人，受领要约的一方称为受要约人。如果受要约人明确表示接受要约的条件，即为承诺。有效的要约一旦经过受要约人承诺，合同即告成立，双方都要受到合同的约束。

成立有效的要约必须具备以下条件：（1）要约的内容必须具体确定。所谓"具体"，是指要约的内容必须具有足以使合同成立的主要条款。如果没有包含合同的主要条款，受要约人难以做出承诺，即使做出了承诺，也会因为双方的这种合意不具备合同的主要条款而使合同不能成立。所谓"确定"，是指要约的内容必须明确，而不能含混不清，否则无法承诺。（2）表明经受要约人承诺，要约人即受该意思表示拘束。

迟到的承诺，有效吗？

答：受要约人在要约的有效期限内发出承诺通知，依通常情形可于有效期限内到达受要约人，但却由于其他原因而迟到的，属于未迟发而迟到的承诺。"其他原因"是指受要约人预料之外的原因，也即受要约人对该事由的发生无主观上的过错。我国《民法典》第487条规定："受要约人在承诺期限内发出承诺，按照通常情形能够及时到达要约人，但是因其他原因致使承诺到达要约人时超过承诺期限的，除

第八章 合同权益篇

要约人及时通知受要约人因承诺超过期限不接受该承诺外,该承诺有效。"

要约与要约邀请是一回事吗?

答:要约是一方当事人向另一方当事人提出订立合同的条件,希望对方能完全接受此条件的意思表示。发出要约的一方称为要约人,受领要约的一方称为受要约人。要约邀请,又称引诱要约,是指一方邀请对方向自己发出要约。从法律性质上看,要约是当事人旨在订立合同的意思表示,它存在一经承诺就产生合同的可能性,所以,要约在发生以后,对要约人和受约人都产生一定的拘束力。但要约邀请不是一种意思表示,而是一种事实行为,要约邀请只是希望他人向自己发出要约的表示,在要约邀请人撤回其中邀请时,只要未给善意相对人造成信赖利益的损失,邀请人并不承担法律责任,拍卖公告、招标公告、招股说明书、债券募集办法、基金招募说明书、商业广告和宣传、寄送的价目表等为要约邀请。

约定采用书面合同却并未签订,一方履行主要义务而对方接受的,合同成立吗?

答:我国《民法典》第490条第2款规定:"法律、行政法规规定或者当事人约定合同应当采用书面形式订立,当事人未采用书面形式但是一方已经履行主要义务,对方接受时,该合同成立。"由此可见,即使双方约定必须签订书面合同才能成立合同,但是只要一方履行主要义务,另外一方接受的,合同仍然成立。

我国法律关于格式条款是怎么规定的?

答:所谓格式条款是指当事人为了重复使用而预先拟定,并在订立合同时未与对方协商的条款。格式条款可以节约交易成本,因此在生活中被大量使用,尤其是在一些流水作业的部门,使用得尤其普遍,比方说银行、照相馆、保险公司、电话局、邮局等。根据我国《民法典》第496条第2款的规定,采用格式条款订立合同的,提供格式条款的一方应当遵循公平原则确定当事人之间的权利和义务,并采取合理的方式提示对方注意免除或者减轻其责任等与对方有重大利害关系的条款,按照对方的要求,对该条款予以说明。提供格式条款的一方未履行提示或者说明义务,致使对方没有注意或者理解与其有重大利害关系的条款的,对方可以主张该条款不成为合同的内容。

免除自己责任的格式条款是无效的吗?

答:我国《民法典》第497条规定:"有下列情形之一的,该格式条款无效:(一)具有本法第一编第六章第三节和本法第五百零六条规定的无效情形;(二)提供格式条款一方不合理地免除或者减轻其责任、加重对方责任、限制对方主要权利;(三)提供格式条款一方排除对方主要权利。"由此可见,当格式条款具备以上情形时,属无效。那么,对于免除自己责任的格式条款,如果是不合理的免除,当然无效。

对格式条款理解不一致时,以谁的解释为准呢?

答:根据我国《民法典》第498条的规定,对格式条款的理解发生争议的,应当按照通常理解予以解释。对格式条款有两种以上解释的,应当作出不利于提供格式条款一方的解释。格式条款和非格式条款不一致的,应当采用非格式条款。

对方隐瞒真实情况致使合同不成立，应当赔偿损失吗？

答：此问题涉及缔约过失责任。我国《民法典》第500条规定："当事人在订立合同过程中有下列情形之一，造成对方损失的，应当承担赔偿责任：（一）假借订立合同，恶意进行磋商；（二）故意隐瞒与订立合同有关的重要事实或者提供虚假情况；（三）有其他违背诚信原则的行为。"由此可见，当对方在订立合同的过程中有违背诚信原则的行为时，有要求过错方予以赔偿损失的权利，这就是缔约过失责任。所谓缔约过失责任是指当事人在订立合同过程中，因过错违反依诚信原则负有的先合同义务，导致合同不成立，或者合同虽然成立，但不符合法定的生效条件而被确认无效、变更或撤销，给对方造成损失时所应承担的民事责任。缔约过失责任只有在符合上述法律规定的条件并且导致合同不成立或者无效的情形下才适用。

约定合同符合一定的条件后才生效，符合法律规定吗？

答：此问题涉及附条件合同。所谓附条件合同，是指合同的双方当事人在合同中约定某种事实状态，并以其将来发生或者不发生作为合同生效或者解除的限制条件的合同。我国《民法典》第158条规定："民事法律行为可以附条件，但是根据其性质不得附条件的除外。附生效条件的民事法律行为，自条件成就时生效。附解除条件的民事法律行为，自条件成就时失效。"签订合同也是一种民事法律行为，当事人可以在合同中约定一定的条件，但条件必须满足以下几个特征：（1）必须是将来发生的事实；（2）必须是不确定的事实；（3）必须是当事人约定而不是法定的事实；（4）必须是合法的事实；（5）不得与合同内容相矛盾。此外，条件可以分为延缓条件和解除条件。延缓条件是指签订的合同暂时不生效，只有条件成立时合同才生效；解除条件是指签订合同的时候合同生效，当条件成就时合同效力解除。

为阻止合同成立使所附条件成就的，可以吗？

答：我国《民法典》第159条规定："附条件的民事法律行为，当事人为自己的利益不正当地阻止条件成就的，视为条件已经成就；不正当地促成条件成就的，视为条件不成就。"由此可见，当事人在合同中约定的条件，必须使条件在自然条件下生效，不得人为阻止合同生效或者促成合同生效。

约定半年后将房子租给别人的合同有效吗？

答：此问题涉及附期限合同。《民法典》第160条规定："民事法律行为可以附期限，但是根据其性质不得附期限的除外。附生效期限的民事法律行为，自期限届至时生效。附终止期限的民事法律行为，自期限届满时失效。"此法律条文可以作为附期限合同的条文参考。所谓附期限合同，是指当事人在合同中设定一定的期限，作为决定合同效力的附款。期限的特征有：（1）期限必须是将来的期限，必须具有未来性；（2）期限必须是未来必须发生的，具有必然发生性；（3）期限必须是双方约定的，具有约定性。期限可以分为生效期限和终止期限。生效期限是指合同的效力自期限到来时生效；终止期限是指合同的效力自期限到来时消灭。

12岁的中学生能订立合同吗？

答：12岁的中学生为限制民事行为能力人。根据我国《民法典》第145条第1款的规定，限制民事行为能力人实施的纯获利益的民事法律行为或者与其年龄、智力、精神健康状况相适应的民事法律行为有效；实施的其他民事法律行为经法定代理人同意或者追认后有效。可见，12岁的中学生能订立纯获利益的合同，还可以签订与其年龄、智力相符的合同。

中学生接受舅舅赠与的钢琴，需要经过父母的同意吗？

答：根据我国《民法典》第145条第1款的规定，限制民事行为能力人实施的纯获利益的民事法律行为或者与其年龄、智力、精神健康状况相适应的民事法律行为有效；实施的其他民事法律行为经法定代理人同意或者追认后有效。由此可见，通常情况下，限制民事行为能力人订立合同，必须经过其法定代理人的同意或者事后的认可，但是纯获利益的合同（比方说接受赠与、奖励等）或者与其年龄、智力、精神健康状况相适应的合同（比方说中学生买学习用品）则不需要经法定代理人认可而由法律直接认定合同有效。

超越权限签订合同，合同是否就无效了呢？

答：我国《民法典》第504条规定："法人的法定代表人或者非法人组织的负责人超越权限订立的合同，除相对人知道或者应当知道其超越权限外，该代表行为有效，订立的合同对法人或者非法人组织发生效力。"由此可见，一个单位的法定代表人或者负责人超越权限订立合同，对于一个不可能知道其单位分工的人来说，合同是有效的。单位要想保护自己的权益，就得在授权书或者合同书上写明法定代表人或者负责人有权处理的权限，否则就要承担履行合同的义务。

因上了"托儿"的当而购买某物，买卖合同有效吗？

答：根据我国《民法典》第154条的规定，行为人与相对人恶意串通，损害他人合法权益的民事法律行为无效。买卖过程中的"托儿"正是与卖方恶意串通之人，他们的行为即为恶意串通，损害他人合法权益的行为，因此，买卖合同无效。

合同中可以任意约定免责条款吗？

答：合同中不可以任意约定免责条款，否则会导致无效。我国《民法典》第506条规定，合同中的下列免责条款无效：（1）造成对方人身损害的；（2）因故意或者重大过失造成对方财产损失的。据此，只要当事人在合同中约定了这样的条款，人民法院都会依法宣布这些条款无效。当然这些条款无效，并不影响其他条款的效力，只是法律强制性规定这样严重损害当事人利益的条款无效，借以对想逃避责任的当事人进行惩罚，以更好地保护处于弱势地位的当事人的合法权益。

对货物等级产生误解，可以请求法院撤销买卖合同吗？

答：我国《民法典》第147条规定："基于重大误解实施的民事法律行为，行为人有权请求人民法院或者仲裁机构予以撤销。"所谓重大误解是指行为人因对行为的性质、对方当事人、标的物的品种、质量、规格和数量等发生错误认识，使行为的后果与自己的意思相悖，将造成较大损失的行为。由此，对货物等级产生误解而会造成巨大损失的，可以请求法院撤销买卖合同。

被欺骗而签订了合同，应该怎么办？

答：我国《民法典》第148条规定：

"一方以欺诈手段，使对方在违背真实意思的情况下实施的民事法律行为，受欺诈方有权请求人民法院或者仲裁机构予以撤销。"该法第149条还规定："第三人实施欺诈行为，使一方在违背真实意思的情况下实施的民事法律行为，对方知道或者应当知道该欺诈行为的，受欺诈方有权请求人民法院或者仲裁机构予以撤销。"据此，如果我们在签订合同的过程中，因受到欺诈、欺骗而签订了合同，我们可以到法院或者仲裁机构请求撤销。

被胁迫签订了合同，该怎么办？

答：我国《民法典》第150条规定："一方或者第三人以胁迫手段，使对方在违背真实意思的情况下实施的民事法律行为，受胁迫方有权请求人民法院或者仲裁机构予以撤销。"由此可见，被胁迫签订了合同的，可以到法院或者仲裁机构请求撤销。

签订了明显不公平的合同，该怎么办？

答：我国《民法典》第151条规定："一方利用对方处于危困状态、缺乏判断能力等情形，致使民事法律行为成立时显失公平的，受损害方有权请求人民法院或者仲裁机构予以撤销。"由此可见，签订了明显不公平的合同后，可以到法院或者仲裁机构请求撤销。

撤销权的行使期间可以是无限期的吗？

答：我们知道任何权利的行使都不是无限期的，撤销权也不例外。根据我国《民法典》第152条的规定，有下列情形之一的，撤销权消灭：（1）当事人自知道或者应当知道撤销事由之日起1年内、重大误解的当事人自知道或者应当知道撤销事由之日起90日内没有行使撤销权；（2）当事人受胁迫，自胁迫行为终止之日起1年内没有行使撤销权；（3）当事人知道撤销事由后明确表示或者以自己的行为表明放弃撤销权。此外，当事人自民事法律行为发生之日起5年内没有行使撤销权的，撤销权消灭。

合同无效或者被撤销后，就什么也不用管了吗？

答：合同无效或者被撤销后，并不意味着就什么也不用管了。《民法典》第157条规定："民事法律行为无效、被撤销或者确定不发生效力后，行为人因该行为取得的财产，应当予以返还；不能返还或者没有必要返还的，应当折价补偿。有过错的一方应当赔偿对方由此所受到的损失；各方都有过错的，应当各自承担相应的责任。法律另有规定的，依照其规定。"由此，合同无效或者被撤销后，也应该遵照此条文执行。

二、合同的履行与变更

签合同时忘了约定质量标准怎么办？

答：我国《民法典》第510条规定："合同生效后，当事人就质量、价款或者报酬、履行地点等内容没有约定或者约定不明确的，可以协议补充；不能达成补充协议的，按照合同相关条款或者交易习惯确定。"同时，该法第511条第1项规定："当事人就有关合同内容约定不明确，依据前条规定仍不能确定的，适用下列规定：（一）质量要求不明确的，按照强制性国家标准履行；没有强制性国家标准的，按照推荐性国家标准履行；没有推荐性国家标准的，按照行业标准履行；没有国家标准、行业标准的，按照通常标准或者符合合同目的的特定标准履行。"由此可见,当事人应当在合同中约定质量条款,这样才能最大限度地保护自己的权益。但是,即使没有约定质量条款,仍然可以按照《民法典》的前述规定来履行。

没有约定价格,就没有办法解决纠纷了吗?

答:我国《民法典》第511条第2项规定:"当事人就有关合同内容约定不明确,依据前条规定仍不能确定的,适用下列规定:……(二)价款或者报酬不明确的,按照订立合同时履行地的市场价格履行;依法应当执行政府定价或者政府指导价的,依照规定履行。"由此可见,当事人双方对于合同价款或者报酬约定不明确的,双方可以按照《民法典》的前述规定来履行。

履行期限不明确就是需要立即履行吗?

答:我国《民法典》第511条第4项规定:"当事人就有关合同内容约定不明确,依据前条规定仍不能确定的,适用下列规定:……(四)履行期限不明确的,债务人可以随时履行,债权人也可以随时请求履行,但是应当给对方必要的准备时间。"由此可见,当事人之间对履行期限约定不明确的,可以按照《民法典》的前述规定来履行。

价格前后不一致,就必须按照最高的价格履行吗?

答:我国《民法典》第513条规定:"执行政府定价或者政府指导价的,在合同约定的交付期限内政府价格调整时,按照交付时的价格计价。逾期交付标的物的,遇价格上涨时,按照原价格执行;价格下降时,按照新价格执行。逾期提取标的物或者逾期付款的,遇价格上涨时,按照新价格执行;价格下降时,按照原价格执行。"由此可见,在执行政府指导价或者政府定价的情况下,应当按照交付时政府指导价或者定价履行合同(当然如果是市场价格变动的,仍应当按照合同约定的价格履行)。如果是由于一方违约,延期交给对方货物的,遇到价格上涨,按照以前的价格执行;遇到价格下降,按照下降的价格执行。相反地,如果延期领取或者逾期付钱,遇到价格上涨的,按照上涨后的价格履行;价格下降的,按照原价格付钱。

约好了由朋友代还钱,结果朋友还不上,谁来承担违约责任?

答:我国《民法典》第523条规定:"当事人约定由第三人向债权人履行债务,第三人不履行债务或者履行债务不符合约定的,债务人应当向债权人承担违约责任。"由此可见,如果甲约好了由朋友代还钱,结果朋友还不上,那么还是由甲来承担违约责任。

一方违反了"一手交钱,一手交货"的约定,另一方可以拒绝履行合同吗?

答:此问题涉及同时履行抗辩权。所谓同时履行抗辩权,是指双方同时负有履行义务的合同中,如果没有约定先后履行顺序的,一方当事人可以在对方未履行义务时,拒绝履行自己义务的权利。《民法典》第525条对此作了规定:"当事人互负债务,没有先后履行顺序的,应当同时履行。一方在对方履行之前有权拒绝其履行请求。一方在对方履行债务不符合约定时,有权拒绝其相应的履行请求。"由此可见,在互负债务的情况下,如果没有约定先后履行顺序,是应当同时履行的。一方违反了"一手交钱,一手交货"的约定时,另一方可以拒绝履行自己的义务，以防止对方在自己履行后，推脱或者迟延履行义务，而损害自己的利益。

约定了对方先履行，对方却要求我方先履行，怎么办？

答：此问题涉及先履行抗辩权。所谓先履行抗辩权，是指依照合同约定或法律规定负有先履行义务的一方当事人，届期未履行义务或履行义务严重不符合约定条件时，相对方为保护自己的期限利益或为保证自己履行合同的条件而中止履行合同的权利。简单地说，就是对方应当先履行，而对方却要求我们先履行，那么我们有权拒绝，如果因此致合同不履行的，我们可以要求对方承担违约责任。对此，《民法典》第526条有明确的规定："当事人互负债务，有先后履行顺序，应当先履行债务一方未履行的，后履行一方有权拒绝其履行请求。先履行一方履行债务不符合约定的，后履行一方有权拒绝其相应的履行请求。"值得注意的是，先履行抗辩权成立的条件有三个：（1）须双方当事人互负债务；（2）两个债务须有先后履行顺序；（3）先履行的一方不履行或不适当履行合同债务。只要具备这三个条件，就可以行使先履行抗辩权来保护自己的权益。

对方经营状况严重恶化导致可能无法履行合同，先履行合同方应怎样维护自己的权益？

答：此问题涉及不安抗辩权。不安抗辩权是指双务合同中应当先履行债务的当事人有证据证明对方不能履行债务或者有不能履行债务的可能的情形存在时，在对方没有对待履行或提供担保前，有权中止履行合同债务。《民法典》第527条对此作了明确的规定，应当先履行债务的当事人，有确切证据证明对方有下列情形之一的，可以中止履行：（1）经营状况严重恶化；（2）转移财产、抽逃资金，以逃避债务；（3）丧失商业信誉；（4）有丧失或者可能丧失履行债务能力的其他情形。当事人没有确切证据中止履行的，应当承担违约责任。由此可见，当本应先履行方得知后履行方存在可能危及合同履行的情况时，可以要求对方同时履行或者提供担保，否则自己可以暂不履行。对方经营状况严重恶化导致可能无法履行合同时，应先履行合同方可采用不安抗辩权来保护自己的权益。值得注意的是，当事人在行使不安抗辩权时，也要小心谨慎，必须在具有充足客观的证据时方可以行使，也就是说，证据的来源一定要准确，并且最好手中已经握有证据，否则就可能因为消息来源不当而使自己承担违约责任。

一方不积极追讨债款，致使欠另一方的钱还不上，另一方可以帮他追讨吗？

答：此问题涉及代位权的问题。所谓代位权，是指当债务人怠于行使其对于第三人享有的权利而有害于债权人的债权时，债权人为保全自己的债权，可以自己的名义代位行使债务人的权利。其实代位权行使的本质就是代替对方向第三方行使权利，理由是对方不积极行使权利。《民法典》第535条规定："因债务人怠于行使其债权或者与该债权有关的从权利，影响债权人的到期债权实现的，债权人可以向人民法院请求以自己的名义代位行使债务人对相对人的权利，但是该权利专属于债务人自身的除外。代位权的行使范围以债权人的到期债权为限。债权人行使代位权的必要费用，由债务人负担……"由此，代位权行使需要满足的条件有：（1）债权人对债务人的债权合法、确定，且必须已届清偿期；（2）债务人怠于行使其到期债权或者与该债权有关的从权利；（3）债务人怠于行使权利的行为影响到债权人到期债权的实现；（4）债务人的债权不是专属于债务人自身的债权。只要满足上述四个条件就可以行使代位权，保护自己的合法权益不受损害。其中专属于债务人自身的债权是指基于扶养关系、抚养关系、赡养关系、继承关系所产生的给付请求权和劳动报酬、退休金、养老金、抚恤金、安置费、人寿保险、人身伤害赔偿请求权等权利为专属于债务人的权利。若专属于债务人自身的权益不得行使代位权。因此，一方不积极追讨债款，致使欠另一方的钱还不上，另一方可以向法院起诉，请求法院判决对方的债务人直接向自己偿还欠款。

欠他人钱不还并低价转让自己的财产，债权人就没有办法要到欠款了吗？

答：此问题涉及撤销权。所谓撤销权，是指债权人在债务人实施处分其财产或权利的行为危害债权的实现时，请求法院予以撤销的权利。《民法典》第538条规定："债务人以放弃其债权、放弃债权担保、无偿转让财产等方式无偿处分财产权益，或者恶意延长其到期债权的履行期限，影响债权人的债权实现的，债权人可以请求人民法院撤销债务人的行为。"第539条规定："债务人以明显不合理的低价转让财产、以明显不合理的高价受让他人财产或者为他人的债务提供担保，影响债权人的债权实现，债务人的相对人知道或者应当知道该情形的，债权人可以请求人民法院撤销债务人的行为。"由此，欠他人钱不还并低价转让自己的财产，债权人可以依法行使撤销权。此外，根据《民法典》第540条和第541条的规定，撤销权的行使范围以债权人的债权为限。债权人行使撤销权的必要费用，由债务人负担。撤销权自债权人知道或者应当知道撤销事由之日起1年内行使。自债务人的行为发生之日起5

年内没有行使撤销权的，该撤销权消灭。

仅仅约定了变更合同，却并没有约定变更的内容，变更的约定有效吗？

答：我国《民法典》第543条规定："当事人协商一致，可以变更合同。"同时，该法第544条规定："当事人对合同变更的内容约定不明确的，推定为未变更。"由此可见，法律允许当事人在协商一致的情况下变更合同，但是变更合同的内容必须确定，内容不确定的，推定为未变更。

债权人可以不经债务人同意把自己的债权转让吗？

答：我国《民法典》第546条明确规定："债权人转让债权，未通知债务人的，该转让对债务人不发生效力。债权转让的通知不得撤销，但是经受让人同意的除外。"由此可见，债权人转移债权的，仅需要通知债务人即可，不需要得到债务人的同意。当然，未通知债务人的，如果债务人仍向债权人履行的，债权人仍应当接受。

哪些债权不得随意转让？

答：我国《民法典》第545条规定，债权人可以将债权的全部或者部分转让给第三人，但有下列情形之一的除外：（1）根据债权性质不得转让；（2）按照当事人约定不得转让；（3）依照法律规定不得转让。由此可见，在以上三种条件下，债权人不可以将合同权利任意转让给第三人，只有通过协商的途径才能转移合同权利。

债权人转让权利给第三人的，债务人能以对债权人的抗辩对抗第三人吗？

答：我国《民法典》第548条规定："债务人接到债权转让通知后，债务人对让与人的抗辩，可以向受让人主张。"由此可见，债权人将债权转让给第三人的，当第三人要求债务人履行债务的，债务人可以以对债权人的抗辩来对抗第三人。

债务人可以不经债权人同意转移债务吗？

答：根据我国《民法典》第551条的规定，债务人将债务的全部或者部分转移给第三人的，应当经债权人同意。债务人或者第三人可以催告债权人在合理期限内予以同意，债权人未作表示的，视为不同意。

将合同权利义务全部转让给第三人可以吗？

答：我国《民法典》第555条规定："当事人一方经对方同意，可以将自己在合同中的权利和义务一并转让给第三人。"由此可见，当事人一方必须在经对方同意的情况下，才可以将自己在合同中的权利和义务一并转让给第三人。这是因为合同中的当事人之间签订合同是基于彼此的信任，要想让第三人取代一方当事人，必须双方协商一致，只有这样才能更好地保护双方当事人的合法权益。

三、合同的解除与终止

合同的权利义务什么时候终止？是不是必须有约定才能终止呢？

答：我国《民法典》第557条规定："有下列情形之一的，债权债务终止：（一）债务已经履行；（二）债务相互抵销；（三）债务人依法将标的物提存；（四）债权人免除债务；（五）债权债务同归于一人；（六）法律规定或者当事人约定终止的其他情形。合同解除的，该合同的权利义务关系终止。"由此可见，在出现上面法律规定的情形时合同的权利义务就会终止，所以当我们在判断权利义务是否终止时，一方面是根据合同的约定，另一方面就是符合法律规定的条件。

合同没法执行了，能解除合同吗？

答：根据我国《民法典》第563条的规定，有下列情形之一的，当事人可以解除合同：（1）因不可抗力致使不能实现合同目的；（2）在履行期限届满前，当事人一方明确表示或者以自己的行为表明不履行主要债务；（3）当事人一方迟延履行主要债务，经催告后在合理期限内仍未履行；（4）当事人一方迟延履行债务或者有其他违约行为致使不能实现合同目的；（5）法律规定的其他情形。此外，以持续履行的债务为内容的不定期合同，当事人可以随时解除合同，但是应当在合理期限之前通知对方。由此可见，如果合同中没有约定行使解除权的，守约方只有在满足上述五个条件之一时才可以行使解除权，以消灭双方的权利义务关系，当然行使解除权不妨碍守约方请求对方承担违约责任。

甲欠乙的借款与乙欠甲的粮食款可以相互抵销吗？

答：根据我国《民法典》第568条的规定，当事人互负债务，该债务的标的物种类、品质相同的，任何一方可以将自己的债务与对方的到期债务抵销；但是，根据债务性质、按照当事人约定或者依照法律规定不得抵销的除外。当事人主张抵销的，应当通知对方。通知自到达对方时生效。抵销不得附条件或者附期限。由此，甲欠乙的借款与乙欠甲的粮食款都属于合同中的金钱债权，如果都到期，是可以抵销的。

第八章 合同权益篇

约定以彩电抵销对方的欠款，符合法律的规定吗？

答： 我国《民法典》第569条规定："当事人互负债务，标的物种类、品质不相同的，经协商一致，也可以抵销。"由此可见，只要双方协商一致，也可以对互负的债务进行相互抵销。其实抵销权制度的规定就是为了节约时间成本和履约成本，法律鼓励双方通过协商一致的方式进行抵销，以达到消灭合同权利义务关系的目的。

买卖合同债权债务都归于同一公司后，该买卖合同还需要履行吗？

答： 合同的债权与债务同归于一人，属于合同的混同，一般意义上合同混同会致使合同关系及其他债的关系消灭的事实。混同是一种事件，即因某些客观事实发生而产生的债权债务同归一人，不必由当事人为意思表示。我国《民法典》第576条规定："债权和债务同归于一人的，债权债务终止，但是损害第三人利益的除外。"合同关系的存在，必须有债权人和债务人，当债权和债务同归一人的时候，合同失去其存在的基础，自然应当终止。因此，债权债务都归于一个公司之后，该买卖合同就没有履行的必要了。

合同终止，对方有权要求对其公司情况保密吗？

答： 合同的履行是一个前后相续的过程，包括履行合同义务的准备阶段、执行阶段，还包括义务执行完的善后阶段。诚实信用原则是合同履行各阶段的最高指导原则，合同当事人在履行完合同后，要以诚实信用原则为指导维护对方当事人的合法权益，履行后合同义务。因为后合同义务不是合同中双方约定的，违反后合同义务的行为构成违法行为而非违约行为。我国《民法典》第558条规定："债权债务终止后，当事人应当遵循诚信等原则，根据交易习惯履行通知、协助、保密、旧物回收等义务。"因此，合同终止，对方有权要求对其公司情况保密。

一方无理由拒绝受领货物，另一方该怎么办？

答： 一方无理由拒绝受领货物，另一方可以将货物提存。所谓提存，是指由于债权人的原因，债务人无法向债权人给付合同标的物时，债务人将合同标的物交付提存机关而消灭合同关系的法律制度。根据我国《民法典》第570条的规定，有下列情形之一，难以履行债务的，债务人可以将标的物提存：（1）债权人无正当理由拒绝受领；（2）债权人下落不明；（3）债权人死亡未确定继承人、遗产管理人，或者丧失民事行为能力未确定监护人；（4）法律规定的其他情形。此外，标的物不适于提存或者提存费用过高的，债务人依法可以拍卖或者变卖标的物，提存所得的价款。据此，当出现以上情形时，债务人采取提存的方式履行自己的义务，法律就认为债务人合理地履行了合同的义务。当然，根据《民法典》第572条的规定，标的物提存后，债务人应当及时通知债权人或者债权人的继承人、遗产管理人、监护人、财产代管人。

提存后的货物的毁损风险和收益归谁所有？

答： 我国《民法典》第573条规定："标的物提存后，毁损、灭失的风险由债权人承担。提存期间，标的物的孳息归债权人所有。提存费用由债权人负担。"同时该法第574条规定："债权人可以随时领取提存物。但是，债权人对债务人负有到期债务的，在债权人未履行债务或者提供担保之前，提存部门根据债务人的要求应当拒绝其领取提存物。债权人领取提存物的权利，自提存之日起五年内不行使而消灭，提存物扣除提存费用后归国家所有。但是，债权人未履行对债务人的到期债务，或者债权人向提存部门书面表示放弃领取提存物权利的，债务人负担提存费用后有权取回提存物。"由此可见，一方按照法律的规定提存货物后，标的物毁损、灭失的风险就转嫁给收取货物的一方（债权人），提存期间取得的收益由债权人所有，当然提存费用也由债权人支付。

四、违约责任

对方不履行合同，我们可以采取哪些措施维护自己的权益？

答：我国《民法典》第577条规定："当事人一方不履行合同义务或者履行合同义务不符合约定的，应当承担继续履行、采取补救措施或者赔偿损失等违约责任。"由此可见，当对方不履行合同义务或者履行合同义务不符合约定时，我们可以请求人民法院判决对方继续履行、采取补救措施或者赔偿损失等。例如，能够继续履行的，可以请求对方继续履行，不能继续履行的，可以请求对方赔偿损失。

什么情况下，合同的违约方可以不必承担继续履行的义务？

答：我国《民法典》第580条第1款规定了不得继续履行的情形："当事人一方不履行非金钱债务或者履行非金钱债务不符合约定的，对方可以请求履行，但是有下列情形之一的除外：（一）法律上或者事实上不能履行；（二）债务的标的不适于强制履行或者履行费用过高；（三）债权人在合理期限内未请求履行。"由此可见，在非金钱债务的履行中，具备上面三种情形时，合同的违约方可以不必承担继续履行的义务。

故意损坏约定交付的货物，是不是必须等到交付期到来才能请求其承担违约责任？

答：我国《民法典》第578条规定："当事人一方明确表示或者以自己的行为表明不履行合同义务的，对方可以在履行期限届满前请求其承担违约责任。"由此可见，只要当事人以积极的作为方式表明自己将不再履行合同义务，那么在履行期到来前就可以请求对方承担违约责任。

对方违约了，我们就可以请求对方支付任何损失吗？

答：根据我国《民法典》第584条的规定，当事人一方不履行合同义务或者履行合同义务不符合约定，造成对方损失的，损失赔偿额应当相当于因违约所造成的损失，包括合同履行后可以获得的利益；但是，不得超过违约一方订立合同时预见到或者应当预见到的因违约可能造成的损失。

违约金过高时，对方可以请求人民法院予以减少吗？

答：我国《民法典》第585条第2款明确规定："约定的违约金低于造成的损失的，人民法院或者仲裁机构可以根据当事人的请求予以增加；约定的违约金过分高于造成的损失的，人民法院或者仲裁机构可以根据当事人的请求予以适当减少。"由此可见，当双方在合同中约定违约金时，若一方不履行，另外一方可以依据此条款请求对方支付违约金。但是当违约金过高时，违约一方可以请求人民法院或者仲裁机构减少。

定金和违约金可以在同一合同中适用吗？

答：我国《民法典》第588条第1款规定："当事人既约定违约金，又约定定金的，一方违约时，对方可以选择适用违约金或者定金条款。"由此可见，同一合同中定金条款和违约金条款是不可以同时适用的，当事人可以根据对自己有利的原则选择适用违约金条款或者定金条款。当然，选择定金条款，如果定金不足以弥补一方违约造成的损失的，该方可以请求赔偿超过定金数额的损失。

因不可抗力而不能履行合同，可以不支付违约金吗？

答：我国《民法典》第590条第1款规定："当事人一方因不可抗力不能履行合同的，根据不可抗力的影响，部分或者全部免除责任，但是法律另有规定的除外。因不可抗力不能履行合同的，应当及时通知对方，以减轻可能给对方造成的损失，并应当在合理期限内提供证明。"由此可见，不能履行合同是由于不可抗力造成的，即应当根据不可抗力的影响部分或者全部免除违约者的责任，相应地部分或全部免除违约金。

因迟延履行而遭遇不可抗力，可以免除违约责任吗？

答：我国《民法典》第590条第2款规定："当事人迟延履行后发生不可抗力的，不免除其违约责任。"据此，我们可以得知，当事人在履行合同过程中，要积极及时履行，如果其消极不履行，虽然遭遇不可抗力，但是仍然不能免除责任。

对方违约后，未违约方没有保护好货物而使损失扩大的，可以就扩大的损失要求赔偿吗？

答：我国《民法典》第591条明确规定："当事人一方违约后，对方应当采取适当措施防止损失的扩大；没有采取适当措施致使损失扩大的，不得就扩大的损失请求赔偿。当事人因防止损失扩大而支出的合理费用，由违约方负担。"由此可见，即使合同一方违约，非违约方的权益遭到了侵犯，可是如果损失可能继续扩大的，那么非违约方仍然需要采取必要的措施以防止损失的扩大，否则无权要求对方赔偿扩大的损失。

因第三人的原因致使不能履行合同的，谁来承担违约责任？

答：我国《民法典》第593条规定："当事人一方因第三人的原因造成违约的，应当依法向对方承担违约责任。当事人一方和第三人之间的纠纷，依照法律规定或者按照约定处理。"由此可见，因为第三方造成合同不能履行的或者履行不符合约定的，应当由违约方向守约的一方承担违约责任，而违约方和第三人的纠纷，应当另行解决。

五、商品买卖合同

买方什么时候才能取得商品的所有权？

答：一般情况下，卖方交付商品后，买方取得商品的所有权。交付，是指一方将约定的标的物交给对方以消灭自己权利义务的一种行为。至于交付的种类，在我国现行法律体系中主要有简易交付、占有改定、指示交付以及现实交付。下面简单对几种交付方式进行举例说明：（1）简易交付，是指受让人已经占有动产，如受让人已经通过寄托、租赁、借用等方式实际占有了动产，则于物权变动的合意成立时，视为交付。（2）占有改定，是指动产物权的让与人与受让人之间特别约定，标的物仍然由出让人继续占有，例如甲将其所有的书卖给乙，按一般情形，只有在甲把书交给乙时才发生所有权移转的效力，但甲还想留书阅读，这时甲可以再与乙订立一个租赁或借用协议，使乙取得间接占有，以代替现实交付。（3）指示交付，是指动产由第三人占有时，出让人将其对于第三人的返还请求权让与受让人，以代替交付。例如，甲将其出租的家具卖给乙，但是由于租赁期限未满，暂时无法收回，甲可以把其家具的返还请求权让与乙，以代替现实交付。（4）现实交付，是指直接将标的物转移给他人的制度。由此可见，买卖合同中标的物的所有权自标的物交付时转移，但是法律另有规定或者当事人另有约定的除外，这主要是考虑到一些需要登记才能转移标的物所有权的情况（现实中主要是房屋所有权的转移）。

假如买方未支付货款，卖方交付商品就是转移所有权吗？

答：我国《民法典》第641条第1款规定："当事人可以在买卖合同中约定买受人未履行支付价款或者其他义务的，标的物的所有权属于出卖人。"由此可见，当事人可以在合同中约定，假如买商品的一方未支付货款或者履行其他义务的，卖方有权继续保留商品的所有权。

标的物意外毁损，谁来承担损失？

答：我国《民法典》第604条规定："标的物毁损、灭失的风险，在标的物交付之前由出卖人承担，交付之后由买受人承担，但是法律另有规定或者当事人另有约定的除外。"由此可见，标的物毁损、灭失的风险在交付之前应当由出卖人承担，在交付之后应当由买受人承担，但法律另有规定或者当事人另有约定的除外。当然标的物意外毁损如果是由于卖方或者买方自己原因造成的，由买方自己或者卖方自己承担，其他情况下造成毁损、灭失风险的才适用此法律规定，比方说第三人的原因或者意外事故造成的。

因买方的原因造成商品在运输途中毁坏，风险也由卖方承担吗？

答：我国《民法典》第605条规定："因买受人的原因致使标的物未按照约定的期限交付的，买受人应当自违反约定时起承担标的物毁损、灭失的风险。"同时，该法第608条规定："出卖人按照约定或者依据本法第六百零三条第二款第二项的规定将标的物置于交付地点，买受人违反约定没有收取的，标的物毁损、灭失的风险自违反约定时起由买受人承担。"由此可见，因为买受人的原因造成标的物（现实中主要是指商品）毁损或者灭失的，买受人承担标的物毁损、灭失的风险。

买方拒绝接受质量严重不合格的货物，标的物毁损的风险由谁承担？

答：我国《民法典》第610条规定："因标的物不符合质量要求，致使不能实现合同目的的，买受人可以拒绝接受标的物或者解除合同。买受人拒绝接受标的物或者解除合同的，标的物毁损、灭失的风险由出卖人承担。"由此可见，假如是因为货物（商品）质量出现问题，不能实现签订合同时买方的愿望的，买方可以拒绝接受货物或者解除合同，在此种情况下标的物毁损灭失的风险就转移给了卖方。

第八章　合同权益篇

没有约定包装方式就可以随便进行包装吗？

答：根据我国《民法典》第619条的规定，对包装方式没有约定或者约定不明确，依据本法第510条的规定仍不能确定的，应当按照通用的方式包装；没有通用方式的，应当采取足以保护标的物且有利于节约资源、保护生态环境的包装方式。由此可见，即便没有约定包装方式，也不可以随便进行包装。

对商品质量的检验是无限期的吗？

答：我国《民法典》第620条规定："买受人收到标的物时应当在约定的检验期限内检验。没有约定检验期限的，应当及时检验。"由此可见，通常情况下合同会约定检验期限，如果当事人在规定的时间内没有行使检验权，就视为商品质量合格，以后即使商品质量出现问题，法律也不予承认。如果合同中没有约定检验期限的，应当及时检验，以确认标的物质量是否符合合同的要求。

忘记通知卖方货物有质量问题，以后还能主张质量问题吗？

答：我国《民法典》第621条规定："当事人约定检验期限的，买受人应当在检验期限内将标的物的数量或者质量不符合约定的情形通知出卖人。买受人怠于通知的，视为标的物的数量或者质量符合约定。当事人没有约定检验期限的，买受人应当在发现或者应当发现标的物的数量或者质量不符合约定的合理期限内通知出卖人。买受人在合理期限内未通知或者自收到标的物之日起二年内未通知出卖人的，视为标的物的数量或者质量符合约定；但是，对标的物有质量保证期的，适用质量保证期，不适用该二年的规定。出卖人知道或者应当知道提供的标的物不符合约定的，

买受人不受前两款规定的通知时间的限制。"由此可见，买方在约定的时间或者合理的时间内进行质量检验，应当及时把检验的结果通知卖方，及时主张自己的权利，否则法律就认定交付的标的物符合合同要求。

卖方多发了货物，买方必须得购买吗？

答：我国《民法典》第629条规定："出卖人多交标的物的，买受人可以接收或者拒绝接收多交的部分。买受人接收多交部分的，按照约定的价格支付价款；买受人拒绝接收多交部分的，应当及时通知出卖人。"由此可见，出卖人发货时多发的货物，作为购买者，可以拒绝接受。如果决定接受的，按照合同约定的货物价格支付价款，如果购买者拒绝接受的，应当及时通知出卖人，以使出卖人采取相应的措施处置多发的货物。

母牛在交给买受人之前产仔，牛仔应归谁所有？

答：我国《民法典》第630条规定："标的物在交付之前产生的孳息，归出卖人所有；交付之后产生的孳息，归买受人所有。但是，当事人另有约定的除外。"在此，先解释下孳息的含义，孳息是指由原物所产生的收益。在民法上，孳息分为天然孳息和法定孳息。天然孳息是指因物的自然属性而获得的收益，如果树结的果实、母畜生的幼畜。法定孳息是指因法律关系所获得的收益，如出租人根据租赁合同收取的租金、贷款人根据贷款合同取得的利息等。据此可以得出以下结论，标的物在交付给当事人之前产生的收益，应该归属于出卖人，在交付给当事人之后，产生的收益归属于当事人即买受人。由此，母牛在交给买受人之前产下小牛，该小牛属于

对方交付的全套物品中有一件不合格，可以拒绝接受整套物品吗？

答：我国《民法典》第632条规定："标的物为数物，其中一物不符合约定的，买受人可以就该物解除。但是，该物与他物分离使标的物的价值显受损害的，买受人可以就数物解除合同。"由此可见，当标的物的数量较多时，一件商品不符合合同约定的要求，那么买方可以拒绝接受这件商品；当这件商品与其他的商品作为一个整体，如果将该件商品分离将严重影响其他商品性能的时候，买方可以就该批货物解除合同。

分期付款中买方不积极付款，卖方就无计可施了吗？

答：我国《民法典》第634条明确规定："分期付款的买受人未支付到期价款的数额达到全部价款的五分之一，经催告后在合理期限内仍未支付到期价款的，出卖人可以请求买受人支付全部价款或者解除合同。出卖人解除合同的，可以向买受人请求支付该标的物的使用费。"由此可见，法律以此条的规定来督促买方积极地履行自己付款的义务。

六、赠与、借款合同

救灾赠与可以随意撤销吗？

答：我国《民法典》第658条明确规定："赠与人在赠与财产的权利转移之前可以撤销赠与。经过公证的赠与合同或者依法不得撤销的具有救灾、扶贫、助残等公益、道德义务性质的赠与合同，不适用前款规定。"据此，在普通的赠与合同中，赠与人是可以在赠与前随时撤销赠与的，但是一旦赠与具有了救灾、扶贫、助残等社会公益、道德义务性质，赠与就不可以被随意撤销了，赠与人应当按照自己的约定履行赠与义务。

把东西赠与别人后就不可以要回来了吗？

答：我国《民法典》第663条第1款规定，受赠人有下列情形之一的，赠与人可以撤销赠与：（1）严重侵害赠与人或者赠与人近亲属的合法权益；（2）对赠与人有扶养义务而不履行；（3）不履行赠与合同约定的义务。由此可见，在法律规定的三种情况下，赠与人可以行使撤销权，要回赠与他人的财物，除此之外，赠与人不可以要回赠与物。当然撤销赠与也要在法律规定的时间内行使，否则赠与人就丧失了撤销赠与的权利。

赠与人可以无限期地行使赠与撤销权吗？

答：我国《民法典》第663条第2款规定："赠与人的撤销权，自知道或者应当知道撤销事由之日起一年内行使。"也就是说，赠与人即使享有撤销权，也必须在法律规定的时间内行使，法律规定的期间为1年，即从赠与人知道或者应当知道撤销原因之日起1年内行使，否则就丧失了撤销权，赠与财物就不得要回，而将永久地归受赠人所有了。

被朋友打成植物人，赠与朋友的电脑还能要回来吗？

答：我国《民法典》第664条规定："因受赠人的违法行为致使赠与人死亡或者丧失民事行为能力的，赠与人的继承人或者法定代理人可以撤销赠与。赠与人的继承人或者法定代理人的撤销权，自知道或者应当知道撤销事由之日起六个月内行使。"由此可见，因受赠人的原因致使赠与人不可能行使撤销权时，可由其继承人或者法定代理人行使，当然行使撤销权也是有时间限制的，应当在知道或者应当知道撤销原因之日起6个月内行使，否则也会丧失撤销权。因此，被朋友打成植物人，赠与朋友的电脑可以由其法定代理人要回。

赠与人实在没钱了，可以不再履行赠与义务吗？

答：我国《民法典》第666条规定："赠与人的经济状况显著恶化，严重影响其生产经营或者家庭生活的，可以不再履行赠与义务。"由此可见，只要赠与人经济状况显著恶化，并且严重影响其生产经营或者家庭生活的，这两个条件在同时满足的情况下，赠与人就可以不再履行赠与义务。除此之外，赠与人仍然必须履行赠与义务。

自然人之间借款必须签订书面合同吗？

答：我国《民法典》第668条第1款规定："借款合同应当采用书面形式，但是自然人之间借款另有约定的除外。"由此可见，只有在银行或金融机构借款时才必须采用书面合同的形式，而自然人之间的借款往往大家比较熟悉，所以自然人之间的借款可以采用口头形式或者书面形式。当然，由于口头形式固有的局限性，比方说出现纠纷难以举证，所以尽管法律规定了自然人之间的借款可以采用口头形式，但是为了保护自己的权益，最好还是签订书面形式的借款合同。

预先扣除利息的做法合法吗？

答：我国《民法典》第670条规定："借款的利息不得预先在本金中扣除。利息预先在本金中扣除的，应当按照实际借款数额返还借款并计算利息。"据此，我们可以得知，法律为了保护借款人的利益作出了这样的规定，借款利息不得预先扣除，否则实际上我们拿到手里的钱不足额的话，相当于我们多支付了利息，因此法律规定，预先扣除利息的话，按照实际借款数额还款并支付利息。

从银行贷出的钱可以随意地使用吗？

答：我国《民法典》第673条明确规定："借款人未按照约定的借款用途使用借款的，贷款人可以停止发放借款、提前收回借款或者解除合同。"由此可见，借款人在银行借款的时候要充分考虑到自己借款的用途，要按照借款合同中的约定使用借款，否则银行可能会停止发放借款、提前收回借款或者解除合同，会使借款人的利益受损。

好朋友之间没有约定还款时间，就是不需要还了吗？

答：我国《民法典》第675条规定："借款人应当按照约定的期限返还借款。对借款期限没有约定或者约定不明确，依据本法第五百一十条的规定仍不能确定的，借款人可以随时返还；贷款人可以催告借款人在合理期限内返还。"根据该法第510条规定，合同生效后，当事人就质量、价款或者报酬、履行地点等内容没有约定或者约定不明确的，可以协议补充；不能达成补充协议的，按照合同相关条款或者交易习惯确定。由此可见，自然人之间（当然好友之间也是自然人之间）的借款，如果没有约定的，可以协商解决，协商解决不成的，债务人可以随时归还，债权人也可以随时要求借款人归还，但是应当给予借款人必要的筹备资金时间。

跟好友借款，没有约定利息，还需要支付利息吗？

答： 我国《民法典》第 680 条第 2 款明确规定："借款合同对支付利息没有约定的，视为没有利息。"也就是说，当自然人之间没有约定借款利息的时候，是不需要支付利息的。所以，如果出借方想让借款方支付利息，一定要有关于利息的约定，否则是不会收到利息的。

民间借款约定利率有限制吗？

答： 我国《民法典》第 680 条第 1 款明确规定："禁止高利放贷，借款的利率不得违反国家有关规定。"也就是说，自然人之间借款合同的当事人虽然可以约定利息，但利率是受到限制的。关于借款利率的限制，《最高人民法院关于审理民间借贷案件适用法律若干问题的规定》第 25 条规定："出借人请求借款人按照合同约定利率支付利息的，人民法院应予支持，但是双方约定的利率超过合同成立时一年期贷款市场报价利率四倍的除外。前款所称'一年期贷款市场报价利率'，是指中国人民银行授权全国银行间同业拆借中心自 2019 年 8 月 20 日起每月发布的一年期贷款市场报价利率。"由此可见，民间借款可以约定的利率是有限制的。

个人之间的借款合同在什么情况下才算成立？

答： 根据《最高人民法院关于审理民间借贷案件适用法律若干问题的规定》第 9 条的规定，具有下列情形之一，可以视为自然人之间借款合同的成立要件：（1）以现金支付的，自借款人收到借款时；（2）以银行转账、网上电子汇款等形式支付的，自资金到达借款人账户时；（3）以票据交付的，自借款人依法取得票据权利时；（4）出借人将特定资金账户支配权授权给借款人的，自借款人取得对该账户实际支配权时；（5）出借人以与借款人约定的其他方式提供借款并实际履行完成时。也就是说，只要具有上述情形之一的，个人之间的借款合同就成立了。

民间借贷合同无效的情形有哪些？

答： 根据《最高人民法院关于审理民间借贷案件适用法律若干问题的规定》第 13 条的规定，具有下列情形之一，人民法院应当认定民间借贷合同无效：（1）套取金融机构贷款转贷的；（2）以向其他营利法人借贷、向本单位职工集资，或者以向公众非法吸收存款等方式取得的资金转贷的；（3）未依法取得放贷资格的出借人，以营利为目的向社会不特定对象提供借款的；（4）出借人事先知道或者应当知道借款人借款用于违法犯罪活动仍然提供借款的；（5）违反法律、行政法规强制性规定的；（6）违背公序良俗的。

七、保管合同

没有约定保管费用，可以请求寄存人支付保管费吗？

答： 我国《民法典》第 889 条明确规定："寄存人应当按照约定向保管人支付保管费。当事人对保管费没有约定或者约定不明确，依据本法第五百一十条的规定仍不能确定的，视为无偿保管。"由此可见，通常情况下，当事人应当按照约定支付保管费用，但是当双方并没有约定保管费用，事后又不能达成一致的，那么保管是无偿的，寄存人无须支付保管费用。

行李保管店改变保管场所致使行李损坏，行李所有人有权要求赔偿损失吗？

答：我国《民法典》第892条规定："保管人应当妥善保管保管物。当事人可以约定保管场所或者方法。除紧急情况或者为维护寄存人利益外，不得擅自改变保管场所或者方法。"由此可见，保管人应当妥善保管保管物，否则造成损失应当赔偿。如果双方约定保管场所的，除非紧急情况或者为了维护寄存人利益的，不得改变保管场所或者方法，否则行李的所有人可以请求保管行李的一方赔偿损失。

寄存的行李有特殊性质的，需要告知保管人吗？

答：我国《民法典》第893条明确规定："寄存人交付的保管物有瑕疵或者根据保管物的性质需要采取特殊保管措施的，寄存人应当将有关情况告知保管人。寄存人未告知，致使保管物受损失的，保管人不承担赔偿责任；保管人因此受损失的，除保管人知道或者应当知道且未采取补救措施外，寄存人应当承担赔偿责任。"由此可见，寄存人寄存的行李有特殊性质的，应当告诉行李保管人，否则造成行李损坏的，寄存人自行承担损失，如果同时造成行李保管人损失的，寄存人应当承担赔偿责任。如果保管人知道后未采取补救措施，寄存人不需要承担赔偿保管人损失的责任。

保管人将行李交给其他人代管造成行李毁坏，应当由谁赔偿损失？

答：我国《民法典》第894条明确规定："保管人不得将保管物转交第三人保管，但是当事人另有约定的除外。保管人违反前款规定，将保管物转交第三人保管，造成保管物损失的，应当承担赔偿责任。"由此可见，作为保管人应当严格按照约定保管他人的财物，并且应当亲自保管，不得交给第三方保管，除非曾经约定可以交给别人代管。如果双方没有约定可由第三人代管，可是保管人委托别人代为保管，结果对保管物造成损害的，保管人应当承担损害赔偿责任。

保管人可以使用代为保管的财物吗？

答：我国《民法典》第895条规定："保管人不得使用或者许可第三人使用保管物，但是当事人另有约定的除外。"由此可见，保管人应当严格按照约定保管好约定的物品，并且未经许可不得使用保管物，否则造成损害的要承担赔偿损失的责任。

无偿保管人的小疏忽造成保管物损害，也需要赔偿吗？

答：我国《民法典》第897条规定："保管期内，因保管人保管不善造成保管物毁损、灭失的，保管人应当承担赔偿责任。但是，无偿保管人证明自己没有故意或者重大过失的，不承担赔偿责任。"由此可见，在有偿保管的情况下，只要是保管人保管不善的（哪怕是轻微的失误），保管人就应当承担损害赔偿责任；在无偿保管的情况下，只要保管人能证明自己不具有故意或者重大过失，就可以不负赔偿责任，也就是说对于轻微的失误，无偿保管人不需要赔偿他人的损失。

提前提取存储物，可以请求仓库经营人减少价款吗？

答：我国《民法典》第915条规定："储存期限届满，存货人或者仓单持有人应当凭仓单、入库单等提取仓储物。存货人或者仓单持有人逾期提取的，应当加收仓储费；提前提取的，不减收仓储费。"由此可见，仓储合同中，储存期间届满，存货人或者仓单持有人应当及时凭仓单提取货物。如果逾期提取的，应当加收仓储费用；但是提前提取的，并不减收仓储费。仓储合同是保管人储存存货人交付的仓储物，存货人支付仓储费的合同，是一种特殊的保管合同，主要体现在仓储合同的保管物需要存放在仓库（必须具有依法取得从事仓储保管业务的经营资格）中，并且只有签订书面合同才能成立仓储合同等。正因为仓储合同的特殊性，因此法律将其单独列出来，进行规定。

八、其他合同

因没有通知忽然断电蒙受损失，就只能自认倒霉吗？

答：我国《民法典》第652条规定："供电人因供电设施计划检修、临时检修、依法限电或者用电人违法用电等原因，需要中断供电时，应当按照国家有关规定事先通知用电人；未事先通知用电人中断供电，造成用电人损失的，应当承担赔偿责任。"由此可见，用电人在未收到供电单位停电通知的情况下，如果由于供电单位中断供电造成损失的，可以要求供电单位赔偿自己的损失。

托运人变更目的地，运货司机可以拒绝吗？

答：我国《民法典》第829条明确规定："在承运人将货物交付收货人之前，托运人可以要求承运人中止运输、返还货物、变更到达地或者将货物交给其他收货人，但是应当赔偿承运人因此受到的损失。"由此可见，托运人可以在货物运送至收货地点之前变更目的地，承运人（运货方）应当按照托运方的要求中止运输、将货物运回、运送到其他地方或者交给其他人，但是托运人应当赔偿承运人因此遭受的损失。

遭遇不可抗力致使运送货物毁损的，承运人还用赔偿吗？

答：我国《民法典》第832条规定："承运人对运输过程中货物的毁损、灭失承担赔偿责任。但是，承运人证明货物的毁损、灭失是因不可抗力、货物本身的自然性质或者合理损耗以及托运人、收货人的过错造成的，不承担赔偿责任。"由此可见，承运人在正常运输过程中因不可抗力造成货物毁损灭失的，不承担赔偿责任。

租来的房屋谁负责维修？

答：根据我国《民法典》第712条的规定，出租人应当履行租赁物的维修义务，但是当事人另有约定的除外。意味着出租房屋原则上由出租人履行维修义务，如果合同当事人在合同中另有约定的，由被约定维修的一方维修。如果合同双方互相推脱，我国《民法典》第713条明确规定："承租人在租赁物需要维修时可以请求出租人在合理期限内维修。出租人未履行维修义务的，承租人可以自行维修，维修费用由出租人负担。因维修租赁物影响承租人使用的，应当相应减少租金或者延长租期。"

汽车租赁期间造成他人损失的，谁负责？

答：根据我国《民法典》第749条的规定，承租人占有租赁物期间，租赁物造成第三人人身损害或者财产损失的，出租人不承担责任。由此可见，承租人使用租赁物时给其他自然人、法人造成的人身伤害或财产损害，因不是出租人在实际支配出租物，所以出租人不承担责任。因此，汽车租赁期间造成他人损失的，应由汽车承租人负责赔偿，与汽车出租公司无关。

对融资租赁合同中的租赁物谁享有所有权？

答：对于融资租赁合同，我国《民法典》第745条规定："出租人对租赁物享有的所有权，未经登记，不得对抗善意第三人。"同时，该法第757条还规定："出租人和承租人可以约定租赁期限届满租赁物的归属；对租赁物的归属没有约定或者约定不明确，依照本法第五百一十条的规定仍不能确定的，租赁物的所有权归出租人。"由此可见，在没有约定的情形下，一般情况下，出租人享有对租赁物的所有权。

不经定作人同意，承揽人把定作工作转托给第三人，符合法律规定吗？

答：我国《民法典》第772条规定："承揽人应当以自己的设备、技术和劳力，完成主要工作，但是当事人另有约定的除外。承揽人将其承揽的主要工作交由第三人完成的，应当就该第三人完成的工作成果向定作人负责；未经定作人同意的，定作人也可以解除合同。"由此可见，承揽人接受了定作人的委托，应当亲自完成主要工作，除非有约定，否则定作人可以解除合同。

定作人没有按合同制作衣服，怎么办？

答：双方签订了承揽合同后，作为承揽人应当按照合同约定按时、保质、保量完成工作。根据我国《民法典》第781条的规定，承揽人交付的工作成果不符合质量要求的，定作人可以合理选择请求承揽人承担修理、重作、减少报酬、赔偿损失等违约责任。

公司可以将承包的建设工程分包给他人吗？

答：建设工程包括房屋建筑、道路、桥梁、隧道、水坝等，建设工程一般有勘察、设计、施工阶段，所以对建设工程要求发包人与总承包人订立建设工程合同。根据我国《民法典》第791条的规定，发包人可以与总承包人订立建设工程合同，也可以分别与勘察人、设计人、施工人订立勘察、设计、施工承包合同。发包人不得将应当由一个承包人完成的建设工程支解成若干部分发包给数个承包人。总承包人或者勘察、设计、施工承包人经发包人同意，可以将自己承包的部分工作交由第三人完成。第三人就其完成的工作成果与总承包人或者勘察、设计、施工承包人向发包人承担连带责任。承包人不得将其承包的全部建设工程转包给第三人或者将其承包的全部建设工程支解以后以分包的名义分别转包给第三人。禁止承包人将工程分包给不具备相应资质条件的单位。禁止分包单位将其承包的工程再分包。建设工程主体结构的施工必须由承包人自行完成。

运送人突患重病，可以将运送任务转给其他人完成吗？

答：我国《民法典》第922条明确规定："受托人应当按照委托人的指示处理委托事务。需要变更委托人指示的，应当经委托人同意；因情况紧急，难以和委托人取得联系的，受托人应当妥善处理委托事务，但是事后应当将该情况及时报告委托人。"由此可见，运送人突患重病，可以将运送任务转给其他人以完成运送任务，但是应当请示委托人，如果不能及时请示的，应当在事后及时告知。

受托人以自己的名义签订合同，委托人应该负责吗？

答：根据我国《民法典》第925条的规定，受托人以自己的名义，在委托人的授权范围内与第三人订立的合同，第三人在订立合同时知道受托人与委托人之间的代理关系的，该合同直接约束委托人和第三人；但是，有确切证据证明该合同只约束受托人和第三人的除外。

受托销售货物，超出约定价格的部分归谁？

答：受托销售货物，属于行纪。根据我国《民法典》第955条的规定，行纪人低于委托人指定的价格卖出或者高于委托人指定的价格买入的，应当经委托人同意；未经委托人同意，行纪人补偿其差额的，该买卖对委托人发生效力。行纪人高于委托人指定的价格卖出或者低于委托人指定的价格买入的，可以按照约定增加报酬；没有约定或者约定不明确，依据本法第510条的规定仍不能确定的，该利益属于委托人。委托人对价格有特别指示的，行纪人不得违背该指示卖出或者买入。

行纪人可以购买代卖的产品吗？

答：根据我国《民法典》第956条第1款的规定，行纪人卖出或者买入具有市场定价的商品，除委托人有相反的意思表示外，行纪人自己可以作为买受人或者出卖人。由此可见，行纪人是可以购买代卖的产品的。并且，行纪人自己购买的，仍然可以要求委托人支付报酬。

消息灵通人士帮助当事人提供签订合同的机会，当事人需要支付报酬吗？

答：此问题涉及中介合同。我国《民法典》第961条规定："中介合同是中介人向委托人报告订立合同的机会或者提供订立合同的媒介服务，委托人支付报酬的合同。"由此可见，帮助我们寻找机会的人在法律上被称为中介人，我们和中介人订立的合同称为中介合同，中介人主要是向我们报告订立合同的机会或者提供订立合同的媒介服务。他们需要向我们提供我们需要的真实情况，以此来获得报酬。

中介人为促成合同成立隐瞒真实事实，致使委托人遭受重大损失的，应当赔偿吗？

答：我国《民法典》第962条明确规定："中介人应当就有关订立合同的事项向委托人如实报告。中介人故意隐瞒与订立合同有关的重要事实或者提供虚假情况，损害委托人利益的，不得请求支付报酬并应当承担赔偿责任。"由此可见，中介人负有将真实情况告知委托人的义务，如果中介人隐瞒重要事实致使委托人受到损失的，不得要求支付报酬并应当承担损害赔偿责任。

中介介绍没有成功的，还要支付中介费吗？

答：根据我国《民法典》第964条的规定，中介人未促成合同成立的，不得请求支付报酬；但是，可以按照约定请求委托人支付从事中介活动支出的必要费用。因此，中介介绍没有成功的，不需要支付中介费，但其他必要的活动开支，需要委托人支付。

未约定保证方式，保证人是否应当承担连带责任？

答：我国《民法典》第686条规定："保证的方式包括一般保证和连带责任保证。当事人在保证合同中对保证方式没有约定或者约定不明确的，按照一般保证承担保证责任。"也就是说，如果当事人在保证合同中未明确保证人的保证责任的，保证人只承担一般保证责任，而不必承担连带保证责任。

同一债务有两个以上保证人的，保证人如何承担保证责任？

答：我国《民法典》第699条规定："同一债务有两个以上保证人的，保证人应当按照保证合同约定的保证份额，承担保证责任；没有约定保证份额的，债权人可以请求任何一个保证人在其保证范围内承担保证责任。"也就是说，对于没有约定保证份额的保证合同，各个保证人在其"保证范围"内承担保证责任。当然，根据《民法典》第700条的规定，保证人承担保证责任后，除当事人另有约定外，有权在其承担保证责任的范围内向债务人追偿，享有债权人对债务人的权利，但是不得损害债权人的利益。

没人住的房屋需要交物业管理费吗？

答：根据《民法典》第944条的规定，物业服务人已经按照约定和有关规定提供服务的，业主不得以未接受或者无须接受相关物业服务为由拒绝支付物业费。所以，虽然房子是空置的，无人居住，但是业主仍然要承担物业费。

业主给他人设立居住权的，有必要告知物业吗？

答：所谓居住权，是指对他人所有的住房及其房屋上的附属设施进行占有、使用的权利。我国《民法典》第945条第2款明确规定，业主转让、出租物业专有部分、设立居住权或者依法改变共有部分用途的，应当及时将相关情况告知物业服务人。由此可知，业主给他人设立居住权，必须告知物业公司。

合伙合同未约定利润分配比例的，应如何分配？

答：根据我国《民法典》第972条的规定，合伙的利润分配和亏损分担，按照合伙合同的约定办理；合伙合同没有约定或者约定不明确的，由合伙人协商决定；协商不成的，由合伙人按照实缴出资比例分配、分担；无法确定出资比例的，由合伙人平均分配、分担。

合伙企业的债务，合伙人承担什么责任？

答：我国《民法典》第973条规定："合伙人对合伙债务承担连带责任。清偿合伙债务超过自己应当承担份额的合伙人，有权向其他合伙人追偿。"合伙企业对其发生的债务，应先以其全部财产进行清偿，不能清偿的，合伙人承担连带责任。当然，如果有合伙人实际支付的债务数额超过了合伙合同中确定比例所承担的数额，有权向其他合伙人追偿。

保理合同生效后，债务人与债权人进行的清偿是否有效？

答：保理合同是应收账款债权人将现有的或者将有的应收账款转让给保理人，保理人提供资金融通、应收账款管理或者催收、应收账款债务人付款担保等服务的合同。保理合同生效后，债务人应当将债务偿还给保理人。《民法典》第765条规定："应收账款债务人接到应收账款转让通知后，应收账款债权人与债务人无正当理由协商变更或者终止基础交易合同，对保理人产生不利影响的，对保理人不发生效力。"由此可见，保理合同生效后，债务人收到应收账款转让通知的，与债权人之间进行的清偿行为，对保理人是无效的。

第九章 劳动就业篇

一、劳动合同订立与解除

若想成立劳动关系，一定要签订劳动合同吗？没有劳动合同就不能索要报酬吗？

答：根据我国《劳动合同法》第10条的规定，劳动关系自用人单位用工之日起建立。如果用人单位招用劳动者未订立劳动合同，但劳动者只要能出示工资的支付凭证、缴纳社会保险费的记录、用人单位发放的工作证和服务证、劳动者填写的用人单位招聘登记表和报名表以及考勤的记录等，就可以证明双方劳动关系的存在。只要劳动者能证明劳动关系的存在，即使没有书面劳动合同，一样可以向公司索要劳动报酬。而且根据《劳动合同法》第82条的规定，如果用人单位不与劳动者签订劳动合同，自劳动者进入公司1个月至1年这段时间，可以要求公司每月支付他两倍的工资。

什么是无固定期限劳动合同？通常什么情况下可以签订？

答：根据我国《劳动合同法》第14条的规定，无固定期限劳动合同是指用人单位与劳动者约定无确定终止时间的劳动合同。用人单位与劳动者协商一致，可以订立无固定期限劳动合同。有下列情形之一，劳动者提出或者同意续订、订立劳动合同的，除劳动者提出订立固定期限劳动合同外，应当订立无固定期限劳动合同：（1）劳动者在该用人单位连续工作满10年的；（2）用人单位初次实行劳动合同制度或者国有企业改制重新订立劳动合同时，劳动者在该用人单位连续工作满10年且距法定退休年龄不足10年的；（3）连续订立2次固定期限劳动合同，且劳动者没有本法第39条和第40条第1项、第2项规定的情形，续订劳动合同的。此外，用人单位自用工之日起满1年不与劳动者订立书面劳动合同的，视为用人单位与劳动者已订立无固定期限劳动合同。

无固定期限劳动合同等于"铁饭碗"吗？

答：无固定期限劳动合同不等于"铁饭碗"。我国《劳动合同法实施条例》第19条规定，有下列情形之一的，依照劳动合同法规定的条件、程序，用人单位可以与劳动者解除固定期限劳动合同、无固定期限劳动合同或者以完成一定工作任务为期限的劳动合同：（1）用人单位与劳动者协商一致的；（2）劳动者在试用期间被证明不符合录用条件的；（3）劳动者严重违反用人单位的规章制度的；（4）劳动者严重失职，营私舞弊，给用人单位造成重大损害的；（5）劳动者同时与其他用人单位建立劳动关系，对完成本单位的工作任务造成严重影响，或者经用人单位提出，拒不改正的；（6）劳动者以欺诈、胁迫的手段或者乘人之危，使用人单位在违背真实意思的情况下订立或者变更劳动合同的；（7）劳动者被依法追究刑事责任的；（8）劳动者患病或者非因工负伤，在规定的医疗期满后不能从事原工作，也不能从事由用人单位另行安排的工作的；（9）劳动者不能胜任工作，经过培训或者调整工作岗位，仍不能胜任工作的；（10）劳动合同订立时所依据的客观情况发生重大变化，致使劳动合同无法履行，经用人单位与劳动者协商，未能就变更劳动合同内容达成协议的；（11）用人单位依照企业破产法规定进行重整的；（12）用人单位生产经营发生严重困难的；（13）企业转产、重大技术革新或者经营方式调整，经变更劳动合同后，仍需裁减人员的；（14）其他因劳动合同订立时所依据的客观经济情况发生重大变化，致使劳动合同无法履行的。由此可见，如果劳动者在无固定劳动合同期限内出现上述14种情形之一时，用人单位同样可以解除该合同。所以，无固定期限劳动合同不等于"铁饭碗"。

员工家属代签的劳动合同有效吗？

答：根据《劳动法》第16条的规定，建立劳动关系应当订立劳动合同。劳动合同以双方当事人签字署名或盖章的形式来完成、确认。当事人的签字行为，是对劳动合同权利义务接受的表示。当然，签订劳动合同是一种民事行为，依据我国《民法典》的相关规定，劳动者也可以书面的形式委托他人代签劳动合同。即在员工的委托之下其家属代签的劳动合同是有效的。

没有公司公章的劳动合同有效吗？

答：完整的劳动合同应该是在双方同意合同的具体内容以后，双方要盖章签字。用人单位一方要在合同上加盖公章、公司行政章、合同章、人力资源章等，如果在法人代表不直接签字的情况下，要由负责签订劳动合同的具体承办人员签字。劳动者作为劳动合同的另一方，自己对合同的期限、约定的岗位以及薪金等内容没有异议后，要亲自签署自己的姓名，以示承诺。公司签订劳动合同后，合同文本要至少一式两份，公司与劳动者各持一份。劳动合同在没有公司签章，但有法人代表签名的情况下，也是有效的。因为法人代表有权代表公司订立合同，即证明用人单位对此份劳动合同的认可与同意。

劳动者应聘到一家用人单位时，有权知道哪些事项？

答：我国《劳动合同法》第8条明确规定，用人单位与劳动者之间互相负有告知义务。用人单位要如实地将工作内容、工作条件、工作地点、职业危害、安全生产状况、劳动报酬，以及劳动者要求了解的其他情况无条件地告诉劳动者；同样，劳动者也不能隐瞒学历、技能等相关个人信息。这是为了使订立劳动合同的双方当事人在比较全面地了解对方后，再签订劳动合同，以避免劳务纠纷的产生。

用人单位拒绝签订劳动合同，应当承担什么样的责任？

答：在现实生活中，用人单位拒绝同劳动者签订劳动合同的情况比较普遍。对此，我国《劳动合同法》第82条规定："用人单位自用工之日起超过一个月不满一年未与劳动者订立书面劳动合同的，应当向劳动者每月支付二倍的工资。用人单位违反本法规定不与劳动者订立无固定期限劳动合同的，自应当订立无固定期限劳动合同之日起向劳动者每月支付二倍的工资。"由此可见，如果用人单位自用工之日起，即从劳动者开始在用人单位上班的那天起，满1个月，但又没有满1年，用人单位没有或者拒绝与劳动者签订劳动合同的，应该支付劳动者两倍工资。如果1年后，用人单位仍然没有或者拒绝与劳动者签订劳动合同的,视为用人单位与劳动者已签订无固定期限劳动合同。

用人单位要求劳动者交"押金"有没有法律依据?

答: 劳动部《关于贯彻执行〈中华人民共和国劳动法〉若干问题的意见》第24条明确规定:"用人单位在与劳动者订立劳动合同时,不得以任何形式向劳动者收取定金、保证金(物)或抵押金(物)……"同时,我国《劳动合同法》第84条也规定:"用人单位违反本法规定,扣押劳动者居民身份证等证件的,由劳动行政部门责令限期退还劳动者本人,并依照有关法律规定给予处罚。用人单位违反本法规定,以担保或者其他名义向劳动者收取财物的,由劳动行政部门责令限期退还劳动者本人,并以每人五百元以上二千元以下的标准处以罚款;给劳动者造成损害的,应当承担赔偿责任。劳动者依法解除或者终止劳动合同,用人单位扣押劳动者档案或者其他物品的,依照前款规定处罚。"由此可见,法律对用人单位收取"押金"的行为是禁止的,即不允许收取"押金"。用人单位要求劳动者交"押金"是没有法律依据的。

从事什么职业的劳动者需要与企业签订竞业限制协议?

答: 根据我国《劳动合同法》第24条的规定,并非所有的劳动者都要与用人单位签订竞业限制协议,涉及保密义务的劳动者可以签订竞业限制协议,如果根本没有保密的必要,则不必签订竞业限制协议。国家对于劳动者与用人单位签订竞业限制协议并不是强制条款,也就是可以签也可以不签,而签订协议的劳动者仅限于用人单位的高级管理人员、高级技术人员和其他负有保密义务的人员。

用人单位在什么情况下可以雇用童工?

答: 我国《劳动法》第15条规定:"禁止用人单位招用未满十六周岁的未成年人。文艺、体育和特种工艺单位招用未满十六周岁的未成年人,必须遵守国家有关规定,并保障其接受义务教育的权利。"由此可见,用人单位要想雇用童工,必须要满足以下两个条件:首先,用人单位必须是文艺、体育和特种工艺的单位;其次,用人单位也必须履行相关程序,找有关部门办理审批手续。只有满足上述条件时,用人单位才能够雇用童工。

用人单位可否录用"他"而不录用"她"?

答: 女职工由于各种特殊的生理原因,比如怀孕、生子,因此,她所能给用人单位创造的效益低于男职工。而用人单位在录用职工的时候,肯定是以为用人单位创造最大限度的利润为原则。但是,我国《劳动法》第12条规定:"劳动者就业,不因民族、种族、性别、宗教信仰不同而受歧视。"第13条还规定:"妇女享有与男子平等的就业权利。在录用职工时,除国家规定的不适合妇女的工种或者岗位外,不得以性别为由拒绝录用妇女或者提高对妇女的录用标准。"由此可见,用人单位在录用员工的时候,必须一视同仁,不得男女区别对待,不可以只录用"他"而不录用"她"。

签订集体合同是企业的强制性义务吗?

答: 集体合同是企业与工会签订的以劳动条件为中心内容的书面集体协议。我国《劳动法》第33条、第34条、第35条规定,企业职工一方与企业可以就劳动报酬、工作时间、休息休假、劳动安全卫生、保险福利等事项，签订集体合同。集体合同草案应当提交职工代表大会或者全体职工讨论通过。集体合同由工会代表职工与企业签订；没有建立工会的企业，由职工推举的代表与企业签订。集体合同签订后应当报送劳动行政部门；劳动行政部门自收到集体合同文本之日起15日内未提出异议的，集体合同即行生效。依法签订的集体合同对企业和企业全体职工具有约束力。职工个人与企业订立的劳动合同中劳动条件和劳动报酬等标准不得低于集体合同的规定。由此可见，签订集体合同并非企业的强制性义务，企业可以签也可以不签。

劳动合同对劳动报酬和劳动条件约定不明怎么办？

答：在实践中，由于种种原因，劳动者在开始工作时，往往没有与用人单位约定好报酬等事项，以至于事后引起麻烦。对此，我国《劳动合同法》第18条规定："劳动合同对劳动报酬和劳动条件等标准约定不明确，引发争议的，用人单位与劳动者可以重新协商；协商不成的，适用集体合同规定；没有集体合同或者集体合同未规定劳动报酬的，实行同工同酬；没有集体合同或者集体合同未规定劳动条件等标准的，适用国家有关规定。"

劳动者谎报学历与用人单位签订的劳动合同效力如何？

答：随着就业竞争的加剧，用人单位对于劳动者学历的要求也越来越高，一般职位都要大学本科，较高职位则要求更高的学历。这样，对于一些大中专学生来说，更是一个不利的消息。于是，很多求职者在求职时，都会谎报自己的学历，以顺利和用人单位签订劳动合同。我国《劳动合同法》第26条第1款规定："下列劳动合同无效或者部分无效：（一）以欺诈、胁迫的手段或者乘人之危，使对方在违背真实意思的情况下订立或者变更劳动合同的；……"求职者在求职时，谎报自己的学历，很明显属于一种欺诈行为，所以根据本条的规定，在这种情况下签订的劳动合同是没有法律效力的，用人单位可以单方面解除劳动合同。

什么是劳务派遣？

答：劳务派遣，是指劳务派遣单位与被派遣劳动者订立劳动合同后，将该劳动者派遣到用工单位从事劳动的一种特殊的用工形式。劳务派遣合同和一般劳动合同的一个最大不同之处在于：一般的劳动合同只涉及劳动者和用人单位两方当事人，而在劳务派遣合同中，存在三方当事人：劳动者、劳务派遣单位和用工单位。劳务派遣单位与劳动者之间签订劳动合同，双方形成劳动关系，就是我们所说的用人单位和劳动者的关系。但是，劳务派遣单位实际上并不用工，即不直接管理和指挥劳动者从事劳动，而是将劳动者派往用工单位从事劳动，即用人单位才是实际上的用工单位。在现实生活中，保安公司就是最为常见的劳务派遣单位。

劳务派遣，工资由谁支付？

答：我国《劳动合同法》第58条第2款规定："劳务派遣单位应当与被派遣劳动者订立二年以上的固定期限劳动合同，按月支付劳动报酬；被派遣劳动者在无工作期间，劳务派遣单位应当按照所在地人民政府规定的最低工资标准，向其按月支付报酬。"由此，在劳务派遣关系中，应当由劳务派遣公司给劳动者发放工资。需要注意的是，在现实生活中，为了方便劳动者领取工资，在用人单位和劳务派遣单位的劳务派遣协议中，可以约定由用人单位支付工资，这样就解决了许多跨地区派遣劳动者领取工资不方便的问题。

劳务派遣公司可以向劳动者收取费用吗？

答： 在现实生活中，劳务派遣公司一般都会向劳动者收取一笔费用，认为自己向劳动者提供了服务，自己有权利从中提取一定数额的钱，作为自己的劳动所得。但是，我国《劳动合同法》第9条规定："用人单位招用劳动者，不得扣押劳动者的居民身份证和其他证件，不得要求劳动者提供担保或者以其他名义向劳动者收取财物。"同时，该法第60条也规定："……劳务派遣单位和用工单位不得向被派遣劳动者收取费用。"由此可见，劳务派遣公司是没有权利向劳动者收取任何费用的。因为劳务派遣公司不同于一般的"职业介绍所"，不能以给劳动者介绍了工作为由，收取任何费用。

如何确定劳务派遣合同中劳动者的报酬？

答： 劳务派遣合同中，劳动者的工资是由劳务派遣单位发放的。而劳动者如果被派遣到外地工作，那么，该劳动者的工资标准，是按劳务派遣单位所在地的标准，还是按用工单位所在地的标准呢？对此，我国《劳动合同法》第61条规定："劳务派遣单位跨地区派遣劳动者的，被派遣劳动者享有的劳动报酬和劳动条件，按照用工单位所在地的标准执行。"由此可见，尽管在劳务派遣合同中，劳动者的工资是由劳务派遣公司支付，但是其支付标准却应按用人单位所在地的标准执行。

用人单位与其他单位合并，原劳动合同是否继续有效？

答： 我国《劳动合同法》第34条规定："用人单位发生合并或者分立等情况，原劳动合同继续有效，劳动合同由承继其权利和义务的用人单位继续履行。"由此可见，用人单位在经营过程中发生了合并或分立等情形，只要与原用人单位的劳动合同仍在有效期内，那么，新成立的用人单位应该继续履行该劳动合同。劳动者是可以拿着与原用人单位签订的劳动合同去新的用人单位上班的。

就业协议可以代替劳动合同吗？

答： 就业协议是毕业生在校时，由学校参与见证的，与用人单位协商签订的，是编制毕业生就业计划方案和毕业生派遣的依据，内容主要是毕业生如实介绍自身情况，并表示愿意到用人单位就业、用人单位表示愿意接收毕业生，学校同意推荐毕业生并列入就业计划进行派遣。就业协议是毕业生和用人单位关于将来就业意向的初步约定，对于双方的基本条件以及即将签订劳动合同的部分基本内容大体认可，并经用人单位的上级主管部门和高校就业部门同意和见证，一经毕业生、用人单位、高校、用人单位主管部门签字盖章，即具有一定的法律效力，是编制毕业生就业计划和将来可能发生违约情况时的判断依据。毕业生劳动合同则是毕业生与用人单位明确劳动关系中权利义务关系的协议，是上岗毕业生从事何种岗位、享受何种待遇等权利和义务的依据。一般来说，就业协议签订在前，劳动合同订立在后，如果毕业生与用人单位就工资待遇、住房等有事先约定，亦可在就业协议备注条款中予以注明，日后订立劳动合同对此内容应予认可。因此，就业协议是不可以代替劳动合同的。

"口头"变更劳动合同，有法律效力吗？

答： 《最高人民法院关于审理劳动争议案件适用法律问题的解释（一）》第43条规定："用人单位与劳动者协商一致变更劳动合同，虽未采用书面形式，但已经实际履行了口头变更的劳动合同超过一个月，变更后的劳动合同内容不违反法律、行政法规且不违背公序良俗，当事人以未采用书面形式为由主张劳动合同变更无效的，人民法院不予支持。"也就是说，若用人单位与劳动者就劳动合同的变更内容口头达成一致，并且双方已经就该变更履行超过一个月，且没有违反强制性法律规定和公序良俗，即使未采用书面形式，那么也是具有法律效力的。

什么情况下劳动者可以解除合同？

答：我国《劳动合同法》第38条明确规定，用人单位有下列情形之一的，劳动者可以解除劳动合同：（1）未按照劳动合同约定提供劳动保护或者劳动条件的；（2）未及时足额支付劳动报酬的；（3）未依法为劳动者缴纳社会保险费的；（4）用人单位的规章制度违反法律、法规的规定，损害劳动者权益的；（5）因本法第26条第1款规定的情形致使劳动合同无效的；（6）法律、行政法规规定劳动者可以解除劳动合同的其他情形。此外，用人单位以暴力、威胁或者非法限制人身自由的手段强迫劳动者劳动的，或者用人单位违章指挥、强令冒险作业危及劳动者人身安全的，劳动者可以立即解除劳动合同，不需事先告知用人单位。

劳动者可以不事先通知用人单位，随时解除劳动合同吗？

答：作为劳动者，在就业关系中本来就属于弱势群体，其合法权益很容易受到侵害。对此，立法机关在立法时，制定相应的保护条款也是理所当然。根据我国《劳动合同法》第38条第2款的规定，用人单位以暴力、威胁或者非法限制人身自由的手段强迫劳动者劳动的，或者用人单位违章指挥、强令冒险作业危及劳动者人身安全的，劳动者可以立即解除劳动合同，不需事先告知用人单位。

试用期内发现劳动者不符合录用条件怎么办？

答：约定试用期，是为了使劳动者与用人单位在充分了解后，在平等、自愿基础上签订劳动合同。试用期间的劳动关系与一般意义上的劳动关系是不同的，即用人单位在此期间可以主张一些权利，而试用期的存在也是基于劳动者与用人单位相互考核的目的。根据我国《劳动合同法》第39条的规定，劳动者在试用期间被证明不符合录用条件的，用人单位可以解除劳动合同。

公司单方面解除劳动合同要给员工赔偿吗？

答：《劳动合同法》第48条规定："用人单位违反本法规定解除或者终止劳动合同，劳动者要求继续履行劳动合同的，用人单位应当继续履行；劳动者不要求继续履行劳动合同或者劳动合同已经不能继续履行的，用人单位应当依照本法第八十七条规定支付赔偿金。"可见，在用人单位违法解除或终止劳动合同时，才需要向劳动者支付赔偿金。如果用人单位是依法解除劳动合同的，则不需要给员工赔偿。

劳动者在劳动合同期限内犯罪的，用人单位是否有权解除劳动合同？

答：我国《劳动合同法》第39条规定，劳动者有下列情形之一的，用人单位可以解除劳动合同：（1）在试用期间被证明不符合录用条件的；（2）严重违反用人单位的规章制度的；（3）严重失职，营私舞弊，给用人单位造成重大损害的；（4）劳动者同时与其他用人单位建立劳动关系，对完成本单位的工作任务造成严重影响，或者经用人单位提出，拒不改正的；（5）因本法第26条第1款第1项规定的情形致使劳动合同无效的；（6）被依法追究刑事责任的。由此可以看出，劳动者在劳动合同期限内犯罪的，用人单位有权解除劳动合同，并且这种由于劳动者本身的原因而导致公司解除劳动合同的，用人单位也无需向其支付经济补偿金。

拒绝接受工作安排的劳动者，可以解聘吗？

答：依据我国《劳动合同法》第40条的规定，劳动者患病或者非因工负伤，在规定的医疗期满后不能从事原工作，也不能从事由用人单位另行安排的工作的，用人单位提前30日以书面形式通知劳动者本人或者额外支付劳动者一个月工资后，可以解除劳动合同。

员工合同期间考研究生要支付违约金吗？

答：用人单位与劳动者一旦签订劳动合同，双方都有严格按合同的约定履行合同的义务，任何一方违约或违法提前要求终止合同的，都应赔偿因此给对方造成的损失。但是，依照我国《劳动合同法》第25条的规定，如果用人单位与劳动者之间没有关于专项培训费用或保密条款的约定，则不可以约定违约金条款。即如果考研的员工不存在以上两种约定的话，就不需要支付违约金。

用人单位可以辞退患精神病的劳动者吗？

答：根据我国《劳动合同法》第40条的规定，劳动者患病或者非因工负伤，在规定的医疗期满后不能从事原工作，也不能从事由用人单位另行安排的工作的，用人单位提前30日以书面形式通知劳动者本人或者额外支付劳动者一个月工资后，可以解除劳动合同。由此可见，用人单位可以辞退患精神病的劳动者。此处有两点必须注意，首先，导致劳动者失去工作能力的疾病不能是职业病或因工负伤，不能与用人单位有任何关系；否则用人单位不能将其辞退。其次，劳动者患病、负伤，失去工作能力后，用人单位不能立即解除合同，必须要给予一定的医疗期，医疗期结束后，再商谈解除合同的事宜。

企业可以辞退即将退休的老员工吗？

答：根据我国《劳动合同法》第42条的规定，在本单位连续工作满15年，且距法定退休年龄不足5年的，用人单位不得依照本法第40条、第41条的规定解除劳动合同。这是对用人单位与职工解除劳动合同的限制性条款。老年人在市场经济中面临着与年轻人一样的竞争压力，但就其自身条件而言，老年人有着太过明显的劣势。为了保护老年人的合法权益，有必要制定相应的保护条款。

公司能以严重亏损为由与劳动者解除合同吗？

答：根据《劳动法》第26条的规定，劳动合同订立时所依据的客观情况发生重大变化，致使原劳动合同无法履行，经当事人协商不能就变更劳动合同达成协议的，用人单位可以解除劳动合同，但是应当提前30日以书面形式通知劳动者本人。此外，该法第28条还规定："用人单位依据本法第二十四条、第二十六条、第二十七条的规定解除劳动合同的，应当依照国家有关规定给予经济补偿。"由此可见，公司能以严重亏损为由与劳动者解除合同，但要履行一定的程序，有的还要予以补偿。

什么是经济性裁员？哪些情形适用经济性裁员？

答：经济性裁员，是指用人单位为了保护自己在市场经济中的竞争能力和生存能力，在濒临破产进行法定整顿期间，辞退一部分职工，以改善经营状况。依据我国法律规定，适用经济性裁员的情形主要有：（1）依照企业破产法规定进行重整的；（2）生产经营发生严重困难的；（3）企业转产、重大技术革新或者经营方式调整，经变更劳动合同后，仍需裁减人员的；（4）其他因劳动合同订立时所依据的客观经济情况发生重大变化，致使劳动合同无法履行的。此外，经济性裁员还要履行法定的程序，首先要提前30日告知工会，并听取工会的意见；然后向劳动部门报告裁减方案。

只约定了竞业限制，但没有约定具体补偿的，劳动者事后还可以要求补偿吗？

答：《最高人民法院关于审理劳动争议案件适用法律问题的解释（一）》第36条规定："当事人在劳动合同或者保密协议中约定了竞业限制，但未约定解除或者终止劳动合同后给予劳动者经济补偿，劳动者履行了竞业限制义务，要求用人单位按照劳动者在劳动合同解除或者终止前十二个月平均工资的30%按月支付经济补偿的，人民法院应予支持。前款规定的月平均工资的30%低于劳动合同履行地最低工资标准的，按照劳动合同履行地最低工资标准支付。"据此可知，如果劳动者有竞业限制并且依约履行了义务，即使用人单位并没有明确规定给付补偿金，劳动者也可以要求补偿。

二、试用期、薪资

试用期内企业与劳动者签订试用合同还是劳动合同？

答：根据我国《劳动法》第16条的规定，建立劳动关系应当订立劳动合同，即不论是否在试用期，不论劳动合同是无固定期限的、固定期限的，还是以完成一定工作为期限的，企业都应当最迟在员工开始为企业工作时就与员工签订劳动合同，这与试用期没有关系。即试用期内企业与劳动者签订的是劳动合同。

试用期可以归零，从头再来吗？

答：试用期是指用人单位对新招收的职工进行思想品德、劳动态度、实际工作能力、身体情况等进行进一步考察的时间期限。用人单位在录用劳动者时，基本情况应该在试用期内进行较为全面的掌握。我国《劳动合同法》第19条第2款规定："同一用人单位与同一劳动者只能约定一次试用期。"劳动合同不论发生何种变化，均不能再次约定试用期，更不得以任何理由延长试用期限。所谓重新计算试用期，实际上是变相再次约定试用期的行为，这样的约定与法律强制性规定相悖，当然也不能得到法律的维护。

劳动者在试用期内有哪些权利？

答：根据我国《劳动合同法》的规定，劳动者在试用期内享有以下几方面的权利：（1）劳动者有享受保险待遇的权利。用人单位与劳动者建立了劳动关系以后，即应按月为劳动者缴纳养老、失业等社会保险费用。（2）劳动者除获得劳动报酬外，还应享受与其他职工相同的保险福利待遇。（3）用人单位一方如有违反法律法规及合同约定的行为并对劳动者造成损害的，劳动者有权获得赔偿。(4) 劳动者可以随时提出解除劳动合同终止劳动关系。

试用期包含在劳动合同期限内吗？

答：我国《劳动合同法》第19条第4款规定："试用期包含在劳动合同期限内。劳动合同仅约定试用期的，试用期不成立，该期限为劳动合同期限。"由此可见，试用期包含在劳动合同期限内，企业可根据劳动合同期限的长短确定试用期的长短。在试用期内，劳动者享有在劳动合同期限内享有的权利。

以完成一定工作任务为期限的劳动合同，可以约定试用期吗？

答：根据《劳动合同法》第19条第3款的规定，以完成一定工作任务为期限的劳动合同或者劳动合同期限不满三个月的，不得约定试用期。需要注意的是，以完成一定工作任务为期限约定的任务必须明确、具体，有任务完成的验收标准，不能笼统地做岗位描述。如软件开发任务，可以以某个软件开发任务完成作为期限，但如果只是约定软件开发，并没有明确约定某个任务，就不属于这一用工形式。

单位可以将新员工的试用期设定为1年吗？

答：我国《劳动合同法》第19条规定："劳动合同期限三个月以上不满一年的，试用期不得超过一个月；劳动合同期限一年以上不满三年的，试用期不得超过二个月；三年以上固定期限和无固定期限的劳动合同，试用期不得超过六个月……"同时，《劳动法》第21条还规定："劳动合同可以约定试用期。试用期最长不得超过六个月。"由此可见，单位是不可以将新员工的试用期设定为1年的。

酒店员工在试用期内患乙肝，酒店可以与之解除劳动合同吗？

答：酒店行业属于特殊服务业，酒店制定的录用条件里包括了对乙肝病人不予录用的规定，符合《劳动法》等相关法律法规的规定，故酒店有权在试用期内单方面解除与患乙肝的员工的劳动合同。此外，劳动者在试用期内患病的，依法享受3个月的医疗期，在规定的这3个月医疗期内，用人单位不得依据《劳动法》第26条、第27条的规定解除劳动合同。《劳动合同法》也有同样的规定。因此，在这里，酒店要与患乙肝的员工解除劳动合同之前还要给其3个月的医疗期。

在试用期内辞职需要提前多久通知用人单位？

答：我国《劳动合同法》第37条规定："劳动者提前三十日以书面形式通知用人单位，可以解除劳动合同。劳动者在试用期内提前三日通知用人单位，可以解除劳动合同。"由此可见，劳动者如果在试用期想要解除劳动合同，只需要提前3日通知用人单位就可以，并且该通知形式并没有强调是用书面形式，即只要口头通知用人单位就可以了。需要注意的是，如果劳动者是在试用期满后，想要辞职，同样根据本条的规定，需要提前30日通知用人单位，这时候，口头通知就不行，只能采用书面形式，一般是提交辞职信。

见习期满，用人单位可以辞退不合格的毕业生吗？

答：见习期专门适用于应届毕业生，是其在转为国家干部编制之前制定的考核期间，期限一般为一年以上。若用人单位认为毕业生在见习期内合格，应为该劳动者办理转正手续，为其评定专业职称，聘任相应职务，确定工作岗位；如果见习期满，达不到见习要求的可延长见习期半年到1年，或者降低工资标准；表现特别不好的，可予以辞退。

试用期内的工资如何计算？

答： 我国《劳动合同法》第20条规定："劳动者在试用期的工资不得低于本单位相同岗位最低档工资或者劳动合同约定工资的百分之八十，并不得低于用人单位所在地的最低工资标准。"由此可见，在试用期的员工工资，不得低于相同岗位最低档工资或劳动合同中约定工资的80%，比如劳动合同中约定月工资为1000元，那么员工在试用期内的工资就不得低于800元。同时，所发工资也不得低于用人单位所在地的最低工资标准。

非全日制用工的薪酬如何计算？

答： 非全日制用工，是指以小时工资计酬为主，劳动者在同一用人单位一般平均每日工作时间不超过4小时，每周工作时间累计不超过24小时。非全日制用工，以小时计酬为主，但也不排除其他合理的计算方式。尽管是按小时计酬，但是每小时的酬金不能低于用人单位所在地人民政府规定的最低小时工资标准。

员工的工资可以低于当地最低工资标准吗？

答： 最低工资标准是指劳动者在法定工作时间或依法签订的劳动合同约定的工作时间内提供了正常劳动的前提下，用人单位依法应支付的最低劳动报酬。最低工资标准一般采取月最低工资标准和小时最低工资标准两种形式，月最低工资标准适用于全日制就业劳动者，小时最低工资标准适用于非全日制就业劳动者。在劳动者提供正常劳动的情况下，用人单位支付给劳动者的工资在剔除下列各项以后，不得低于当地最低工资标准：（1）延长工作时间的工资。（2）中班、夜班、高温、低温、井下、有毒有害等特殊工作环境、条件下的津贴。（3）法律、法规和国家规定的劳动者福利待遇等。

国家规定的福利待遇算在最低工资里吗？

答： 国家规定的福利待遇不能算在最低工资里。最低工资是指劳动者在法定工作时间内，提供了正常劳动的前提下，用人单位支付给劳动者的最低劳动报酬。但有几项不能包括在最低工资里，例如，加班费、在特殊条件下工作的津贴，再有就是劳动者福利待遇。国家规定最低工资标准，是为了使劳动者所得工资能够维持基本的生活需要，这是强制性规定，不能用约定的形式来抗辩，否则就是无效协议。

用人单位是否有权不经过工会而擅自修改有关工作报酬的规章制度？

答： 我国《劳动合同法》第4条第2款规定："用人单位在制定、修改或者决定有关劳动报酬、工作时间、休息休假、劳动安全卫生、保险福利、职工培训、劳动纪律以及劳动定额管理等直接涉及劳动者切身利益的规章制度或者重大事项时，应当经职工代表大会或者全体职工讨论，提出方案和意见，与工会或者职工代表平等协商确定。"由此可见，用人单位没有权力直接修改这些与职工有切身利害关系的规章制度，而必须依照一定的程序进行，比如经职工代表大会或全体职工讨论并协商。并且根据本条第4款的规定，在这些规章制度修改之后，还必须以一定的方式进行公示或告知劳动者。

企业"包吃包住",工人工资可不可以为全厂最低?

答:工资是指用人单位依据国家有关规定和劳动关系双方的约定,以货币形式支付给员工的劳动报酬。劳动者付出了劳动,用人单位必须给劳动者支付工资。对劳动者包吃包住,属于用人单位给予职工的福利,用人单位不能将此计算在工资之内。用人单位通过贴补伙食、住房等支付给劳动者的非货币性收入亦不包括在工资内。即企业不能以"包吃包住"为由,将工人的工资设置为全厂最低。

企业在停产期间还应该给工人支付工资吗?

答:根据我国《工资支付暂行规定》第12条的规定,非因劳动者原因造成单位停工、停产在一个工资支付周期内的,用人单位应按劳动合同规定的标准支付劳动者工资。超过一个工资支付周期的,若劳动者提供了正常劳动,则付给劳动者的劳动报酬不得低于当地的最低工资标准;若劳动者没有提供正常劳动,应经工会或职代会协商确定职工领取的生活费标准。所谓工资支付周期就是指用人单位按照国家的法律支付给劳动者工资的间隔,实行月薪制的用人单位的工资支付周期就是一个月。

企业内待岗富余人员也应该发工资吗?

答:企业内待岗富余人员是指用人单位因某种合法原因或状况的出现,依法让一部分人回家待岗,以节省经营成本而产生的人员富余。富余人员常常被人们误认为实际上就是下岗,实际未然。富余人员与用人单位没有解除劳动关系,用人单位和富余劳动者的劳动关系仍然存续,并且依法为其办理社会保险。富余人员作为不在岗人员,并没有实际参加工作,所以不能领取工资。

用人单位可否因为劳动者请假,发放的工资就低于最低工资标准?

答:在现实生活中,很多劳动者因为各种客观原因,不得不向用人单位请假。在扣除请假期间应付的工资后,最终支付的月工资,很有可能就低于最低工资标准,特别是对于一些底层劳动者,其基本工资本身就是最低工资,再扣除请假期间的工资,最终实际所得到的工资就必然会低于最低工资标准。对此,我国《最低工资规定》第12条第3款规定:"劳动者由于本人原因造成在法定工作时间或依法签订的劳动合同约定的工作时间内未提供正常劳动的,不适用于本条规定。"由此可见,如果劳动者因为自身原因,没有在工作的时间内完成正常的工作,用人单位在支付工资的时候,可以不受最低工资的限制,而可以按劳动者实际付出的劳动来支付报酬。

劳动者在什么样的情况下,不劳也可以得?

答:《工资支付暂行规定》第11条规定:"劳动者依法享受年休假、探亲假、婚假、丧假期间,用人单位应按劳动合同规定的标准支付劳动者工资。"除了以上情形外,《工资支付暂行规定》第10条还规定:"劳动者在法定工作时间内依法参加社会活动期间,用人单位应视同其提供了正常劳动而支付工资。社会活动包括:依法行使选举权或被选举权;当选代表出席乡(镇)、区以上政府、党派、工会、青年团、妇女联合会等组织召开的会议;出任人民法庭证明人;出席劳动模范、先进工作者大会;《工会法》规定的不脱产工会基层委员会委员因工会活动占用的生产或工作时间;其它依法参加的社会活动。"此外该法第12条还规定:"非因劳动者原因造成单位停工、停产在一个工资支付周期内的，用人单位应按劳动合同规定的标准支付劳动者工资……"

劳动者在涉嫌违法犯罪活动后，用人单位还需要支付工资报酬吗？

答：《关于贯彻执行〈中华人民共和国劳动法〉若干问题的意见》第28条规定："劳动者涉嫌违法犯罪被有关机关收容审查、拘留或逮捕的，用人单位在劳动者被限制人身自由期间，可与其暂时停止劳动合同的履行……"由此可见，用人单位可以暂停支付涉嫌犯罪的劳动者的工资，但需要同时满足以下两个条件，首先是劳动者被收容审查、拘留或者逮捕，其次是劳动者在劳动时被限制人身自由。只有在符合这两个条件的情况下，用人单位才可以暂停支付工资。

残疾人的工资标准比一般人的要低吗？

答：残疾人的工资与正常人的工资是没有差别的。我国《劳动法》第46条规定："工资分配应当遵循按劳分配原则，实行同工同酬。工资水平在经济发展的基础上逐步提高。国家对工资总量实行宏观调控。"我国《残疾人保障法》第38条第2款规定："在职工的招用、转正、晋级、职称评定、劳动报酬、生活福利、休息休假、社会保险等方面，不得歧视残疾人。"由此可见，我国实行的是按劳分配、同工同酬的原则，禁止在工资分配时对职工的性别歧视和与身份有关的歧视，以保证所有的职工有平等的工资权。

国家规定了发工资的具体日期吗？

答：国家没有规定发工资的具体日期。我国《劳动法》第50条只是规定了："工资应当以货币形式按月支付给劳动者本人。不得克扣或者无故拖欠劳动者的工资。"我国《工资支付暂行规定》第7条规定："工资必须在用人单位与劳动者约定的日期支付。如遇节假日或休息日，则应提前在最近的工作日支付。工资至少每月支付一次，实行周、日、小时工资制的可按周、日、小时支付工资。"由此可见，工资要以货币形式按月支付给劳动者本人。这里所说的按月支付并不仅指每月支付一次，而是还要按照固定的日期将工资支付给劳动者。至于具体时间由劳动者与用人单位约定。

发放工资时，可以用实物代替货币吗？

答：工资是指用人单位依据国家有关规定或劳动合同的约定，以货币形式直接支付给本单位劳动者的劳动报酬，一般包括计时工资、计件工资、奖金、津贴和补贴、延长工作时间的工资报酬以及特殊情况下支付的工资等。工资的支付只能采取货币形式，不能以任何物品代替。因为职工付出劳动，期望的是货币报酬，如果用实物代替货币，就意味着让职工自己拿着产品去卖钱，等于将经营的风险转嫁给职工，这显然是不合理的。

在哪些日子加班可以要求用人单位支付三倍工资？

答：我国《劳动法》第44条规定，有下列情形之一的，用人单位应当按照下列标准支付高于劳动者正常工作时间工资的工资报酬：（1）安排劳动者延长工作时间的，支付不低于工资的150%的工资报酬；（2）休息日安排劳动者工作又不能安排补休的，支付不低于工资的200%的工资报酬；（3）法定休假日安排劳动者工作的，支付不低于工资的300%的工资报酬。本条中的第1项比较好理解，如果劳动者的正常工资是每个小时10元钱，那么，如果加班1小时，则加班的这1小时的工资应当为15元钱。至于第2项和第3项，我们举个例子来说明。假设劳动者每天的工资是50元钱。国庆7天假期中，公司安排该劳动者加班。那么，在这一周，劳动者应得到多少加班工资？根据《劳动法》第44条第2项的规定，休息日加班的，应付双倍工资，国庆7天假期中，10月4日至7日这4天是休息日，应得双倍工资，则这4天劳动者应得工资400元钱。再看第3项的规定，法定休假日加班的，应付3倍工资，所以10月1日至3日这3天就为该项中规定的法定休假日，应得3倍工资，则这3天劳动者应得工资450元钱。所以，该劳动者加班的这7天，应得工资850元钱。目前，按照国务院发布的《全国年节及纪念日放假办法》第2条的规定，以下节日属于法定节假日：（1）新年，放假1天（1月1日）；（2）春节，放假3天（农历正月初一、初二、初三）；（3）清明节，放假1天（农历清明当日）；（4）劳动节，放假1天（5月1日）；（5）端午节，放假1天（农历端午当日）；（6）中秋节，放假1天（农历中秋当日）；（7）国庆节，放假3天（10月1日、2日、3日）。所以，如果劳动者在以上节日加班的，可以要求用人单位支付3倍工资，而不是双倍。

女职工怀孕，可以按其工作量发工资吗？

答：用人单位应当尊重与保护女性的生育权，不能因为进入职场工作而剥夺其权利。我国《妇女权益保障法》第27条规定：“任何单位不得因结婚、怀孕、产假、哺乳等情形，降低女职工的工资，辞退女职工，单方解除劳动（聘用）合同或者服务协议。但是，女职工要求终止劳动（聘用）合同或者服务协议的除外。"用人单位应当注意，女职工孕期的工资按规定和正常上班一样，基本工资、津贴都是正常发放的，奖金可以根据实际情况酌情发放。

三、工作时间、休息休假、劳动安全

非全日制用工每天都要工作吗？

答：非全日制用工合同，与一般的劳动合同关系有显著的不同。其中，较为明显的就是劳动时间的不同。按照我国《劳动合同法》第68条的规定，非全日制用工的劳动时间平均每日不得超过4小时，每周累计不得超过24小时。法律没有明确规定非全日制用工每天都要工作，只是对每天工作时间的上限作出了规定。此外，需要注意的是，这里规定的工作时间是指在同一用人单位累计的工作时间。也就是说，非全日制用工可以每天在一个或一个以上的用人单位工作。工作时间按照法律规定的执行即可。

工作日怎么计算？

答：工作日的计算方式应是全年日历天数365天减去法定休息日10天再减去公休日104天，所得天数再除以12，最终得出的是每月平均工作天数20.92天。此外，我国《劳动法》第36条规定：“国家实行劳动者每日工作时间不超过八小时、平均每周工作时间不超过四十四小时的工时制度。"《国务院关于职工工作时间的规定》第3条规定：“职工每日工作8小时、每周工作40小时。"

加班要支付加班费吗？

答：我国《劳动合同法》第31条规定：“用人单位应当严格执行劳动定额标准，不得强迫或者变相强迫劳动者加班。

用人单位安排加班的，应当按照国家有关规定向劳动者支付加班费。"由此可见，加班要支付加班费。

加班费的计算标准是怎样的？

答：我国《劳动法》第36条、第41条对工作时间作了明确的规定，即劳动者每日工作时间不超过8小时，平均每周工作时间不超过44小时。但是，出于生产经营需要，用人单位可以安排延长劳动者的工作时间，但其应与工会和劳动者协商，不得强迫或者变相强迫劳动者加班，用人单位安排加班的，要按照国家有关规定向劳动者支付加班费。同时，《工资支付暂行规定》对加班费的支付标准作了明确规定：用人单位在劳动者完成劳动定额或规定的工作任务后，根据实际需要安排劳动者在法定标准工作时间以外工作的，应按以下标准支付工资：（1）用人单位依法安排劳动者在日法定标准工作时间以外延长工作时间的，按照不低于劳动合同规定的劳动者本人小时工资标准的150%支付劳动者工资；（2）用人单位依法安排劳动者在休息日工作，而又不能安排补休的，按照不低于劳动合同规定的劳动者本人日或小时工资标准的200%支付劳动者工资；（3）用人单位依法安排劳动者在法定休假节日工作的，按照不低于劳动合同规定的劳动者本人日或小时工资标准的300%支付劳动者工资。此外，实行计件工资的劳动者，在完成计件定额任务后，由用人单位安排延长工作时间的，应根据上述规定的原则，分别按照不低于其本人法定工作时间计件单价的150%、200%、300%支付其工资。经劳动行政部门批准实行综合计算工时工作制的，其综合计算工作时间超过法定标准工作时间的部分，应视为延长工作时间，并应按本规定支付劳动者延长工作时间的工资。实行不定时工时制度的劳动者，不执行上述规定。

工人春节期间加班工资如何计算？

答：根据我国《劳动法》第44条的规定，法定休假日安排劳动者工作的，支付不低于工资的300%的工资报酬。根据《全国年节及纪念日放假办法》的规定，春节放假三天，属于法定节假日。如果安排工人在春节期间加班的话，那么应支付不低于工资的300%的工资报酬。

每天加班的时间最长为几个小时？

答：在现实生活中，加班情况很普遍。但是不能进行无限制的加班。我国《劳动法》第41条规定："用人单位由于生产经营需要，经与工会和劳动者协商后可以延长工作时间，一般每日不得超过一小时；因特殊原因需要延长工作时间的，在保障劳动者身体健康的条件下延长工作时间每日不得超过三小时，但是每月不得超过三十六小时。"此外，对于第41条所规定的加班时间，也有例外情形。《劳动法》第42条规定，有下列情形之一的，延长工作时间不受第41条规定的限制：（1）发生自然灾害、事故或者因其他原因，威胁劳动者生命健康和财产安全，需要紧急处理的；（2）生产设备、交通运输线路、公共设施发生故障，影响生产和公众利益，必须及时抢修的；（3）法律、行政法规规定的其他情形。

劳动者主动要求延长加班时间，用人单位因此延长加班时间的行为是不是合法的？

答：《国务院关于职工工作时间的规定》第3条规定："职工每日工作8小时、每周工作40小时。"同时，《劳动法》第41条规定："用人单位由于生产经营需要，经与工会和劳动者协商后可以延长工作时间，一般每日不得超过一小时；因特殊原因需要延长工作时间的，在保障劳动者身体健康的条件下延长工作时间每日不得超过三小时,但是每月不得超过三十六小时。"上述规定的工时标准表明,用人单位正常生产经营的时间一般每日不得超过 8 小时,需要加班的一般每日不得超过 1 小时,特殊情况下加班不得超过 3 小时。由于这是一种法律强制性的规定,因此用人单位和劳动者是没有权利在法律之外,另外约定加班的时间标准的。所以,即使是应劳动者要求或者在劳动者同意的前提下,用人单位延长加班时间的行为也是不合法的。

用人单位能擅自作出加班决定吗?

答: 为了赚取更多的利润,用人单位通常都希望劳动者加班。但是,根据《劳动法》第 41 条的规定,用人单位由于生产经营需要,经与工会和劳动者协商后可以延长工作时间。由此可见,用人单位在作出加班决定前,应该征得工会同意或者与劳动者协商。所以,用人单位是没有权力擅自作出加班决定的。对于用人单位擅自作出的加班决定,劳动者有权拒绝。

企业在对设备进行紧急检修时能否让职工超时加班?

答: 根据我国《劳动法》第 42 条的规定,发生下列情况时,劳动者加班时间不受标准工作时间的限制:(1)发生自然灾害事故或者其他原因,使人民生命健康和国家资金遭受威胁,需要及时处理的;(2)生产设备、交通运输线路、公共设施发生故障,影响生产和公众利益,必须及时抢修的;(3)法律、行政法规规定的其他情形。由此可见,当企业的设备存在上述法律条文中第(2)种情形的时候,即因设备故障影响生产,必须及时抢修的,就可以让职工超时加班。

企业与职工订立劳动合同让职工加班,合法吗?

答: 根据我国《劳动法》第 36 条的规定,国家实行劳动者每日工作时间不超过 8 小时,平均每周工作时间不超过 44 小时的工时制度。工作时间制度是保护劳动者身体健康和劳动过程中生产效率以及安全的重要制度,任何单位和个人不得擅自延长职工工作时间。因特殊情况和紧急任务确需延长工作时间的,按照国家有关规定执行。根据《劳动合同法》第 26 条的规定,劳动合同如违反法律、行政法规强制性规定的条款无效。因此,企业不能与职工订立劳动合同让职工加班,即便订立了这样的合同也是无效的。

劳动者是否应当就其"加班"承担举证责任?

答:《最高人民法院关于审理劳动争议案件适用法律问题的解释(一)》第 42 条规定:"劳动者主张加班费的,应当就加班事实的存在承担举证责任。但劳动者有证据证明用人单位掌握加班事实存在的证据,用人单位不提供的,由用人单位承担不利后果。"由此可见,劳动者有义务举证证明自己进行了加班。但是,如果劳动者能证明加班的证据被用人单位掌握,而用人单位不提供加班的证据的,法律直接推定加班事实存在。

工程公司能否自定实行"综合计时工作制"?

答: 综合计算工时制是一些特殊行业,需要连续工作,由每班多人多个班轮流倒班的工作制度。依据我国《关于贯彻执行〈中华人民共和国劳动法〉若干问题的意见》第 65 条的规定,经批准实行综合计算工作时间的用人单位,分别以周、月、季、年等为周期综合计算工作时间,但其平均日工作时间和平均周工作时间应与法定标准工作时间基本相同，实行综合计算工作时间须经劳动行政部门批准。综合计时工作制，超过法定工作时间的工作小时，全部按延时加班计算，即按150%计算，包括周六、周日加班，也按延时加班150%的倍数计算，只有法定节假日，如国庆、春节等加班的按300%计算。实践中更为重要的一点就是企业实行综合计时工作制必须报劳动行政部门批准才能执行。由此，工程公司是不能自定实行"综合计时工作制"的。

新员工工作才半年可以休年假吗？

答：年休假是指员工每年享受的连续休假期间，在年休假期间用人单位工资照付，休假的时间一般由用人单位根据自己的具体情况而定。根据《职工带薪年休假条例》第3条规定，职工累计工作已满1年不满10年的，年休假5天；已满10年不满20年的，年休假10天；已满20年的，年休假15天。用人单位在具体执行时，可根据员工的资历、岗位等做不同的调整，以防止个别岗位全员休假无人上岗。我国《劳动法》第45条对员工可休年假的最低工作年限的规定是：国家实行带薪年休假制度。劳动者连续工作1年以上的，享受带薪年休假。

什么是探亲假？

答：探亲假，是指职工与配偶或父母分居两地，不能在公休日团聚，职工依法探望配偶或父母而保留工作岗位和工资的带薪假期。"不能在公休假日团聚"是指不能利用公休假日在家居住一夜和休息半个白天。职工与父亲或母亲一方能够在公休假日团聚的，不能享受本规定探望父母的待遇。需要指出的是，探亲假不包括探望岳父母、公婆和兄弟姐妹。新婚后与配偶分居两地的从第2年开始享受探亲假。

此外，学徒、见习生、实习生在学习、见习、实习期间不能享受探亲假。离婚职工没有配偶，等同于单身，执行中按未婚员工的标准执行。

生产任务重，女职工的产假可以减吗？

答：产假是指在职妇女产期前后的休假待遇，一般从分娩前半个月至产后两个半月，晚婚晚育者可前后延长至四个月。根据我国《劳动法》第62条的规定，女职工生育享受不少于90天的产假。女性的产假不能因任何原因而减少，生产任务重也不例外。

用人单位是否应当给怀孕流产的女职工一定时间的产假？

答：《女职工劳动保护特别规定》第7条第2款明确规定："女职工怀孕未满4个月流产的，享受15天产假；怀孕满4个月流产的，享受42天产假。"据此可知，女职工怀孕流产的，也可以享受产假。产假期间，工资照发。

我国法律对女职工经期有何特殊保护？

答：我国《劳动法》第60条规定："不得安排女职工在经期从事高处、低温、冷水作业和国家规定的第三级体力劳动强度的劳动。"《女职工劳动保护特别规定》中所附的"女职工禁忌从事的劳动范围"第2条明确了女职工在月经期间禁忌从事的劳动范围，包括：（1）冷水作业分级标准中规定的第二级、第三级、第四级冷水作业；（2）低温作业分级标准中规定的第二级、第三级、第四级低温作业；（3）体力劳动强度分级标准中规定的第三级、第四级体力劳动强度的作业；（4）高处作业分级标准中规定的第三级、第四级高处作业。

怀孕女职工禁忌从事的劳动作业有哪些？

答：根据《女职工劳动保护特别规定》附录"女职工禁忌从事的劳动范围"第3条的规定，孕期女职工禁忌从事的劳动范围有：（1）作业场所空气中铅及其化合物、汞及其化合物、苯、镉、铍、砷、氰化物、氮氧化物、一氧化碳、二硫化碳、氯、己内酰胺、氯丁二烯、氯乙烯、环氧乙烷、苯胺、甲醛等有毒物质浓度超过国家职业卫生标准的作业；（2）从事抗癌药物、己烯雌酚生产，接触麻醉剂气体等的作业；（3）非密封源放射性物质的操作，核事故与放射事故的应急处置；（4）高处作业分级标准中规定的高处作业；（5）冷水作业分级标准中规定的冷水作业；（6）低温作业分级标准中规定的低温作业；（7）高温作业分级标准中规定的第三级、第四级的作业；（8）噪声作业分级标准中规定的第三级、第四级的作业；（9）体力劳动强度分级标准中规定的第三级、第四级体力劳动强度的作业；（10）在密闭空间、高压室作业或者潜水作业，伴有强烈振动的作业，或者需要频繁弯腰、攀高、下蹲的作业。实践中，女职工在怀孕期间，用人单位应当改善其工作环境或调换工作岗位，远离有毒有害物质，维护自身及胎儿的身体健康。根据《违反〈劳动法〉有关劳动合同规定的赔偿办法》第3条的规定，用人单位违反法律规定，造成女职工和未成年工身体健康损害的，除按国家规定提供治疗期间的医疗待遇外，还应支付相当于其医疗费用25%的赔偿费用。

用人单位是否可以安排怀孕女职工上夜班？

答：《劳动法》第61条规定，对怀孕7个月以上的女职工，不得安排其延长工作时间和夜班劳动。所以，对于怀孕女职工，在怀孕7个月以上时，用人单位一般不得安排其上夜班。

在工作期间休息时受伤，可以算工伤吗？

答：根据《工伤保险条例》第14条的规定，在工作时间和工作场所内，因工作原因受到事故伤害的，应当认定为工伤。工作期间的休息时间应该被视为工作时间的一部分，此间受伤的，应该认定为工伤，可以享受工伤待遇。

工作时间因保护单位利益被他人打伤，可以算作工伤吗？

答：根据《工伤保险条例》第14条的规定，职工在工作时间和工作场所内，因履行工作职责受到暴力等意外伤害的，应当认定为工伤。这里的"因履行工作职责受到暴力等意外伤害的"包括为保障本单位的利益与不法分子作斗争而遭受人身伤害。因此，工作时间因保护单位利益被他人打伤，应当算作工伤。

下班途中遭遇车祸，算是工伤吗？

答：根据《工伤保险条例》第14条的规定，职工在上下班途中受到非本人主要责任的交通事故或者城市轨道交通、客运轮渡、火车事故伤害的，应当认定为工伤。这里有两点应该注意，其一，伤害必须发生在"上下班途中"，也就是从职工居住地到工作场所之间的路途中，既包括职工按正常工作时间上下班的途中，也包括职工加班加点上下班的途中。其二，必须是受到非本人主要责任的交通事故或者城市轨道交通、客运轮渡、火车事故伤害。只要符合这两种情形，都应当被认定为工伤。

上班时心脏病突发而死，能算作工伤吗？

答：根据《工伤保险条例》第15条的规定，职工在工作时间和工作岗位，突发疾病死亡或者在48小时之内经抢救无效死亡的，视同工伤，享受工伤保险待遇。这里的"工作时间"是广义的工作时间，既包括单位规定的正常工作时间，也包括加班加点的工作时间，还包括工作间隙中的休息时间。"工作岗位"既包括职工日常的工作岗位，也包括经用人单位指派和安排的其他工作岗位。"突发疾病"是指在上班期间职工突发职业病以外的由于职工自身原因而引起的疾病，包括与工作无关的各类疾病，如心脏病、脑出血、心肌梗死等。可见，上班时心脏病突发而死，能算作工伤。

因醉酒驾驶而发生车祸受伤，能算作工伤吗？

答：根据《工伤保险条例》第16条的规定，虽具有工伤情形，但是由于醉酒或吸毒导致受伤的，不得认定为工伤或视同工伤。也就是说，因上述情形而导致的伤亡事故，无论是否发生在工作时间与工作地点以及是否因工作原因，均不得作为工伤处理。因此，因醉酒驾驶而发生车祸受伤，不能算作工伤。

工人见义勇为而受到伤害的，能算工伤吗？

答：国家鼓励公民见义勇为，主动帮助他人。根据《工伤保险条例》第15条规定，职工在抢险救灾等维护国家利益、公共利益活动中受到伤害的，视同工伤。由此，工人见义勇为而受到伤害的，应当算作工伤。

职工因工外出期间发生交通事故，负交通事故全责，还能被认定为工伤吗？

答：根据《工伤保险条例》第14条的规定，职工因工外出期间，由于工作原因受到伤害或者发生事故下落不明的，应当认定为工伤。如其在交通事故中负有全部责任，也不影响工伤的认定。换句话说，负交通事故全责，也能被认定为工伤。

职工在公司组织的旅游期间意外死亡是否属于工伤？

答：公司组织的外出虽然不是在工作时间内，但这都是为了让员工有更好的状态去工作，一般应看作工作时间的延伸。如果员工在这期间遭受伤害或突发疾病死亡，单位应当承担责任。根据我国《工伤保险条例》第14条、第15条的规定，在工作时间和工作场所内，因工作原因受到事故伤害的以及工作时间前后在工作场所内，从事与工作有关的预备性或者收尾性工作受到事故伤害的等情况为工伤。在工作时间和工作岗位，突发疾病死亡或者在48小时之内经抢救无效死亡的，视同工伤。因此，职工公司组织的旅游期间意外死亡属于工伤。

职工出差发生意外，是工伤吗？

答：出差，即劳动者受用人单位派遣暂时到外地办公事或负担临时任务。职工出差时代表的是用人单位，用人单位应当对其出差期间的费用和人身风险负责。根据我国《工伤保险条例》第14条的规定，因工外出期间，由于工作原因受到伤害或者发生事故下落不明的应当认定为工伤。因此，职工出差发生意外，属于工伤。

四、安全生产与工作纪律

中央企业安全生产禁令包含哪些内容？

答：2011年1月5日，国务院国有资产监督管理委员会颁布了中央企业安全生产禁令，其内容有：（1）严禁在安全生产条件不具备、隐患未排除、安全措施不到位的情况下组织生产。（2）严禁使用不具备国家规定资质和安全生产保障能力的承包商和分包商。（3）严禁超能力、超强度、超定员组织生产。（4）严禁违章指挥、违章作业、违反劳动纪律。（5）严禁违反程序擅自压缩工期、改变技术方案和工艺流程。（6）严禁使用未经检验合格、无安全保障的特种设备。（7）严禁不具备相应资格的人员从事特种作业。（8）严禁未经安全培训教育并考试合格的人员上岗作业。（9）严禁迟报、漏报、谎报、瞒报生产安全事故。

单位的主要负责人对本单位安全生产工作负有哪些职责？

答：根据我国《安全生产法》第21条的规定，生产经营单位的主要负责人对本单位安全生产工作负有下列职责：（1）建立健全并落实本单位全员安全生产责任制，加强安全生产标准化建设；（2）组织制定并实施本单位安全生产规章制度和操作规程；（3）组织制定并实施本单位安全生产教育和培训计划；（4）保证本单位安全生产投入的有效实施；（5）组织建立并落实安全风险分级管控和隐患排查治理双重预防工作机制，督促、检查本单位的安全生产工作，及时消除生产安全事故隐患；（6）组织制定并实施本单位的生产安全事故应急救援预案；（7）及时、如实报告生产安全事故。

与一般劳动合同相比，生产经营单位与职工订立的劳动合同更应当突出哪些事项？

答：我国《安全生产法》第52条规定："生产经营单位与从业人员订立的劳动合同，应当载明有关保障从业人员劳动安全、防止职业危害的事项，以及依法为从业人员办理工伤保险的事项。生产经营单位不得以任何形式与从业人员订立协议，免除或者减轻其对从业人员因生产安全事故伤亡依法应承担的责任。"由于生产经营单位中多为从事工业制造等工作的职工，大多为车间劳动，具有一定的危险性。所以法律对这种性质的工作更加强调维护劳动者的合法权益，对于劳动安全等事项，要充分地在劳动合同中体现出来。

什么是危险物品？

答：依据我国《安全生产法》第117条第1款的规定，危险物品，是指易燃易爆物品、危险化学品、放射性物品等能够危及人身安全和财产安全的物品。通常来讲，危险物品主要包括危险化学品和放射性物品。危险化学品，是指具有损害、腐蚀、爆炸、燃烧、助燃等性质，对人体、设施、环境具有危害的剧毒化学品和其他化学品。放射性物品，是指含有放射性核素，并且物品中的总放射性含量和单位质量的放射性含量均超过免予监管的限值的物品。

什么是重大危险源？

答：依据我国《安全生产法》第117条第2款的规定，重大危险源，是指长期地或者临时地生产、搬运、使用或者储存危险物品，且危险物品的数量等于或者超过临界量的单元（包括场所和设施）。需要说明的是，单元指一个（套）生产装置、设施或场所，或同属一个工厂且边缘距离小于500米的几个（套）生产装置、设施或场所。

员工有权对本单位的安全生产提出建议吗？

答："安全生产"是企业生产经营过程中的重中之重。员工作为企业的一分子，应当为企业的安全生产做出贡献。况且，我国法律对员工参与安全生产工作也持肯定和鼓励的态度。如我国《安全生产法》第53条规定："生产经营单位的从业人员有权了解其作业场所和工作岗位存在的危险因素、防范措施及事故应急措施，有权对本单位的安全生产工作提出建议。"

奋力参与抢险救护的职工，可以得到公司奖励吗？

答：在生产过程中，可能会遇到这样或那样的生产事故。而对于那些面对事故和危险，奋不顾身地去抢救伤员和公司财产的职工来说，是不是应当给予嘉奖或者物质奖励呢？对此，我国《安全生产法》第19条规定："国家对在改善安全生产条件、防止生产安全事故、参加抢险救护等方面取得显著成绩的单位和个人，给予奖励。"可见，法律都有关于国家给予抢险救护人员奖励的规定，那么，落实到公司内部，给奋力参与抢险救护的职工予嘉奖或者奖励，也是应该的。

职工在发现危险时可以立即停止作业吗？

答：生产或工作中的危险往往具有不可预测性，很可能在职工工作的过程中突然发生。为此，我国《安全生产法》第55条规定："从业人员发现直接危及人身安全的紧急情况时，有权停止作业或者在采取可能的应急措施后撤离作业场所。生产经营单位不得因从业人员在前款紧急情况下停止作业或者采取紧急撤离措施而降低其工资、福利等待遇或者解除与其订立的劳动合同。"由此可见，职工在工作时发现危险，可以立即停止作业。但是，如果是很小的危险，职工自己能立即解决的，就不必停止作业了。毕竟突然停止作业对一些流水线工作来说，还是具有一定的损失的。员工也应该多为企业利益着想。

员工发现事故隐患时有报告的义务吗？

答：我国《安全生产法》第59条规定："从业人员发现事故隐患或者其他不安全因素，应当立即向现场安全生产管理人员或者本单位负责人报告；接到报告的人员应当及时予以处理。"由此可见，员工发现事故隐患时有报告的义务。报告得越早，事故隐患或者其他不安全因素可能造成的危害就越小。报告贵在及时，重在及时。既不能夸大事实，也不能大事化小。

什么是安全生产培训？哪些人员要进行安全生产培训？

答：根据我国《安全生产培训管理办法》第3条的规定可知，安全培训是指以提高安全监管监察人员、生产经营单位从业人员和从事安全生产工作的相关人员的安全素质为目的的教育培训活动。

需要参加安全生产培训的人又包括以下三类：（1）安全监管监察人员，如县级以上各级人民政府安全生产监督管理部门、各级煤矿安全监察机构从事安全监管监察、行政执法的安全生产监管人员和煤矿安全监察人员；（2）生产经营单位从业人员，如生产经营单位主要负责人、安全生产管理人员、特种作业人员及其他从业人员；（3）从事安全生产工作的相关人员，如从事安全教育培训工作的教师、危险化学品登记机构的登记人员和承担安全评价、咨询、检测、检验的人员及注册安全工程师、安全生产应急救援人员等。

安全生产监督管理部门对企业进行监督检查时，拥有哪些职权？

答：根据我国《安全生产法》第65条的规定，应急管理部门和其他负有安全生产监督管理职责的部门依法开展安全生产行政执法工作，对生产经营单位执行有关安全生产的法律、法规和国家标准或者行业标准的情况进行监督检查，行使以下职权：（1）进入生产经营单位进行检查，调阅有关资料，向有关单位和人员了解情况；（2）对检查中发现的安全生产违法行为，当场予以纠正或者要求限期改正；对依法应当给予行政处罚的行为，依照本法和其他有关法律、行政法规的规定作出行政处罚决定；（3）对检查中发现的事故隐患，应当责令立即排除；重大事故隐患排除前或者排除过程中无法保证安全的，应当责令从危险区域内撤出作业人员，责令暂时停产停业或者停止使用相关设施、设备；重大事故隐患排除后，经审查同意，方可恢复生产经营和使用；（4）对有根据认为不符合保障安全生产的国家标准或者行业标准的设施、设备、器材以及违法生产、储存、使用、经营、运输的危险物品予以查封或者扣押，对违法生产、储存、使用、经营危险物品的作业场所予以查封，并依法作出处理决定。此外，监督检查不得影响被检查单位的正常生产经营活动。

企业的生产安全事故被电视台曝光，是对企业利益的侵犯吗？

答：我国《安全生产法》第77条规定："新闻、出版、广播、电影、电视等单位有进行安全生产公益宣传教育的义务，有对违反安全生产法律、法规的行为进行舆论监督的权利。"由此可见，电视等媒体对于企业生产安全事故的报道，既是一种义务，也是一种权利，不是对企业利益的侵犯。企业以及企业职工要积极配合，不能加以阻挠。

用人单位有培训劳动者的义务吗？

答：职业培训，是直接为适应经济和社会发展的需要，对要求就业和在职劳动者以培养和提高素质及职业能力为目的的教育和训练活动。我国《劳动法》第68条规定："用人单位应当建立职业培训制度，按照国家规定提取和使用职业培训经费，根据本单位实际，有计划地对劳动者进行职业培训。从事技术工种的劳动者，上岗前必须经过培训。"由此可见，用人单位有培训劳动者的义务。

发生生产安全事故后，事故有关人员应该怎么做？

答：根据我国《安全生产法》第83条的规定，生产经营单位发生生产安全事故后，事故现场有关人员应当立即报告本单位负责人。单位负责人接到事故报告后，应当迅速采取有效措施，组织抢救，防止事故扩大，减少人员伤亡和财产损失，并按照国家有关规定立即如实报告当地负有安全生产监督管理职责的部门，不得隐瞒不报、谎报或者迟报，不得故意破坏事故现场、毁灭有关证据。

任何人都有义务支持配合生产安全事故抢救吗？

答：支持配合安全事故抢救，是法律规定的一项义务，任何单位和个人都应当予以配合。《安全生产法》第85条明确规定："有关地方人民政府和负有安全生产监督管理职责的部门的负责人接到生产安全事故报告后，应当按照生产安全事故应急救援预案的要求立即赶到事故现场，组织事故抢救。参与事故抢救的部门和单位应当服从统一指挥，加强协同联动，采取有效的应急救援措施，并根据事故救援的需要采取警戒、疏散等措施，防止事故扩大和次生灾害的发生，减少人员伤亡和财产损失。事故抢救过程中应当采取必要措施，避免或者减少对环境造成的危害。任何单位和个人都应当支持、配合事故抢救，并提供一切便利条件。"

生产经营单位将其经营项目发包给不具有相应资质的企业的，会承担什么责任？

答：我国《安全生产法》第103条规定："生产经营单位将生产经营项目、场所、设备发包或者出租给不具备安全生产条件或者相应资质的单位或者个人的，责令限期改正，没收违法所得；违法所得十万元以上的，并处违法所得二倍以上五倍以下的罚款；没有违法所得或者违法所得不足十万元的，单处或者并处十万元以上二十万元以下的罚款；对其直接负责的主管人员和其他直接责任人员处一万元以上二万元以下的罚款；导致发生生产安全事故给他人造成损害的，与承包方、承租方承担连带赔偿责任⋯⋯"由此可见，生产经营单位将其经营项目发包给不具有相应资质的企业，不仅会面临行政处罚，造成损害后果的，还要承担民事方面的连带赔偿责任。

企业员工的行为准则一般有哪些？

答：由于各个企业自身或者行业的差异性，其内部员工的行为准则也有所不同。但是一般的或者共同的行为准则主要有：(1) 热爱祖国，遵纪守法，拥护党的路线方针政策；(2) 热爱企业，乐于奉献，恪守职责，自觉遵守企业各项规章制度，时刻维护企业的利益，树立企业的良好形象；(3) 勤奋工作，扎实履职，雷厉风行，精益求精；(4) 团结同事，互相帮助，同心协力，共同完成企业的各项生产工作任务；(5) 积极学习，爱岗敬业，不断提高自身综合素质。行为准则作为员工工作的基本标准，员工应当认真执行。

作为企业员工应当保守的商业秘密指的是什么？

答：商业秘密是指不为公众所知悉，能为企业带来经济利益，具有实用性并经企业采取保密措施的技术信息和经营信息，以及企业依法律规定或者有关协议的约定，对外承担保密义务的事项。其中，某企业商业秘密的技术信息包括技术方案、工程设计、制造方法、配方、工艺流程、技术指标、计算机软件、实验数据、实验结果、图纸、样品、模型、模具、技术文档、操作手册等；经营信息包括客户名单、客户订单、营销计划、采购资料、财务资料、进货渠道、产销策略、经营目标、经营项目、管理诀窍、货源情报、内部文件、会议纪要、经济合同、合作协议等。

劳动者违反约定的保密义务，需要向用人单位支付违约金吗？

答：我国《劳动合同法》第23条规定："用人单位与劳动者可以在劳动合同中约定保守用人单位的商业秘密和与知识产权相关的保密事项。对负有保密义务的劳动者，用人单位可以在劳动合同或者保密协议中与劳动者约定竞业限制条款，并约定在解除或者终止劳动合同后，在竞业限制期限内按月给予劳动者经济补偿。劳动者违反竞业限制约定的，应当按照约定向用人单位支付违约金。"由此可见，劳动者违反保密义务的，是需要向用人单位支付违约金的。

保管人员可以擅自将公司的会计档案借出吗？

答：会计档案是指会计凭证、会计账簿和财务报告等会计核算专业材料，是记录和反映单位经济业务的重要史料和证据。我国《会计档案管理办法》第13条第2款规定："单位保存的会计档案一般不得对外借出。确因工作需要且根据国家有关规定必须借出的，应当严格按照规定办理相关手续。"由此可见，会计档案作为一种重要的经济史料和证据，具有相当重要的作用和地位，所以在对其管理和保存等方面，法律都有着严格的规定。保管人员是不可以擅自将公司的会计档案借出的。

员工利用公司秘密谋取私利，要承担赔偿责任吗？

答：我国《劳动合同法》第90条和《劳动法》第102条都规定，劳动者违反劳动合同中约定的保密事项，对用人单位造成经济损失的，应当依法承担赔偿责任。由此可见，员工利用公司秘密谋取私利，给公司造成经济损失的，要承担赔偿责任。

员工可以偷偷在外与其他单位建立劳动关系吗？

答：根据我国《劳动合同法》第39条的规定，劳动者同时与其他用人单位建立劳动关系，对完成本单位的工作任务造成严重影响，或者经用人单位提出，拒不改正的，用人单位可以解除劳动合同。由此可见，劳动者偷偷在外与其他单位建立劳动关系，不仅是违反公司纪律的表现，也是公司可以解除劳动合同的法定原因之一。

员工可以雇用他人代为劳动吗？

答：劳动合同主体特定，一方是劳动者，一方是用人单位。双方签订劳动合同后，劳动者加入用人单位，成为用人单位的一员，承担一定的工种、岗位或职务，并遵守用人单位内部规章制度。同时，用人单位及时安排劳动者工作，提供必要的劳动条件，保证劳动者享有合法的劳动权益，按照劳动者提供的劳动数量、质量支付报酬。劳动合同具有人身性，劳动合同中约定的权利、义务与劳动合同当事人的人身是不可分离的，除劳动者本人以外任何其他人不可代替其行使权利和履行义务。换句话说，就是员工不可以雇用他人代为劳动。

五、劳动争议解决

公司的总经理与员工的矛盾属于劳动争议吗？

答：劳动争议又称劳动纠纷，是指劳动关系当事人之间因劳动的权利与义务发生分歧而引起的争议。劳动争议是劳动关系当事人之间的争议。劳动关系当事人，一方为劳动者，另一方为用人单位。如果劳动者与用人单位之间不是为了实现劳动权利和劳动义务而发生的争议，就不属于劳动纠纷的范畴。公司总经理与员工的矛盾内容如果与劳动无关，只能是劳动行政管理中发生的争议，不属劳动争议。

劳动争议可以通过哪些途径解决？

答：发生劳动争议时，一般可以通过以下途径解决：（1）与用人单位协商解决。在与用人单位发生劳动争议后，劳动者首先应该同用人单位协商。因为同其他解决途径相比，与用人单位协商，可以在最短的时间内获得明显的效果。如果协商不成，再考虑其他解决途径。（2）找第三方调解，比如企业的调解委员会。（3）申

第九章 劳动就业篇

请劳动仲裁。一般是向当地劳动行政部门（劳动局）申请。（4）如果当事人对于劳动局作出的仲裁裁决不服，还可以向法院起诉。

在劳动争议中职工不服公司的处理决定应当怎么办？

答：我国《劳动法》第77条第1款规定："用人单位与劳动者发生劳动争议，当事人可以依法申请调解、仲裁、提起诉讼，也可以协商解决。"由此可见，在劳动争议中职工不服公司的处理决定，可以采用协商解决、申请调解、仲裁以及提起诉讼的办法。

单位单方面解除劳动关系，劳动者应如何维权？

答：根据劳动部《关于贯彻执行〈中华人民共和国劳动法〉若干问题的意见》第82条的规定，用人单位与劳动者发生争议，不论是否订立劳动合同，只要存在事实劳动关系，并符合劳动法的适用范围，劳动争议仲裁委员会均应受理。因此，对于公司提前解除劳动合同的做法，劳动者可以通过申请仲裁的办法维护自己的合法权益。此外，根据《劳动法》第77条第1款的规定，当事人还可以依法申请调解、提起诉讼或协商解决。

发生劳动争议，当事人可以向哪些调解组织申请调解？

答：发生劳动争议，当事人可以到下列调解组织申请调解：（1）企业劳动争议调解委员会；（2）依法设立的基层人民调解组织；（3）在乡镇、街道设立的具有劳动争议调解职能的组织。此外，当事人申请劳动争议调解可以书面申请，也可以口头申请。口头申请的，调解组织应当当场记录申请人基本情况、申请调解的争议事项、理由和时间。

在劳动争议解决过程中，由谁负举证责任？

答：举证责任，是指承担举证责任的当事人必须对自己的主张举出主要的事实根据，以证明其确实存在，否则将承担败诉的后果。我国《劳动争议调解仲裁法》第6条明确规定："发生劳动争议，当事人对自己提出的主张，有责任提供证据。与争议事项有关的证据属于用人单位掌握管理的，用人单位应当提供；用人单位不提供的，应当承担不利后果。"由此可见，劳动者和用人单位在劳动争议解决中都负有一定的举证责任。劳动者对于自己的主张，比如用人单位违法解除劳动合同给劳动者带来的损失，就应该由劳动者本人提出证据。而对于其他属于用人单位掌握的证据，则应该由用人单位提供。如因用人单位作出开除、除名、辞退、解除劳动合同、减少劳动报酬、计算劳动者工作年限等决定而发生劳动争议的，由用人单位负举证责任。

当事人可以就哪些调解协议向法院申请支付令？

答：因支付拖欠劳动报酬、工伤医疗费、经济补偿或者赔偿金事项达成调解协议，用人单位在协议约定期限内不履行的，劳动者可以持调解协议书依法向人民法院申请支付令。人民法院应当依法发出支付令。

对方当事人没有在法定期限内履行调解协议书，另一方可以直接向法院申请强制执行吗？

答：我国《劳动争议调解仲裁法》第15条规定："达成调解协议后，一方当事人在协议约定期限内不履行调解协议的，另一方当事人可以依法申请仲裁。"由此可见，对于一方当事人没有在约定的期限内履行调解协议书中约定的义务时，一方当事人不能直接申请法院强制执行该调解协议书，而只能申请劳动仲裁。因为双方当事人达成的调解协议，只具有民事合同的效力，而不具备强制执行力。

劳动争议仲裁委员会由什么组成？依法履行哪些职责？

答：根据我国《劳动争议调解仲裁法》第19条的规定，劳动争议仲裁委员会由劳动行政部门代表、工会代表和企业方面代表组成。劳动争议仲裁委员会组成人员应当是单数。劳动争议仲裁委员会下设办事机构，负责办理劳动争议仲裁委员会的日常工作。劳动争议仲裁委员会依法履行下列职责：（1）聘任、解聘专职或者兼职仲裁员；（2）受理劳动争议案件；（3）讨论重大或者疑难的劳动争议案件；（4）对仲裁活动进行监督。

劳动争议仲裁申请书应当载明哪些事项？

答：根据我国《劳动争议调解仲裁法》第28条的规定，申请人申请仲裁应当提交书面仲裁申请，并按照被申请人人数提交副本。仲裁申请书应当载明下列事项：（1）劳动者的姓名、性别、年龄、职业、工作单位和住所，用人单位的名称、住所和法定代表人或者主要负责人的姓名、职务；（2）仲裁请求和所根据的事实、理由；（3）证据和证据来源、证人姓名和住所。此外，书写仲裁申请确有困难的，可以口头申请，由劳动争议仲裁委员会记入笔录，并告知对方当事人。

劳动争议仲裁的管辖是如何确定的？

答：根据我国《劳动争议调解仲裁法》第21条的规定，劳动争议由劳动合同履行地或者用人单位所在地的劳动争议仲裁委员会管辖。双方当事人分别向劳动合同履行地和用人单位所在地的劳动争议仲裁委员会申请仲裁的，由劳动合同履行地的劳动争议仲裁委员会管辖。

参加劳动争议仲裁，可以代理吗？

答：根据我国《劳动争议调解仲裁法》第24条的规定，当事人可以委托代理人参加仲裁活动。委托他人参加仲裁活动的，应当向劳动争议仲裁委员会提交有委托人签名或者盖章的委托书，委托书应当载明委托事项和权限。此外，丧失或者部分丧失民事行为能力的劳动者，由其法定代理人代为参加仲裁活动，无法定代理人的，由劳动争议仲裁委员会为其指定代理人。劳动者死亡的，由其近亲属或者代理人参加仲裁活动。

劳动争议仲裁当事人有申请有关人员回避的权利吗？

答：根据我国《劳动争议调解仲裁法》第33条的规定，仲裁员有下列情形之一的，应当回避，当事人也有权以口头或者书面方式提出回避申请：（1）是本案当事人或者当事人、代理人的近亲属的；（2）与本案有利害关系的；（3）与本案当事人、代理人有其他关系，可能影响公正裁决的；（4）私自会见当事人、代理人，或者接受当事人、代理人的请客送礼的。此外，劳动争议仲裁委员会对回避申请应当及时作出决定，并以口头或者书面方式通知当事人。

仲裁庭裁决劳动争议案件，有时间限制吗？

答：根据我国《劳动争议调解仲裁

法》第43条的规定，仲裁庭裁决劳动争议案件，应当自劳动争议仲裁委员会受理仲裁申请之日起45日内结束。案情复杂需要延期的，经劳动争议仲裁委员会主任批准，可以延期并书面通知当事人，但是延长期限不得超过15日。逾期未作出仲裁裁决的，当事人可以就该劳动争议事项向人民法院提起诉讼。此外，仲裁庭裁决劳动争议案件时，其中一部分事实已经清楚，可以就该部分先行裁决。

哪些劳动争议适用"一裁终局"？

答：下列劳动争议，除法律另有规定的外，适用"一裁终局"，即仲裁裁决为终局裁决，裁决书自作出之日起发生法律效力：（1）追索劳动报酬、工伤医疗费、经济补偿或者赔偿金，不超过当地月最低工资标准12个月金额的争议；（2）因执行国家的劳动标准在工作时间、休息休假、社会保险等方面发生的争议。

对于终局裁决就一点办法也没有了吗？

答：终局裁决并不意味着仲裁机构的裁决有着绝对的执行力，劳动者和用人单位双方都可以依法对仲裁裁决提出合法的救济，以维护自身合法权益。根据我国《劳动争议调解仲裁法》第48条、第49条的规定，劳动者对仲裁裁决不服的，可以自收到仲裁裁决书之日起15日内向人民法院提起诉讼。用人单位有证据证明仲裁裁决有违法情形的，可以自收到仲裁裁决书之日起30日内向劳动争议仲裁委员会所在地的中级人民法院申请撤销裁决。

劳动争议没有经过仲裁，可以直接向法院起诉吗？

答：我国《劳动法》第79条规定："劳动争议发生后，当事人可以向本单位劳动争议调解委员会申请调解；调解不成，当事人一方要求仲裁的，可以向劳动争议仲裁委员会申请仲裁。当事人一方也可以直接向劳动争议仲裁委员会申请仲裁。对仲裁裁决不服的，可以向人民法院提起诉讼。"由此可见，在用人单位与劳动者发生劳动争议时，可以通过协商、调解、仲裁、诉讼等途径来解决，其中协商、调解不是劳动争议处理的必经程序，但劳动争议仲裁委员会的仲裁是处理劳动争议的必经程序，也是处理劳动争议最重要的程序。只有经过仲裁，当事人才可以向人民法院起诉。

劳动争议已经提请仲裁，企业能否要求和解？

答：我国《劳动争议调解仲裁法》第41条规定："当事人申请劳动争议仲裁后，可以自行和解。达成和解协议的，可以撤回仲裁申请。"由此可见，劳动争议已经提请仲裁，企业仍可以要求和解。

劳动仲裁裁决生效后员工不执行，公司能够强制执行吗？

答：强制执行是指法院按照法定程序，运用国家强制力量，根据执行文书的规定，强制民事义务人完成其所承担的义务，以保证权利人的权利得以实现。所以强制执行都是由人民法院执行，劳动仲裁裁决也不例外，应当由人民法院强制执行。强制执行必须有合法的执行文书，包括发生法律效力的民事判决书、裁定书以及依法应由法院执行的其他法律文书。义务人应自动、合法履行生效法律文书，如拒不履行，权利人可申请法院强制执行。提出申请的权利人称申请人，被指名履行义务的人称被申请人，又称被执行人。公司不是强制执行机关，不能自行强制执行，只能申请当地人民法院强制执行。

申请劳动仲裁有时间限制吗？

答：根据我国《劳动争议调解仲裁法》第27条的规定，劳动争议申请仲裁的时效期间为1年。仲裁时效期间从当事人知道或者应当知道其权利被侵害之日起计算。仲裁时效因当事人一方向对方当事人主张权利，或者向有关部门请求权利救济，或者对方当事人同意履行义务而中断。从中断时起，仲裁时效期间重新计算。此外，因不可抗力或者有其他正当理由，当事人不能在前面规定的仲裁时效期间申请仲裁的，仲裁时效中止。从中止时效的原因消除之日起，仲裁时效期间继续计算。劳动关系存续期间因拖欠劳动报酬发生争议的，劳动者申请仲裁不受1年仲裁时效期间的限制；但是，劳动关系终止的，应当自劳动关系终止之日起1年内提出。

第十章 社会保险篇

一、相关知识

什么是社会保险？由谁负责征收？

答：社会保险是国家通过立法，多渠道筹集资金，对劳动者在因年老、失业、工伤、生育而减少劳动收入时给予经济补偿，使他们能够享有基本生活保障的一项社会保障制度。依据《社会保险法》第2条之规定，社会保险包括基本养老保险、基本医疗保险、工伤保险、失业保险、生育保险等。也就是大家求职就业时用人单位待遇中经常标出的"五险一金"中的五险。《社会保险费征缴暂行条例》第5条明确规定，国务院劳动保障行政部门负责全国的社会保险费征缴管理和监督检查工作。县级以上地方各级人民政府劳动保障行政部门负责本行政区域内的社会保险费征缴管理和监督检查工作。

单位可以从员工工资里扣除保险滞纳金吗？

答：我国《社会保险法》第60条第1款规定，职工应当缴纳的社会保险费由用人单位代扣代缴，用人单位应当按月将缴纳社会保险费的明细情况告知本人。《社会保险费征缴暂行条例》第13条规定，缴费单位未按规定缴纳和代扣代缴社会保险费的，由劳动保障行政部门或者税务机关责令限期缴纳；逾期仍不缴纳的，除补缴欠缴数额外，从欠缴之日起，按日加收2‰的滞纳金。由此可知，单位是不可以从员工工资里扣除保险滞纳金的，此费用应该由单位自己承担。

社会保险个人权益记录的含义是什么？内容是什么？

答：社会保险个人权益记录反映了参保人员及其用人单位履行社会保险义务、享受社会保险权益的情况，是社会保险管理服务的基本内容。我国《社会保险个人权益记录管理办法》第2条规定，社会保险个人权益记录，是指以纸质材料和电子数据等载体记录的反映参保人员及其用人单位履行社会保险义务、享受社会保险权益状况的信息，包括下列内容：（1）参保人员及其用人单位社会保险登记信息；（2）参保人员及其用人单位缴纳社会保险费、获得相关补贴的信息；（3）参保人员享受社会保险待遇资格及领取待遇的信息；（4）参保人员缴费年限和个人账户信息；（5）其他反映社会保险个人权益的信息。

关于社会保险个人权益记录，参保人可以进行查询吗？方法是什么？

答：我国《社会保险个人权益记录管理办法》第14条规定，社会保险经办机构应当向参保人员及其用人单位开放社会保险个人权益记录查询程序，界定可供查询的内容，通过社会保险经办机构网点、自助终端或者电话、网站等方式提供查询服务。第15条规定，社会保险经办机构网点应当设立专门窗口向参保人员及其用人单位提供免费查询服务。参保人员向社会保险经办机构查询本人社会保险个人权益记录的，需持本人有效身份证件；参保人员委托他人向社会保险经办机构查询本人社会保险个人权益记录的，被委托人需持书面委托材料和本人有效身份证件。需要书面查询结果或者出具本人参保缴费、待遇享受等书面证明的，社会保险经办机构应当按照规定提供。参保用人单位凭有效证明文件可以向社会保险经办机构免费查询本单位缴费情况，以及职工在本单位工作期间涉及本办法第2条第1项、第2项相关内容。

如果参保人员对社会保险个人权益记录存在异议，该怎么办？

答：社会保险个人权益记录包括参保人的登记信息，参保人员对社会保险个人权益记录存在异议时可以依程序向社保经办机构提出书面核查申请。《社会保险个人权益记录管理办法》第16条规定，参保人员或者用人单位对社会保险个人权益记录存在异议时，可以向社会保险经办机构提出书面核查申请，并提供相关证明材料。社会保险经办机构应当进行复核，确实存在错误的，应当改正。

职工有权知晓社会保险费缴纳明细吗？

答：我国《社会保险法》第60条第1款规定，职工应当缴纳的社会保险费由用人单位代扣代缴，用人单位应当按月将缴纳社会保险费的明细情况告知本人。同时，《社会保险费征缴暂行条例》第17条规定，缴费单位应当每年向本单位职工公布本单位全年社会保险费缴纳情况，接受职工监督。社会保险经办机构应当定期向社会公告社会保险费征收情况，接受社会监督。所以，知晓社会保险缴费明细、监督单位的全年社会保险费缴纳情况是每一位缴费职工的权利。

变相交易社会保险个人权益记录的行为违法吗？

答：根据《社会保险个人权益记录管理办法》第30条的规定，任何组织和个人非法提供、复制、公布、出售或者变相交易社会保险个人权益记录，有违法所得的，由人力资源社会保障行政部门没收违法所得；属于社会保险服务机构、信息技术服务商的，可由社会保险经办机构与其解除服务协议；依法对直接负责的主管人员和其他责任人员给予处分；给社会保险基金、用人单位或者个人造成损失的，依法承担赔偿责任；构成违反治安管理行为的，由公安机关依法予以处罚；构成犯罪的，依法追究刑事责任。由此可见，变相交易社会保险个人权益记录属于违法行为，会依法受到法律的制裁。

社保工作人员可以接受参保人员的请客送礼吗？

答：作为社会保险工作人员，一定要严格遵守国家法律法规和有关政策，严格执行各项制度，不准利用职务便利为自己或他人谋取私利。《社会保险工作人员纪律规定》第6条明确规定，社会保险工作人员不准接收行政相对人的礼品、礼金、有价证券，参加可能影响公正执行公务的宴请及其他活动安排，如果出现了违反纪律的事情，就会面临相关部门组织核查，还会受到批评教育、纪律处分或者行政处理；涉嫌违法犯罪的，还会移交司法机关处理。因此，作为在社会保险部门工作的人员，是绝对不可以接受参保人员的请客送礼的，这不仅是违纪行为，更是违法行为。

社保中心泄露用户信息犯法吗？

答：保护公民的个人信息和隐私，是我国法律规定的一项重要内容。任何单位、组织和个人除法律规定的特殊情形外，不得将所获取的他人信息泄露。对于依法办理社会保险登记等工作的社会保障部门，同样要保护社会保险对象的个人信息。《社会保险法》第81条规定："社会保险行政部门和其他有关行政部门、社会保险经办机构、社会保险费征收机构及其工作人员，应当依法为用人单位和个人的信息保密，不得以任何形式泄露。"由此可见，社保中心泄露用户信息的，属于违法行为。

认为社保中心的行为侵犯自己权益的，如何维权？

答：《社会保险法》第83条规定，用人单位或者个人认为社会保险费征收机构的行为侵害自己合法权益的，可以依法申请行政复议或者提起行政诉讼。用人单位或者个人对社会保险经办机构不依法办理社会保险登记、核定社会保险费、支付社会保险待遇、办理社会保险转移接续手续或者侵害其他社会保险权益的行为，可以依法申请行政复议或者提起行政诉讼。由此可见，认为社保中心的行为侵犯自己权益的，可以通过行政复议或行政诉讼来维权。

二、养老保险

自由职业者也可以参加养老保险吗？

答：依法享受社会保障制度是每个公民的权利，符合条件的被保险人可以按月领取养老保险金。我们生活中常提到的养老保险，大多是由企业和职工个人共同缴纳的，基本养老保险基金由用人单位和个人缴费以及政府补贴等组成。《社会保险法》第10条第2款规定："无雇工的个体工商户、未在用人单位参加基本养老保险的非全日制从业人员以及其他灵活就业人员可以参加基本养老保险，由个人缴纳基本养老保险费。"由此可知，享受社会养老保险并非企业正式员工的权利，其他形式的劳动者如果想在年老后享受养老保险，只要自己按规定缴纳养老保险费用就可以。即自由职业者也可以参加养老保险。

养老保险的组成部分是什么？

答：作为一项保险制度，养老保险能够充分地保障劳动者在年老退休后可以享有一个安定可靠的晚年生活。《社会保险法》第11条规定："基本养老保险实行社会统筹与个人账户相结合。基本养老保险基金由用人单位和个人缴费以及政府补贴等组成。"为了适应国情的需要，在我国，养老保险实际上大致是由三部分组成，包括基本养老保险、企业补充养老、个人储蓄性养老。我们常讲的养老保险便是其中的基本养老保险，基本养老金由基础养老金和个人账户养老金组成。基本养老金主要目的在于保障广大退休人员的晚年基本生活。我国养老保险的构成，充分体现了国家、企业和个人在养老保险方面的作用，深刻体现了社会保险权利与义务之间的高度统一。

未到退休年龄，养老保险金可以提前支取吗？

答：养老保险在退休之前是不能取出来的，按照《社会保险法》第14条规定："个人账户不得提前支取，记账利率不得低于银行定期存款利率，免征利息税。个人死亡的，个人账户余额可以继承。"同时，该法第16条第1款规定："参加基本养老保险的个人，达到法定退休年龄时累计缴费满十五年的，按月领取基本养老金。"由此可见，只有达到法定的退休年龄，才开始享受养老金待遇，未到退休年龄，是不可以提前支取养老金的。

在领养老保险金之前丧失劳动能力的，是否可以提前领取已缴纳的养老保险？

答：《社会保险法》第17条规定："参加基本养老保险的个人，因病或者非因工死亡的，其遗属可以领取丧葬补助金和抚恤金；在未达到法定退休年龄时因病或者非因工致残完全丧失劳动能力的，可以领取病残津贴。所需资金从基本养老保险基金中支付。"由此可见，在领养老保险金之前因病或非因工丧失劳动能力的，是不可以提前领取已缴纳的养老保险的，但是可以领取病残津贴。

个人养老保险待遇是一成不变的吗？

答：《社会保险法》第18条规定："国家建立基本养老金正常调整机制。根据职工平均工资增长、物价上涨情况，适时提高基本养老保险待遇水平。"由此，对于个人所享受的养老保险待遇而言，不是一成不变的，用人单位按照国家规定的本单位职工工资总额的比例缴纳基本养老保险费，基本养老金根据个人累计缴费年限、缴费工资、当地职工平均工资、个人账户金额、城镇人口平均预期寿命等因素确定。如果个人工资上涨或下调，或者职工平均工资有变化，那么职工个人享受的养老保险就会随之有所变化。

退休时，养老保险未缴满15年怎么办？

答：根据《社会保险法》第16条第2款的规定，参加基本养老保险的个人，达到法定退休年龄时累计缴费不足15年的，可以缴费至满15年，按月领取基本养老金；也可以转入新型农村社会养老保险或者城镇居民社会养老保险，按照国务院规定享受相应的养老保险待遇。

三、医疗保险和工伤保险

因公受伤后，工伤保险和医疗保险可以一起报吗？

答：我国《社会保险法》第30条第1款规定："下列医疗费用不纳入基本医疗保险基金支付范围：（一）应当从工伤保险基金中支付的……"第38条规定："因工伤发生的下列费用，按照国家规定从工伤保险基金中支付：（一）治疗工伤的医疗费用和康复费用；（二）住院伙食补助费；（三）到统筹地区以外就医的交通食宿费；（四）安装配置伤残辅助器具所需费用；（五）生活不能自理的，经劳动能力鉴定委员会确认的生活护理费；（六）一次性伤残补助金和一至四级伤残职工按月领取的伤残津贴；（七）终止或者解除劳动合同时，应当享受的一次性医疗补助金；（八）因工死亡的，其遗属领取的丧葬补助金、供养亲属抚恤金和因工死亡补助金；（九）劳动能力鉴定费。"由此可见，因公受伤后，工伤保险和医疗保险是不可以一起报的。社会保险是用来保障和维护人们最基本利益的，而不是人们用来营利的手段，不可能同时使用两种保险给予重复报销。

因为患者有医保，医生是否就能够建议患者全面检查呢？

答：作为医疗机构，应按照法律规定履行职责，为患者提供必要的、合理的医疗服务。医院不是营利机构，它担负着面向社会大众的医疗救助工作，为此我国法律对其有严格的要求。我国《社会保险法》

第31条规定："社会保险经办机构根据管理服务的需要，可以与医疗机构、药品经营单位签订服务协议，规范医疗服务行为。医疗机构应当为参保人员提供合理、必要的医疗服务。"所以，作为一名医生应该遵守职业规范，并不能因为患者有医保就建议患者做全面的检查，根据症状做相应必要的检查即可。

离退休人员再就业受伤还可以享受工伤保险待遇吗？

答：根据劳动部《关于贯彻执行〈中华人民共和国劳动法〉若干问题的意见》第2条规定，中国境内的企业、个体经济组织与劳动者之间，只要形成劳动关系，即劳动者事实上已成为企业、个体经济组织的成员，并为其提供有偿劳动，适用劳动法。2007年《最高人民法院行政审判庭关于离退休人员与现工作单位之间是否构成劳动关系以及工作时间内受伤是否适用〈工伤保险条例〉问题的答复》中也提到根据《工伤保险条例》第2条等有关规定，离退休人员受聘于现工作单位，现工作单位已经为其缴纳了工伤保险费，其在受聘期间因工作受到事故伤害的，应当适用《工伤保险条例》的有关规定处理。根据该规定，离退休人员再就业受伤仍可以依法享受工伤保险待遇。

不配合劳动能力鉴定的员工，工伤待遇会被停止吗？停止后能恢复吗？

答：根据《工伤保险条例》第42条规定，工伤职工拒不接受劳动能力鉴定的，停止享受工伤保险待遇。劳动能力鉴定能够查明劳动者丧失劳动能力的程度，是享受相应的工伤保险待遇的依据。根据《人力资源和社会保障部关于执行〈工伤保险条例〉若干问题的意见》第11条规定，"依据《条例》第四十二条的规定停止支付工伤保险待遇的，在停止支付待遇的情形消失后，自下月起恢复工伤保险待遇，停止支付的工伤保险待遇不予补发"。享受工伤保险待遇虽然是职工的法定权利，但是职工应该按照法律履行自己应尽的义务，如果职工自己不积极作为，可能会导致自己承担不利的法律后果。

被借调到其他用人单位后受伤的职工由谁负责？

答：根据《工伤保险条例》第43条第3款的规定，"职工被借调期间受到工伤事故伤害的，由原用人单位承担工伤保险责任，但原用人单位与借调单位可以约定补偿办法"。劳动者由于服从单位安排而使自己的劳动场所及服务对象发生变化，但是仍然执行的是原用人单位的任务，因此受到伤害仍应由原用人单位承担工伤保险责任。

用人单位不承认工伤的，谁承担举证责任？

答：如果用人单位不承认工伤的，则应该由用人单位承担举证责任。其法律依据是《工伤保险条例》第19条："社会保险行政部门受理工伤认定申请后，根据审核需要可以对事故伤害进行调查核实，用人单位、职工、工会组织、医疗机构以及有关部门应当予以协助。职业病诊断和诊断争议的鉴定，依照职业病防治法的有关规定执行。对依法取得职业病诊断证明书或者职业病诊断鉴定书的，社会保险行政部门不再进行调查核实。职工或者其近亲属认为是工伤，用人单位不认为是工伤的，由用人单位承担举证责任。"劳动者处于弱势地位，用人单位掌握着劳动者的相应资料，如果将举证责任强加到劳动者身上，劳动者将无法进行维权。

在同一用人单位多次发生工伤，应怎样赔偿？

答：《人力资源和社会保障部关于执行〈工伤保险条例〉若干问题的意见》第10条明确规定，职工在同一用人单位连续工作期间多次发生工伤的，符合《条例》第36条、第37条规定领取相关待遇时，按照其在同一用人单位发生工伤的最高伤残级别，计发一次性伤残就业补助金和一次性工伤医疗补助金。所以，职工受到多次工伤但未达到完全丧失劳动能力程度的，按照职工所受工伤最高一次的伤残级别作为其工伤待遇的评定标准。

四、失业保险、生育保险、住房公积金

领取失业保险金须符合哪些条件？

答：失业保险金是国家给予失业人员在失业期间的一种临时性补偿，领取失业保险金必须符合法律规定的相关条件。我国《社会保险法》第45条规定，失业人员符合下列条件的，从失业保险基金中领取失业保险金：（1）失业前用人单位和本人已经缴纳失业保险费满1年的；（2）非因本人意愿中断就业的；（3）已经进行失业登记，并有求职要求的。上述条件必须同时具备，才可以领取失业保险金，享受失业保险待遇。因此，领取失业保险金应当符合上述条件。

失业保险金的领取期限有多长？

答：我国《社会保险法》第46条规定，失业人员失业前用人单位和本人累计缴费满1年不足5年的，领取失业保险金的期限最长为12个月；累计缴费满5年不足10年的，领取失业保险金的期限最长为18个月；累计缴费10年以上的，领取失业保险金的期限最长为24个月。重新就业后，再次失业的，缴费时间重新计算，领取失业保险金的期限与前次失业应当领取而尚未领取的失业保险金的期限合并计算，最长不超过24个月。

失业时还有医保吗？

答：根据我国《社会保险法》第48条的规定，失业人员在领取失业保险金期间，参加职工基本医疗保险，享受基本医疗保险待遇。失业人员应当缴纳的基本医疗保险费从失业保险基金中支付，个人不缴纳基本医疗保险费。因此，即使是在失业领取失业保险金期间患病，其也没有丧失参加职工基本医疗保险的权利，依法应当享受基本医疗保险待遇。在失业期间其应当缴纳的基本医疗保险费只要从其个人的失业保险金中扣除即可，并不需要缴纳基本医疗保险费。

职工主动中断就业，还能享受失业保险的待遇吗？

答：《社会保险法》第45条规定："失业人员符合下列条件的，从失业保险基金中领取失业保险金：（一）失业前用人单位和本人已经缴纳失业保险费满一年的；（二）非因本人意愿中断就业的；（三）已经进行失业登记，并有求职要求的。"因此，根据以上规定，职工主动中断就业的，属于本人意愿，不能享受失业保险待遇。

第十一章　商业保险篇

一、保险合同

保险合同属于格式合同吗？

答：我国《民法典》第496条第1款规定："格式条款是当事人为了重复使用而预先拟定，并在订立合同时未与对方协商的条款。"采用格式条款的合同称为格式合同、定型化合同或制式合同。保险合同的条款内容不是由被保险人与保险人双方协商确定的，而是由保险人一方单独事先拟定，并印制成固定格式以供被保险人投保时使用。因此，保险合同属于典型的格式合同。

口头约定的保险合同有效吗？

答：我国《保险法》第13条第1款规定："投保人提出保险要求，经保险人同意承保，保险合同成立。保险人应当及时向投保人签发保险单或者其他保险凭证。"投保人有了初步的投保意思表示，保险人为投保人制作保险单，至此只能说明保险人的要约邀请与投保人的要约完成。保险合同具有很强的专业性，实务中多采用法定的要式合同形式，衡量保险合同是否成立要约和承诺以书面合同为准。因此，口头约定的保险合同不成立，而经保险双方确认的书面合同成立并生效。

什么是保险合同中的霸王条款？

答：保险合同中的"霸王条款"概括起来，有如下表现形式：（1）排除投保人、被保险人或者受益人依法享有的权利的；（2）保险公司和投保人权利义务不对称，任意加重投保人责任；（3）违反法律规定，任意扩大保险公司的权利；（4）免除保险人依法应承担的义务或者加重投保人、被保险人责任的；（5）保险公司利用模糊晦涩条款，掌握最终解释权。由此可见，为了减少保险合同中的霸王条款，我国相关法律应细化"霸王条款"存在的形式，并明确禁止各种"霸王条款"的使用。

保险合同可以变更吗？

答：根据我国《保险法》第20条的规定，投保人和保险人可以协商变更合同内容。变更保险合同的，应当由保险人在保险单或者其他保险凭证上批注或者附贴批单，或者由投保人和保险人订立变更的书面协议。由此可见，在保险合同订立以后，在合同有效期届满之前，保险合同当事人的主观和客观情况发生变化的，经投保人和保险人协商同意，可以变更保险合同的有关内容。

保险合同订立后，投保人可以解除吗？

答：我国《保险法》第15条规定："除本法另有规定或者保险合同另有约定外，保险合同成立后，投保人可以解除合同，保险人不得解除合同。"因此说，在保险合同有效期内，投保人可以随时解除合同。但是投保人的合同解除权不是任意的，当投保人与被保险人不是同一人时，保险合同是投保人为他人利益订立的合同，应经被保险人允许才能解除合同。同时《保险法》第50条特别规定，货物运输保险合同和运输工具航程保险合同，保险责任开始后，合同当事人不得解除合同。

保险人在哪些情况下可以解除合同？

答：根据我国《保险法》第16条、第27条、第32条、第37条、第51条、第52条、第58条的规定，保险人可以解除合同的情形包括：（1）投保人故意或者因重大过失未履行前款规定的如实告知义务，足以影响保险人决定是否同意承保或者提高保险费率的，保险人有权解除合同；（2）未发生保险事故，被保险人或者受益人谎称发生了保险事故，向保险人提出赔偿或者给付保险金请求的，保险人有权解除合同，并不退还保险费；（3）投保人、被保险人故意制造保险事故的，保险人有权解除合同，不承担赔偿或者给付保险金的责任，除本法第43条规定外，不退还保险费；（4）投保人申报的被保险人年龄不真实，并且其真实年龄不符合合同约定的年龄限制的，保险人可以解除合同，并按照合同约定退还保险单的现金价值；（5）自合同效力中止之日起满2年双方未达成协议的，保险人有权解除合同；（6）投保人、被保险人未按照约定履行其对保险标的的安全应尽责任的，保险人有权要求增加保险费或者解除合同；（7）在合同有效期内，保险标的的危险程度显著增加的，被保险人应当按照合同约定及时通知保险人，保险人可以按照合同约定增加保险费或者解除合同；（8）保险标的发生部分损失的，自保险人赔偿之日起30日内，投保人可以解除合同；除合同另有约定外，保险人也可以解除合同，但应当提前15日通知投保人。由此可见，保险人的合同解除权是法定的，作为保险人的保险公司不得任意解除合同。

保险合同中的宽限期是什么？

答：根据我国《保险法》第36条的规定，可知宽限期是指在保险合同中约定分期支付保险费的情形下，投保人在支付了首期保险费后，法律对到期没有缴纳续期保险费的投保人给予一定时间的优惠，让其在宽限期内补交续期保险费。在宽限期内，即使投保人未按规定的期限交纳保险费，合同仍然有效。我们可以这样理解：若约定的缴费日期已经届满，保险人不通知投保人，投保人也未履行缴费义务，则60日后合同效力中止；但如果保险人在缴费期届满后第一天即通知投保人，则30日内投保人不缴费，合同效力中止。如果保险人在第60日才去通知，则给予了投保人又多30日的机会，那么投保人实际上等于总共享受了90日的宽限期。

保险合同可以分保吗？

答：根据我国《保险法》第28条的规定，分保即再保险，是保险人将其承担的保险业务，以分保形式部分转移给其他保险人的行为。在再保险交易中，分出业务的公司称为原保险人，接受业务的公司称为再保险人。因此，再保险是保险人之间的一种业务经营活动。再保险合同是独立合同，其合同双方为原保险人与再保险人，与原保险的投保人、被保险人、受益人无关。

对保险合同条款有争议的，如何处理？

答：根据我国《保险法》第30条的

规定，采用保险人提供的格式条款订立的保险合同，保险人与投保人、被保险人或者受益人对合同条款有争议的，应当按照通常理解予以解释。对合同条款有两种以上解释的，人民法院或者仲裁机构应当作出有利于被保险人和受益人的解释。可知保险合同是一类常见的合同，并且也是典型的格式合同，对于提供方给出的格式条款，相对人只可选择接受或拒绝而没有协商的余地。如果合同双方对订立的合同条款有争议，必然使得居于弱势一方的相对人的权益受损，进而导致合同当事人之间权利义务的失衡，违反公平原则。因此，为求得实质上的公平，在对格式条款进行解释时不仅要注重常理，而且由于相对人在格式条款订立中的弱势地位，在双方争议时应对其作必要的偏向，即在条款发生争议时作有利于相对人的解释。

保险合同的不可抗辩规则是什么？

答：根据我国《保险法》第16条的规定，不可抗辩规则表现为保险人在合同订立时已经知道投保人未如实告知的情况的，保险人不得解除合同；发生保险事故的，保险人应当承担赔偿或者给付保险金的责任。同时，为防止保险公司滥用合同解除权，规定自保险人知道有解除事由之日起，超过30日不行使，解除权消灭；合同成立后超过2年的，保险人不得解除合同，发生保险事故的，保险人仍应承担赔偿或者给付保险金的责任。

正式保单尚未签发时发生事故，合同是否成立？

答：根据我国《保险法》第13条的规定，投保人提出保险要求，经保险人同意承保，保险合同成立。保险人应当及时向投保人签发保单或者其他保险凭证，保险单或者其他保险凭证应当载明当事人双方约定的合同内容。当事人也可以约定采用其他书面形式载明合同内容。事实上，许多保险事故是在已经签了投保单，而正式保单尚未签发时发生的。现行保险法通过可附条件或附期限的形式进一步明确下来，保护了投保人利益。因此说，正式保单尚未签发时发生事故，合同成立应当予以理赔。

分期付款的保单，合同中止的如何恢复效力？

答：根据我国《保险法》第36条、第37条的规定，合同约定分期支付保险费，投保人支付首期保险费后，除合同另有约定外，投保人自保险人催告之日起超过30日未支付当期保险费，或者超过约定的期限60日未支付当期保险费的，合同效力中止，或者由保险人按照合同约定的条件减少保险金额。投保人若要恢复合同效力，经保险人与投保人协商并达成协议，在投保人补交保险费后，合同效力恢复。如若被保险人在合同中止后效力恢复前期间内，发生保险事故的，保险人应当按照合同约定给付保险金，但可以扣减欠交的保险费。因此，作为分期付款人身保险的投保人，应及时在规定的期限内续交保费，以保障被保险人的合法利益得到充分保护。

故意不告知病史的，保险人是否承担责任？

答：根据我国《保险法》第16条第4款的规定，投保人故意不履行如实告知义务的，保险人对于合同解除前发生的保险事故，不承担赔偿或者给付保险金的责任，并不退还保险费。由此可见，保险合同签订过程中投保人应履行如实告知的义务。如在人身保险合同中，投保人应将被保险人的相关真实情况告知保险人，以便于保险人决定是否承保或确定适用的费率。若投保人故意不告知被保险人病史的，自保险合同签订后至解除前所发生的保险事故，保险人是不予承担赔偿或者给付保险金的，且保费也不予退还。

保险人是否可以向被保险人提出安全建议？

答：根据我国《保险法》第51条的规定，被保险人应当遵守国家有关消防、安全、生产操作、劳动保护等方面的规定，维护保险标的的安全。保险人可以按照合同约定对保险标的的安全状况进行检查，及时向投保人、被保险人提出消除不安全因素和隐患的书面建议。并且为维护保险标的的安全，经被保险人同意，保险人可以采取安全预防措施。因此，保险人不仅可以提出安全建议，必要时还可以采取相关措施。

二、投保

什么是投保人？

答：根据我国《保险法》第10条第2款的规定，投保人是指与保险人订立保险合同，并按照合同约定负有支付保险费义务的人。由此可知，投保人是保险合同不可或缺的当事人，既可以是自然人也可以是法人。投保人应当具备以下三个条件：（1）投保人必须具有相应的权利能力和行为能力；（2）投保人对保险标的必须具有保险利益，即对保险标的具有法律上承认的利益；（3）投保人应承担支付保险费的义务，不论投保人为自己利益还是为他人利益订立保险合同，均应承担支付保险费的义务。

什么是受益人？

答：根据我国《保险法》第18条、第40条、第41条的规定，可知受益人是保险合同中由被保险人或投保人指定，在被保险人死亡后有权领取保险金的人，一般见于人身保险合同。投保人、被保险人可以为受益人。在保险合同中，受益人只享受权利，不承担缴付保险费的义务。受益人的受益权以被保险人死亡时受益人尚生存为条件，若受益人先于被保险人死亡，则受益权应回归给被保险人，或由投保人或被保险人另行指定新的受益人，而不能由受益人的继承人继承受益权。

如何判断投保人是否具有保险利益？

答：根据《保险法》第12条第6款的规定，保险利益是指投保人或者被保险人对保险标的具有的法律上承认的利益。根据我国《保险法》第31条的规定可知：在人身保险中，投保人对本人、配偶、子女、父母，有抚养、赡养或扶养关系的家庭其他成员、近亲属以及与投保人有劳动关系的劳动者具有保险利益；被保险人同意投保人为其订立合同的，视为投保人对被保险人具有保险利益。此外在财产保险中，因保险事故的发生以致保险标的的不完全而受到损害或者因保险事故的不发生而免受损害所具有的利害关系，即凡可使投保人产生经济利害关系的标的，都具有保险利益；财产保险利益还应当为合法利益。

投保人在投保时应该告知被保财产的状况吗？

答：我国《保险法》第16条第1款规定："订立保险合同，保险人就保险标的或者被保险人的有关情况提出询问的，投保人应当如实告知。"因此，在订立财产保险合同时，投保人在回答保险人的询问时，应当将其知道的关于投保财产的所有真实情况客观地告知保险人，不得有所隐瞒，也不得编造虚假情况。投保人已经知道的事项，应当如实告知；投保人应当知道的事项，因为投保人过失或者疏忽而没有知道的，投保人仍有如实告知的义务。但是，投保人不知道或者不应当知道的事项，没有如实告知保险人的义务。

申报年龄不实致使多交保费如何处理？

答：我国《保险法》第32条第3款规定："投保人申报的被保险人年龄不真实，致使投保人支付的保险费多于应付保险费，保险人应当将多收的保险费退还投保人。"由此可知，因申报年龄不真实，致使投保人实缴保险费多于应缴保险费，多缴的保险费是可以如数退还给投保人的。如若存在保险公司涉嫌欺诈的情况，投保人可以根据《消费者权益保护法》的相关规定，要求保险公司退回已交保费两倍的金额，并解除保险合同。

受益人的人数有数量限制吗？

答：根据我国《保险法》第40条的规定，我们可以得知受益人是在保险合同中由被保险人或投保人指定的。被保险人或投保人可以指定一人或者数人为受益人，也可以不指定受益人，没有数量限制。若是不指定受益人的情形，被保险人的法定继承人即为受益人。同时受益人为数人的，受益人按照被保险人或者投保人确定的受益顺序和受益份额享有权益；未确定受益份额的，受益人按照相等份额享有受益权。因此，法律将权利完全授予被保险人或投保人，其可以依据意愿自由设定受益人的人数，或不设定受益人，受益人的数量不受任何限制。

如何变更受益人？

答：我国《保险法》第41条规定："被保险人或者投保人可以变更受益人并书面通知保险人。保险人收到变更受益人的书面通知后，应当在保险单或者其他保险凭证上批注或者附贴批单。投保人变更受益人时须经被保险人同意。"由此可见，人身保险合同的受益人是可以变更的，具体变更的程序是被保险人或征得被保险人同意的投保人将变更受益人的事项以书面形式通知保险人，保险人在保单上批注或附贴批单后即完成受益人的变更。

投保人要求解除合同的，是否可以全额退还保费？

答：根据我国《保险法》第54条的规定，我们可以得知，关于投保人要求解除保险合同的退费问题，要区分两种情形：（1）保险责任开始前，投保人要求解除合同的，应当按照合同约定向保险人支付手续费，保险人应当退还保险费；（2）保险责任开始后，投保人要求解除合同的，保险人应当将已收取的保险费，按照合同约定扣除自保险责任开始之日起至合同解除之日止应收的部分后，退还投保人。因此，在投保人与保险人签订保险合同后，无论保险责任是否已经开始，投保人主动要求解除合同的，是不可能全额退还保费的。

财产价值减少的，是否可以降低保费？

答：根据我国《保险法》第53条的规定，有下列情形之一的，除合同另有约定外，保险人应当降低保险费，并按日计算退还相应的保险费：（1）据以确定保险费率的有关情况发生变化，保险标的的危险程度明显减少的；（2）保险标的的保险价值明显减少的。可知在财产保险合同中保险标的的保险价值明显减少的，保险人是应当降低并退还部分保费的。因此，关键点是保险标的的保险价值是否明显减少，投保人当然不能判断财产减少的程度。所以需要投保人在保险财产的价值发生变化时，及时地通知保险人。保险人在确定财产价值存在明显减少后，且保险合同中没有另外约定的，对保险财产降低保费，并按日计算退还给投保人相应的保费。

财产全损获赔后，如何确定权利归属？

答：我国《保险法》第59条规定："保险事故发生后，保险人已支付了全部保险金额，并且保险金额等于保险价值的，受损保险标的的全部权利归于保险人；……"由此可见，投保人的保险财产在出险后，并取得保险人支付的全部保险金额，且保险金额与保险财产的保险价值等同时，关于受损财产的全部权利归保险人所有。因此，投保人的保险财产发生全损获赔后，出险财产上的所有权利转移给保险人。

保险人能否在财产理赔后解除合同？

答：根据我国《保险法》第58条的规定，我们可以得知，保险标的发生部分损失，保险人赔偿后的30日内，投保人和保险人都有权利解除合同。但保险人要求解除合同的，除了时间的限制外，还须排除合同中的另外约定。即使保险人符合解除合同的条件后，还应履行提前15日的通知义务。同时，保险人对因合同解除发生退费处理，应将保险财产未受损失部分的保费，按约定扣除至合同解除之日起应收部分后，退还给投保人。

投保人未履行如实告知义务，保险人得知真实情况的，是否承担责任？

答：根据我国《保险法》第16条的规定，我们可以得知：（1）保险人在合同订立时不知道投保人未如实告知，而在合同成立后才知晓的，保险人可以解除合同，至解除之日发生的保险事故不予赔偿或给付保险金，且不退费；（2）保险人在合同订立时已经知道的，在合同生效后保险人是不能以此为借口而解除合同的；发生保险事故的，保险人应当承担赔偿或者给付保险金的责任。因此，对保险人是否知晓投保人未履行如实告知义务或何时知晓的，应仔细区分清楚以真正保护保险合同双方的利益。

三、理赔

如何向保险人申请理赔？

答：根据我国《保险法》第21条、第22条的规定，投保人、被保险人或者受益人知道保险事故发生后，应当及时通知保险人。故意或者因重大过失未及时通知，致使保险事故的性质、原因、损失程度等难以确定的，保险人对无法确定的部分，不承担赔偿或者给付保险金的责任，但保险人通过其他途径已经及时知道或者应当及时知道保险事故发生的除外。保险事故发生后，按照保险合同请求保险人赔偿或者给付保险金时，投保人、被保险人或受益人应当向保险人提供其所能提供的与确认保险事故的性质、原因、损失程度等有关的证明和资料。保险人按照合同的约定，认为有关的证明和资料不完整的，应当及时一次性通知投保人、被保险人或者受益人补充提供。总之，保险事故出现时，保险客户应及时向保险公司报案并且尽可能准确详细地叙述出险的原因、地点、出险情况和保单号；对于存在非正常原因的，还必须及时向公安、交警等政府执法部门报案；同时应收集理赔资料，如事故类证明、医疗类证明、受益人身份证明及与被保险人关系证明等。投保人、被保险人或者受益人在出险报案后，应尽力协助保险公司调查核实保险事故的性质、个案索赔资料，合法及时地解决保险理赔事项。

保险理赔都有哪些程序？

答：根据我国《保险法》第23条、第24条、第25条的规定，保险公司的理赔步骤一般包括：（1）受理报案。保险公司将事故情况登记备案，告知申请人所需准备的材料。（2）受理材料、立案。保险公司对理赔申请材料进行审核，提交的证明材料不齐全、不清晰的，会当即告诉申请人补交相关材料。（3）调查。调查是保险公司通过对有关证据的收集、核实保险事故以及材料的真实性的过程。（4）审核。根据相关证据认定客观事实、确定保险责任后，精确计算给付金额。（5）签批。（6）通知领款。总之，保险公司处理理赔案件必须客观公正，以事实和法律为准，最大限度地保障保险客户的利益。

保险事故发生后，投保人负有通知义务吗？

答：我国《保险法》第21条规定："投保人、被保险人或者受益人知道保险事故发生后，应当及时通知保险人。故意或者因重大过失未及时通知，致使保险事故的性质、原因、损失程度等难以确定的，保险人对无法确定的部分，不承担赔偿或者给付保险金的责任，但保险人通过其他途径已经及时知道或者应当及时知道保险事故发生的除外。"这是对投保人、被保险人或者受益人出险通知义务的规定。通知的内容应当是保险人承担保险责任范围内的保险事故，而不是保险责任范围以外的其他事故；通知应当及时，有利于保险人及时查勘现场、核定损失和确定责任，并采取适当的方法，以防止损失扩大或者有时间抢救被保险的财产。由此，投保人、被保险人或者受益人作为法定的通知义务人，必须严格履行出险通知义务。

保险人不予理赔的，投保人该怎么办？

答：保险公司出险后不予理赔的，一般会出具拒绝赔偿或者拒绝给付保险金通知书并说明理由。投保人可以根据保险公司的拒赔通知书内容，结合个案情况查验是否属于不予理赔的情形。如果投保人不满意，可以通过诉讼途径解决理赔纠纷。需要注意的是，人寿保险理赔诉讼时效期间为五年，人寿保险以外的诉讼时效为两年，期间自其知道或者应当知道保险事故发生之日起计算。所以说对保险公司不予理赔的，投保人须在法定期限内主张权利，维护自己的合法权益。

财产转让后保险公司还理赔吗？

答：我国《保险法》第49条第1款规定："保险标的转让的，保险标的的受让人承继被保险人的权利和义务。"也就是说，财产的受让人在取得对该财产的所有权后，完全享有该财产的保险权益。该财产的原投保人或被保险人不再享有对其的保险权益。因此，财产转让后发生保险合同约定的理赔情形的，保险公司向该财产的受让人作出理赔，而与原投保人或被保险人无关。但要注意的是财产转让时，被保险人或受让人应当及时通知保险人，否则保险公司可以不承担赔偿责任。

保险理赔是否有具体时间的限制？

答：根据我国《保险法》第23条、第24条、第25条的规定，保险事故发生后，投保人、被保险人或受益人提出索赔时，保险公司如果认为需补交有关证明和资料，应当及时一次性通知对方；材料齐全后，保险公司应当及时作出核定，情形复杂的，应当在30日内作出核定，并将核定结果书面通知对方；对属于保险责任的，保险公司在赔付协议达成后10日内支付赔款；对不属于保险责任的，应当自作出核定之日起3日内发出拒赔通知书并说明理由。

被保险人故意犯罪致残，且已交足四年保费的，能否得到赔偿？

答： 我国《保险法》第45条规定："因被保险人故意犯罪或者抗拒依法采取的刑事强制措施导致其伤残或者死亡的，保险人不承担给付保险金的责任。投保人已交足二年以上保险费的，保险人应当按照合同约定退还保险单的现金价值。"由此可见，人身保险合同的被保险人故意犯罪致使自身伤残的，是得不到保险公司赔偿的；但因其符合保险缴费2年以上的条件，保险公司是应退还投保人保单的现金价值的。同时，保单现金价值是由不同的险种、不同的费率及运营成本等因素形成，是由保险公司内部计算所得。

投保后的第3年，被保险人自杀的能否获得理赔？

答： 我国《保险法》第44条第1款规定："以被保险人死亡为给付保险金条件的合同，自合同成立或者合同效力恢复之日起二年内，被保险人自杀的，保险人不承担给付保险金的责任，但被保险人自杀时为无民事行为能力人的除外。"据此可知，此类保险合同不能获赔的条件是：（1）保险合同成立或效力恢复2年内；（2）被保险人自杀时为完全或限制民事行为能力人。一旦同时具备这两项条件，保险公司即可不承担赔偿责任。所以，投保的第3年被保险人自杀的是可以获得理赔的。

未约定保险价值的财产如何赔偿？

答： 我国《保险法》第55条第2款规定："投保人和保险人未约定保险标的的保险价值的，保险标的发生损失时，以保险事故发生时保险标的的实际价值为赔偿计算标准。"由此可见，财产保险合同中未约定保险价值的，以保险事故发生时保险财产的市场实际价值为赔偿计算标准。也就是说，未约定保险价值的财产发生损失时，保险赔偿金的计算基数是以财产损失当时的市场价值为准。因此，建议大家在保险合同中明确约定保险价值，以最大限度地保护权益。

被保险人过失致使保险人不能向第三人求偿的法律后果是什么？

答： 我国《保险法》第61条第3款规定："被保险人故意或者因重大过失致使保险人不能行使代位请求赔偿的权利的，保险人可以扣减或者要求返还相应的保险金。"由此可知，只有在被保险人故意或重大过失的情形下，导致保险人不能向第三人求偿的，才产生保险人要求扣减或返还保险金的法律后果。若只是因一般过失致使保险人不能实现代位权的，被保险人即无需承担被扣减或返还保险金的责任。因此，在保险理赔中，被保险人、保险人应保持及时的沟通，防范理赔过程中可能发生的种种风险。

保险人是否可以向被保险人的子女行使代位求偿权？

答： 根据我国《保险法》第62条的规定，除被保险人的家庭成员或者其组成人员故意造成本法第60条第1款规定的保险事故外，保险人不得对被保险人的家庭成员或者其组成人员行使代位请求赔偿的权利。正面来讲，就是被保险人家庭成员故意造成财产保险事故的，保险人可以对被保险人的家庭成员行使代位求偿权。也就是说，除非被保险人子女故意造成财产保险事故的，否则保险人无权向其追偿。因此，若排除了被保险人家庭成员或其组成人员存在主观故意的情形，保险人向被保险人支付保险赔偿金后，再向其造成保险事故的成员主张代位求偿权，是得不到法律上的支持的。

被保险人因保险事故支出的诉讼费，是否可以获得理赔？

答：我国《保险法》第66条规定："责任保险的被保险人因给第三者造成损害的保险事故而被提起仲裁或者诉讼的，被保险人支付的仲裁或者诉讼费用以及其他必要的、合理的费用，除合同另有约定外，由保险人承担。"由此可见，在责任保险合同中，除非投保人与保险人明确约定了诉讼费用的负担，否则因保险事故导致发生的诉讼费用应由保险人承担。应当明确的是，诉讼费用中不包括被保险人可能支付的律师费，被保险人可以请求将律师费列为必要合理的费用，要求保险人承担或请求人民法院支持。

四、保险代理

什么是保险代理人？

答：我国《保险法》第117条规定："保险代理人是根据保险人的委托，向保险人收取佣金，并在保险人授权的范围内代为办理保险业务的机构或者个人。保险代理机构包括专门从事保险代理业务的保险专业代理机构和兼营保险代理业务的保险兼业代理机构。"由此可知，保险代理人分为专业代理人、兼业代理人和个人代理人三种。保险代理人从事保险代理业务必须遵守国家有关的法律法规和行政规章，遵循自愿和诚实信用原则。未经中国人民银行批准，任何单位或个人不得从事保险代理业务。

什么是保险经纪人？

答：我国《保险法》第118条规定："保险经纪人是基于投保人的利益，为投保人与保险人订立保险合同提供中介服务，并依法收取佣金的机构。"由此可知，保险经纪人是专家型的经纪人，他们掌握大量的保险法律知识和保险业务实践经验。保险经纪人是站在客户的立场上，为客户提供专业化的风险管理服务，设计投保方案，办理投保手续并具有法人资格的中介机构。简单地说，保险经纪人就是投保人的风险管理顾问。

一个保险代理人可以同时代理多家保险公司吗？

答：我国《保险法》第125条规定："个人保险代理人在代为办理人寿保险业务时，不得同时接受两个以上保险人的委托。"也就是说，个人保险代理人不能同时接受两家保险公司的委托是有条件的，只是针对人寿保险。除人寿保险外的其他保险业务，例如家庭财产险、车险，法律并没有禁止性的规定，所以，个人保险代理人是可以同时代理财产险的。同时应注意，对于专业的保险代理公司是可以代理不同的财产险公司和人寿险公司的业务的。

保险代理人的欺诈行为，被代理的保险公司应该承担责任吗？

答：根据我国《保险法》第127条、第131条、第165条的规定，保险代理人受保险公司的委托，向保险公司收取代理手续费，并在保险公司授权的范围内代为办理保险业务。保险代理人的代理行为是以保险公司的名义进行的，而不能以自己的名义进行。因此，保险代理人所办理的保险业务，都是由保险人直接承受其法律后果，而与保险代理人无关。如果保险代理人没有代理权、超越代理权或者代理权终止后以保险人名义订立合同，使投保人有理由相信其有代理权的，该代理行为仍然有效，保险公司作为保险合同的直接相对方，应当承担对投保人、被保险人或者受益人的法律责任。但是，保险人可以依法追究越权的保险代理人的责任。保险代理人在营业过程中，不得有欺骗行为，如有违反，将受到行政处罚。

保险经纪人与保险代理人的区别在哪里？

答：根据我国《保险法》第117条、第118条、第119条的规定，保险经纪人和保险代理人均为保险市场的中介人，但两者是有区别的：（1）保险经纪人是基于投保人的利益，为投保人与保险人订立保险合同提供中介服务，而保险代理人则是根据保险人的委托而代为办理保险业务的。（2）保险经纪人收取保险费的行为，对保险人无约束力，即法律上不视为保险人已经收到，被保险人不能以此为由主张保险合同业已成立。同时，保险代理人收取保险费后，即使实际尚未交付给保险人，在法律上亦视为保险人已收到。

保险经纪人是否可以出借业务许可证？

答：根据我国《保险法》第113条的规定，保险公司及其分支机构应当依法使用经营保险业务许可证，不得转让、出租、出借经营保险业务许可证。保险经纪人提供的是中介服务，保险业务许可证是经纪人从事保险营业的资质证明，每名保险经纪人都应具有许可证，即便同为经纪人彼此之间也不能相互借用，更不用说转让和出借他人。因此，法律是绝对禁止保险经纪人出借保险业务许可证的；若出借业务许可证，情节严重的是会被吊销的。

保险代理人代理权终止的，又以保险人名义订立的合同有效吗？

答：我国《保险法》第127条第2款规定："保险代理人没有代理权、超越代理权或者代理权终止后以保险人名义订立合同，使投保人有理由相信其有代理权的，该代理行为有效。保险人可以依法追究越权的保险代理人的责任。"由此可见，保险代理人是保险人的代理人，根据保险人的授权为投保人办理保险业务，其代理行为产生的法律后果由保险人承担。若代理人的代理权终止后，仍以保险人名义与投保人订立合同，即可能发生民法上的表见代理行为。表见代理是有效的，代理的后果仍由委托人承担，但委托人可以依法追究越权的代理人的责任。

未取得保险代理业务许可证经营的，要承担怎样的法律责任？

答：根据我国《保险法》第119条、第159条的规定，保险代理机构、保险经纪人应当具备国务院保险监督管理机构规定的条件，取得保险监督管理机构颁发的经营保险代理业务许可证、保险经纪业务许可证。未取得经营保险代理业务许可资质的代理机构，是不能从事保险代理业务的。一旦发现代理机构未取得经营保险代理业务许可证，违法代理保险业务的，由保险监督管理机构予以取缔，没收违法所得，并处违法所得1倍以上5倍以下的罚款；没有违法所得或者违法所得不足5万元的，处5万元以上30万元以下的罚款。

保险经纪人违反规定动用保证金的，会被限制营业吗？

答：根据我国《保险法》第124条、第164条的规定，保险代理机构、保险经纪人应当按照国务院保险监督管理机构的规定缴存保证金或者投保职业责任保险。一般来讲，保证金是不能擅自动用的，除非经国家保险监督管理机构批准，保险经纪人才能启用保证金。若保险经纪人违反规定，擅自动用保证金的，由保险监督管理机构责令改正，处5万元以上30万元以下的罚款；情节严重的，可以限制其业务范围、责令停止接受新业务或者吊销业务许可证。因此，未经批准私自动用保证金的行为后果是严重的，保险经纪人可能会失去营业资格。

第十二章　创业投资篇

一、企业开立

一个人可以建立什么样的企业？

答：根据我国《个人独资企业法》第2条的规定，一个自然人就可以在中国境内投资成立个人独资企业。个人独资企业的财产为投资人个人所有，投资人以其个人财产对企业债务承担无限责任。此外，依据我国《公司法》第57条的规定，我国允许一个自然人设立一人公司，公司形式为有限责任公司。

一个人可以设立几个一人有限责任公司？

答：根据我国《公司法》第58条的规定，一个自然人只能投资设立一个一人有限责任公司。该一人有限责任公司不能投资设立新的一人有限责任公司。

个人独资企业是投资就成立吗？需要哪些法律程序？

答：个人独资企业并不是投资就成立的。根据我国《个人独资企业法》第8条的规定，设立个人独资企业应当具备下列条件：（1）投资人为一个自然人；（2）有合法的企业名称；（3）有投资人申报的出资；（4）有固定的生产经营场所和必要的生产经营条件；（5）有必要的从业人员。

此外，个人独资企业的成立还要经过下列法律程序：申请设立个人独资企业，应当由投资人或者其委托的代理人向个人独资企业所在地的登记机关提交设立申请书、投资人身份证明、生产经营场所使用证明等文件。个人独资企业名称中不得使用"有限""有限责任"或"公司"等字样，否则不能批准。工商管理局根据个人独资企业提供的材料，办理企业营业执照。个人独资企业还须到质量技术监督局办理组织机构代码证。自领取营业执照之日起30日内到税务登记机关办理税务登记证。总之，个人独资企业必须履行合法的设立程序，才能合法成立，正常进行经营活动。

个人独资企业经营得很好，可以设立分支机构吗？

答：我国《个人独资企业法》第14条明确规定"个人独资企业设立分支机构，应当由投资人或者其委托的代理人向分支机构所在地的登记机关申请登记，领取营业执照"。说明我国个人独资企业可以申请设立分支机构。个人独资企业的分支机构经核准登记后，应将登记情况报该分支机构隶属的个人独资企业的登记机关备案。分支机构不是独立的法人实体，其民事责任由设立该分支机构的个人独资企业承担。

设立有限责任公司，应当具备哪些条件？

答：根据我国《公司法》第23条的规定，设立有限责任公司，应当具备下列条件：（1）股东符合法定人数（50人以下）；（2）有符合公司章程规定的全体股东认缴的出资额；（3）股东共同制定公司章程；（4）有公司名称，建立符合有限责任公司要求的组织机构；（5）有公司住所。

设立合伙企业，应当具备哪些条件？

答：根据我国《合伙企业法》第14条的规定，设立合伙企业，应当具备下列条件：（1）有两个以上合伙人。合伙人为自然人的，应当具有完全民事行为能力。（2）有书面合伙协议。（3）有合伙人认缴或者实际缴付的出资。（4）有合伙企业的名称和生产经营场所。（5）法律、行政法规规定的其他条件。

合伙企业中能用劳务作为出资吗？

答：根据我国《合伙企业法》第16条的规定，合伙人可以用劳务作为在合伙企业中的出资。劳务出资不直观地体现企业的资产，企业一旦出现风险如亏损或是终止，其他出资人利益将会受到很大的损失，而劳务出资合伙人的利益损失却很小。因此作为合伙出资的劳务必须同时满足该专业技能是该合伙人特有的，而且是合伙企业生产经营所必需的，单纯的体力不能作为出资。

"有限责任公司"中，到底谁负有限责任？

答：根据我国《公司法》第3条的规定，公司是企业法人，有独立的法人财产，享有法人财产权。公司以其全部财产对公司的债务承担责任。有限责任公司的股东以其认缴的出资额为限对公司承担责任；股份有限公司的股东以其认购的股份为限对公司承担责任。其中，有限责任公司应具备如下法律特征：（1）有限责任公司是企业法人，公司的股东以其出资额对公司承担责任，公司以其全部资产对公司的债务承担责任。（2）有限责任公司的股东人数是有严格限制的。各国对有限责任公司股东数的规定不尽相同。我国《公司法》规定股东人数为50人以下。（3）有限责任公司股东人数有限，一般相互认识，具有一定程度的信任感，其股份转让受到一定限制，向股东以外的人转让股份须征得其他股东的同意。（4）有限责任公司设立条件和程序相对股份有限公司而言较为简单和灵活。如组织机构、审批程序都比股份有限公司简单。由此可见，在有限责任公司中，股东以其认缴的出资额为限对公司承担责任，这可以称作有限责任。而对于公司本身来说，则以其全部资产对公司的债务承担责任。从穷尽公司本身的财产来看，可以称作无限责任，但是，从只是以公司所有财产来承担责任上看，责任又是有限的。所以，有限责任公司的"有限责任"，严格意义上说是股东的有限责任。

有限责任公司股东如何分红？

答：有限责任公司因为设立相对简单和灵活，在我国是一种较为普遍的公司形式。为了保证股东的出资和利益成比例，我国《公司法》第34条规定："股东按照实缴的出资比例分取红利；公司新增资本时，股东有权优先按照实缴的出资比例认缴出资。但是，全体股东约定不按照出资比例分取红利或者不按照出资比例优先认缴出资的除外。"

有限责任公司的章程应该由谁定？

答：公司章程是公司组织与行为的基本准则，是确定公司权利、义务关系的基本法律文件，是公司实行内部管理和对外进行经济交往的基本法律依据。它既是公司成立的基础，也是公司设立最基本的条件和最重要的法律文件。公司章程由公司股东共同协商制定，必须以书面形式确立。

有限责任公司章程应当包括哪些内容？

答：根据我国《公司法》第25条的规定，有限责任公司章程应当载明下列事项：（1）公司名称和住所；（2）公司经营范围；（3）公司注册资本；（4）股东的姓名或者名称；（5）股东的出资方式、出资额和出资时间；（6）公司的机构及其产生办法、职权、议事规则；（7）公司法定代表人；（8）股东会会议认为需要规定的其他事项。此外，股东还应当在公司章程上签名、盖章。

在取得营业执照前公司可以"试营业"吗？

答：根据《合伙企业法》第11条规定，合伙企业领取营业执照前，合伙人不得以合伙企业名义从事合伙业务。也就是说，经营者在未取得工商行政管理部门核发的营业执照前，不得从事任何经营活动。经营者不办理营业执照，或者营业执照正在审批办理中，实际上都是无照经营，属于违法行为。根据《市场主体登记管理条例》第43条的规定，未经设立登记从事经营活动，由登记机关责令改正，没收违法所得；拒不改正的，处1万元以上10万元以下的罚款；情节严重的，依法责令关闭停业，并处10万元以上50万元以下的罚款。

中国公民可以和华侨一起成立股份有限公司吗？

答：我国《公司法》第78条规定"设立股份有限公司，应当有二人以上二百人以下为发起人，其中须有半数以上的发起人在中国境内有住所"。说明我国法律对设立股份有限公司的发起人的国籍并没有规定，只规定了人数以及在中国境内的住所要求。所以，只要符合上面法律规定的条件，中国公民是可以和华侨一起成立股份有限公司的。

股份有限公司的股份被全部认购，公司就成立了吗？

答：股份有限公司成立的决定权主要在于创立大会，创立大会应有代表股份总数过半数的发起人、认股人出席，方可举行。发起人、认股人与股份有限公司有重要关系，他们决定公司的经营、发展，当然他们也有权决定公司成立与否。股份有限公司发起的股份全部被认购，是成立的条件之一。发起人、认股人可以从公司利益和自身利益出发否定公司的成立。但股份被认购不是决定公司成立的必要条件，还必须经出席会议的认股人所持表决权过半数通过，公司才能成立。

在股份有限公司的成立过程中，创立大会行使哪些职权？

答：我国《公司法》第90条规定，创立大会行使下列职权：（1）审议发起人关于公司筹办情况的报告；（2）通过公司章程；（3）选举董事会成员；（4）选举监事会成员；（5）对公司的设立费用进行审核；(6) 对发起人用于抵作股款的财产的作价进行审核；(7) 发生不可抗力或者经营条件发生重大变化直接影响公司设立的，可以作出不设立公司的决议。此外，创立大会对前款所列事项作出决议，必须经出席会议的认股人所持表决权过半数通过。

招股说明书和股东认股书是一样的吗？

答：股份有限公司的招股说明书和股东认股书是不一样的。招股说明书是供社会公众了解发起人和将要设立公司的情况，说明公司股份发行的有关事宜，指导公众购买公司股份的规范性文件。公司首次公开发行股票，必须制作招股说明书。招股说明书经政府有关部门批准后，即具有法律效力，股份有限公司和发起人、认股人都要遵守招股说明书中的有关规定，否则要承担相应的责任。认股书是股东认购股份以后签订的认股凭证，它除了载明招股说明书中的所有内容外还要由认股人填写认购股数、金额、住所，并签名、盖章。

受疫情影响有点经营不下去了，可以办理歇业吗？

答：是可以办理歇业的。根据《市场主体登记管理条例实施细则》第40条至第42条的规定，因自然灾害、事故灾难、公共卫生事件、社会安全事件等原因造成经营困难的，市场主体可以自主决定在一定时期内歇业。法律、行政法规另有规定的除外。市场主体决定歇业，应当在歇业前向登记机关办理备案。市场主体延长歇业期限，应当于期限届满前30日内按规定办理。市场主体办理歇业备案后，自主决定开展或者已实际开展经营活动的，应当于30日内在国家企业信用信息公示系统上公示终止歇业。市场主体备案的歇业期限届满，或者累计歇业满3年，视为自动恢复经营，决定不再经营的，应当及时办理注销登记。

二、股东和投资人

总裁、董事长、总经理、CEO，谁是企业的"法定代表人"？

答：总裁一般是在集团公司才使用的称呼，是集团最高行政负责人。董事长是公司董事会主席，直接领导公司的董事会，以及附设的执行委员会、任免委员会、薪酬委员会、审计委员会等一些专门委员会，是公司的总决策人。总经理具体负责公司的日常营业，是公司的决策执行人。CEO即首席执行官，是公司董事会的代理人，执行董事会授予的部分经营管理权利，是公司政策执行机构的最高负责人。董事长、总裁、CEO，可以互相兼任。我国《公司法》第13条规定："公司法定代表人依照公司章程的规定，由董事长、执行董事或者经理担任，并依法登记。公司法定代表人变更，应当办理变更登记。"因此，不管是何种称谓，只有依法经过登记的人才是企业的"法定代表人"。

哪些人不得担任公司、非公司企业法人的法定代表人？

答：根据《市场主体登记管理条例》第12条的规定，有下列情形之一的，不得担任公司、非公司企业法人的法定代表人：(1) 无民事行为能力或者限制民事行为能力；(2) 因贪污、贿赂、侵占财产、挪用财产或者破坏社会主义市场经济秩序被判处刑罚，执行期满未逾5年，或者因犯罪被剥夺政治权利，执行期满未逾5年；(3) 担任破产清算的公司、非公司企业法人的定代表人、董事或者厂长、经理，对破产负有个人责任的，自破产清算完结之日起未逾3年；（4）担任因违法被吊销营业执照、责令关闭的公司、非公司企业法人的法定代表人，并负有个人责任的，自被吊销营业执照之日起未逾3年；（5）个人所负数额较大的债务到期未清偿；（6）法律、行政法规规定的其他情形。

一直供公司使用的投资人个人的财产，应当包括在公司财产当中吗？

答：公司的财产不包括投资人所有的财产，投资人对公司的经营发展进行管理，在他所投资的财产范围内按比例收取利益。投资人仅是在投资范围内对公司承担有限责任，如果公司的财产包括投资人所有的财产，那么对投资人来说，自有财产、家庭财产都没有保障，从而增加社会不稳定性。至于一直供公司使用的投资人个人的财产，如汽车等，使用所产生的费用由公司报销，但并不能改变其产权属于投资人的法律事实。

股东的合法权益受到损害时，可以抽回投资吗？

答：公司在成立后即作为法律上独立的法人而存在，具有独立的法律人格以及独立的财产权利。公司的财产与股东的财产是分离的，在股东出资以后，财产的所有权就转移归公司所有，股东不能对其主张权利。公司成立后，股东享有公司的股权，就其出资享有公司的利益。根据我国《公司法》第35条的规定，股东在公司成立后，不得抽逃出资。股东的出资是公司开始运行并对外承担责任的基础，如允许其随意撤回出资，不仅会影响公司正常的生产经营，也会严重损害公司债权人的利益。因此股东的出资是不可以随意抽回的，其作为股东的合法权益受到损害，可以将其在公司的股份转让。

股东大会只能一年召开一次吗？

答：我国《公司法》第100条规定，股东大会应当每年召开一次年会。但是遇有下列情形之一的，应当在两个月内召开临时股东大会：（1）董事人数不足本法规定人数或者公司章程所定人数的2/3时；（2）公司未弥补的亏损达实收股本总额1/3时；（3）单独或者合计持有公司10%以上股份的股东请求时；（4）董事会认为必要时；（5）监事会提议召开时；（6）公司章程规定的其他情形。

股东可以委托律师参加股东大会吗？

答：我国《公司法》第106条规定："股东可以委托代理人出席股东大会会议，代理人应当向公司提交股东授权委托书，并在授权范围内行使表决权。"股东可以委托律师参加股东大会，并且应当和律师签订专门的代理合同，对律师在股东大会上的权限进行约定。

股东有权随时召集股东会吗？

答：根据我国《公司法》第39条的规定，股东会会议分为定期会议和临时会议。定期会议应当依照公司章程的规定按时召开。代表1/10以上表决权的股东，1/3以上的董事，监事会或者不设监事会的公司的监事提议召开临时会议的，应当召开临时会议。由此可见，代表1/10以上表决权的股东，有权利提议召开股东会。

股东会行使哪些职权？

答：根据我国《公司法》第37条的规定，股东会行使下列职权：（1）决定公司的经营方针和投资计划；（2）选举和更换非由职工代表担任的董事、监事，决定有关董事、监事的报酬事项；（3）审议批准董事会的报告；（4）审议批准监事会或者监事的报告；（5）审议批准公司的年度财务预算方案、决算方案；（6）审议批准公司的利润分配方案和弥补亏损方案；（7）对公司增加或者减少注册资本作出决议；（8）对发行公司债券作出决议；（9）对公司合并、分立、解散、清算或者变更公司形式作出决议；（10）修改公司章程；（11）公司章程规定的其他职权。

公司的无记名股票持有人可以要求参加该公司的股东大会吗？

答： 无记名股票是指在股票票面和股份公司股东名册上均不记载股东姓名的股票，持有者认购股票时要求缴足股款就拥有该股票的股东权利。无记名股票也称不记名股票，与记名股票相比，除了股票记载方式不同，股东权利等方面是相同的。无记名股票的优点是转让相对简便，其缺点是安全性较差，谁拥有谁就可以主张权利。我国《公司法》第102条第4款规定："无记名股票持有人出席股东大会会议的，应当于会议召开五日前至股东大会闭会时将股票交存于公司。"可见，持有公司无记名股票的人是可以参加公司的股东大会的，会议期间应当将股票交存于公司。

公司的财务预算案应当由股东制定吗？

答： 公司的财务预算案关系公司的生产、经营，是十分重要的。根据我国《公司法》第46条的规定，公司的年度财务预算案、决算案都由公司董事会负责。股东可以参与起草、讨论，但不参与财务预算案的制定。

约定有经营期限的合伙企业，发生哪些事项时，合伙人可以退伙？

答： 根据我国《合伙企业法》第45条的规定，合伙协议约定合伙企业的经营期限的，有下列情形之一时，合伙人可以退伙：（1）合伙协议约定的退伙事由出现；（2）经全体合伙人一致同意；（3）发生合伙人难以继续参加合伙企业的事由；（4）其他合伙人严重违反合伙协议约定的义务。

三、权利转让

什么是股权？

答： 股权是指股东基于股东地位并可向公司主张某种权益或承担一定责任的权利。股权的主体是股东，不论是自然人还是法人都可以成为股东。股权作为一项权利，可以从不同角度作出不同的分类：（1）根据股权设立目的的不同，可分为自益权和共益权。自益权是专为该股东自己的利益而行使的权利，如股息退伙和红利的分配请求权、剩余财产分配请求权、新股优先认购权等；共益权是为股东的利益并兼为公司的利益而行使的权利，如表决权、请求召集股东会的权利，请求判决股东会决议无效的权利、账簿查阅请求权等。（2）根据股权的行使是否达到一定的股份数额为标准，可分为单独股东权和少数股东权。单独股东权是股东一人即可行使的权利，一般的股东权利都属于这种权利；少数股东权是不达到一定的股份数额就不能行使的权利，如按《公司法》第39条的规定，请求召开临时股东会的权利，必须由代表1/10以上表决权的股东方可行使。（3）根据股权主体有无特殊性，可分为普通股东权和特别股东权。普通股东权是一般股东所享有的权利；特别股东权是特别股股东所享有的权利，如优先股股东所享有的权利。

股东可以自由转让他的企业股权吗？

答：股权转让是公司股东依法将自己的股份出让给他人，使他人成为公司股东的民事法律行为。根据我国《公司法》第71条的规定，有限责任公司的股东之间可以相互转让其全部或者部分股权。股东向股东以外的人转让股权，应当经其他股东过半数同意。股东应就其股权转让事项书面通知其他股东征求同意，其他股东自接到书面通知之日起满30日未答复的，视为同意转让。其他股东半数以上不同意转让的，不同意的股东应当购买该转让的股权；不购买的，视为同意转让。

有限责任公司股东的权利可以继承吗？

答：有限责任公司是具有人合性质的法人团体，股东在相互信任的基础上成立公司。根据我国《公司法》第75条的规定，自然人股东死亡后，其合法继承人可以继承股东资格；但是，公司章程另有规定的除外。

在哪些情况下，股东可以请求公司按照合理的价格收购其股权？

答：根据我国《公司法》第74条的规定，有下列情形之一的，对股东会该项决议投反对票的股东可以请求公司按照合理的价格收购其股权：（1）公司连续5年不向股东分配利润，而公司该5年连续盈利，并且符合本法规定的分配利润条件的；（2）公司合并、分立、转让主要财产的；（3）公司章程规定的营业期限届满或者章程规定的其他解散事由出现，股东会会议通过决议修改章程使公司存续的。此外，自股东会会议决议通过之日起60日内，股东与公司不能达成股权收购协议的，股东可以自股东会会议决议通过之日起90日内向人民法院提起诉讼。

股权被法院强制执行时，优先购买权不适用吗？

答：我国《公司法》第72条规定："人民法院依照法律规定的强制执行程序转让股东的股权时，应当通知公司及全体股东，其他股东在同等条件下有优先购买权。其他股东自人民法院通知之日起满二十日不行使优先购买权的，视为放弃优先购买权。"由此可见，股权被法院强制执行时，优先购买权仍然适用。但是该优先购买权是有期限的，自人民法院通知之日起满20日不行使优先购买权就视为放弃优先购买权。

什么是股票？

答：股票指股份公司为筹集资金而发行给股东作为持股凭证并借以取得股息和红利的一种有价证券。股票是股份证书的简称，是股份公司资本的构成部分，可以转让、买卖或作价抵押，是资金市场的主要长期信用工具。股票可以公开上市，也可以不上市。股票代表着其持有人（股东）对股份公司的所有权，这种所有权是一种综合权利，如参加股东大会、投票表决、参与公司的重大决策、收取股息或分享红利等。同一类别的每一份股票所代表的公司所有权是相等的，即"同股同权"。

为了简洁，股票上可以只写明公司名称和面额吗？

答：根据我国《公司法》第128条第2款的规定，股票应当载明下列主要事项：

(1) 公司名称；(2) 公司成立日期；(3) 股票种类、票面金额及代表的股份数；(4) 股票的编号。正规的股票必须有以上内容，而且还要由法定代表人签名，公司盖章。不能为了简洁，只在股票上写明公司名称和面额。

公司发行记名股票的，一定要置备股东名册吗？

答：根据我国《公司法》第130条的规定，公司发行记名股票的，应当置备股东名册，并应当记载下列事项：(1) 股东的姓名或者名称及住所；(2) 各股东所持股份数；(3) 各股东所持股票的编号；(4) 各股东取得股份的日期。

公司还未正式成立，股东可以拿到股票吗？

答：股票是股份有限公司在筹集资本时向投资人、认股人发行的股份凭证，代表着股东对股份公司的所有权。股东可以凭股票而主张自己权利，如参加股东大会、投票表决、参与公司的重大决策、收取股息或分享红利等。根据我国《公司法》第132条的规定，股份有限公司成立后，即向股东正式交付股票。公司成立前不得向股东交付股票。由此可见，公司还未正式成立，股东是不可以拿到股票的。

怎么加入合伙企业？

答：此问题涉及入伙，入伙是指合伙企业成立后，第三人加入合伙企业并取得合伙人资格的行为。合伙企业具有较强的人合性，具体体现在相互信赖的人身关系上，第三人的加入可能会损害企业的人合性。因此，我国《合伙企业法》第43条规定，新合伙人入伙时，应当经全体合伙人一致同意，并依法订立书面入伙协议。订立入伙协议时，原合伙人应当向新合伙人如实告知原合伙企业的经营状况和财务状况。

合伙人死亡，他成年的儿子可以代替他成为合伙人吗？

答：合伙企业是合伙人基于相互信赖、共同出资而建立的企业。根据我国《合伙企业法》第50条的规定，合伙人死亡或者被依法宣告死亡的，对该合伙人在合伙企业中的财产份额享有合法继承权的继承人，依照合伙协议的约定或者经全体合伙人一致同意，从继承开始之日起，即取得该合伙企业的合伙人资格。合法继承人不愿意成为该合伙企业的合伙人的，合伙企业应退还其依法继承的财产份额。合法继承人为未成年人的，经其他合伙人一致同意，可以在其未成年时由监护人代行其权利。

合伙人想退出合伙企业，他的债权债务怎么定？

答：退伙，是指合伙人退出合伙企业，从而丧失合伙人资格。根据我国《合伙企业法》第52条、第53条以及第54条的规定，合伙人退伙的，其他合伙人应当与该退伙人按照退伙时的合伙企业的财产状况进行结算，退还退伙人的财产份额。退伙时有未了结的合伙企业事务的，待了结后进行结算。退伙人在合伙企业中财产份额的退还办法，由合伙协议约定或者由全体合伙人决定，可以退还货币，也可以退还实物。退伙时企业的现实财产少于原始出资的，按现实财产折算的份额返还退伙人；企业经营持平的，将原始出资财产返还退伙人；企业经营有盈利的，要连同退伙人原始出资和应分得的收益一起返还退伙人。退伙时合伙企业承担债务的，对内，退伙人应按合伙协议规定的亏损分担办法和比例，以自己的财产来抵补亏损，按规定分担亏损；对外，则承担连带责任。

四、企业分立与合并

公司合并是自己的事，可以不通知债权人吗？

答：公司合并是指两个或两个以上的公司依照公司法规定的条件和程序，通过订立合并协议，共同组成一个公司的法律行为。我国《公司法》第173条规定："公司合并，应当由合并各方签订合并协议，并编制资产负债表及财产清单。公司应当自作出合并决议之日起十日内通知债权人，并于三十日内在报纸上公告。债权人自接到通知书之日起三十日内，未接到通知书的自公告之日起四十五日内，可以要求公司清偿债务或者提供相应的担保。"实践中，经常发生公司不履行告知义务便进行合并的情况，有的公司怕公告后引起债权人纷纷讨债而不敢公告；有的公司因程序复杂、异议期间过长而不愿公告；有的公司只重视对大债权人如银行的告知，忽视对小债权人的保护；还有的公司甚至根本不知道告知债权人这项义务的存在。但不论何种原因，公司合并前都应进行公示，不能不对债权人进行通知。

董事长可以独自裁定公司分立吗？

答：公司分立，不仅关系到进行分立公司的股东的利益，而且关系到债权人利益，因此法律明确规定了公司分立的相关程序，只有按法定程序分立才能产生分立的法律效力。根据我国《公司法》第43条、第175条的规定，公司分立，其财产作相应的分割。公司分立时，应编制资产负债表及财产清单，公司应当自作出分立决议之日起10日内通知债权人，并于30日内在报纸上公告。此外，公司合并、分立等事项由公司股东会决议，且必须经代表2/3以上表决权的股东通过。因此，董事长是不可以独自裁定公司分立的。

公司分立后，以前的债务谁负责？

答：我国《公司法》第176条规定："公司分立前的债务由分立后的公司承担连带责任。但是，公司在分立前与债权人就债务清偿达成的书面协议另有约定的除外。"因此，公司分立后，不仅原有各项权利转移给分立后的公司，而且原有的债务也由分立后的公司承担。分立企业如未与债权人达成协议，则分立后的各企业对原债务承担连带责任，在内部，具体分担数额根据分立时的财产分配情况及分立后各法人的注册资金数额来确定。

公司减少注册资本后，还要通知债权人吗？

答：根据我国《公司法》第177条的规定，公司需要减少注册资本时，必须编制资产负债表及财产清单。并且，应当自作出减少注册资本决议之日起10日内通知债权人，并于30日内在报纸上公告。债权人自接到通知书之日起30日内，未接到通知书的自公告之日起45日内，有权要求公司清偿债务或者提供相应的担保。

公司的注册资本改变不大，可以不变更登记吗？

答：我国《公司法》第179条第2款规定："公司增加或者减少注册资本，应当依法向公司登记机关办理变更登记。"由此可见，只要公司增加或者减少注册资本，就应当办理变更登记，而不论公司增加还是减少的注册资本是多是少。

公司的分公司和子公司一样吗?

答:子公司是相对于母公司而言,指其一定数额的股份最少不得低于50%被另一个公司所控制,或依据协议受另一个公司实际控制的公司。子公司具有独立的法人资格,有自己独立的名称、章程、组织机构,对外以自己的名义进行经营活动,独立承担债权债务,但其重大问题决定权通常掌握在母公司手中。分公司是相对于总公司而言,属于总公司的分支机构或办事机构,在法律上、经济上没有独立性,仅仅是总公司的附属机构。分公司不具有独立的法律人格,以总公司的名义进行经营活动,民事责任由总公司承担。由此可见,公司的分公司和子公司是不一样的。

合伙企业之间可以合并吗?

答:我国合伙企业的成立和经营非常灵活,只要合伙人达成一致,合伙企业可以有多种操作模式。合伙企业可以参照公司的方式合并,但需要注意的是,在合并前应将合并双方的债权债务进行合理解决,以免日后产生不必要的纠纷。

五、企业事务执行

总经理利用职权为自己谋取私利,使公司损失重大,公司应该怎么办?

答:公司总经理有权主持公司的生产经营管理工作,同时也应当遵守公司章程,忠实履行职务,不得利用在公司的地位和职权为自己谋取私利,即总经理对公司还负有忠实义务。如总经理利用其职务便利,为自己谋取私利,给公司造成损失的,对于其给公司造成的损失应当承担赔偿责任。此外,董事会有权解除其总经理职务,并可要求其赔偿给公司造成的损失。公司股东如认为总经理的行为严重侵害其利益,还可以向人民法院提起民事诉讼。

董事会的决议给公司带来损失,没同意决议并在会议记录上写下异议的董事也应当承担责任吗?

答:公司董事是由股东和职工代表大会选举产生的,必须代表公司的利益。董事可在董事会上尽力陈述自己的观点,行使其作为董事的权利与职责。根据我国《公司法》第112条的规定,董事会会议,应由董事本人出席;董事因故不能出席,可以书面委托其他董事代为出席,委托书中应载明授权范围。董事会应当将会议所议事项的决定整理成会议记录,出席会议的董事应当在会议记录上签名。董事应当对董事会的决议承担责任。董事会的决议违反法律、行政法规或者公司章程、股东大会决议,致使公司遭受严重损失的,参与决议的董事对公司负赔偿责任。但经证明在表决时曾表明异议并记载于会议记录的,该董事可以免除责任。由此可见,董事会的决议给公司带来损失,没同意决议并在会议记录上写下异议的董事不应当承担责任。

普通员工可以成为董事吗?

答:根据我国《公司法》第44条、第67条以及第108条的规定,普通员工可以作为职工代表成为公司董事会的成员,由公司职工通过职工代表大会、职工大会或者其他形式民主选举产生。职工代表进入董事会能够更便捷地了解基层生产情况,便于公司的管理。

哪些人员不得担任公司的董事、监事、高级管理人员？

答：根据我国《公司法》第146条的规定，有下列情形之一的，不得担任公司的董事、监事、高级管理人员：（1）无民事行为能力或者限制民事行为能力；（2）因贪污、贿赂、侵占财产、挪用财产或者破坏社会主义市场经济秩序，被判处刑罚，执行期满未逾5年，或者因犯罪被剥夺政治权利，执行期满未逾5年；（3）担任破产清算的公司、企业的董事或者厂长、经理，对该公司、企业的破产负有个人责任的，自该公司、企业破产清算完结之日起未逾3年；（4）担任因违法被吊销营业执照、责令关闭的公司、企业的法定代表人，并负有个人责任的，自该公司、企业被吊销营业执照之日起未逾3年；（5）个人所负数额较大的债务到期未清偿。

董事长与总经理可以决定董事的收入吗？

答：董事对内管理公司事务，对外代表公司进行经济活动，比一般员工承担了更多的压力，付出了更多的劳动，其收入也应该比一般员工高。根据我国《公司法》第37条的规定，股东会有权行使选举和更换非由职工代表担任的董事、监事，决定有关董事、监事的报酬事项等职权。由此可见，董事的收入不能由董事长决定，也不能由总经理决定，而应该召开股东会由全体股东决定。

小公司可以不设董事会吗？

答：小公司如果设置董事会、监事会，会造成人力资源浪费，同时也会使职工分心。但是小公司也并不是董事、监事都不设置。对此，我国《公司法》第50条规定："股东人数较少或者规模较小的有限责任公司，可以设一名执行董事，不设董事会。执行董事可以兼任公司经理。执行董事的职权由公司章程规定。"

股东可以提议召开董事会临时会议吗？

答：我国《公司法》第110条第2款规定："代表十分之一以上表决权的股东、三分之一以上董事或者监事会，可以提议召开董事会临时会议。董事长应当自接到提议后十日内，召集和主持董事会会议。"由此可见，股东是可以提议召开临时董事会的，但必须是代表1/10以上表决权的股东才有资格提议。

重要董事没有出席的董事会，决议有效吗？

答：我国《公司法》第111条规定："董事会会议应有过半数的董事出席方可举行。董事会作出决议，必须经全体董事的过半数通过。董事会决议的表决，实行一人一票。"由此可见，董事会决议是否有效，是和出席会议的董事人数以及表决人数有关的，而与是不是有重要董事出席会议没有关系。

董事会依法行使哪些职权？

答：根据我国《公司法》第46条的规定，董事会对股东会负责，行使下列职权：（1）召集股东会会议，并向股东会报告工作；（2）执行股东会的决议；（3）决定公司的经营计划和投资方案；（4）制订公司的年度财务预算方案、决算方案；（5）制订公司的利润分配方案和弥补亏损方案；（6）制订公司增加或者减少注册资本以及发行公司债券的方案；（7）制订公司合并、分立、解散或者变更公司形式的方案；（8）决定公司内部管理机构的设置；

(9)决定聘任或者解聘公司经理及其报酬事项,并根据经理的提名决定聘任或者解聘公司副经理、财务负责人及其报酬事项;(10)制定公司的基本管理制度;(11)公司章程规定的其他职权。

有限责任公司的总经理拥有哪些职权?

答:根据我国《公司法》第49条的规定,经理对董事会负责,行使下列职权:(1)主持公司的生产经营管理工作,组织实施董事会决议;(2)组织实施公司年度经营计划和投资方案;(3)拟订公司内部管理机构设置方案;(4)拟订公司的基本管理制度;(5)制定公司的具体规章;(6)提请聘任或者解聘公司副经理、财务负责人;(7)决定聘任或者解聘除应由董事会决定聘任或者解聘以外的负责管理人员;(8)董事会授予的其他职权。公司章程对经理职权另有规定的,从其规定。经理列席董事会会议。

股东大会董事长不能到场,应由谁来主持?

答:股东大会是由全体股东所组成的公司制企业的最高权力机关,是全体股东参加的全会。根据我国《公司法》第101条第1款的规定,股东大会会议由董事会召集,董事长主持;董事长不能履行职务或者不履行职务的,由副董事长主持;副董事长不能履行职务或者不履行职务的,由半数以上董事共同推举一名董事主持。

国有独资公司的董事长可以在其他公司兼职吗?

答:国有独资公司是指国家授权投资的机构或者国家授权的部门单独出资设立的有限责任公司。国有独资公司的董事长除了履行普通有限责任公司董事长的职务外,还有更大的责任,那就是对国家财产负责。因此,我国《公司法》第69条明确规定,国有独资公司的董事长、副董事长、董事、高级管理人员,未经国有资产监督管理机构同意,不得在其他有限责任公司、股份有限公司或者其他经济组织兼职。

监事会享有哪些职权?

答:根据我国《公司法》第53条的规定,监事会、不设监事会的公司的监事行使下列职权:(1)检查公司财务;(2)对董事、高级管理人员执行公司职务的行为进行监督,对违反法律、行政法规、公司章程或者股东会决议的董事、高级管理人员提出罢免的建议;(3)当董事、高级管理人员的行为损害公司的利益时,要求董事、高级管理人员予以纠正;(4)提议召开临时股东会会议,在董事会不履行本法规定的召集和主持股东会会议职责时召集和主持股东会会议;(5)向股东会会议提出提案;(6)依照本法第151条的规定,对董事、高级管理人员提起诉讼;(7)公司章程规定的其他职权。

人事部负责人可以制定公司的基本管理制度吗?

答:人事部负责人即人事部经理,全面负责主持人事部的劳资、人事方面的管理工作,对公司劳动人事工作指导、指挥、监督、管理,并承担执行公司各项规程、工作指令。人事部经理负责组织制定公司各部门的员工工作标准;负责拟定、修改公司人事、劳资统计、劳动纪律等有关管理制度。即人事部经理只能负责他职责范围内的公司、员工的一般劳动纪律、制度的制定,并不能制定公司的基本管理制度。根据我国《公司法》第46条的规定,公司的基本管理制度只能由董事会制定。

个人独资企业就是一个人说了算吗？

答：个人独资企业，是指依法在中国境内由一个自然人投资，财产为投资人个人所有，投资人以其个人财产对企业债务承担无限责任的企业。投资人是个人独资企业财产的唯一合法所有者。企业财产不仅包括企业成立时投资人投入的初始财产，而且包括企业存续期间积累的财产。当投资人申报登记的出资不足以清偿个人独资企业经营所负的债务时，投资人就必须以其个人财产甚至是家庭财产来清偿债务。所以在个人独资企业内，投资人有权对公司的生产、经营进行决策、管理，只要是合法的经营行为，个人独资企业就是投资人说了算。

合伙人是否可以同本合伙企业进行交易？

答：合伙企业可以由合伙人执行管理，也可以由全体合伙人委托一个或数个合伙人对外代表合伙企业，执行合伙事务。根据我国《合伙企业法》第32条的规定，除合伙协议另有约定或者经全体合伙人一致同意外，合伙人不得同本合伙企业进行交易。可见，合伙人是否可以同本合伙企业进行交易，取决于合伙协议的约定或者全体合伙人的一致同意。否则，其他情况之下是不可以的。法律之所以这样规定，也是基于保护合伙企业利益的需要。

合伙企业中对合伙事务约定了分别执行，那么，超越约定工作权限签订的合同有效吗？

答：合伙企业中对合伙事务可以约定分别执行，如甲负责业务，乙负责财务。如果负责财务的乙与另外一家企业签订了一份买卖合同，那么该合同是否有效呢？依照我国法律规定，每个合伙人代表合伙企业所发生的经济行为对所有合伙人均有约束力。由此可见，合同是有效的，换一句话讲，就是合伙企业的内部协议不具有对抗外部人的效力，其合伙企业内部怎么规定，是自己的事情，如果合伙人之间存在异议，应该在合伙人内部协商解决。根据我国《合伙企业法》第29条第1款的规定，合伙人分别执行合伙事务的，执行事务合伙人可以对其他合伙人执行的事务提出异议。提出异议时，应当暂停该项事务的执行。如果发生争议，合伙人可对合伙企业有关事项作出决议，按照合伙协议约定的表决办法办理。合伙协议未约定或者约定不明确的，实行合伙人一人一票并经全体合伙人过半数通过的表决办法。

合伙人个人负有债务，其债权人能否代位行使该合伙人在合伙企业中的权利，代行合伙事务？

答：根据我国《合伙企业法》第41条的规定，合伙人发生与合伙企业无关的债务，相关债权人不得以其债权抵销其对合伙企业的债务；也不得代位行使合伙人在合伙企业中的权利。合伙企业由合伙人共同投资设立，在生产经营活动中所取得、积累的财产，归合伙人共有，但是如有亏损也由全体合伙人共同承担。损益分配的比例，应在合伙协议中明确规定；未经规定的可按合伙人出资比例分摊，或平均分摊。所以合伙企业的收益关系到每一个合伙人，如果他人未经允许代替合伙人执行合伙事务，将给合伙企业和合伙人的利益带来损失，因此法律禁止他人代行合伙事务。由此可见，合伙人个人负有债务，其债权人不得代位行使该合伙人在合伙企业中的权利,更不可代行合伙事务。

在个人独资企业中,被聘用的管理人员不得有哪些行为?

答:根据我国《个人独资企业法》第19条、第20条的规定,个人独资企业投资人可以自行管理企业事务,也可以委托或者聘用其他具有民事行为能力的人负责企业的事务管理。受托人或者被聘用的人员应当履行诚信、勤勉义务,按照与投资人签订的合同负责个人独资企业的事务管理,不得有下列行为:(1)利用职务上的便利,索取或者收受贿赂;(2)利用职务或者工作上的便利侵占企业财产;(3)挪用企业的资金归个人使用或者借贷给他人;(4)擅自将企业资金以个人名义或者以他人名义开立账户储存;(5)擅自以企业财产提供担保;(6)未经投资人同意,从事与本企业相竞争的业务;(7)未经投资人同意,同本企业订立合同或者进行交易;(8)未经投资人同意,擅自将企业商标或者其他知识产权转让给他人使用;(9)泄露本企业的商业秘密;(10)法律、行政法规禁止的其他行为。

六、企业合法经营

公司的每一项经济活动都办理会计手续,进行会计核算吗?

答:会计核算是以货币为主要计量尺度,对会计主体已经发生或已经完成的经济活动进行的事后核算,也就是会计工作中记账、算账、报账等活动。在我国,会计核算必须遵守《会计法》和有关财务制度的规定,符合有关会计准则和会计制度的要求,力求会计资料真实、正确、完整,保证会计信息的质量。应当办理会计手续,进行会计核算的事项在我国《会计法》第10条有具体规定,但并不意味着公司的每一项经济事务都要办理会计手续,具体事项应当由公司领导层和会计工作人员协调解决,在不违反法律规定的基础上合理进行。我国《会计法》第10条规定:"下列经济业务事项,应当办理会计手续,进行会计核算:(一)款项和有价证券的收付;(二)财物的收发、增减和使用;(三)债权债务的发生和结算;(四)资本、基金的增减;(五)收入、支出、费用、成本的计算;(六)财务成果的计算和处理;(七)需要办理会计手续、进行会计核算的其他事项。"

经理自行涂改会计凭证的误差,符合法律规定吗?

答:会计凭证是记录经济业务、明确经济责任、按一定格式编制的据以登记会计账簿的书面证明。会计凭证中的原始凭证是在经济业务最初发生之时即行填制的原始书面证明,如销货发票、款项收据等。会计凭证中的记账凭证是以原始凭证为依据,作为记入账簿内各个分类账户的书面证明,如收款凭证、付款凭证、转账凭证等。会计人员可以根据会计凭证,对日常大量、分散的各种经济业务,进行整理、分类、汇总,并经过会计处理,为经济管理提供有效的会计信息。《会计法》第14条第4款规定:"原始凭证记载的各项内容均不得涂改;原始凭证有错误的,应当由出具单位重开或者更正,更正处应当加盖出具单位印章。原始凭证金额有错误的,应当由出具单位重开,不得在原始凭证上更正。"不论是会计人员还是公司的领导人员都不能对原始凭证进行涂改。原始凭证有错误的,应当由出具单位重开或者更正,更正处应当加盖出具单位印章。原始凭证金额有错误的,应当由出具单位重开,不得在原始凭证上更正。

公司可以设置一本"明账"一本"暗账"吗？

答：诚信是市场经济的基本运行规则，也是会计机构和会计人员的基本职业道德规范。我国《会计法》第16条规定："各单位发生的各项经济业务事项应当在依法设置的会计帐簿上统一登记、核算，不得违反本法和国家统一的会计制度的规定私设会计帐簿登记、核算。"由此，公司账簿设置为一本"明账"一本"暗账"的行为属于私设会计账簿的违法行为。《会计法》第42条对私设会计账簿规定的法律责任为：由县级以上人民政府财政部门责令限期改正，可以对单位并处3000元以上5万元以下的罚款；对其直接负责的主管人员和其他直接责任人员，可以处2000元以上2万元以下的罚款；属于国家工作人员的，还应当由其所在单位或者有关单位依法给予行政处分。

公司会计必须取得会计从业资格证书吗？

答：会计从事专门监督和管理财务的工作，工作内容有填制各种记账凭证，处理账务，编制各种有关报表等。我国《会计法》第38条对会计从业人员有严格的要求，会计人员应当具备从事会计工作所需要的专业能力。担任单位会计机构负责人（会计主管人员）的，应当具备会计师以上专业技术职务资格或者从事会计工作三年以上经历。因此，公司会计不是必须取得会计从业资格证书。

企业产品广告中可以冠以"国家级"称号吗？

答：根据我国《广告法》第9条第3项的规定，广告不得使用"国家级""最高级""最佳"等用语。因为此类比较含混的词句，会使消费者误认为该产品达到国家标准，影响其作出正确的选择。此外，任何产品或服务优劣都是相对的、比较而言的，具有地域和时间的局限，在广告中使用最高级、最佳等绝对化用语是应当被禁止的。

药品广告不得含有哪些内容？

答：药品广告不同于一般产品的广告，对其有更为严格的规定。根据我国《广告法》第16条的规定，医疗、药品、医疗器械广告不得含有下列内容：（1）表示功效、安全性的断言或者保证；（2）说明治愈率或者有效率；（3）与其他药品、医疗器械的功效和安全性或者其他医疗机构比较；（4）利用广告代言人作推荐、证明；（5）法律、行政法规规定禁止的其他内容。此外，药品广告的内容不得与国务院药品监督管理部门批准的说明书不一致，并应当显著标明禁忌、不良反应。处方药广告应当显著标明"本广告仅供医学药学专业人士阅读"，非处方药广告应当显著标明"请按药品说明书或者在药师指导下购买和使用"。

设立户外广告有哪些限制？

答：常见的户外广告有：路边广告牌、高立柱广告牌、灯箱、霓虹灯广告牌、户外电视墙等，现在甚至有升空气球、飞艇等先进的户外广告形式。户外广告对企业而言可以迅速提升企业形象，传播商业信息，各级政府也希望通过户外广告树立城市形象，美化城市。这些都给户外广告制作提供了巨大的市场，但是也需要对其加以规范。根据我国《广告法》第42条的规定，有下列情形之一的，不得设置户外广告：（1）利用交通安全设施、交通标志的；（2）影响市政公共设施、交通安全设施、交通标志、消防设施、消防安全标志使用的；（3）妨碍生产或者人民生活，损害市容市貌的；（4）在国家机关、文物保护单位、风景名胜区等的建筑控制地带，或者县级以上地方人民政府禁止设置户外广告的区域设置的。

哪些商品在必要时可以实行政府定价？

答：根据我国《价格法》第18条的规定，下列商品和服务价格，政府在必要时可以实行政府指导价或者政府定价：（1）与国民经济发展和人民生活关系重大的极少数商品价格；（2）资源稀缺的少数商品价格；（3）自然垄断经营的商品价格；（4）重要的公用事业价格；（5）重要的公益性服务价格。

新闻单位可以对企业刚刚敲定的价格表进行宣传报道吗？

答：新闻舆论具有传播快、辐射广、影响大等特点。根据我国《价格法》第37条的规定，新闻单位有权进行价格舆论监督。在价格监督方面新闻舆论发挥着特殊作用。价格监督是价格工作的"推进剂"，是价格违法行为的"照妖镜"。价格表是公司产品的定价，是要面对广大消费者的，不是商业秘密，新闻单位可以对其进行宣传报道。实践中新闻单位可能通过定期报道正面典型，曝光违法案例，通报专项检查情况等形式对产品的价格进行监督。企业应当对其正当的行为予以支持，共同维护和谐的价格体系。

经营者不得有哪些不正当价格行为？

答：根据我国《价格法》第14条的规定，经营者不得有下列不正当价格行为：（1）相互串通，操纵市场价格，损害其他经营者或者消费者的合法权益；（2）在依法降价处理鲜活商品、季节性商品、积压商品等商品外，为了排挤竞争对手或者独占市场，以低于成本的价格倾销，扰乱正常的生产经营秩序，损害国家利益或者其他经营者的合法权益；（3）捏造、散布涨价信息，哄抬价格，推动商品价格过高上涨的；（4）利用虚假的或者使人误解的价格手段，诱骗消费者或者其他经营者与其进行交易；（5）提供相同商品或者业务，对具有同等交易条件的其他经营者实行价格歧视；（6）采取抬高等级或者压低等级等手段收购、销售商品或者提供服务，变相提高或者压低价格；（7）违反法律、法规的规定牟取暴利；（8）法律、行政法规禁止的其他不正当价格行为。

我国法律对企业产品包装上的标识有哪些要求？

答：根据我国《产品质量法》第27条的规定，产品或者其包装上的标识必须真实，并符合下列要求：（1）有产品质量检验合格证明；（2）有中文标明的产品名称、生产厂厂名和厂址；（3）根据产品的特点和使用要求，需要标明产品规格、等级、所含主要成份的名称和含量的，用中文相应予以标明；需要事先让消费者知晓的，应当在外包装上标明，或者预先向消费者提供有关资料；（4）限期使用的产品，应当在显著位置清晰地标明生产日期和安全使用期或者失效日期；（5）使用不当，容易造成产品本身损坏或者可能危及人身、财产安全的产品，应当有警示标志或者中文警示说明。此外，裸装的食品和其他根据产品的特点难以附加标识的裸装产品，可以不附加产品标识。

明知客户信息来路不正却加以利用，能行吗？

答：客户信息的基本内容包括：企业概况、基本注册信息、股份结构、业务信息、销售、采购及进出口信息、主要财务数据及财务指标、银行信息、诉讼信息、供应商评价、关联公司信息等。客户信息属于经营者的商业秘密，不容许他人非法利用。根据《反不正当竞争法》第9条的规定，经营者不得实施以下侵犯商业秘密的行为：（1）以盗窃、贿赂、欺诈、胁迫、电子侵入或者其他不正当手段获取权利人的商业秘密；（2）披露、使用或者允许他人使用以前项手段获取的权利人的商业秘密；（3）违反保密义务或者违反权利人有关保守商业秘密的要求，披露、使用或者允许他人使用其所掌握的商业秘密；（4）教唆、引诱、帮助他人违反保密义务或者违反权利人有关保守商业秘密的要求，获取、披露、使用或者允许他人使用权利人的商业秘密。经营者以外的其他自然人、法人和非法人组织实施前款所列违法行为的，视为侵犯商业秘密。第三人明知或者应知商业秘密权利人的员工、前员工或者其他单位、个人实施前款所列违法行为，仍获取、披露、使用或者允许他人使用该商业秘密的，视为侵犯商业秘密。因此，明知客户信息来路不正，还加以利用，就违反了《反不正当竞争法》的规定，会受到相应的处罚。《反不正当竞争法》第21条还规定，侵犯商业秘密的，由监督检查部门责令停止违法行为，没收违法所得，处10万元以上100万元以下的罚款；情节严重的，处50万元以上500万元以下的罚款。

经营者搞有奖销售活动不得有哪些行为？

答：有奖销售，是指经营者销售商品或者提供服务，附带性地向购买者提供物品、金钱或者其他经济上的利益的行为。包括奖励所有购买者的附赠式有奖销售和奖励部分购买者的抽奖式有奖销售。根据我国《反不正当竞争法》第10条的规定，经营者进行有奖销售不得存在下列情形：（1）所设奖的种类、兑奖条件、奖金金额或者奖品等有奖销售信息不明确，影响兑奖；（2）采用谎称有奖或者故意让内定人员中奖的欺骗方式进行有奖销售；（3）抽奖式的有奖销售，最高奖的金额超过5万元。同时，该法第22条还规定，经营者违反本法第10条规定进行有奖销售的，由监督检查部门责令停止违法行为，处5万元以上50万元以下的罚款。

什么是商业贿赂行为？

答：《反不正当竞争法》对商业贿赂行为进行了重新界定，根据《反不正当竞争法》第7条的规定，经营者不得采用财物或者其他手段贿赂下列单位或者个人，以谋取交易机会或者竞争优势：（1）交易相对方的工作人员；（2）受交易相对方委托办理相关事务的单位或者个人；（3）利用职权或者影响力影响交易的单位或者个人。经营者在交易活动中，可以以明示方式向交易相对方支付折扣，或者向中间人支付佣金。经营者向交易相对方支付折扣、向中间人支付佣金的，应当如实入账。接受折扣、佣金的经营者也应当如实入账。经营者的工作人员进行贿赂的，应当认定为经营者的行为；但是，经营者有证据证明该工作人员的行为与为经营者谋取交易机会或者竞争优势无关的除外。

对于商业诋毁行为，会受到怎样的处罚？

答：根据《反不正当竞争法》第11条的规定，经营者不得编造、传播虚假信息或者误导性信息，损害竞争对手的商业信誉、商品声誉。这是新的《反不正当竞争法》对商业诋毁行为的界定。同时，该法第23条规定："经营者违反本法第十一条规定损害竞争对手商业信誉、商品声誉的，由监督检查部门责令停止违法行为、消除影响，处十万元以上五十万元以下的罚款；情节严重的，处五十万元以上三百万元以下的罚款。"

对于互联网经营方面的不正当竞争，《反不正当竞争法》作了怎样的规定？

答： 在互联网经营方面，新《反不正当竞争法》对利用软件等技术手段在互联网领域干扰、限制、影响其他经营者及用户的行为作了规定。根据该法第12条的规定，经营者利用网络从事生产经营活动，应当遵守本法的各项规定。经营者不得利用技术手段，通过影响用户选择或者其他方式，实施下列妨碍、破坏其他经营者合法提供的网络产品或者服务正常运行的行为：（1）未经其他经营者同意，在其合法提供的网络产品或者服务中，插入链接、强制进行目标跳转；（2）误导、欺骗、强迫用户修改、关闭、卸载其他经营者合法提供的网络产品或者服务；（3）恶意对其他经营者合法提供的网络产品或者服务实施不兼容；（4）其他妨碍、破坏其他经营者合法提供的网络产品或者服务正常运行的行为。同时，该法第24条还规定："经营者违反本法第十二条规定妨碍、破坏其他经营者合法提供的网络产品或者服务正常运行的，由监督检查部门责令停止违法行为，处十万元以上五十万元以下的罚款；情节严重的，处五十万元以上三百万元以下的罚款。"

有瑕疵的物品也可以拍卖吗？

答： 瑕疵是指微小的缺点，一般情况下物品出现瑕疵其价值就会降低，其交易价格也会降低。根据我国《拍卖法》第18条和第27条的规定，拍卖人应当向竞买人说明拍卖标的的瑕疵，委托人应当向拍卖人说明拍卖标的的来源和瑕疵。说明拍卖品一般不能有瑕疵，如果有瑕疵，委托人应当提前对拍卖人进行说明，拍卖人也有权要求委托人说明瑕疵。拍卖人、委托人未说明拍卖标的的瑕疵，给买受人造成损害的，买受人有权向拍卖人要求赔偿；属于委托人责任的，拍卖人有权向委托人追偿。

拍卖会上最高应价人反悔，怎么办？

答： 拍卖成交后，买主即在成交确认书上签字，拍卖行分别向委托人和买主收取一定比例的佣金。买主通常以现汇支付货款，并在规定的期限内按仓库交货条件到指定仓库提货。但如果货物确有瑕疵，或拍卖人、委托人不能保证其真伪的，必须事先声明。否则，拍卖人、委托人均应承担瑕疵担保责任。根据我国《拍卖法》第39条的规定，买受人应当按照约定支付拍卖标的的价款，未按照约定支付价款的，应当承担违约责任，或者由拍卖人征得委托人的同意，将拍卖标的再行拍卖。拍卖标的再行拍卖的，原买受人应当支付第一次拍卖中本人及委托人应当支付的佣金。再行拍卖的价款低于原拍卖价款的，原买受人应当补足差额。

招标人采用邀请招标方式的，可以只向两家公司发出邀请招标函吗？

答： 邀请招标，是选择性招标，由招标方根据供应商或承包商的资信和业绩，选择一定数目的法人或其他组织，向其发出招标邀请书，邀请其参加投标竞争，从中选定中标的供应商或承包商。公开招标虽然最能体现充分竞争，但是也存在着程序环节多、周期长、费用高等缺陷。邀请招标则在程序上能够弥补上述缺陷，能相对充分地发挥招标优势，特别是在投标供应商数量不足的情况下作用尤其明显。根据我国《招标投标法》第17条的规定，招标人采用邀请招标方式的，应当向3个以上具备承担招标项目的能力、资信良好的特定的法人或者其他组织发出投标邀请书。可见，只向两家公司发出邀请招标函，是不可以的。

什么是联合体投标？

答：联合体投标，是指两个以上法人或者其他组织组成一个联合体，以一个投标人的身份共同投标的行为。该联合体是一个临时性的组织，不具有法人资格。组成联合体的目的是增强投标竞争能力，减少联合体各方因支付巨额履约保证而产生的资金负担，分散投标风险，弥补技术力量的相对不足，提高项目完工的可靠性。实践中只有大型建设项目和结构复杂的建设项目才适用联合体共同投标。

根据我国《招标投标法》第31条的规定，两个以上法人或者其他组织可以组成一个联合体，以一个投标人的身份共同投标。联合体各方均应当具备承担招标项目的相应能力；国家有关规定或者招标文件对投标人资格条件有规定的，联合体各方均应当具备规定的相应资格条件。由同一专业的单位组成的联合体，按照资质等级较低的单位确定资质等级。联合体各方应当签订共同投标协议，明确约定各方拟承担的工作和责任，并将共同投标协议连同投标文件一并提交招标人。联合体中标的，联合体各方应当共同与招标人签订合同，就中标项目向招标人承担连带责任。此外，招标人不得强制投标人组成联合体共同投标，不得限制投标人之间的竞争。

证券发行包含哪些方式？

答：证券发行是指企业以募集资金为目的向投资者出售代表一定权利的有价证券的活动。证券发行一般有直接发行和间接发行两种方式。直接发行即自营发行，指证券发行公司不委托其他机构，自己组织认购、销售，从投资者手中直接筹措资金的发行方式。它的优点是：发行成本较低，发行者能够直接控制发行过程，实现其意图，在内部发行时无须向社会公众提供有关资料，可节约发行手续费。缺点是：发行的社会影响往往较小，发行费时较多，发行者的责任和风险大。直接发行方式适合于公司内部集资，或者发行量小，或者面向与发行者有业务往来关系的机构的证券发行。间接发行即委托发行，是指证券发行者委托证券中介机构如证券公司代理出售证券的发行方式。它的优点是：能在较短的时间内筹足所需资金，并及时投入生产经营，发行方便、及时，风险也较小，还能借此提高企业信誉，扩大社会影响。缺点是：支付一定手续费，增加了发行成本，而且按照有关规定，发行者还需提供证券发行所需的有关资料。间接发行方式适合于那些已有一定社会知名度，筹资额大而急的公司。

公开发行公司债券，需要具备哪些条件？

答：根据我国《证券法》第15条的规定，公司申请公开发行公司债券，应当符合下列条件：（1）具备健全且运行良好的组织机构；（2）最近3年平均可分配利润足以支付公司债券1年的利息；（3）国务院规定的其他条件。

普通股民可能会涉嫌内幕交易吗？

答：内幕交易是指内幕信息的知情人和以不正当手段获取内幕信息的其他人员违反法律、法规的规定，泄露内幕信息，根据内幕信息买卖证券或者向他人提出买卖证券建议的行为。依据《证券法》第51条的规定，证券交易内幕信息的知情人包括：（1）发行人及其董事、监事、高级管理人员；（2）持有公司5%以上股份的股东及其董事、监事、高级管理人员，公司的实际控制人及其董事、监事、高级管理人员；（3）发行人控股或者实际控制的公司及其董事、监事、高级管理人员；（4）由于所任公司职务或者因与公司业务往来可以获取公司有关内幕信息的人员；(5) 上市公司收购人或者重大资产交易方及其控股股东、实际控制人、董事、监事和高级管理人员；(6) 因职务、工作可以获取内幕信息的证券交易场所、证券公司、证券登记结算机构、证券服务机构的有关人员；(7) 因职责、工作可以获取内幕信息的证券监督管理机构工作人员；(8) 因法定职责对证券的发行、交易或者对上市公司及其收购、重大资产交易进行管理可以获取内幕信息的有关主管部门、监管机构的工作人员；(9) 国务院证券监督管理机构规定的可以获取内幕信息的其他人员。可见，持有发行人的证券，或者在发行人、与发行人有密切联系的公司中担任董事、监事、高级管理人员，或者由于其会员地位、管理地位、监管地位和职业地位，或者作为发行人雇员、专业顾问履行职务，能够接触或者获得内幕信息的人员才有可能涉嫌内幕交易。例如，发行人的董事、监事、发行人聘请的律师、会计师、资产评估人员，以及由于本人的职业地位有可能接触或者获得内幕信息的人员，包括新闻记者、编辑等。因此，如果是一个普通股民，接触不到内幕信息，就不能作为内幕人员，也就不会涉嫌内幕交易。

在证券交易中，哪些信息是公司内幕信息？

答：根据我国《证券法》第52条的规定，证券交易活动中，涉及发行人的经营、财务或者对该发行人证券的市场价格有重大影响的尚未公开的信息，为内幕信息。下列信息皆属内幕信息：(1) 该法第80条第2款所列重大事件，如公司的经营方针和经营范围的重大变化；公司的重大投资行为，公司在一年内购买、出售重大资产超过公司资产总额30%，或者公司营业用主要资产的抵押、质押、出售或者报废一次超过该资产的30%的；公司订立重要合同、提供重大担保或者从事关联交易，可能对公司的资产、负债、权益和经营成果产生重要影响的；等等。(2) 该法第81条第2款所列重大事件，如公司股权结构或者生产经营状况发生重大变化；公司债券信用评级发生变化；公司重大资产抵押、质押、出售、转让、报废；等等。

什么是票据的无因性？

答：票据的无因性，是指票据关系虽然需要基于一定的原因关系才能成立，但是票据关系一经成立，就与产生或转让票据的原因关系相分离，两者各自独立。只要票据具备《票据法》上的条件，票据权利就成立，至于票据行为赖以发生的原因关系是否存在和有效，在所不问。当然，票据关系只有在合法成立以后，才能与原因关系相分离，如果当事人是以欺诈、盗窃、胁迫手段取得票据的，不得享有票据权利。根据我国《票据法》第13条的规定，票据债务人不得以自己与出票人或者与持票人的前手之间的抗辩事由，对抗持票人。抗辩是指票据债务人根据本法的规定对票据债权人拒绝履行义务的行为。例如：甲公司从乙公司购进2000立方米木材，总价款50万元。木材运抵后，甲公司为乙公司签发一张以甲公司为发票人和付款人、以乙公司为收款人的，3个月后到期的商业承兑汇票。1个月后，乙公司从丙公司购进石材一批，总价款50万元。乙公司将甲公司开的汇票背书转让给丙公司。甲发现2000立方米木材中有一半质量不合格，双方发生纠纷。汇票到期时，丙公司要求甲公司付款。此时，甲公司不得以木材不合格为由来对抗丙公司，甲公司必须付款。付款后甲公司仍可根据合同关系请求乙公司赔偿损失。

公司能签发预留印鉴的空白支票吗？

答：空白支票是指在出票时，对若干必要记载事项未进行记载，即完成签章并予以交付，而授权他人在其后进行补记，经补记后才使其有效成立的支票。我国《票据法》第85条明确规定："支票上的金额可以由出票人授权补记，未补记前的支票，不得使用。"由此，公司签发预留印鉴的空白支票是不符合法律规定的。

票据被盗，可以采取哪些补救措施？

答：票据会因为管理不当、失窃、遗失等多种原因而丧失，对票据丧失后的补救措施，根据《票据法》第15条的规定，票据持有人在票据被盗、遗失或灭失后，可以采取的补救措施有：（1）通知挂失止付；（2）申请公示催告；（3）提起诉讼。

企业为了灵活管理，可以设立两个基本账户吗？

答：单位银行结算账户按用途分为基本存款账户、一般存款账户、专用存款账户、临时存款账户。基本存款账户是存款人因办理日常转账结算和现金收付需要开立的银行结算账户。根据我国《商业银行法》第48条的规定，企业事业单位可以自主选择一家商业银行的营业场所开立一个办理日常转账结算和现金收付的基本账户，不得开立两个以上基本账户。由此，单位银行结算账户的存款人只能在银行开立一个基本存款账户。

企业资信良好，不提供担保就能贷款吗？

答：公民或者法人向商业银行贷款都应当提供担保，商业银行应当对保证人的偿还能力，抵押物、质物的权属和价值以及实现抵押权、质权的可行性进行严格审查。但是我国《商业银行法》第36条规定，经商业银行审查、评估，确认借款人资信良好，确能偿还贷款的，可以不提供担保。

商业银行可以向关系人发放贷款吗？

答：根据我国《商业银行法》第40条的规定，商业银行不得向关系人发放信用贷款。此外，向关系人发放担保贷款的条件不得优于其他借款人同类贷款的条件。需要明确的是，这里的关系人是指：（1）商业银行的董事、监事、管理人员、信贷业务人员及其近亲属；（2）前项所列人员投资或者担任高级管理职务的公司、企业和其他经济组织。

七、企业税务管理

什么是税收？其特征有哪些？

答：税收是指国家为实现其公共职能而凭借其政治权力，依法强制、无偿地取得财政收入的活动或称手段。税收的特征有：（1）无偿性。税收的无偿性是指国家征税以后，其收入就成为国家所有，不再直接归还纳税人，也不支付任何报酬。税收的无偿性有两层含义：一是针对具体纳税人是无偿的，但对全体纳税人而言是有偿的；二是虽不能直接偿还，但还是要间接地偿还给纳税人。（2）强制性。税收的强制性是指国家依据法律征税，而并非一种自愿缴纳，纳税人必须依法纳税，否则就要受到法律的制裁。征税方式的强制性就是由税收的无偿性决定的。（3）固定性。税收的固定性是指国家以法律形式预先规定征税范围和征收比例，便于征纳双方共同遵守。税收的固定性既包括时间上的连续性，又包括征收比例上的限度性。此外，税收具有组织财政收入、调节社会经济、监督管理社会经济活动三大职能。

什么是税率？其有哪些主要形式？

答：税率指税额与征税对象之间的比例，通常用百分比来表示。税率的高低，直接关系到国家征税的数量和纳税人的税收负担，是税收制度的中心环节。税率的形式主要有：（1）比例税率，指不分征税对象的数额大小，只规定一个比例的税率，一般适用于对流转额征税。比例税率还可以分为统一比例税率和差别比例税率。统一比例税率是指一种税只设置一个比例税率，所有的纳税人都按同一税率纳税。差别比例税率是指一种税按照不同的标准设两个或两个以上的比例税率。（2）累进税率，指对同一征税对象，规定不同等级的税率，征税对象数额越大，税率越高；数额越小，税率越低。也就是说，征税对象税额小的税负轻，税额大的税负重。累进税率分为全额累进税率、超额累进税率、超率累进税率和超倍累进税率四种。全额累进税率是把课税对象的全部数额按照所属级距的税率计算应纳税款的税率；超额累进税率是把课税对象按数额大小划分为若干等级，对每一级分别规定相应的税率进行计算应纳税款的税率；超率累进税率是以征税对象数额相当率为累进依据，按超率方式计算应纳税额的税率；超倍累进税率则是以征税对象数额相当于计税基础数的倍数为累进依据，按超倍方式计算应纳税额的税率。超倍累进实际上是超率累进的一种特殊形式。它一般适用于对所得额的课征，就所得额的大小来确定高低不同的税率；既可适应纳税人的负担能力，又便于充分发挥税收调节企业利润和纳税人收入的作用。（3）定额税率，又叫固定税额，即按征税对象规定一个固定的税额，而不采用百分比的形式。如我国对盐课征资源税，就采用这种税率，规定每吨盐征税若干元。定额税率与比例税率、累进税率等的区别只在于计税标准的不同。定额税率一般运用于从量征收，即按征税对象的一定数量作为计税标准；比例税率及累进税率等一般适用于从价征收，即按征税对象的一定价格作为计税标准。

什么是减免税？其措施主要有哪些？

答：减免税指根据国家政策对某些纳税人和征税对象给予鼓励和照顾的一种特殊规定。减免税是税收优惠的一种形式，它把税收的严肃性和灵活性结合起来，使税收制度按照因事制宜的原则，更好地贯彻国家的税收政策。在实践中，国家采取的减税、免税措施主要有三个方面：（1）规定免税和减税的项目。国家对某些需要鼓励的事业或某种行业，明确规定给予免税或减税以支持其发展。（2）免征额。这是指准予从征税对象数额中扣除的免予征税的数额。征税对象小于免征额时，不征税；超过免征额时，只就其超过的部分课税。（3）起征点。这是指征税对象数额所达到的应当征税的界限。征税对象数额未达到起征点不征税，达到起征点数按全部数额征税。

什么是税收抵免？我国是如何进行税收抵免的？

答：税收抵免指允许纳税人从某种合乎奖励规定的支出中，以一定比率从其应纳税额中扣除，以减轻其税负。税收抵免是为了避免国际重复征税。我国现行税法对所得避免双重征税，按国际惯例作出了相应规定。其主要内容包括：（1）纳税人来源于中国境外的所得，已在中国境外缴纳的企业所得税和个人所得税税款，准予其在应纳税额中扣除。但其扣除额不得超过该纳税人境外所得按中国税法规定计算的应纳税额。（2）纳税人来源于境外所得在境外实际缴纳的企业所得税、个人所得税税款，低于按中国税法规定计算的扣除限额的，可以从应纳税额中据实扣除；超过扣除限额的，不得在本年度应纳税额中扣除，但可以在以后年度税额扣除的余额中补扣，补扣期限最长不得超过5年。(3) 纳税人境外已缴税款的抵扣，一般采用分国不分项抵扣境外已缴税款的方法。其抵扣额为：境内境外所得按中国税法计算的应纳税额×（来源于某国或地区的所得/境内境外所得总额）。对于不能完全提供境外完税凭证的某些内资企业，经国家税务总局批准，也可以采取"定率抵扣"的方法，不区分免税或非免税项目，统一按境外应纳税所得额16.5%的比率计算抵扣税额。

哪些企业需要缴纳企业所得税？

答：我国的企业划分为具有法人资格的企业和不具有法人资格的企业两种，根据我国现行的企业所得税制度，只有具有法人资格的企业才需要缴纳企业所得税。个体工商户、个人独资企业、合伙企业、非法人的私营企业因为不具有法人资格，只要求投资人缴纳个人所得税。有限责任公司、股份有限公司、集体企业、国有企业、法人型私营企业、中外合资企业、中外合作企业、外商独资企业应缴纳企业所得税。其中，中外合作企业（非法人）由合营各方分别缴纳。可见，企业以其具体形式决定是否缴纳企业所得税。

在计算应纳税额时，公司的损失能从中扣除吗？

答：根据我国《企业所得税法》第5条的规定，应纳税所得额等于收入总额减除不征税收入、免税收入、各项扣除以及允许弥补的以前年度亏损后的余额。企业应纳税所得额的计算，以权责发生制为原则，属于当期的收入和费用，不论款项是否收付，均作为当期的收入和费用；不属于当期的收入和费用，即使款项已经在当期收付，亦不作为当期的收入和费用。《企业所得税法》第8条还规定，企业实际发生的与取得收入有关的、合理的支出，包括成本、费用、税金、损失和其他支出，准予在计算应纳税所得额时扣除。因此，公司的损失应在计算应纳税所得额时扣除。

对于"专利使用费"应当缴纳什么税？

答：专利使用费属于特许权使用费，依照《企业所得税法》第6条的规定，特许权使用费收入是企业以货币形式和非货币形式从各种来源取得的收入，为企业收入总额的一部分，按企业所得税征收。

企业招收部分残疾人，可以减免部分税收吗？

答：安置残疾人就业的单位可以享受增值税、营业税和企业所得税优惠。根据我国《企业所得税法》第30条第2项的规定，企业安置残疾人员及国家鼓励安置的其他就业人员所支付的工资，可以在计算应纳税所得额时加计扣除。《残疾人保障法》第36条第1款也规定，国家对安排残疾人就业达到、超过规定比例或者集中安排残疾人就业的用人单位和从事个体经营的残疾人，依法给予税收优惠，并会在生产、经营、技术、资金、物资、场地等方面给予扶持。可见，企业招收残疾人，是可以减免部分税收的。

什么是小规模纳税人？其计税依据是什么？

答：根据我国《增值税暂行条例实施细则》第28条的规定，从事货物生产或者提供应税劳务的纳税人，以及以从事货物生产或者提供应税劳务为主，并兼营货物批发或者零售的纳税人，年应征增值税销

第十二章 创业投资篇

售额在 50 万元（含本数）以下的，以及除此以外的纳税人，年应税销售额在 80 万元以下的，为小规模纳税人。小规模纳税人计税依据是销售额，而一般纳税人的计税依据是销项税额扣除进项税额后的余额。一般纳税人与小规模纳税人的计税方法不同，使得这两类纳税人的增值额相同而增值税税负不同。小规模纳税人的税负明显高于一般纳税人。

扣缴义务人是由税务机关指定的吗？

答：扣缴义务人又称"代扣代缴义务人"，即有义务从持有的纳税人收入中扣除应纳税款并代为缴纳的企业或单位。确定扣缴义务人，有利于加强税收的源泉控制，简化征税手续，减少税款流失。扣缴义务人持有纳税人的收入，因而可以扣除纳税人的应纳税金并代为缴纳。根据我国《企业所得税法》第 40 条的规定，扣缴义务人每次代扣的税款，应当自代扣之日起 7 日内缴入国库，并向所在地的税务机关报送扣缴企业所得税报告表。扣缴义务人并不是税务机关指定的，对税法规定的扣缴义务人，税务机关应向其颁发代扣代缴证书，明确其代扣代缴义务。扣缴义务人必须严格履行扣缴义务。对不履行扣缴义务的，税务机关应视其情节轻重予以处置，并责令其补缴税款。

经营上确有困难，可以申请延期缴纳税款吗？

答：纳税人、扣缴义务人应当在合理期限内对税款进行上缴。《税收征收管理法》第 32 条规定，纳税人未按照规定期限缴纳税款的，扣缴义务人未按照规定期限解缴税款的，税务机关除责令限期缴纳外，从滞纳税款之日起，按日加收滞纳税款万分之五的滞纳金。但是实际中会有公司企业因种种原因，不能按时缴纳税款，因此，该法第 31 条又规定，纳税人因有特殊困难，不能按期缴纳税款的，经省、自治区、直辖市税务局批准，可以延期缴纳税款，但是最长不得超过 3 个月。

滞纳金又不是税款，税务机关可以强制执行吗？

答：滞纳金是指超过规定的缴款期限，向缴款人征收的一种带有惩罚性质的款项，一般是按超过规定期限的天数计算，每天征收应缴款额一定的百分比。滞纳金是行政强制执行中执行罚的一种类型。《税收征收管理法》第 40 条第 2 款规定，税务机关采取强制执行措施时，应对从事生产、经营的纳税人、扣缴义务人、纳税担保人未缴纳的滞纳金同时强制执行。由此可见，对纳税人已缴纳税款，但拒不缴纳滞纳金的，税务机关可以单独对纳税人应缴未缴的滞纳金采取强制执行措施。

因欠税情况被刊登在当地报纸上而影响商业信誉，税务机关是否应该承担责任？

答：根据《税收征收管理法》第 45 条第 3 款的规定，税务机关应当对纳税人欠缴税款的情况定期予以公告。虽然企业欠税情况在报纸上被公布，对企业的影响很大，但是税务机关的做法是合法的，不应该承担责任。《税收征收管理法实施细则》第 76 条对其公告情况规定得更为详细：县级以上各级税务机关应当将纳税人的欠税情况，在办税场所或者广播、电视、报纸、期刊、网络等新闻媒体上定期公告。企业为了赢得更好的企业形象，争得更好的商业信誉，成为一家诚信纳税企业，就要及时纳税，合法纳税，以避免欠税情况被公开的不利事情出现。

税务机关可以要求纳税人对未到期的税务提供纳税担保吗？

答：纳税担保是指经税务机关同意或确认，纳税人或其他自然人、法人、经济组织以保证、抵押、质押的方式，为纳税人应当缴纳的税款及滞纳金提供担保的行为。我国《纳税担保试行办法》第3条规定，税务机关有根据认为从事生产、经营的纳税人有逃避纳税义务行为，在规定的纳税期之前经责令其限期缴纳应纳税款，在限期内发现纳税人有明显的转移、隐匿其应纳税的商品、货物以及其他财产或者应纳税收入的迹象，可责成纳税人提供纳税担保。因此，税务机关可以要求纳税人对未到期的税务提供纳税担保，但要基于纳税人有明显的转移、隐匿其应纳税的商品、货物以及其他财产或者应纳税收入的迹象。

纳税人多缴的税可以要回吗？

答：根据我国《税收征收管理法》第51条的规定，纳税人超过应纳税额缴纳的税款，税务机关发现后应当立即退还；纳税人自结算缴纳税款之日起3年内发现的，可以向税务机关要求退还多缴的税款并加算银行同期存款利息，税务机关及时查实后应当立即退还。涉及从国库中退库的，依照法律、行政法规有关国库管理的规定退还。与此同时，如果纳税人多缴税款，过了3年才发现，纳税人就不能要求税务机关退回多缴税款及利息了。

八、破产清算

企业已经严重资不抵债，可以申请破产吗？

答：自然人或法人设立公司的目的之一是营利，如果企业严重资不抵债，则失去了企业存在的意义。我国《公司法》第182条规定："公司经营管理发生严重困难，继续存续会使股东利益受到重大损失，通过其他途径不能解决的，持有公司全部股东表决权百分之十以上的股东，可以请求人民法院解散公司。"同时根据我国《企业破产法》第2条和第7条的规定，企业法人不能清偿到期债务，并且资产不足以清偿全部债务或者明显缺乏清偿能力的，依照《企业破产法》规定清理债务。债务人有《企业破产法》第2条规定的情形，可以向人民法院提出重整、和解或者破产清算申请。

申请企业破产应该提交什么手续？

答：根据我国《企业破产法》第8条的规定，向人民法院提出破产申请，应当提交破产申请书和有关证据。其中，破产申请书应当载明下列事项：（1）申请人、被申请人的基本情况；（2）申请目的；（3）申请的事实和理由；（4）人民法院认为应当载明的其他事项。所谓"有关证据"，是指破产申请书所列事项的真实性证明，用于证明申请人身份真实性的文件，如企业法人的营业执照等。此外，债务人提出申请的，还应当向人民法院提交财产状况说明、债务清册、债权清册、有关财务会计报告、职工安置预案以及职工工资的支付和社会保险费用的缴纳情况。

管理人是由破产企业的高级管理人员组成的吗？

答：管理人不是由破产企业的高级管理人员组成的。管理人可以由有关部门、机构的人员组成的清算组或者依法设立的律师事务所、会计师事务所、破产清算事务所等社会中介机构担任。人民法院裁定受理破产申请的，应当同时指定管理人。我国《企业破产法》第22条规定："管理人由人民法院指定……"人民法院根据债务人的实际情况，可以在征询有关社会中介机构的意见后，指定该机构具备相关专业知识并取得执业资格的人员担任管理人。

哪些人员不能担任管理人？

答：根据我国《企业破产法》第24条的规定，管理人当中的人员如有以下情形则不能担任管理人：（1）因故意犯罪受过刑事处罚；（2）曾被吊销相关专业执业证书；（3）与本案有利害关系；（4）人民法院认为不宜担任管理人的其他情形。此外，个人担任管理人的，还应当参加执业责任保险。

破产管理人的职责有哪些？

答：根据我国《企业破产法》第25条的规定，管理人履行下列职责：（1）接管债务人的财产、印章和账簿、文书等资料；（2）调查债务人财产状况，制作财产状况报告；（3）决定债务人的内部管理事务；（4）决定债务人的日常开支和其他必要开支；（5）在第一次债权人会议召开之前，决定继续或者停止债务人的营业；（6）管理和处分债务人的财产；（7）代表债务人参加诉讼、仲裁或者其他法律程序；（8）提议召开债权人会议；（9）人民法院认为管理人应当履行的其他职责。此外，《企业破产法》对管理人的职责另有规定的，适用其规定。

和将破产企业之间互有债务，可以抵销吗？

答：根据我国《企业破产法》第40条的规定，债权人在破产申请受理前对债务人负有债务的，可以向管理人主张抵销。但是，有下列情形之一的，不得抵销：（1）债务人的债务人在破产申请受理后取得他人对债务人的债权的；（2）债权人已知债务人有不能清偿到期债务或者破产申请的事实，对债务人负担债务的；但是，债权人因为法律规定或者有破产申请1年前所发生的原因而负担债务的除外；（3）债务人的债务人已知债务人有不能清偿到期债务或者破产申请的事实，对债务人取得债权的；但是，债务人的债务人因为法律规定或者有破产申请1年前所发生的原因而取得债权的除外。

破产费用包括哪些费用？

答：根据《企业破产法》第41条的规定，破产费用包括：第一，破产案件的诉讼费用。其具体包括：（1）破产案件的受理费用。（2）破产案件的审理费用。第二，管理、变价和分配债务人财产的费用。其又具体包含以下几项：（1）债务人财产管理费用，即管理人为接管、清理和保护债务人财产以及继续营业所必须支出的费用。包括对债务人财产进行仓储、维修保养等产生的费用；水电费、办公费、文书制作费等。（2）债务人财产的变价费用。即管理人为了将非货币形态的债务人财产变现所支出的必要费用，如财产估价费、鉴定费、公告费等。（3）债务人财产的分配费用。指管理人为了将债务人财产分配给破产债权人而支出的必要费用，包括文件制作费、公告费、通知费等。第三，管理人执行职务的费用、报酬和聘用工作人员的费用。如聘用律师、会计师等专业人员的服务费用。

第一次债权人会议后，谁有权召集债权人会议？

答：债权人会议是企业破产中的重要组织，根据我国《企业破产法》第62条的规定，第一次债权人会议由人民法院召集，自债权申报期限届满之日起15日内召开。以后的债权人会议，在人民法院认为必要时，或者管理人、债权人委员会、占债权总额1/4以上的债权人向债权人会议主席提议时召开。说明第一次债权人会议后,人民法院、管理人、债权人委员会、占债权总额1/4以上的债权人都有权提议召开债权人会议。

债权人委员会依法享有哪些职权?

答: 根据我国《企业破产法》第68条的规定,债权人委员会行使下列职权:(1)监督债务人财产的管理和处分;(2)监督破产财产分配;(3)提议召开债权人会议;(4)债权人会议委托的其他职权。此外,债权人委员会执行职务时,有权要求管理人、债务人的有关人员对其职权范围内的事务作出说明或者提供有关文件。管理人、债务人的有关人员违反本法规定拒绝接受监督的,债权人委员会有权就监督事项请求人民法院作出决定;人民法院应当在5日内作出决定。

破产企业的出资人可以向人民法院要求重整企业吗?

答: 我国《企业破产法》第70条规定:"债务人或者债权人可以依照本法规定,直接向人民法院申请对债务人进行重整。债权人申请对债务人进行破产清算的,在人民法院受理破产申请后、宣告债务人破产前,债务人或者出资额占债务人注册资本十分之一以上的出资人,可以向人民法院申请重整。"由此可见,破产企业的出资人可以向人民法院要求重整,但必须是出资额占债务人注册资本1/10以上的出资人。

债务人可以要求自行管理财产和营业事务吗?

答: 债务人可以要求自行管理财产和营业事务。债务人自行管理有其经济效率上的优点,根据我国《企业破产法》第80条的规定,债务人自行管理财产和营业事务的,由债务人制作重整计划草案。需要注意的是,由于债务人与其他利益关系人尤其是债权人有一定的利益冲突存在,重整的成本归根结底是由债权人承担,债务人有损害债权人以自利的道德风险,因此要求其行为有较高的透明度。那么,债务人的自行管理必须在管理人的监督之下进行,即设立管理人监督职能,以保证债务人的行为符合自行管理制度的设立目的。

破产企业应先付职工的医药费还是国家的税款?

答: 我国《企业破产法》第113条规定:"破产财产在优先清偿破产费用和共益债务后,依照下列顺序清偿:(一)破产人所欠职工的工资和医疗、伤残补助、抚恤费用,所欠的应当划入职工个人账户的基本养老保险、基本医疗保险费用,以及法律、行政法规规定应当支付给职工的补偿金;(二)破产人欠缴的除前项规定以外的社会保险费用和破产人所欠税款;(三)普通破产债权。破产财产不足以清偿同一顺序的清偿要求的,按照比例分配。破产企业的董事、监事和高级管理人员的工资按照该企业职工的平均工资计算。"由此可见,破产企业应先付职工的医药费,再付国家的税款。

第十三章 知识产权篇

一、著作权

著作权包含哪些权利?

答:依据我国《著作权法》第10条的规定,著作权包括以下人身权和财产权:(1)发表权,即决定作品是否公之于众的权利;(2)署名权,即表明作者身份,在作品上署名的权利;(3)修改权,即修改或者授权他人修改作品的权利;(4)保护作品完整权,即保护作品不受歪曲、篡改的权利;(5)复制权,即以印刷、复印、拓印、录音、录像、翻录、翻拍、数字化等方式将作品制作一份或者多份的权利;(6)发行权,即以出售或者赠与方式向公众提供作品的原件或者复制件的权利;(7)出租权,即有偿许可他人临时使用视听作品、计算机软件的原件或者复制件的权利,计算机软件不是出租的主要标的的除外;(8)展览权,即公开陈列美术作品、摄影作品的原件或者复制件的权利;(9)表演权,即公开表演作品,以及用各种手段公开播送作品的表演的权利;(10)放映权,即通过放映机、幻灯机等技术设备公开再现美术、摄影、视听作品等的权利;(11)广播权,即以有线或者无线方式公开传播或者转播作品,以及通过扩音器或者其他传送符号、声音、图像的类似工具向公众传播广播的作品的权利,但不包括本款第十二项规定的权利;(12)信息网络传播权,即以有线或者无线方式向公众提供,使公众可以在其选定的时间和地点获得作品的权利;(13)摄制权,即以摄制视听作品的方法将作品固定在载体上的权利;(14)改编权,即改变作品,创作出具有独创性的新作品的权利;(15)翻译权,即将作品从一种语言文字转换成另一种语言文字的权利;(16)汇编权,即将作品或者作品的片段通过选择或者编排,汇集成新作品的权利;(17)应当由著作权人享有的其他权利。

作品没有发表就不能受到著作权法的保护吗?

答:我国《著作权法》第2条规定:"中国公民、法人或者非法人组织的作品,不论是否发表,依照本法享有著作权。外国人、无国籍人的作品根据其作者所属国或者经常居住地国同中国签订的协议或者共同参加的国际条约享有的著作权,受本法保护。外国人、无国籍人的作品首先在中国境内出版的,依照本法享有著作权。未与中国签订协议或者共同参加国际条约的国家的作者以及无国籍人的作品首次在中国参加的国际条约的成员国出版的,或者在成员国和非成员国同时出版的,受本法保护。"据此可知,中国公民、法人或者非法人单位的作品受著作权法保护的时间是自作品完成之时,与该作品是否发表无关。

淫秽小说能够得到著作权法的保护吗?

答:我国《著作权法》第4条规定:"著作权人和与著作权有关的权利人行使权

利，不得违反宪法和法律，不得损害公共利益。国家对作品的出版、传播依法进行监督管理。"据此我们可以得知，淫秽小说的传播会损害社会公德，妨害公共利益，因此淫秽小说是法律明文禁止传播的作品，不能受到著作权法的保护。

法人和其他组织可以享有著作权吗？

答：著作权中我们提到的人不仅包括公民，还包括法人以及其他组织，因此创作作品的人不但可以是公民，也可以是法人或者其他组织。法人或者其他组织也可以成为作者，享有著作权。我国《著作权法》第11条对此有明确的规定："著作权属于作者，本法另有规定的除外。创作作品的自然人是作者。由法人或者非法人组织主持，代表法人或者非法人组织意志创作，并由法人或者非法人组织承担责任的作品，法人或者非法人组织视为作者。"

合作作品的著作权如何行使？

答：根据我国《著作权法》第14条的规定，两人以上合作创作的作品，著作权由合作作者共同享有。没有参加创作的人，不能成为合作作者。合作作品的著作权由合作作者通过协商一致行使；不能协商一致，又无正当理由的，任何一方不得阻止他方行使除转让、许可他人专有使用、出质以外的其他权利，但是所得收益应当合理分配给所有合作作者。合作作品可以分割使用的，作者对各自创作的部分可以单独享有著作权，但行使著作权时不得侵犯合作作品整体的著作权。

作者死亡后，著作权可以作为财产被继承吗？

答：我国《著作权法》第21条第1款规定："著作权属于自然人的，自然人死亡后，其本法第十条第一款第五项至第十七项规定的权利在本法规定的保护期内，依法转移。"由此可见，著作财产权是一种无形财产权，如作品的使用权和获得报酬权这些著作财产权，在法律规定的保护期内，可以被继承。但是著作人身权不能被继承，例如张某是某部作品的作者，其在该作品上已经署名，张某死亡后，该署名权不能被继承，也就是说不能将该部作品的署名更换为其继承人的名字。

委托创作的作品著作权归谁呢？

答：我国《著作权法》第19条明确规定："受委托创作的作品，著作权的归属由委托人和受托人通过合同约定。合同未作明确约定或者没有订立合同的，著作权属于受托人。"由此可见，委托作品的著作权首先通过双方的委托合同来约定，如果合同没有约定，或者双方没有订立委托合同的，著作权属于受托人。这充分体现了法律尊重当事人的意思自治的原则，有约定的按照约定。同时，由于受托方是作品的真正创作者，在没有约定的情况下，法律规定著作权归受托方，这样规定有利于更好地鼓励创作。

匿名作品的著作权归谁享有？

答：根据我国《著作权法实施条例》第13条规定，作者身份不明的作品，由作品原件的所有人行使除署名权以外的著作权。作者身份确定后，由作者或者其继承人行使著作权。

著作权的保护有期限的限制吗？

答：著作权是有保护期的。我国《著作权法》第23条明确规定："自然人的作品，其发表权、本法第十条第一款第五项至第十七项规定的权利的保护期为作者终生及其死亡后五十年，截止于作者死亡后第五十年的12月31日；如果是合作作品，截止于最后死亡的作者死亡后第五十年的12月31日。法人或者非法人组织的作品、著作权（署名权除外）由法人或者非法人组织享有的职务作品，其发表权的保护期为五十年，截止于作品创作完成后第五十年的12月31日；本法第十条第一款第五项至第十七项规定的权利的保护期为五十年，截止于作品首次发表后第五十年的12月31日，但作品自创作完成后五十年内未发表的，本法不再保护。视听作品，其发表权的保护期为五十年，截止于作品创作完成后第五十年的12月31日；本法第十条第一款第五项至第十七项规定的权利的保护期为五十年，截止于作品首次发表后第五十年的12月31日，但作品自创作完成后五十年内未发表的，本法不再保护。"

将他人的作品编入教科书是否要经过作者的同意？

答：我国《著作权法》第25条第1款规定，为实施义务教育和国家教育规划而编写出版教科书，可以不经著作权人许可，在教科书中汇编已经发表的作品片段或者短小的文字作品、音乐作品或者单幅的美术作品、摄影作品、图形作品，但应当按照规定向著作权人支付报酬，指明作者姓名或者名称、作品名称，并且不得侵犯著作权人依照本法享有的其他权利。

职务作品的著作权归谁所有？

答：我国《著作权法》第18条第1款规定，自然人为完成法人或者非法人组织工作任务所创作的作品是职务作品，除本条第2款的规定以外，著作权由作者享有，但法人或者非法人组织有权在其业务范围内优先使用。作品完成两年内，未经单位同意，作者不得许可第三人以与单位使用的相同方式使用该作品。第18条第2款规定，有下列情形之一的职务作品，作者享有署名权，著作权的其他权利由法人或者非法人组织享有，法人或者非法人组织可以给予作者奖励：（1）主要是利用法人或者非法人组织的物质技术条件创作，并由法人或者非法人组织承担责任的工程设计图、产品设计图、地图、示意图、计算机软件等职务作品；（2）报社、期刊社、通讯社、广播电台、电视台的工作人员创作的职务作品；（3）法律、行政法规规定或者合同约定著作权由法人或者非法人组织享有的职务作品。

购买他人的美术作品是不是就取得了该作品的著作权呢？

答：我国《著作权法》第20条第1款明确规定："作品原件所有权的转移，不改变作品著作权的归属，但美术、摄影作品原件的展览权由原件所有人享有。"由此可见，美术作品原件的所有权转移的时候，其著作权并不会随之转移，例如美术作品原件的所有权因为继承、赠与或者买卖等情况而转移的时候，著作权并未随之转移到所有人身上，该美术作品的著作权仍然由原作者享有，但是原件的展览权由原件的所有人行使。

对室外陈列的艺术品录像并用于广告宣传是否侵犯著作权？

答：我国《著作权法》第24条明确规定："在下列情况下使用作品，可以不经著作权人许可，不向其支付报酬，但应当指明作者姓名或者名称、作品名称，并且不得影响该作品的正常使用，也不得不合理地损害著作权人的合法权益：……（十）对设置或者陈列在公共场所的艺术作品进行临摹、绘画、摄影、录像……"由此可见，对设置或者陈列在室外公共场所的艺术作品进行录像属于对作品的合理使用，不需要经过作者的同意，也不需要支付报酬。但是如果对这些作品录像后将其用于广告宣传，有着明显的营利性的目的，已经超出了合理使用的范围，侵犯了著作权人的复制权、展览权等。

作品在杂志上发表后，其他杂志社可以转载吗？

答：我国《著作权法》第35条第2款明确规定："作品刊登后，除著作权人声明不得转载、摘编的外，其他报刊可以转载或者作为文摘、资料刊登，但应当按照规定向著作权人支付报酬。"由此可见：第一，作品发表后，如果作者没有声明不得转载、摘编的，其他的报刊可以转载；第二，作品发表后，如果作者声明不得转载、摘编的，其他的报刊不可以转载，否则就是侵权；第三，其他的报刊依法转载、摘编的，要向著作权人支付报酬。

广播电台、电视台播放他人的作品需要支付报酬吗？

答：我国《著作权法》第46条明确规定："广播电台、电视台播放他人未发表的作品，应当取得著作权人许可，并支付报酬。广播电台、电视台播放他人已发表的作品，可以不经著作权人许可，但应当按照规定支付报酬。"由此可见，如果作品在广播电台、电视台播放前已经发表，广播电台、电视台不需要经过著作权人的同意就可以播放其作品，但是必须支付报酬；如果作品没有发表，广播电台、电视台要播放该作品就要经过著作权人的同意，并支付报酬，否则就是对著作权人的发表权的侵犯。

一稿多投符合法律规定吗？

答：我国《著作权法》第35条第1款对此类问题明确规定："著作权人向报社、期刊社投稿的，自稿件发出之日起十五日内未收到报社通知决定刊登的，或者自稿件发出之日起三十日内未收到期刊社通知决定刊登的，可以将同一作品向其他报社、期刊社投稿。双方另有约定的除外。"由此可见，著作权法规定原则上不允许作者一稿多投，但是如果著作权人将自己的作品投向某一个报社、期刊社，在稿件发出之日起15日内没有收到报社通知决定刊登的，或者自稿件发出之日起30日内未收到期刊社通知决定刊登的，可以将同一作品向其他报社、期刊社投稿。当然，如果著作权人和出版社之间就一稿多投问题事先有了约定就按照约定来处理。

广告中产品介绍与其他公司的产品介绍雷同，是对其著作权的侵犯吗？

答：《著作权法》保护的对象是作品，作品是著作权产生的前提和基础。著作权法所称作品，是指文学、艺术和科学领域内具有独创性并能以某种有形形式复制的智力成果。对于产品说明来说，由于其与产品功能的一一对应关系，作者难有发挥空间，因而不具备创造性。即公司的产品介绍是一种单纯的对产品功能的描述，并没有表现出独创性，因而不是作品。因此，虽然公司间的产品介绍有雷同，但也不构成侵权。

二、专利权

专利权包含哪些内容？

答：专利权指发明创造人或其权利受让人对特定的发明创造在一定期限内依法享有的独占实施权，是知识产权的一种。专利权的内容包括：（1）独占实施权。发明和实用新型专利权被授予后，除专利法另有规定的以外，任何单位或者个人未经专利权人许可，都不得实施其专利，即不得为生产经营目的制造、使用、许诺销售、销售、进口其专利产品，或者使用其专利方法以及使用、许诺销售、销售、进口依照该专利方法直接获得的产品。外观设计专利权被授予后，任何单位或者个人未经专利权人许可，都不得实施其专利，即不得为生产经营目的制造、销售、进口其外观设计专利产品。可见，外观设计专利独占实施权的内容包括对外观设计专利产品的制造权、销售权和进口权。（2）专利权人可以许可他人实施其专利技术并收取专利使用费。许可他人实施专利的，当事人应当订立书面合同。（3）专利权可以转让。转让专利权的，当事人应当订立书面合同，并向国务院专利行政部门登记，由国务院专利行政部门予以公告，专利权的转让自登记之日起生效。中国单位或者个人向外国人转让专利权的，必须经国务院有关主管部门批准。（4）专利权人享有在其专利产品或者该产品的包装上标明专利标记和专利号的权利。

专利权的保护期限是多久？

答：根据《专利法》第42条的规定，发明专利权的期限为20年，实用新型专利权的期限为10年，外观设计专利权的期限为15年，均自申请日起计算。自发明专利申请日起满4年，且自实质审查请求之日起满3年后授予发明专利权的，国务院专利行政部门应专利权人的请求，就发明专利在授权过程中的不合理延迟给予专利权期限补偿，但由申请人引起的不合理延迟除外。为补偿新药上市审评审批占用的时间，对在中国获得上市许可的新药相关发明专利，国务院专利行政部门应专利权人的请求给予专利权期限补偿。补偿期限不超过5年，新药批准上市后总有效专利权期限不超过14年。

哪些人可以成为发明人或者设计人呢？

答：《专利法实施细则》第13条明确规定："专利法所称发明人或者设计人，是指对发明创造的实质性特点作出创造性贡献的人。在完成发明创造过程中，只负责组织工作的人、为物质技术条件的利用提供方便的人或者从事其他辅助工作的人，不是发明人或者设计人。"由上述规定可知，只有对发明创造的实质性特点作出创造性贡献的人才能是发明人或者设计人，只负责组织工作的人、为物质技术条件的利用提供方便的人或者从事其他辅助工作的人，不是发明人或者设计人。

受托完成的发明创造专利权归谁呢？

答：我国《专利法》第8条明确规定："两个以上单位或者个人合作完成的发明创造、一个单位或者个人接受其他单位或者个人委托所完成的发明创造，除另有协议的以外，申请专利的权利属于完成或者共同完成的单位或者个人；申请被批准后，申请的单位或者个人为专利权人。"由上述规定可知，受委托完成的发明创造的专利权的归属，双方有约定的就按照约定来处理。在双方没有约定的情况下，发明创造应该归完成人，这里的完成人就是受托人，法律这样规定既充分尊重了当事人的意思自治，同时又合理地维护了对发明创造的完成作出创造性贡献的人（也就是这里的受托人）的利益，有利于鼓励发明创造。

已经转让的专利被宣告无效后如何处理转让费？

答：我国《专利法》第47条明确规定："宣告无效的专利权视为自始即不存在。宣告专利权无效的决定，对在宣告专利权无效前人民法院作出并已执行的专利侵权的判决、调解书，已经履行或者强制执行的专利侵权纠纷处理决定，以及已经履行的专利实施许可合同和专利权转让合同，不具有追溯力。但是因专利权人的恶意给他人造成的损失，应当给予赔偿。依照前款规定不返还专利侵权赔偿金、专利使用费、专利权转让费，明显违反公平原则的，应当全部或者部分返还。"由此可见，当专利权被宣告无效后，原则上对该专利已经履行的专利实施许可合同和专利权转让合同，不具有追溯力，也就是专利许可费和转让费不返还。但是有两种情况需要将这些费用全部返还或者部分返还：第一，专利权人的恶意给他人造成的损失；第二，不返还明显违反公平原则。

职务发明创造的发明人享有哪些权利呢？

答：根据我国《专利法》第6条、第15条的规定，执行本单位的任务或者主要是利用本单位的物质技术条件所完成的发明创造为职务发明创造。职务发明创造申请专利的权利属于该单位，申请被批准后，该单位为专利权人。该单位可以依法处置其职务发明创造申请专利的权利和专利权，促进相关发明创造的实施和运用。被授予专利权的单位应当对职务发明创造的发明人或者设计人给予奖励；发明创造专利实施后，根据其推广应用的范围和取得的经济效益，对发明人或者设计人给予合理的报酬。国家鼓励被授予专利权的单位实行产权激励，采取股权、期权、分红等方式，使发明人或者设计人合理分享创新收益。

法律对于专利申请中的优先权，是怎样规定的？

答：根据我国《专利法》第29条、第30条的规定，申请人自发明或者实用新型在外国第一次提出专利申请之日起12个月内，或者自外观设计在外国第一次提出专利申请之日起6个月内，又在中国就相同主题提出专利申请的，依照该外国同中国签订的协议或者共同参加的国际条约，或者依照相互承认优先权的原则，可以享有优先权。申请人自发明或者实用新型在中国第一次提出专利申请之日起12个月内，或者自外观设计在中国第一次提出专利申请之日起6个月内，又向国务院专利行政部门就相同主题提出专利申请的，可以享有优先权。申请人要求发明、实用新型专利优先权的，应当在申请的时候提出书面声明，并且在第一次提出申请之日起16个月内，提交第一次提出的专利申请文件的副本。申请人要求外观设计专利优先权的，应当在申请的时候提出书面声明，并且在3个月内提交第一次提出的专利申请文件的副本。申请人未提出书面声明或者逾期未提交专利申请文件副本的，视为未要求优先权。

先用权人的权利是否应该受到法律的保护？

答：在申请日以前制造相同产品，使用相同方法，或者作好制造和使用的必要准备的人，称为先用权人。我国《专利法》第75条明确规定："有下列情形之一的，不视为侵犯专利权：……（二）在专利申请日前已经制造相同产品、使用相同方法或者已经作好制造、使用的必要准备，并且仅在原有范围内继续制造、使用的；……"由此可见，如果他人在专利申请日前已经制造相同产品、使用相同方法或者已经作好制造、使用的必要准备，并且仅在原有范围内继续制造、使用的，不视为侵犯专利权。换句话说，该先用权人可以在原有范围内继续制造、使用。

专利权人将专利许可他人使用后，被许可人可以将该专利许可给第三人实施吗？

答：我国《专利法》第12条明确规定："任何单位或者个人实施他人专利的，应当与专利权人订立实施许可合同，向专利权人支付专利使用费。被许可人无权允许合同规定以外的任何单位或者个人实施该专利。"根据以上规定我们知道：被许可人无权允许合同规定以外的任何单位或个人实施该专利。此外还要注意的是，专利许可实施合同一共有三种类型：（1）独占许可实施合同；（2）排他许可实施合同；（3）普通许可实施合同。许可合同的类型不同，专利权人的权利也不同。如果双方签订的是独占许可实施合同，那么专利权人在许可期间不可以实施该专利，也不可以将该专利许可给被许可人以外的单位或者个人实施。如果签订的是排他许可实施合同，专利权人可以在许可期间自行实施该专利，但是同样不可以将该专利许可给被许可人以外的单位或个人实施。如果签订的是普通许可实施合同，在许可期间，专利权人不但可以自行实施该专利，还可以将该专利许可给被许可人以外的单位或者个人使用。但无论是哪一种许可实施合同，被许可人都没有权利将专利权人的专利权许可给他人使用。

专利权一定要缴纳年费吗？

答：专利年费是在专利权被授予后的期间内，专利权人为维持其专利权的有效性而在每年都应当缴纳的费用。根据我国《专利法》第43条、第44条的规定，专利权人应当自被授予专利权的当年开始缴纳年费。没有按照规定缴纳年费的，专利权在期限届满前终止。由此可知专利费是必须缴纳的，如果专利权人没有在规定期限内缴纳规定数额的年费，其专利权将会终止。专利权终止后，将成为社会公用技术，任何人都可以免费使用。

三、商标权

自然人可以申请商标吗？

答：我国《商标法》第4条明确规定："自然人、法人或者其他组织在生产经营活动中，对其商品或者服务需要取得商标专用权的，应当向商标局申请商标注册……"并且《商标法》第5条也规定了，两个以上的自然人、法人或者其他组织可以共同向商标局申请注册同一商标，共同享有和行使该商标专用权。由此可得知，申请商标的权利不但属于法人或者其他组织，也属于自然人。而且两个以上的自然人可以共同申请、共同享有和行使商标专用权。因此如果自然人希望自己的商品或者提供的服务获得注册商标，可以向商标局提出申请。

只有商品的通用名称，能注册为商标吗？

答：商标是用来区别商品或服务来源的标记，作用在于告诉消费者某件商品是谁提供的，指示商品的不同生产者。商品的通用名称则是在某一范围内被普遍使用的某一种类商品的名称，包括规范的商品名称、约定俗成的商品名称以及商品的简称，作用在于告诉消费者某件商品是什么。根据我国《商标法》第11条的规定，仅有本商品的通用名称、图形、型号的，缺乏显著特征的标志不得作为商标注册；但若经过使用取得显著特征，并便于识别的，可以作为商标注册。

企业的注册商标被其他企业注册为域名，怎么办？

答：商标是商品的生产经营者在其生产、制造、加工、拣选或者经销的商品上，或者服务的提供者在其提供的服务上采用的区别商品或者服务来源的，由文字、图形或者其组合构成的，具有显著特征的标志。《最高人民法院关于审理涉及计算机网络域名民事纠纷案件适用法律若干问题的解释》第4条规定："人民法院审理域名纠纷案件，对符合以下各项条件的，应当认定被告注册、使用域名等行为构成侵权或者不正当竞争：……（二）被告域名或其主要部分构成对原告驰名商标的复制、模仿、翻译或音译；或者与原告的注册商标、域名等相同或近似，足以造成相关公众的误认；……"由此，企业的注册商标被其他企业注册为域名的，可以要求该注册域名的企业承担侵权责任或者承担不正当竞争的代价。

两个人在相同产品上申请注册的商标相同或者相似的，谁能够获得注册商标权呢？

答：我国《商标法》第31条明确规定："两个或者两个以上的商标注册申请人，在同一种商品或者类似商品上，以相同或者近似的商标申请注册的，初步审定并公告申请在先的商标；同一天申请的，初步审定并公告使用在先的商标，驳回其他人的申请，不予公告。"由此得知，对相同或者近似的商标注册采用的是先申请原则。即商标局会将商标专用权授予最先提出申请的人。如果两个人同一天提出申请的，商标局将商标专用权授予最先使用该商标的申请人。

商标必须经过注册才能使用吗？

答：我国《商标法》第6条明确规定："法律、行政法规规定必须使用注册商标的商品，必须申请商标注册，未经核准注册的，不得在市场销售。"同时该法第51条规定："违反本法第六条规定的，由地方工商行政管理部门责令限期申请注册，违法经营额五万元以上的，可以处违法经营额百分之二十以下的罚款，没有违法经营额或者违法经营额不足五万元的，可以处一万元以下的罚款。"由此可见，原则上商标不经过注册就可以使用，但是如果法律、行政法规规定商品必须使用注册商标的话，则必须注册后才能使用。我国相关法律规定，人用药品以及烟草类产品的商标必须经过注册才能使用。

他人已经取得专利权的外观设计可以被用来作为商标申请注册吗？

答：我国《商标法》第9条第1款规定："申请注册的商标，应当有显著特征，便于识别，并不得与他人在先取得的合法权利相冲突。"同时该法第32条规定："申请商标注册不得损害他人现有的在先权利，也不得以不正当手段抢先注册他人已经使用并有一定影响的商标。"由此可见，一件商标注册申请能否获得授权，需要满足以下两个条件，首先，该商标自身必须具有显著特征，便于识别；其次，该商标不能与他人在先取得的合法权利相冲突。因此，申请人用他人已经取得专利的外观设计申请商标注册，属于侵权行为，当然如果申请人与其他权利人就使用达成协议，则可以使用他人的权利。

商标注册申请被驳回时，申请人如何救济？

答：根据我国《商标法》第34条的规定，对驳回申请、不予公告的商标，商标局应当书面通知商标注册申请人。商标注册申请人不服的，可以自收到通知之日起15日内向商标评审委员会申请复审。商标评审委员会应当自收到申请之日起9个月内做出决定,并书面通知申请人。有特殊情况需要延长的,经国务院工商行政管理部门批准,可以延长3个月。当事人对商标评审委员会的决定不服的,可以自收到通知之日起30日内向人民法院起诉。

不使用注册商标的话商标会被撤销吗?

答:我国《商标法》第39条规定:"注册商标的有效期为十年,自核准注册之日起计算。"同时该法第49条第2款规定:"注册商标成为其核定使用的商品的通用名称或者没有正当理由连续三年不使用的,任何单位或者个人可以向商标局申请撤销该注册商标。……"由此可以得知,申请人自商标核准注册之日起获得注册商标专用权,但是法律对该商标的保护是有期限限制的,为自核准注册之日起10年。此外,注册商标在保护期内也会因为某些法定的原因而被注销,比方商标注册后没有正当理由连续3年不使用的,就是商标权被撤销的一种法定情形。

商标使用许可合同未经备案是否生效?

答:《最高人民法院关于审理商标民事纠纷案件适用法律若干问题的解释》第19条规定:"商标使用许可合同未经备案的,不影响该许可合同的效力,但当事人另有约定的除外。"由此可以得知,通常情况下,双方自愿签订商标使用许可合同的,即使没有经过备案,许可合同也是依法成立并生效的。当然如果双方约定必须到商标局备案许可合同才生效的,那么只有到商标局备案,许可合同才生效。

在不知情的情况下销售侵犯商标专用权商品的行为是否构成侵权?

答:我国《商标法》第60条第2款明确规定:"……销售不知道是侵犯注册商标专用权的商品,能证明该商品是自己合法取得并说明提供者的,由工商行政管理部门责令停止销售。"由此可见,即使是在不知情的情况下销售了侵犯注册商标专用权的商品的,也构成侵犯注册商标专用权。法律同时规定,如果侵权人不知情,并且能证明该商品是自己合法取得并说明提供者的,由工商行政管理部门责令停止销售。不知情的侵权人也需要承担停止销售该产品,提供购买渠道以协助查办伪劣产品来源等侵权责任。

注册商标专用权可以用来质押吗?

答:注册商标专用权可以用来质押。我国《民法典》第440条规定:"债务人或者第三人有权处分的下列权利可以出质:……(五)可以转让的注册商标专用权、专利权、著作权等知识产权中的财产权;……"该法第444条还规定:"以注册商标专用权、专利权、著作权等知识产权中的财产权出质的,质权自办理出质登记时设立。知识产权中的财产权出质后,出质人不得转让或者许可他人使用,但是出质人与质权人协商同意的除外。出质人转让或者许可他人使用出质的知识产权中的财产权所得的价款,应当向质权人提前清偿债务或者提存。"

第十四章　违法犯罪篇

一、刑罚与责任

被公众唾弃的行为可以成立犯罪吗？

答：在生活中，经常会有这样的情况发生，某人实施了某种不道德的行为，该行为遭到大家的唾弃与批评，可是最后实施该行为的人却并没有受到刑法的制裁，这让大家很不理解。《刑法》第3条规定："法律明文规定为犯罪行为的，依照法律定罪处刑；法律没有明文规定为犯罪行为的，不得定罪处刑。"由此可以看出，我国《刑法》对于追究一个人的刑事责任是有着非常严格的规定的。由于《刑法》是一门比较严厉的法律，它可以剥夺一个人的自由和财产甚至生命，因此，为了保护人权，体现我国宪法的基本精神，我国在制定《刑法》这种严厉的法律的同时，也对它的实施作了十分严格的限制，其中罪刑法定原则就是一种限制的形式，即对于一个人不能随便定罪，只有在《刑法》有明确的罪名的情况下才可以定罪，否则就不得定罪。

情节严重就处罚重吗？

答：此问题实际上涉及罪责刑相适应原则。我国《刑法》第5条规定："刑罚的轻重，应当与犯罪分子所犯罪行和承担的刑事责任相适应。"我们将该条概括为罪责刑相适应原则，即犯罪分子所犯的罪行，所应承担的刑事责任和所判处的刑罚应当是一致的。重罪重判，轻罪轻判，无罪不判，不得将重罪轻判，也不得将轻罪重判，防止刑罚权的滥用，这是我国量刑的基本准则。任何非法因素都不得干涉刑罚权的行使，不能因为犯罪人是高官子弟就轻判，也不能因为犯罪人穷困潦倒就重判，而必须以事实为依据，以法律为准绳，综合考虑犯罪人的犯罪情节，犯罪人的社会危害性和犯罪人所犯罪行的恶劣程度，从而对犯罪人做出正确的定罪量刑。

年满多少岁，要负刑事责任？

答：刑法所规定的犯罪主体必须具有刑事责任能力，所谓刑事责任能力是指行为人能够控制自己的行为，并对自己的行为后果有清醒的认识的能力。我国《刑法》第17条中规定："已满十六周岁的人犯罪，应当负刑事责任。已满十四周岁不满十六周岁的人，犯故意杀人、故意伤害致人重伤或者死亡、强奸、抢劫、贩卖毒品、放火、爆炸、投放危险物质罪的，应当负刑事责任。已满十二周岁不满十四周岁的人，犯故意杀人、故意伤害罪，致人死亡或者以特别残忍手段致人重伤造成严重残疾，情节恶劣，经最高人民检察院核准追诉的，应当负刑事责任。"由此可见，一般情况下，年满16周岁需要负刑事责任，而特殊情况下，年满12周岁就要负刑事责任了。

精神病人故意灌醉自己让自己发病，实施的犯罪行为应受惩罚吗？

答：我国《刑法》第18条规定："精神病人在不能辨认或者不能控制自己行为的时候造成危害结果，经法定程序鉴定确认的，不负刑事责任，但是应当责令他的家属或者监护人严加看管和医疗；在必要的时候，由政府强制医疗。间歇性的精神病人在精神正常的时候犯罪，应当负刑事责任。尚未完全丧失辨认或者控制自己行为能力的精神病人犯罪的，应当负刑事责任，但是可以从轻或者减轻处罚。醉酒的人犯罪，应当负刑事责任。"醉酒分为生理性醉酒和病理性醉酒，生理性醉酒是指通常情况下喝酒超过一定数量就意识不清的情况。病理性醉酒属于精神疾病的一种，是指行为人饮少量酒就会出现明显的行为和心理改变，在饮酒时或其后不久突然出现激越、冲动、暴怒以及攻击或破坏行为，可造成自伤或伤人后果。对于病理性醉酒，由于其属于精神病的一种，所以在病理性醉酒的情况下犯罪一般不负刑事责任。但是如果有人明知自己患有病理性醉酒的精神疾病，为了犯罪仍然喝酒使自己发病进而实施犯罪的，则应该负刑事责任。

盲人犯罪，可以从轻处罚吗？

答：我国《刑法》第19条规定："又聋又哑的人或者盲人犯罪，可以从轻、减轻或者免除处罚。"由此可见，必须是盲人或又聋又哑的人犯罪，才可以从轻、减轻或免除处罚。需要特别注意的是，又聋又哑的人指既聋又哑的人，不包括只聋不哑的人，或只哑不聋的人，也就是说不是所有的聋哑人犯罪都可以从轻、减轻或免除处罚，只有既聋又哑的人才可以从轻、减轻或者免除处罚。当然，对又聋又哑的人或者盲人的量刑情节分为从轻、减轻或免除处罚。法官在具体量刑时，可以根据犯罪人的犯罪情节、社会危害性、悔罪表现等因素判定究竟应该适用哪种量刑情节。

构成犯罪主观上需要什么条件？什么是故意和过失？

答：我国《刑法》第14条规定："明知自己的行为会发生危害社会的结果，并且希望或者放任这种结果发生，因而构成犯罪的，是故意犯罪。故意犯罪，应当负刑事责任。"第15条规定："应当预见自己的行为可能发生危害社会的结果，因为疏忽大意而没有预见，或者已经预见而轻信能够避免，以致发生这种结果的，是过失犯罪。过失犯罪，法律有规定的才负刑事责任。"根据这两条可以看出，行为人构成犯罪，主观上就要具有故意或过失的心理状态。所谓故意就是指行为人明知自己的行为会引起损害后果，而故意追求这种损害后果的发生。如某人想要杀死自己的仇人，就买了毒药放到仇人的食物里，导致仇人中毒身亡，这就是故意杀人。过失则是指行为人虽然不是故意追求犯罪结果的发生，但是没有尽到适当的注意义务或没有采取适当的防范措施而导致犯罪结果的发生。如行为人明知大院里经常有孩子玩耍，却在倒车时不加注意导致撞死玩耍的孩子，则行为人构成过失致人死亡罪。

意外事故造成损害后果，构成犯罪吗？

答：我国《刑法》第16条规定："行为在客观上虽然造成了损害结果，但是不是出于故意或者过失，而是由于不能抗拒或者不能预见的原因所引起的，不是犯罪。"据此可以看出，行为人负刑事责任在主观上是要有一定的过错的，即故意和过失。如果行为人实施某种行为主观上既不存在犯罪的故意，也不存在犯罪的过失，而完全是由于不能抗拒或不能预见的原因引起的，也即所谓的意外事故或不可抗力引起的,则行为人不构成犯罪,也就无须为自己的行为承担任何刑事责任。比如农村有小孩子躲在麦垛里藏猫猫,毫不知情的农民将叉子叉进麦垛,一下子刺伤了孩子,由于农民不能预料到孩子在麦垛中,也就无法避免这种损害的发生,因此农民对这个小孩的伤亡就不负刑事责任。

路上遭遇劫匪,将其打晕是正当防卫吗?

答:我国《刑法》第20条第1款规定:"为了使国家、公共利益、本人或者他人的人身、财产和其他权利免受正在进行的不法侵害,而采取的制止不法侵害的行为,对不法侵害人造成损害的,属于正当防卫,不负刑事责任。"由此可见,构成正当防卫需要以下几个条件:(1)其目的是使国家、公共利益、本人或他人的人身和财产免受侵害。(2)该侵害必须是正在依法进行的侵害,而不得对已经结束的或尚未开始的行为进行正当防卫。(3)防卫行为必须与侵害行为相当,只要足以制止不法侵害行为就可以了,而不能过度地实施防卫行为,否则会构成防卫过当,这在下面会提到。因此,路上遭遇劫匪,将其打晕是正当防卫。

将入室行窃的小偷杀死,是正当防卫吗?

答:不是所有的防卫行为都构成正当防卫,如果防卫超过必要限度造成损害的就是防卫过当,就应当负刑事责任了。将入室行窃的小偷杀死,就构成防卫过当。我国《刑法》第20条第2款规定:"正当防卫明显超过必要限度造成重大损害的,应当负刑事责任,但是应当减轻或者免除处罚。"所谓必要限度,是指防卫的手段、性质等只要足以制止犯罪行为就行了。对于防卫过当,我国刑法规定要负刑事责任,但同时也规定,应当减轻或者免除处罚。同时还要注意,防卫过当,只有明显超过必要限度,造成重大损害的才承担刑事责任,如果不是明显超过必要限度,没有造成重大损害,则无须承担刑事责任。

什么是无过当防卫?

答:我国《刑法》第20条第3款规定:"对正在进行行凶、杀人、抢劫、强奸、绑架以及其他严重危及人身安全的暴力犯罪,采取防卫行为,造成不法侵害人伤亡的,不属于防卫过当,不负刑事责任。"这就是无过当防卫,其主要是针对行凶、杀人、抢劫、强奸、绑架以及其他严重危及人身安全的暴力行为。需要注意的是,只有针对人身的暴力行为才能实施无过当防卫,对于针对财产的行为以及不具有严重人身威胁性的非暴力行为不得实施无过当防卫。

被人追杀的途中将别人的小汽车强行开走,要负刑事责任吗?

答:被人追杀的途中将别人的小汽车强行开走,依法构成紧急避险,不需要负刑事责任。我国《刑法》第21条规定:"为了使国家、公共利益、本人或者他人的人身、财产和其他权利免受正在发生的危险,不得已采取的紧急避险行为,造成损害的,不负刑事责任。紧急避险超过必要限度造成不应有的损害的,应当负刑事责任,但是应当减轻或者免除处罚。第一款中关于避免本人危险的规定,不适用于职务上、业务上负有特定责任的人。"据此可以看出,紧急避险的成立条件有四个:(1)其目的是使国家、公共利益、本人或者他人的人身、财产和其他权利免受侵害;(2)必须是为了避免正在发生的危险;(3)只有在迫不得已时才得进行紧急避险;(4)紧急避险不应超过必要限度,否则要承担刑事责任。此外应当注意的是,职务、业务上有特定责任的人不适合紧急避险。如消防人员不得以紧急避险为由不去救火。

准备作案工具但还没有实施犯罪，需要负刑事责任吗？

答：生活中有的人为了实施犯罪，往往会事先做很多准备工作。比如准备犯罪工具，跟踪被害人，调查被害人的行踪，埋伏在被害人出入的路口等。如某人为了毒死仇人，就去买了一包砒霜，想要伺机放到仇人的碗里，后被人发现告发，这其实就属于刑法中的犯罪预备。犯罪预备，仍然属于犯罪行为。《刑法》第22条有明确的规定："为了犯罪，准备工具、制造条件的，是犯罪预备。对于预备犯，可以比照既遂犯从轻、减轻处罚或者免除处罚。"

杀人没杀成，也构成犯罪吗？

答：杀人没杀成实际上涉及犯罪未遂的问题。同犯罪预备一样，犯罪未遂也是没有完成的犯罪行为，二者不一样的是犯罪预备没有进入实行阶段，而犯罪未遂已经进入了实行阶段，由于犯罪人意志以外的原因导致犯罪未能完成。如某人为了报复仇人，光天化日之下持刀在大街上追着仇人砍杀，仇人大腿上中了一刀，后公安机关人员及时赶到，将犯罪人制服。此时犯罪人的行为就属于犯罪未遂。对于犯罪未遂的，应当负刑事责任。我国《刑法》第23条规定："已经着手实行犯罪，由于犯罪分子意志以外的原因而未得逞的，是犯罪未遂。对于未遂犯，可以比照既遂犯从轻或者减轻处罚。"

行为人中途停止了犯罪行为，犯罪还成立吗？

答：此问题涉及犯罪中止。犯罪中止也是犯罪未完成形态的一种，犯罪中止与犯罪预备和犯罪未遂不同，犯罪预备与犯罪未遂都是由于行为人意志以外的原因导致犯罪没有完成，而犯罪中止则是由于行为人自身主动停止了犯罪，导致犯罪未完成，是行为人自愿的行为。对此，我国《刑法》第24条有明确的规定："在犯罪过程中，自动放弃犯罪或者自动有效地防止犯罪结果发生的，是犯罪中止。对于中止犯，没有造成损害的，应当免除处罚；造成损害的，应当减轻处罚。"

什么是共同犯罪？

答：我国《刑法》第25条明确规定："共同犯罪是指二人以上共同故意犯罪。二人以上共同过失犯罪，不以共同犯罪论处；应当负刑事责任的，按照他们所犯的罪分别处罚。"由此，成立共同犯罪必须具备以下三个条件：（1）犯罪主体必须是二人或二人以上，而且都要具有刑事责任能力；（2）必须具有共同的犯罪故意，共同过失不成立共同犯罪，也就是说只有在故意的情况下才有可能成立共同犯罪；（3）实施了共同的犯罪行为，侵害的客体相同，比如共同杀人或共同盗窃等。对于共同犯罪人的处罚原则是"一部分行为，全部责任"，即虽然犯罪人在犯罪中扮演的角色不同，起的作用不同，但都应当对最终的犯罪结果承担责任。

对犯罪集团头目的处罚比其他犯罪分子重吗？

答：我国《刑法》第26条规定："组织、领导犯罪集团进行犯罪活动的或者在共同犯罪中起主要作用的，是主犯。三人以上为共同实施犯罪而组成的较为固定的犯罪组织，是犯罪集团。对组织、领导犯罪集团的首要分子，按照集团所犯的全部罪行处罚。对于第三款规定以外的主犯，应当按照其所参与的或者组织、指挥的全部犯罪处罚。"可见，在犯罪集团中，对于首要分子，以集团所犯的全部罪行处罚。

但如果是集团中的某个成员背着首要分子所犯的罪行，如张某要求杀人，但集团中的成员李四却实施了强奸，则张某不对李四的强奸行为负责，因为李四的行为属于个人行为，不是集团的行为。此外，对于首要分子以外的主犯，则按其参与、组织或指挥的全部犯罪处罚。

从犯处罚时跟主犯一样吗？

答：所谓从犯，是指在犯罪中起次要或者辅助作用的犯罪人，如帮忙望风的，帮忙创造便利条件的等。我国《刑法》第27条规定："在共同犯罪中起次要或者辅助作用的，是从犯。对于从犯，应当从轻、减轻处罚或者免除处罚。"可见，对于从犯，由于其行为的危害性较小，性质较主犯没有那么恶劣，因此刑法对于从犯规定应当从轻、减轻或者免除处罚。但需要注意的是，这种从轻、减轻或免除处罚不是对比主犯而言，而是根据从犯本身犯罪所应获刑而言的。

被胁迫参加犯罪，就不用处罚了吗？

答：我国《刑法》第28条规定："对于被胁迫参加犯罪的，应当按照他的犯罪情节减轻处罚或者免除处罚。"由此可见，我国刑法对待胁从犯的态度是比对待从犯的态度缓和的。所谓胁从犯是指行为人不是主动参加犯罪，而是由于其他犯罪人的威胁、恐吓而被迫参加犯罪的。比如其他犯罪人扬言威胁其家人的生命、健康，威胁要散布其隐私、毁坏其名誉等，行为人出于这些恐惧参加了犯罪。由于胁从犯的社会危害性不大，因此我国刑法规定对于胁从犯，应当根据他的犯罪情节减轻或者免除处罚。

教唆犯教唆未遂，是否仍旧构成犯罪？

答：教唆犯是指没有亲自实施犯罪，而是教唆他人犯罪的人，即其使没有犯罪意图的人产生犯罪意图，或者使本来已有犯罪意图的人坚定了犯罪意图并实施犯罪。但是，不是所有的教唆都是成功的，有的人虽然实施了教唆行为，但是被教唆人却并没有犯被教唆的罪，对于教唆人是否处罚呢？我国《刑法》第29条规定："教唆他人犯罪的，应当按照他在共同犯罪中所起的作用处罚。教唆不满十八周岁的人犯罪的，应当从重处罚。如果被教唆的人没有犯被教唆的罪，对于教唆犯，可以从轻或者减轻处罚。"

犯罪分子支付了罚金就不用赔偿被害人经济损失了吗？

答：我国《刑法》第36条规定："由于犯罪行为而使被害人遭受经济损失的，对犯罪分子除依法给予刑事处罚外，并应根据情况判处赔偿经济损失。承担民事赔偿责任的犯罪分子，同时被判处罚金，其财产不足以全部支付的，或者被判处没收财产的，应当先承担对被害人的民事赔偿责任。"由此可见，犯罪人在被判处罚金的同时，如果造成被害人损失的，还应当赔偿被害人的经济损失。而且，如果犯罪人的财产不足以同时支付罚金和被害人的经济赔偿的，我国刑法坚持民事赔偿优于刑事处罚的原则，要求犯罪人先承担对被害人的民事赔偿责任，即先对被害人进行经济赔偿，然后用剩下的财产支付罚金。如果犯罪分子的财产都不足以赔偿被害人的损失的，则仅需要赔偿被害人的损失。

什么是管制？被判处管制后应当如何执行？

答：管制是指对罪犯不予关押，但限制其一定自由，并对其依法实行社区矫正的刑罚方法。管制主要是针对那些罪行性质轻、危害小或者人身危险性较小的犯罪分子所进行的处罚。

根据我国《刑法》第38条、第39条、第40条的规定，判处管制，可以根据犯罪情况，同时禁止犯罪分子在执行期间从事特定活动，进入特定区域、场所，接触特定的人。对判处管制的犯罪分子，依法实行社区矫正。此外，被判处管制的犯罪分子，在执行期间，应当遵守下列规定：（1）遵守法律、行政法规，服从监督；（2）未经执行机关批准，不得行使言论、出版、集会、结社、游行、示威自由的权利；（3）按照执行机关规定报告自己的活动情况；（4）遵守执行机关关于会客的规定；（5）离开所居住的市、县或者迁居，应当报经执行机关批准。对于被判处管制的犯罪分子，在劳动中应当同工同酬。被判处管制的犯罪分子，管制期满，执行机关应即向本人和其所在单位或者居住地的群众宣布解除管制。

对未成年人可以判处死刑吗？

答：我国《刑法》第49条第1款规定："犯罪的时候不满十八周岁的人和审判的时候怀孕的妇女，不适用死刑。"由此可见，犯罪时不满18周岁的人不适用死刑，要注意的是犯罪时不满18周岁的，而不是审判时不满18周岁的人。18周岁是指过了18周岁生日的第二天。此外还要注意的是，这里的不得判处死刑，既包括死刑缓期执行，也包括死刑立即执行。

判了无期徒刑的犯罪分子是不是还享有政治权利呢？

答：剥夺政治权利是指剥夺犯罪人选举权和被选举权，言论、出版、集会、结社、游行、示威自由的权利，担任国家机关职务的权利以及担任国有公司、企事业单位和人民团体领导职务的权利。对此我国《刑法》第56条第1款规定："对于危害国家安全的犯罪分子应当附加剥夺政治权利；对于故意杀人、强奸、放火、爆炸、投毒、抢劫等严重破坏社会秩序的犯罪分子，可以附加剥夺政治权利。"同时第57条第1款规定："对于被判处死刑、无期徒刑的犯罪分子，应当剥夺政治权利终身。"据此可以得知，对于被判处无期徒刑和死刑的犯罪分子，应当剥夺政治权利终身，在这里剥夺政治权利是作为附加刑适用的，就是说判了无期徒刑的犯罪分子是不享有政治权利的。

被判处没收财产的，以前的债务还需要偿还吗？

答：我国《刑法》第60条明确规定："没收财产以前犯罪分子所负的正当债务，需要以没收的财产偿还的，经债权人请求，应当偿还。"由此可以得知，要以没收的财产偿还债务，需满足以下条件：（1）必须是没收财产以前的债务；（2）是正当债务，对于赌债等非正当债务不予偿还；（3）需要以没收的财产偿还，如果犯罪人剩余财产可以偿还，则无需用被没收的财产偿还；（4）债权人必须向人民法院提出请求，如果债权人没有提出请求，则法院无义务主动偿还。

已经被逮捕的犯罪嫌疑人还能成立自首吗？

答：自首是指犯罪嫌疑人犯罪后自动投案，如实供述自己罪行的行为。对于自首的犯罪分子，可以从轻或减轻处罚。《刑法》第67条规定，"犯罪以后自动投案，如实供述自己的罪行的，是自首。对于自首的犯罪分子，可以从轻或者减轻处罚。其中，犯罪较轻的，可以免除处罚。被采取强制措施的犯罪嫌疑人、被告人和正在服刑的罪犯，如实供述司法机关还未掌握的本人其他罪行的，以自首论"。由此可见，自首有两种情形：一是犯罪嫌疑人自动投案，如实供述自己的罪行，将自己置于司法机关的控制下；二是已经被采取强制措施的犯罪嫌疑人，或者是被告人和正在服刑的罪犯，如果如实供述司法机关还未掌握的本人其他罪行，也成立自首。需要注意的是，如果犯罪嫌疑人自首后又逃跑的，不成立自首，当然假如其在一审前又主动归案的，仍旧成立自首。此外，《刑法修正案（八）》在《刑法》第67条中增加一款作为第3款：犯罪嫌疑人虽不具有前两款规定的自首情节，但是如实供述自己罪行的，可以从轻处罚；因其如实供述自己罪行，避免特别严重后果发生的，可以减轻处罚。

罪犯立功的可以减轻处罚吗？

答：立功是指犯罪分子提供破案线索，揭发他人犯罪行为，从而使其他案件得以侦破的行为。《刑法》第68条规定，"犯罪分子有揭发他人犯罪行为，查证属实的，或者提供重要线索，从而得以侦破其他案件等立功表现的，可以从轻或者减轻处罚；有重大立功表现的，可以减轻或者免除处罚"。据此可以得知，对一般立功和重大立功的量刑原则是不一样的。对于有一般立功表现的犯罪嫌疑人，可以从轻或减轻处罚；对于有重大立功表现的，可以减轻或免除处罚。在这里需要明确，可以从轻或者减轻处罚的意思是通常情况下要从轻或者减轻处罚，但是如果遇见案件的特殊情况，那么可以不减轻处罚。而应当从轻或者减轻处罚意味着必须予以从轻或者减轻处罚，法官无自由裁量权。

一人同时实施了数个犯罪行为，该如何处罚？

答：生活中的案件情况是很复杂的，往往出现一个犯罪嫌疑人实施了多个犯罪行为的情况，那么此时对该犯罪嫌疑人该如何定罪量刑呢？对此，我国《刑法》第69条明确规定："判决宣告以前一人犯数罪的，除判处死刑和无期徒刑的以外，应当在总和刑期以下、数罪中最高刑期以上，酌情决定执行的刑期，但是管制最高不能超过三年，拘役最高不能超过一年，有期徒刑总和刑期不满三十五年的，最高不能超过二十年，总和刑期在三十五年以上的，最高不能超过二十五年。数罪中有判处有期徒刑和拘役的，执行有期徒刑。数罪中有判处有期徒刑和管制，或者拘役和管制的，有期徒刑、拘役执行完毕后，管制仍须执行。数罪中有判处附加刑的，附加刑仍须执行，其中附加刑种类相同的，合并执行，种类不同的，分别执行。"

在监狱服刑期间表现良好，就可以减刑吗？

答：根据我国《刑法》第78条的规定，被判处管制、拘役、有期徒刑、无期徒刑的犯罪分子，在执行期间，如果认真遵守监规，接受教育改造，确有悔改表现的，或者有立功表现的，可以减刑；有下列重大立功表现之一的，应当减刑：（1）阻止他人重大犯罪活动的；（2）检举监狱内外重大犯罪活动，经查证属实的；（3）有发明创造或者重大技术革新的；（4）在日常生产、生活中舍己救人的；（5）在抗御自然灾害或者排除重大事故中，有突出表现的；（6）对国家和社会有其他重大贡献的。减刑以后实际执行的刑期不能少于下列期限：（1）判处管制、拘役、有期徒刑的，不能少于原判刑期的1/2；（2）判处无期徒刑的，不能少于13年；（3）人民法院依照《刑法》第50条第2款规定限制减刑的死刑缓期执行的犯罪分子，缓期执行期满后依法减为无期徒刑的，不能少于25年，缓期执行期满后依法减为25年有期徒刑的，不能少于20年。此外，需要注意的是，减刑须由执行机关向中级以上人民法院提出减刑建议，由人民法院组成合议庭来决定是否予以减刑。

什么是缓刑？哪些情形适用缓刑？

答：缓刑是指被判处拘役、3年以下有期徒刑的犯罪分子，根据犯罪情节和悔罪等表现，如果确实没有再犯罪的危险等，就规定一定的考验期，延缓刑罚的执行，如果犯罪人符合并遵守刑法关于缓刑期间的规定的，则缓刑考验期满后原判刑罚不再执行。《刑法》第72条规定："对于被判处拘役、三年以下有期徒刑的犯罪分子，同时符合下列条件的，可以宣告缓刑，对其中不满十八周岁的人、怀孕的妇女和已满七十五周岁的人，应当宣告缓刑：（一）犯罪情节较轻；（二）有悔罪表现；（三）没有再犯罪的危险；（四）宣告缓刑对所居住社区没有重大不良影响。宣告缓刑，可以根据犯罪情况，同时禁止犯罪分子在缓刑考验期限内从事特定活动，进入特定区域、场所，接触特定的人。被宣告缓刑的犯罪分子，如果被判处附加刑，附加刑仍须执行。"此外，对于累犯和犯罪集团的首要分子，不适用缓刑。

对被宣告缓刑的犯罪分子要做哪些处置和安排？

答：对被宣告缓刑的犯罪分子，在缓刑考验期限内，依法实行社区矫正，其在缓刑考验期内要遵守法律法规，按时向考察机关报告自己的情况，遵守考察机关关于会客的规定，如果离开居住的市县，要经过考察机关批准。如果犯罪分子违反这些规定，情节严重的就要撤销缓刑，执行原判决。如果犯罪分子在缓刑执行期间，严格遵守规定，也没有违法犯罪等行为的，缓刑考验期满，原判的刑罚就不再执行，并公开予以宣告。被宣告缓刑的犯罪分子，在缓刑考验期限内犯新罪或者发现判决宣告以前还有其他罪没有判决的，应当撤销缓刑，对新犯的罪或者新发现的罪作出判决，把前罪和后罪所判处的刑罚，依照数罪并罚的规定，决定执行的刑罚。此外，被宣告缓刑的犯罪分子，在缓刑考验期限内，违反法律、行政法规或者国务院有关部门关于缓刑的监督管理规定，或者违反人民法院判决中的禁止令，情节严重的，应当撤销缓刑，执行原判刑罚。

服刑期间表现良好就可以被假释吗？

答：我国《刑法》第81条规定："被判处有期徒刑的犯罪分子，执行原判刑期二分之一以上，被判处无期徒刑的犯罪分子，实际执行十三年以上，如果认真遵守监规，接受教育改造，确有悔改表现，没有再犯罪的危险的，可以假释。如果有特殊情况，经最高人民法院核准，可以不受上述执行刑期的限制。对累犯以及因故意杀人、强奸、抢劫、绑架、放火、爆炸、投放危险物质或者有组织的暴力性犯罪被判处十年以上有期徒刑、无期徒刑的犯罪分子，不得假释。对犯罪分子决定假释时，应当考虑其假释后对所居住社区的影响。"由此可见，并不是罪犯在服刑期间表现良好就可以被假释，同时还要具备执行一定刑期的条件，如有期徒刑执行原判刑期1/2以上，无期徒刑实际执行13年以上，且确有悔改表现没有再犯罪的危险的，可以假释。此外还要注意累犯等不能适用假释的情形。

罪犯被假释后就不会再执行原判刑罚了吗？

答：根据我国《刑法》第85条、第86条的规定，对假释的犯罪分子，在假释考验期限内，依法实行社区矫正，如果没有刑法所规定的予以撤销假释的情形，假释考验期满，就认为原判刑罚已经执行完毕，并公开予以宣告。此外，被假释的犯罪分子，在假释考验期限内犯新罪，或者发现被假释的犯罪分子在判决宣告以前还有其他罪没有判决的，应当撤销假释，依法实行数罪并罚。被假释的犯罪分子，在假释考验期限内，有违反法律、行政法规或者国务院有关部门关于假释的监督管理规定的行为，尚未构成新的犯罪的，也应当依照法定程序撤销假释，收监执行未执行完毕的刑罚。由此可见，对于罪犯被假释后会不会再执行原判刑罚，就看罪犯在假释期间的表现了。

过了追诉时效就对犯罪分子不追究了吗？

答：我国《刑法》第87条明确规定："犯罪经过下列期限不再追诉：（一）法定最高刑为不满五年有期徒刑的，经过五年；（二）法定最高刑为五年以上不满十年有期徒刑的，经过十年；（三）法定最高刑为十年以上有期徒刑的，经过十五年；（四）法定最高刑为无期徒刑、死刑的，经过二十年。如果二十年以后认为必须追诉的，须报请最高人民检察院核准。"需要注意的是，不是所有的犯罪都适用上述时效规定。根据我国《刑法》第88条的规定，在人民检察院、公安机关、国家安全机关立案侦查或者在人民法院受理案件以后，逃避侦查或者审判的，不受追诉期限的限制。被害人在追诉期限内提出控告，人民法院、人民检察院、公安机关应当立案而不予立案的，不受追诉期限的限制。简而言之，就是逃避侦查或审判的，应当立案而不立案的，都不受追诉时效的限制，无论何时逮捕到犯罪人都要对其处以刑罚。

二、侵犯人身权的犯罪

逼迫他人自杀的构成故意杀人罪吗？

答：对于以诱骗、逼迫、教唆方法使得他人自杀的，其实是以间接手段使得他人死亡，如果不采取诱骗、逼迫或者教唆的方法，那么他人是不会自杀的，因此，此种情况下同样构成故意杀人罪。我国《刑法》第232条明确规定："故意杀人的，处死刑、无期徒刑或者十年以上有期徒刑；情节较轻的，处三年以上十年以下有期徒刑。"

与不满14周岁的幼女自愿发生性关系的构成强奸罪吗？

答：与不满14周岁的幼女自愿发生性行为构成强奸罪。我国《刑法》第236条规定："以暴力、胁迫或者其他手段强奸妇女的，处三年以上十年以下有期徒刑。奸淫不满十四周岁的幼女的，以强奸论，从重处罚……"由于幼女身心尚未发育成熟，认知能力差，自我保护能力较弱，因此刑法为了保护幼女的身心健康，对强奸幼女作出了比一般强奸罪更为严厉的规定，只要行为人明知对方是未满14周岁的幼女而与之发生性关系，无论是否征得幼女的同意，一律以强奸罪论处。因此针对幼女构成的强奸罪只要满足两方面即可，一是明知对方是未满14周岁的幼女，二是与幼女发生了性关系，无论幼女同意与否。

负有照护职责人员与15岁的女孩发生性关系的，要负刑事责任吗？

答：我国《刑法》第236条之一规定，对已满14周岁不满16周岁的未成年女性负有监护、收养、看护、教育、医疗等特殊职责的人员，与该未成年女性发生性关系的，处3年以下有期徒刑；情节恶劣的，处3年以上10年以下有期徒刑。有前款行为，同时又构成本法第236条（强奸罪）规定之罪的，依照处罚较重的规定定罪处罚。由此可见，负有照护职责人员与15岁的女孩发生性关系，是要负刑事责任的。

犯猥亵儿童罪，要判多少年？

答：我国《刑法》第237条第3款规定，猥亵儿童的，处5年以下有期徒刑；有下列情形之一的，处5年以上有期徒刑：（1）猥亵儿童多人或者多次的；（2）聚众猥亵儿童的，或者在公共场所当众猥亵儿童，情节恶劣的；（3）造成儿童伤害或者其他严重后果的；（4）猥亵手段恶劣或者有其他恶劣情节的。

为了索要债务将他人关起来的，构成何罪？

答：为了索要债务将他人关起来的行为构成了非法拘禁罪。非法拘禁罪是指以拘押、禁闭或者其他强制方法，非法剥夺他人人身自由的行为。非法拘禁罪侵犯的客体是他人的身体自由权，所谓身体自由权，是指公民身体的动静举止不受非法干预的权利，也就是说公民有权在法律范围内按照自己的意志决定自己身体行动而不受他人非法干涉。根据我国《刑法》第238条的规定，以索取债务为目的非法扣押、拘禁他人的，以非法拘禁罪论处。但是这里要注意，非法拘禁他人的目的必须是索取自己的债务，而不能向他人索取额外的钱财，否则有可能会涉嫌构成绑架罪。

为勒索财物偷盗婴幼儿的，构成何罪？

答：我国《刑法》第239条规定："以勒索财物为目的绑架他人的，或者绑架他人作为人质的，处十年以上有期徒刑或者无期徒刑，并处罚金或者没收财产；情节较轻的，处五年以上十年以下有期徒刑，并处罚金。犯前款罪，杀害被绑架人的，或者故意伤害被绑架人，致人重伤、死亡的，处无期徒刑或者死刑，并处没收财产。以勒索财物为目的偷盗婴幼儿的，依照前两款的规定处罚。"根据该条第3款规定，偷盗婴幼儿以达到勒索财物目的的，以绑架罪论处。

拐卖妇女、儿童的，要承担怎样的刑事责任？

答：拐卖妇女、儿童是指以出卖为目的，有拐骗、绑架、收买、贩卖、接送、中转妇女、儿童的行为之一的。我国《刑法》第240条规定，拐卖妇女、儿童的，处5年以上10年以下有期徒刑，并处罚金；有下列情形之一的，处10年以上有期徒刑或者无期徒刑，并处罚金或者没收财产；情节特别严重的，处死刑，并处没收财产：（1）拐卖妇女、儿童集团的首要分子；（2）拐卖妇女、儿童三人以上的；（3）奸淫被拐卖的妇女的；（4）诱骗、强迫被拐卖的妇女卖淫或者将被拐卖的妇女卖给他人迫使其卖淫的；（5）以出卖为目的，使用暴力、胁迫或者麻醉方法绑架妇女、儿童的；（6）以出卖为目的，偷盗婴幼儿的；（7）造成被拐卖的妇女、儿童或者其亲属重伤、死亡或者其他严重后果的；（8）将妇女、儿童卖往境外的。

收买被拐卖的妇女、儿童，也构成犯罪吗？

答：毋庸置疑，收买被拐卖的妇女、儿童，也构成犯罪。根据我国《刑法》第241条的规定，收买被拐卖的妇女、儿童的，处3年以下有期徒刑、拘役或者管制。如果收买被拐卖的妇女，强行与其发生性关系的，依照刑法规定的强奸罪定罪处罚。如果收买被拐卖的妇女、儿童，非法剥夺、限制其人身自由或者有伤害、侮辱等犯罪行为的，依照非法拘禁罪、故意伤害罪、侮辱罪有关规定定罪处罚。如果有强奸罪、非法拘禁罪、故意伤害罪、侮辱罪数罪的，依照数罪并罚的规定处罚。收买被拐卖的妇女、儿童又出卖的，按拐卖妇女、儿童罪定罪处罚。此外，收买被拐卖的妇女、儿童，对被买儿童没有虐待行为，不阻碍对其进行解救的，可以从轻处罚；按照被买妇女的意愿，不阻碍其返回原居住地的，可以从轻或者减轻处罚。

逼迫通奸者游行造成受害人自杀的，构成何罪？

答：逼迫通奸者游行造成受害人自杀的构成侮辱罪。侮辱罪是指以暴力或其他方法捏造事实，编造谎言公然贬低他人人格，破坏他人名誉，情节严重的行为。侮辱他人的手段主要有：第一，暴力侮辱，如扒光被害人衣服让其当街游行。第二，使用言语侮辱，如当众散布被害人隐私，嘲笑被害人等。第三，文字侮辱，如在文字作品中泄露他人隐私诋毁他人等。侮辱罪是公然进行的，即当着大家的面或通过被大家知晓的方式进行的。同时也要注意，只有情节严重的才构成犯罪，所谓情节严重，是指侮辱手段恶劣，造成的后果严重，如逼迫通奸者游行造成受害人自杀的结果就属情节严重。我国《刑法》第246条规定："以暴力或其他方法公然侮辱他人或者捏造事实诽谤他人，情节严重的，处三年以下有期徒刑、拘役、管制或者剥夺政治权利。前款罪，告诉的才处理，但是严重危害社会秩序和国家利益的除外。通过信息网络实施第一款规定的行为，被害人向人民法院告诉，但提供证据确有困难的，人民法院可以要求公安机关提供协助。"

刑讯逼供造成他人重伤的，构成何罪？

答：我国《刑法》第247条明确规定："司法工作人员对犯罪嫌疑人、被告人实行刑讯逼供或者使用暴力逼取证人证言的，处三年以下有期徒刑或者拘役。致人伤残、死亡的，依照本法第二百三十四条、第二百三十二条的规定定罪从重处罚。"根据我国刑法的规定，刑讯逼供罪是指司法工作人员对犯罪嫌疑人、被告人采用暴力等方式实施刑讯逼供的行为。刑讯逼供、暴力取证致人重伤死亡的，以故意杀人罪、故意伤害罪论处，当然此种情形下仅限于刑讯逼供、暴力取证直接导致被害人重伤、死亡的情况。

三、侵犯财产权的犯罪

入户抢劫，就会加重处罚吗？

答：抢劫罪是指以暴力、胁迫或其他手段使被害人处于不能反抗、不敢反抗，从而抢劫公私财物的行为。我国《刑法》第263条规定："以暴力、胁迫或者其他方法抢劫公私财物的，处三年以上十年以下有期徒刑，并处罚金；有下列情形之一的，处十年以上有期徒刑、无期徒刑或者死刑，并处罚金或者没收财产：（一）入户抢劫的；……"据此可以得知，抢劫罪的加重情节有入户抢劫、抢劫金融机构等八种。具体到入户抢劫，是指为实施抢劫行为而进入他人生活的与外界相对隔离的住所，包括封闭的院落、牧民的帐篷、渔民作为家庭生活的渔船、为生活租用的房屋等进行抢劫的行为。

多次偷东西，但是涉及的钱财不多，也会构成犯罪吗？

答：我国《刑法》第264条规定了盗

第十四章　违法犯罪篇

窃罪的定罪处罚："盗窃公私财物，数额较大的，或者多次盗窃、入户盗窃、携带凶器盗窃、扒窃的，处三年以下有期徒刑、拘役或者管制，并处或者单处罚金；数额巨大或者有其他严重情节的，处三年以上十年以下有期徒刑，并处罚金；数额特别巨大或者有其他特别严重情节的，处十年以上有期徒刑或者无期徒刑，并处罚金或者没收财产。"由此可见"多次盗窃"是不涉及数额较大标准的，即使涉及的钱财不多，也会构成犯罪。

盗接通信线路的行为也构成犯罪吗？

答：盗窃不仅仅限于盗窃有形财产，如金钱、物品，盗窃无形财产的行为同样构成盗窃罪，如盗打他人电话、盗接他人通信线路等。我国《刑法》第 265 条对此有明确的规定："以牟利为目的，盗接他人通信线路、复制他人电信码号或者明知是盗接、复制的电信设备、设施而使用的，依照本法第二百六十四条的规定定罪处罚。"据此可以得知，此种类型的盗窃罪有两种表现方式：（1）盗接他人通信线路、复制他人电信码号的行为；（2）明知是盗接、复制的电信设备、设施而使用的行为。需要注意的是，不但盗接的人构成犯罪，对于明知是盗接、复制的通信设备而使用的人，同样构成盗窃罪。

抢夺时怀里揣着刀但是没有用，构成什么罪？

答：我国《刑法》第 267 条明确规定："抢夺公私财物，数额较大的，或者多次抢夺的，处三年以下有期徒刑、拘役或者管制，并处或者单处罚金……携带凶器抢夺的，依照本法第二百六十三条的规定定罪处罚。"据此可以得知，通常情况下，乘人不备进行抢夺的，达到数额较大时仅

仅成立抢夺罪，按照抢夺罪进行定罪处罚就可以了，但是当犯罪分子携带凶器进行抢夺时，无论是否使用凶器，一律按照抢劫罪进行定罪处罚。

捡到他人遗忘的物品拒不交还，构成犯罪吗？

答：捡到他人遗忘的物品拒不交还的构成侵占罪。侵占罪是指以非法占有为目的，将代为保管的他人财物或他人的遗忘物、埋藏物据为己有，数额较大，拒不交出的行为。构成侵占罪要符合三个方面的要求：第一，行为人必须要有占有财物的意图；第二，行为人占有的财物仅限于三类——保管物、遗忘物、埋藏物；第三，被占有的财物数额较大。同时要注意，侵占罪只有被害人告诉的，国家机关才处理，否则国家机关不会主动干预。我国《刑法》第 270 条规定："将代为保管的他人财物非法占为己有，数额较大，拒不退还的，处二年以下有期徒刑、拘役或者罚金；数额巨大或者有其他严重情节的，处二年以上五年以下有期徒刑，并处罚金。将他人的遗忘物或者埋藏物非法占为己有，数额较大，拒不交出的，依照前款的规定处罚。本条罪，告诉的才处理。"

拾得他人存折冒领存款的行为构成何罪？

答：拾得他人存折冒领存款的行为构成诈骗罪。诈骗罪是指以非法占有为目的，采用虚构事实或者隐瞒真相的方法骗取数额较大的公私财物的行为。其主要特征就是掩盖了事情真相，骗取被害人自愿交出财物。我国《刑法》第 266 条规定："诈骗公私财物，数额较大的，处三年以下有期徒刑、拘役或者管制，并处或者单处罚金；数额巨大或者有其他严重情节的，处三年以上十年以下有期徒刑，并处罚金；数额

特别巨大或者有其他特别严重情节的，处十年以上有期徒刑或者无期徒刑，并处罚金或者没收财产。本法另有规定的，依照规定。"

私营企业中，员工私自挪用公司钱财的，可能构成什么罪？

答：私营企业中，员工私自挪用公司钱财的，可能构成挪用资金罪。根据我国《刑法》第272条的规定，公司、企业或者其他单位的工作人员，利用职务上的便利，挪用本单位资金归个人使用或者借贷给他人，数额较大、超过3个月未还的，或者虽未超过3个月，但数额较大、进行营利活动的，或者进行非法活动的，处3年以下有期徒刑或者拘役；挪用本单位资金数额巨大的，处3年以上7年以下有期徒刑；数额特别巨大的，处7年以上有期徒刑。在提起公诉前将挪用的资金退还的，可以从轻或者减轻处罚。其中，犯罪较轻的，可以减轻或者免除处罚。

伪称自己被绑架敲诈父母钱财的行为如何定性？

答：伪称自己被绑架敲诈父母钱财的，构成敲诈勒索罪。敲诈勒索罪是指以非法占有为目的，对被害人实施威胁或要挟，从而使被害人害怕不得不交出钱财的行为。行为人通常以杀人、伤人、毁坏财物、揭发隐私、告发不法行为、利用被害人困境等方法相威胁。这种威胁可以是口头的、电话的，也可以是用书信的方式。行为人可以当场威胁被害人，也可以通过第三人或电信等方式转达。取得财物可以是当场取得，也可以是在实施完恫吓、威胁之后的一段时间内取得。总之，实施敲诈勒索罪的方式是多种多样的。我国《刑法》第274条规定："敲诈勒索公私财物，数额较大或者多次敲诈勒索的，处三年以下有期徒刑、拘役或者管制，并处或者单处罚金；数额巨大或者有其他严重情节的，处三年以上十年以下有期徒刑，并处罚金；数额特别巨大或者有其他特别严重情节的，处十年以上有期徒刑，并处罚金。"

毁坏他人财物的是否构成犯罪？

答：生活中经常发生毁坏他人或公共财物的行为，小到砸门砸窗，大到焚车烧房，并且很多情况下会给他人造成重大的经济损失。因此刑法规定了故意毁坏财物罪对这种行为进行定罪处罚。我国《刑法》第275条明确规定："故意毁坏公私财物，数额较大或者有其他严重情节的，处三年以下有期徒刑、拘役或者罚金；数额巨大或者有其他特别严重情节的，处三年以上七年以下有期徒刑。"由此可以得知，故意毁坏财物罪是指故意毁坏公私财物的行为。该罪主观上要有毁坏财物的故意，针对的对象是公共财物或私人财物，并且需要达到数额较大或者有严重情节的才构成此罪。

老板拒不给付员工工资的，可能构成犯罪吗？

答：我国《刑法》第276条之一规定了拒不支付劳动报酬罪，即"以转移财产、逃匿等方法逃避支付劳动者的劳动报酬或者有能力支付而不支付劳动者的劳动报酬，数额较大，经政府有关部门责令支付仍不支付的，处三年以下有期徒刑或者拘役，并处或者单处罚金；造成严重后果的，处三年以上七年以下有期徒刑，并处罚金。单位犯前款罪的，对单位判处罚金，并对其直接负责的主管人员和其他直接责任人员，依照前款的规定处罚。有前两款行为，尚未造成严重后果，在提起公诉前支付劳动者的劳动报酬，并依法承担相应赔偿责任的，可以减轻或者免除处罚。"即如果老板拒不给付员工工资符合上述情形的，就可能构成犯罪。

四、扰乱社会秩序的犯罪

暴力妨害国家工作人员执行公务构成何罪？

答：暴力妨害国家工作人员执行公务的行为构成妨害公务罪。我国《刑法》第277条规定："以暴力、威胁方法阻碍国家机关工作人员依法执行职务的，处三年以下有期徒刑、拘役、管制或者罚金。以暴力、威胁方法阻碍全国人民代表大会和地方各级人民代表大会代表依法执行代表职务的，依照前款的规定处罚。在自然灾害和突发事件中，以暴力、威胁方法阻碍红十字会工作人员依法履行职责的，依照第一款的规定处罚。故意阻碍国家安全机关、公安机关依法执行国家安全工作任务，未使用暴力、威胁方法，造成严重后果的，依照第一款的规定处罚。"

冒充警察收保护费构成何罪？

答：冒充警察收保护费的行为构成招摇撞骗罪。招摇撞骗罪是指以谋取非法利益为目的，冒充国家机关工作人员招摇撞骗的行为。要注意构成此罪必须要有谋取非法利益的目的，该目的既可以是物质利益，也可以是非物质利益，如骗得荣誉、职位、恋爱关系等。如果行为人只是冒充国家机关工作人员显摆，并没有谋取非法利益的目的，则不构成此罪。构成招摇撞骗罪在客观方面还必须符合两个条件，一是冒充的必须是国家机关工作人员，二是要有招摇撞骗的行为。我国《刑法》第279条规定："冒充国家机关工作人员招摇撞骗的，处三年以下有期徒刑、拘役、管制或者剥夺政治权利；情节严重的，处三年以上十年以下有期徒刑。冒充人民警察招摇撞骗的，依照前款的规定从重处罚。"

冒名顶替上大学，构成何罪？

答：冒名顶替上大学，构成冒名顶替罪。我国《刑法》第280条之二规定："盗用、冒用他人身份，顶替他人取得的高等学历教育入学资格、公务员录用资格、就业安置待遇的，处三年以下有期徒刑、拘役或者管制，并处罚金。组织、指使他人实施前款行为的，依照前款的规定从重处罚。国家工作人员有前两款行为，又构成其他犯罪的，依照数罪并罚的规定处罚。"

编造虚假疫情消息，可能构成犯罪吗？

答：我国《刑法》第291条之一第2款规定："编造虚假的险情、疫情、灾情、警情，在信息网络或者其他媒体上传播，或者明知是上述虚假信息，故意在信息网络或者其他媒体上传播，严重扰乱社会秩序的，处三年以下有期徒刑、拘役或者管制；造成严重后果的，处三年以上七年以下有期徒刑。"由此可见，编造虚假疫情消息并传播，严重扰乱社会秩序的，构成犯罪，要负刑事责任。

高空抛物，也可能构成犯罪吗？

答：高空抛物的，如果情节严重，是有可能构成犯罪的。我国《刑法》第291条之二规定："从建筑物或者其他高空抛掷物品，情节严重的，处一年以下有期徒刑、拘役或者管制，并处或者单处罚金。有前款行为，同时构成其他犯罪的，依照处罚较重的规定定罪处罚。"

聚众"打砸抢"，致人伤残、死亡的构成何罪？

答：我国《刑法》第289条规定："聚众'打砸抢'，致人伤残、死亡的，依照本法第二百三十四条、第二百三十二条的规定定罪处罚。毁坏或者抢走公私财物的，除判令退赔外，对首要分子，依照本法第二百六十三条的规定定罪处罚。"由此可见，对于聚众"打砸抢"，致人伤残、死亡的，分别以故意伤害罪和故意杀人罪定罪处罚。对于在"打砸抢"过程中，毁坏或抢走公私财物的，除了要返还原物和赔偿损失外，对于"打砸抢"中的首要分子还要以抢劫罪定罪处罚。

经常威胁、打骂他人的构成犯罪吗？

答：我国《刑法》第293条明确规定："有下列寻衅滋事行为之一，破坏社会秩序的，处五年以下有期徒刑、拘役或者管制：（一）随意殴打他人，情节恶劣的；（二）追逐、拦截、辱骂、恐吓他人，情节恶劣的；（三）强拿硬要或者任意损毁、占用公私财物，情节严重的；（四）在公共场所起哄闹事，造成公共场所秩序严重混乱。纠集他人多次实施前款行为，严重破坏社会秩序的，处五年以上十年以下有期徒刑，可以并处罚金。"由此可以得知，经常威胁、打骂他人，情节恶劣的构成寻衅滋事罪。寻衅滋事罪的动机一般是无端寻衅、逞能显势、打人取乐或发泄、逞威风等，情节恶劣，其侵害的对象是不特定的。

参加黑社会又杀人的，构成一罪还是多罪？

答：参加黑社会又杀人的行为构成参加黑社会性质组织罪、故意杀人罪，两罪并罚。根据我国人大常委会的解释，黑社会主要有以下四个特征：（1）有稳定的组织和成员，人数众多；（2）有通过犯罪或通过其他方式获得的稳定的经济来源；（3）多次进行犯罪活动，为非作歹；（4）在一定区域或行业内形成非法控制，称霸一方。根据分工不同，行为人可能触犯组织黑社会性质组织罪、参加黑社会性质组织罪、领导黑社会性质组织罪。同时根据我国刑法规定，如果行为人犯有组织、领导、参加黑社会性质组织罪，同时又犯了其他罪行的，要数罪并罚。我国《刑法》第294条第1款和第3款规定："组织、领导黑社会性质的组织的，处七年以上有期徒刑，并处没收财产；积极参加的，处三年以上七年以下有期徒刑，可以并处罚金或者没收财产；其他参加的，处三年以下有期徒刑、拘役、管制或者剥夺政治权利，可以并处罚金。……国家机关工作人员包庇黑社会性质的组织，或者纵容黑社会性质的组织进行违法犯罪活动的，处五年以下有期徒刑；情节严重的，处五年以上有期徒刑。"

"恶搞"国歌，有可能构成犯罪吗？

答：《刑法修正案（十）》规定：为了惩治侮辱国歌的犯罪行为，切实维护国歌奏唱、使用的严肃性和国家尊严，在《刑法》第299条中增加一款作为第2款，将该条修改为："在公共场合，故意以焚烧、毁损、涂划、玷污、践踏等方式侮辱中华人民共和国国旗、国徽的，处三年以下有期徒刑、拘役、管制或者剥夺政治权利。在公共场合，故意篡改中华人民共和国国歌歌词、曲谱，以歪曲、贬损方式奏唱国歌，或者以其他方式侮辱国歌，情节严重的，依照前款的规定处罚。"由此可见，如果"恶搞"国歌，以歪曲、贬损方式奏唱国歌，或者以其他方式侮辱国歌，情节严重的，是能构成犯罪的。

侮辱英烈，有可能构成犯罪吗？

答：《刑法修正案（十一）》在刑法第299条后增加一条，作为第299条之一："侮辱、诽谤或者以其他方式侵害英雄烈士的名誉、荣誉，损害社会公共利益，情节严重的，处三年以下有期徒刑、拘役、管制或者剥夺政治权利。"由此可见，侮辱英烈，损害社会公共利益，情节严重的话，是有可能构成犯罪的。

聚众赌博的是否构成犯罪？

答： 我国《刑法》第303条明确规定："以营利为目的，聚众赌博或者以赌博为业的，处三年以下有期徒刑、拘役或者管制，并处罚金……"据此可以得知，赌博罪是指以营利为目的，聚众赌博或者以赌博为业的行为；开设赌场罪是指以营利为目的的开设赌场的行为。无论是赌博罪还是开设赌场罪，都必须具有以营利为目的这一条件，如果不是以营利为目的，而只是单纯的具有娱乐性质的赌博，则不成立赌博罪。

证人作伪证陷害他人是否构成犯罪？

答： 证人作伪证陷害他人构成伪证罪。我国《刑法》第305条明确规定："在刑事诉讼中，证人、鉴定人、记录人、翻译人对与案件有重要关系的情节，故意作虚假证明、鉴定、记录、翻译，意图陷害他人或者隐匿罪证的，处三年以下有期徒刑或者拘役；情节严重的，处三年以上七年以下有期徒刑。"据此可以得知，伪证罪只能发生在刑事诉讼中，在民事诉讼中作伪证不成立此罪。具体来说，伪证罪是指在刑事诉讼中，证人、鉴定人、记录人、翻译人对与案件有重要关系的情节，故意作虚假证明、鉴定、记录、翻译，意图陷害他人或者隐匿罪证的行为。

替他人隐藏犯罪所得赃物是否构成犯罪？

答： 替他人隐藏犯罪所得赃物成立掩饰、隐瞒犯罪所得罪。我国《刑法》第312条对此有明确的规定："明知是犯罪所得及其产生的收益而予以窝藏、转移、收购、代为销售或者以其他方法掩饰、隐瞒的，处三年以下有期徒刑、拘役或者管制，并处或者单处罚金……"据此可以得知，掩饰、隐瞒犯罪所得、犯罪收益罪，是指明知是犯罪所得或犯罪收益而予以窝藏、转移、收购或代为销售的行为。该罪的行为方式有窝藏赃物、转移赃物或犯罪收益、收购赃物、代为销售赃物四种行为方式。需要注意的是，该罪要求行为人必须明知是犯罪所得，如果不知是犯罪所得则不成立此罪。

为罪犯通风报信构成何罪？

答： 为罪犯通风报信的行为构成窝藏、包庇罪。本罪是一个选择性罪名，包括窝藏罪和包庇罪两种罪名。为犯罪分子提供隐藏处所，提供衣食住行的条件，使之不被司法机关发现的行为构成窝藏罪。向司法机关虚构事实，隐瞒真实情况，出示虚假证明，伪造、变造、隐藏、毁灭证据，通风报信，谎报逃跑方向的构成包庇罪。同时要注意的是，该罪是指行为人在犯罪分子实施完犯罪后为其提供这些便利条件的行为，其在事前并不知道犯罪分子要进行犯罪行为。如果行为人在事前就与犯罪分子商量好给他提供这些帮助，然后犯罪分子才动手实施犯罪，那么行为人将不成立窝藏包庇罪，而是犯罪分子所犯罪行的共犯。我国《刑法》第310条规定："明知是犯罪的人而为其提供隐藏处所、财物，帮助其逃匿或者作假证明包庇的，处三年以下有期徒刑、拘役或者管制；情节严重的，处三年以上十年以下有期徒刑。犯前款罪，事前通谋的，以共同犯罪论处。"

医务人员不负责任，造成病人死亡的构成犯罪吗？

答： 医务人员不负责任，造成病人死亡的构成医疗事故罪。我国《刑法》第335条对此有明确的规定："医务人员由于严重不负责任，造成就诊人死亡或者严重损害就诊人身体健康的，处三年以下有期徒刑或者拘役。"由此可以得知，医疗事故罪的犯罪主体是有执业资格的医务人员，如果是不具有执业资格的人将病人治死的则成立非法行医罪。本罪在客观方面的表现是医务人员严重不负责任，违反医疗规章制度和诊断、护理常识导致病人死亡或严重损害就诊人健康的行为。当然如果医生故意违反诊断常识和规章制度，则成立故意杀人或故意伤害罪。

利用未成年人贩卖毒品的要加重处罚吗？

答：利用未成年人贩卖毒品的要从重处罚。我国《刑法》第347条有明确的规定："走私、贩卖、运输、制造毒品，无论数量多少，都应当追究刑事责任，予以刑事处罚。……利用、教唆未成年人走私、贩卖、运输、制造毒品，或者向未成年人出售毒品的，从重处罚……"据此可以得知，走私、贩卖、运输、制造毒品的，无论数量多少，都触犯了刑法，应该受到刑法的处罚。对于利用未成年人实施走私、贩卖、运输、制造毒品行为的，要从重处罚。

贩卖淫秽书籍和光盘，也构成犯罪吗？

答：贩卖淫秽书籍和光盘构成贩卖淫秽物品牟利罪。我国《刑法》第363条明确规定："以牟利为目的，制作、复制、出版、贩卖、传播淫秽物品的，处三年以下有期徒刑、拘役或者管制，并处罚金；情节严重的，处三年以上十年以下有期徒刑，并处罚金；情节特别严重的，处十年以上有期徒刑或者无期徒刑，并处罚金或者没收财产。为他人提供书号，出版淫秽书刊的，处三年以下有期徒刑、拘役或者管制，并处或者单处罚金；明知他人用于出版淫秽书刊而提供书号的，依照前款的规定处罚。"由此可以得知，要构成制作、复制、出版、贩卖、传播淫秽物品牟利罪，必须要有以牟利为目的的主观要件。还要注意的是，本罪还包括利用互联网等高科技手段制作、复制、出版、贩卖、传播淫秽物品的行为。对于明知他人出版淫秽物品而为其提供书号的行为，以共犯论处。

五、侵犯公共安全的犯罪

放火烧自己家的房屋，也构成放火罪吗？

答：我国《刑法》第114条规定："放火、决水、爆炸以及投放毒害性、放射性、传染病病原体等物质或以其他危险方法危害公共安全，尚未造成严重后果的，处三年以上十年以下有期徒刑。"该法第115条第1款规定："放火、决水、爆炸以及投放毒害性、放射性、传染病病原体等物质或者以其他危险方法致人重伤、死亡或者使公私财产遭受重大损失的，处十年以上有期徒刑、无期徒刑或者死刑。"由此可以得知，放火罪同投毒、爆炸、决水一样，是一种危害公共安全的犯罪，由于它危险性很强，因此刑法不以实际造成损失为放火罪的构成要件，只要有危害公共安全的可能性就成立放火罪。放火罪也不探讨行为人的初衷是什么，即使行为人是为了烧自己家的财物，但最后演变成危害公共安全，行为人也就不再是单纯地烧自己家的东西了，而是成立放火罪，要受到刑事处罚。

在传染病流行期间，已出现症状但拒绝隔离而传染多人的，会承担刑事责任吗？

答：《最高人民法院、最高人民检察院关于办理妨害预防、控制突发传染病疫情等灾害的刑事案件具体应用法律若干问题的解释》第1条第2款规定："患有突发传染病或者疑似突发传染病而拒绝接受检疫、强制隔离或者治疗，过失造成传染病传播，情节严重，危害公共安全的，依照刑法第一百一十五条第二款的规定，按照过失以危险方法危害公共安全罪定罪处罚。"由此可见，在传染病流行期间，已出现症状但拒绝隔离而传染多人的，属于严重危害公共安全的行为，会承担刑事责任。

犯妨害传染病防治罪的，要面临怎样的处罚？

答：根据我国《刑法》第330条规定，违反《传染病防治法》的规定，有下列情形之一，引起甲类传染病以及依法确定采取甲类传染病预防、控制措施的传染病传播或者有传播严重危险的，处三年以下有期徒刑或者拘役；后果特别严重的，处三年以上七年以下有期徒刑：（1）供水单位供应的饮用水不符合国家规定的卫生标准的；（2）拒绝按照疾病预防控制机构提出的卫生要求，对传染病病原体污染的污水、污物、场所和物品进行消毒处理的；（3）准许或者纵容传染病病人、病原携带者和疑似传染病病人从事国务院卫生行政部门规定禁止从事的易使该传染病扩散的工作的；（4）出售、运输疫区中被传染病病原体污染或者可能被传染病病原体污染的物品，未进行消毒处理的；（5）拒绝执行县级以上人民政府、疾病预防控制机构依照传染病防治法提出的预防、控制措施的。单位犯此罪的，对单位判处罚金，并对其直接负责的主管人员和其他直接责任人员，依照前款的规定处罚。

偷窃刹车装置构成什么罪？

答：偷窃刹车装置的行为构成破坏交通工具罪。破坏交通工具罪是指故意破坏火车、汽车、电车、船只、航空器，足以使火车、汽车、电车、船只、航空器发生颠覆、毁坏的危险，从而危害公共安全的行为。由于这些工具往往承载不特定的多数人，一旦对其关键部位进行破坏，就有可能造成颠覆危险，危害不特定多数人的生命财产安全。构成此罪的交通工具必须是正在使用的交通工具，包括正在运营的或者是停在停车场待用的。必须注意的是，此罪不要求有实际危害结果的出现，只要有出现危险的可能性就可以成立本罪。我国《刑法》第116条规定："破坏火车、汽车、电车、船只、航空器，足以使火车、汽车、电车、船只、航空器发生倾覆、毁坏危险，尚未造成严重后果的，处三年以上十年以下有期徒刑。"该法第119条还规定："破坏交通工具、交通设施、电力设备、燃气设备、易燃易爆设备，造成严重后果的，处十年以上有期徒刑、无期徒刑或者死刑。过失犯前款罪的，处三年以上七年以下有期徒刑；情节较轻的，处三年以下有期徒刑或者拘役。"

私藏枪支需要承担刑事责任吗？

答：我国《刑法》第128条规定："违反枪支管理规定，非法持有、私藏枪支、弹药的，处三年以下有期徒刑、拘役或者管制；……"据此可以得知，任何单位或者个人非法持有、私藏枪支的行为都要受到严厉的惩罚，都要承担刑事责任。并且任何外在的客观理由都不能成为免罪事由。实行严格的枪械管理也是我国国情的需要，实行枪支管制才能保证绝大多数公民的人身财产安全，将犯罪行为的数量和强度都控制在有效的范围内。

司机撞死人就构成交通肇事罪吗？

答：我国《刑法》第133条明确规定："违反交通运输管理法规，因而发生重大事故，致人重伤、死亡或者使公私财产遭受重大损失的，处三年以下有期徒刑或者拘役；交通运输肇事后逃逸或者有其他特别恶劣情节的，处三年以上七年以下有期徒刑；因逃逸致人死亡的，处七年以上有期徒刑。"据此可以得知，交通肇事，只有违反交通管理法规，致人重伤、死亡或使公共财产遭受重大损失的，才承担刑事责任。那么具体达到什么标准才是触犯刑法的行为呢？根据《最高人民法院关于审理交通肇事刑事案件具体应用法律若干问题的解释》的规定，具有下列情形之一的，才达到量刑标准：（1）死亡1人或者重伤3人以上，负事故全部或主要责任的；（2）死亡3人以上，负事故同等责任的；（3）造成公共财产或他人财产直接损失，负事故全部或主要责任，无能力赔偿数额在30万元以上的。只要具有上述情形之一，就是触犯刑法的行为，就构成了交通肇事罪。

指使肇事司机逃逸，构成犯罪吗？

答：《最高人民法院关于审理交通肇事刑事案件具体应用法律若干问题的解释》第5条明确规定："……交通肇事后，单位主管人员、机动车辆所有人、承包人或者乘车人指使肇事人逃逸，致使被害人因得不到救助而死亡的，以交通肇事罪的共犯论处。"据此可以得知，交通肇事后，单位主管人员、车辆所有人或者乘车人指使肇事人逃逸，致使被害人得不到救助而死亡的，需要承担刑事责任，并且以交通肇事罪的共犯论处。

疯狂飙车也可能构成犯罪吗？

答：我国《刑法》第133条之一规定："在道路上驾驶机动车，有下列情形之一的，处拘役，并处罚金：（一）追逐竞驶，情节恶劣的……"由此可见，疯狂飙车，如果出现恶劣的情节，也是会构成犯罪的。所以，针对目前个别汽车俱乐部组织的飙车活动，应该多加注意，不要触犯法律的底线。

乘客抢夺公交司机方向盘，可能构成犯罪吗？

答：乘客抢夺公交司机方向盘可能构成妨害安全驾驶罪。我国《刑法》第133条之二第1款规定："对行驶中的公共交通工具的驾驶人员使用暴力或者抢控驾驶操纵装置，干扰公共交通工具正常行驶，危及公共安全的，处一年以下有期徒刑、拘役或者管制，并处或者单处罚金。"

六、破坏经济活动的犯罪

恶意透支信用卡构成何罪？

答：信用卡透支分善意透支与恶意透支。善意透支是指持卡人在规定时间内及时归还透支款及利息。恶意透支是指持卡人以非法占有为目的，超过规定限额或者规定期限透支，并且经发卡银行催收后仍不归还的行为。根据我国《刑法》第196条的规定，信用卡诈骗罪的表现方式有四种：（1）使用伪造的信用卡，或者使用以虚假的身份证明骗领的信用卡的；（2）使用作废的信用卡的；（3）冒用他人信用卡的；（4）恶意透支的。可见，恶意透支信用卡的行为构成信用卡诈骗罪，恶意透支数额较大的，将被处5年以下有期徒刑或者拘役，并处2万元以上20万元以下罚金；数额巨大或者有其他严重情节的，将被处5年以上10年以下有期徒刑，并处5万元以上50万元以下罚金；数额特别巨大或者有其他特别严重情节的，将被处10年以上有期徒刑或者无期徒刑，并处5万元以上50万元以下罚金或者没收财产。

签订合同后携款潜逃构成何罪？

答：签订合同后携款潜逃的行为构成合同诈骗罪。合同诈骗罪是指以非法占有为目的，在签订、履行合同过程中，骗取对方当事人财物，数额较大的行为。该罪主要表现为四方面：（1）以虚构的单位或他人名义订立合同；（2）使用虚假票据或虚假的产权证明作担保；（3）没有实际履行能力,以先履行部分合同的方法,诱骗对方当事人继续签订和履行合同的;(4)收受对方当事人给付的货物、货款、预付款或者担保财产后逃匿的。我国《刑法》第224条规定:"有下列情形之一,以非法占有为目的,在签订、履行合同过程中,骗取对方当事人财物,数额较大的,处三年以下有期徒刑或者拘役,并处或者单处罚金;数额巨大或者有其他严重情节的,处三年以上十年以下有期徒刑,并处罚金;数额特别巨大或者有其他特别严重情节的,处十年以上有期徒刑或者无期徒刑,并处罚金或者没收财产:(一)以虚构的单位或者冒用他人名义签订合同的;……(五)以其他方法骗取对方当事人财物的。"

制造车祸骗取保险金构成何罪?

答: 制造车祸骗取保险金的行为构成保险诈骗罪。保险诈骗罪是指以非法占有为目的,违反保险法规,采用虚构保险标的、保险事故或制造保险事故的方法骗取保险金,数额较大的行为。本罪表现方式有五种:(1)编造根本就不存在的财物去投保;(2)编造事故的虚假原因,夸大损失程度;(3)编造不存在的保险事故;(4)故意造成财产损失的保险事故;(5)故意造成被保险人伤亡的保险事故。我国《刑法》第198条规定:"有下列情形之一,进行保险诈骗活动,数额较大的,处五年以下有期徒刑或者拘役,并处一万元以上十万元以下罚金;数额巨大或者有其他严重情节的,处五年以上十年以下有期徒刑,并处二万元以上二十万元以下罚金;数额特别巨大或者有其他特别严重情节的,处十年以上有期徒刑,并处二万元以上二十万元以下罚金或者没收财产:(一)投保人故意虚构保险标的,骗取保险金的;……(五)投保人、受益人故意造成被保险人死亡、伤残或者疾病,骗取保险金的……"

进行虚假纳税申报构成何罪?

答: 进行虚假纳税申报构成偷税罪。偷税罪的主体有两种,包括纳税人和扣缴义务人。该罪的表现方式有三种:(1)纳税人采用欺骗、隐瞒手段进行虚假纳税申报;(2)纳税人拒不申报;(3)扣缴义务人采用欺骗、隐瞒手段不缴或少缴已扣已收税款。这里的欺骗、隐瞒手段主要是指做假账,篡改账簿,销毁账簿,多列支出少列收入等。成立本罪要注意两方面,一是数额限制,偷税数额较大且占应纳税额的10%以上;二是虽有偷税行为,但经税务机关追缴已经补缴的且接受了行政处罚的就不再以偷税罪论处。我国《刑法》第201条规定:"纳税人采取欺骗、隐瞒手段进行虚假纳税申报或者不申报,逃避缴纳税款数额较大并且占应纳税额百分之十以上的,处三年以下有期徒刑或者拘役,并处罚金;数额巨大并且占应纳税额百分之三十以上的,处三年以上七年以下有期徒刑,并处罚金。扣缴义务人采取前款所列手段,不缴或者少缴已扣、已收税款,数额较大的,依照前款的规定处罚。……有第一款行为,经税务机关依法下达追缴通知后,补缴应纳税款,缴纳滞纳金,已受行政处罚的,不予追究刑事责任;但是,五年内因逃避缴纳税款受过刑事处罚或者被税务机关给予二次以上行政处罚的除外。"

提供虚假的财会报告,构成犯罪吗?

答: 虚假的财务会计报告多以伪造、变造会计凭证,伪造会计账簿,变造会计账簿,编制虚假财务报告等方式制作。不按照国家统一会计制度规定,不以真实、合法的会计凭证、会计账簿为基础,擅自虚构有关数据、资料,编制财务会计报告的行为。虚假的财务会计报告不仅会损害股东的利益,还会损害社会其他人的利益,是我国《刑法》规定的犯罪行为之一。根据我国《刑法》第161条第1款规定："依法负有信息披露义务的公司、企业向股东和社会公众提供虚假的或者隐瞒重要事实的财务会计报告，或者对依法应当披露的其他重要信息不按照规定披露，严重损害股东或者其他人利益，或者有其他严重情节的，对其直接负责的主管人员和其他直接责任人员，处五年以下有期徒刑或者拘役，并处或者单处罚金；情节特别严重的，处五年以上十年以下有期徒刑，并处罚金。"可见，提供虚假的财会报告，严重损害股东或者其他人利益的，或者有其他严重情节的，构成犯罪。

烧毁会计账册会构成故意销毁会计凭证罪吗？

答：故意销毁会计凭证罪是指负有保存会计资料义务的人员，故意销毁依法应当保存的会计凭证、会计账簿、财务会计报告，情节严重的行为。我国《刑法》第162条之一规定："隐匿或者故意销毁依法应当保存的会计凭证、会计账簿、财务会计报告，情节严重的，处五年以下有期徒刑或者拘役，并处或者单处二万元以上二十万元以下罚金。单位犯前款罪的，对单位判处罚金，并对其直接负责的主管人员和其他直接责任人员，依照前款的规定处罚。"可见，烧毁会计账册，如果是故意烧毁，情节严重的，构成故意销毁会计凭证罪。

为黑社会组织的非法收益提供资金账户的是否构成犯罪？

答：为黑社会组织的非法收益提供资金账户的构成洗钱罪。所谓洗钱罪，是指明知是毒品犯罪、黑社会性质的组织犯罪、恐怖活动犯罪、走私犯罪、贪污贿赂犯罪、破坏金融管理秩序犯罪、金融诈骗犯罪的所得及其产生收益，为掩饰、隐瞒其来源和性质，通过存入金融机构、投资或者上市流通等手段使非法所得收入合法化的行为。《刑法》第191条对此有明确规定：为掩饰、隐瞒毒品犯罪、黑社会性质的组织犯罪、恐怖活动犯罪、走私犯罪、贪污贿赂犯罪、破坏金融管理秩序犯罪、金融诈骗犯罪的所得及其产生的收益的来源和性质，有下列行为之一的，没收实施以上犯罪的所得及其产生的收益，处5年以下有期徒刑或者拘役，并处或者单处罚金；情节严重的，处5年以上10年以下有期徒刑，并处罚金：（1）提供资金账户的；（2）将财产转换为现金、金融票据、有价证券的；（3）通过转账或者其他支付结算方式转移资金的；（4）跨境转移资产的；（5）以其他方法掩饰、隐瞒犯罪所得及其收益的来源和性质的。单位犯前款罪的，对单位判处罚金，并对其直接负责的主管人员和其他直接责任人员，依照前款的规定处罚。

非法传销也构成犯罪吗？

答：我国《刑法》第224条之一规定："组织、领导以推销商品、提供服务等经营活动为名，要求参加者以缴纳费用或者购买商品、服务等方式获得加入资格，并按照一定顺序组成层级，直接或者间接以发展人员的数量作为计酬或者返利依据，引诱、胁迫参加者继续发展他人参加，骗取财物，扰乱经济社会秩序的传销活动的，处五年以下有期徒刑或者拘役，并处罚金；情节严重的，处五年以上有期徒刑，并处罚金。"据此可以得知，组织领导传销罪是指组织、领导以推销商品、提供服务等经营活动为名，要求参加者以缴纳费用或者购买商品、服务等方式获得加入资格，并按照一定顺序组成层级，直接或者间接以发展人员的数量作为计酬或者返利依据，引诱、胁迫参加者继续发展他人参加，骗取财物，扰乱经济社会秩序的传销活动的行为。组织领导非法传销罪主要的打击目标是组织领导传销的人员，而不是普通的传销人员，因为他们也是受害者。非法传销的特征是打着推销商品、提供服务等经营活动的幌子，骗取参加者缴纳费用或花钱购买其商品服务，进而以发展人员的数量计酬或者返利等方式引诱、胁迫参加者发展其他人员，达到骗取财物的目的。

未经授权在产品上使用他人专利，是假冒专利罪吗？

答：我国刑法规定的假冒专利罪是指违反国家专利法规，假冒他人专利，情节严重的行为。假冒专利具体表现形式有：以欺骗手段进行专利登记、冒取他人专利；在非专利产品或者专利上标明他人的专利标记或者专利号；仿造他人专利，侵吞他人专利，擅自实施他人专利，故意贩运仿造或者变造他人专利的产品，伪造、擅自制造他人专利标记，故意销售伪造或者擅自制造的他人专利标记，进口假冒他人专利的产品，冒充专利等行为。我国《刑法》第216条规定，假冒他人专利，情节严重的，处3年以下有期徒刑或者拘役，并处或者单处罚金。因此，未经授权在产品上使用他人专利，如果情节严重，则构成假冒专利罪。

什么是逃避商检罪？如何处罚？

答：逃避商检罪，是指违反《进出口商品检验法》的规定，逃避商品检验，将必须经商检机构检验的进口商品未报经检验而擅自销售、使用，或者将必须经商检机构检验的出口商品未报经检验合格而擅自出口，情节严重的行为。对依法应予进行检验的进出口商品，必须在国家特定的商检部门检验允许后才能进行进出口。检验的内容包括商品的质量、规格、数量、重量、包装以及是否符合卫生、安全的要求等。对于该罪的处罚，依据我国《刑法》第230条的规定，处3年以下有期徒刑或者拘役，并处或者单处罚金。单位犯此罪的，对单位判处罚金，并对其直接负责的主管人员和其他直接责任人员，依照前款规定处罚。

七、国家公职人员犯罪

私分国有财产的，构成什么罪？

答：私分国有财产的行为构成私分国有资产罪。私分国有资产罪，是指国家机关、国有公司、企业、事业单位、人民团体，违反国家规定，以单位名义将国有资产集体私分给个人，数额较大的行为。我国《刑法》第396条规定："国家机关、国有公司、企业、事业单位、人民团体，违反国家规定，以单位名义将国有资产集体私分给个人，数额较大的，对其直接负责的主管人员和其他直接责任人员，处三年以下有期徒刑或者拘役，并处或者单处罚金；数额巨大的，处三年以上七年以下有期徒刑，并处罚金。司法机关、行政执法机关违反国家规定，将应当上缴国家的罚没财物，以单位名义集体私分给个人的，依照前款的规定处罚。"

有查禁犯罪活动职责的国家工作人员帮助犯罪分子逃避处罚的，构成什么罪？

答：有查禁犯罪活动职责的国家工作人员帮助犯罪分子逃避处罚的，构成帮助犯罪分子逃避处罚罪。帮助犯罪分子逃避处罚罪，是指有查禁犯罪活动职责的国家机关工作人员，向犯罪分子通风报信、提供便利，帮助犯罪分子逃避处罚的行为。对于本罪，需要特别注意的是，主体为特殊主体，只能是负有查禁犯罪活动职责的国家机关工作人员，非上述人员不能构成帮助犯罪分子逃避处罚罪主体。有查禁犯罪活动职责的国家机关工作人员，主要是指司法机关（包括公安机关、国家安全机关、人民检察院、人民法院）的工作人员，各级党委、政府机关中主管查禁犯罪活动的人员也包括在内。此外，本罪的犯罪对象必须是犯罪分子，其中包括犯罪之后，潜逃在外，尚未抓获的犯罪分子，也包括尚未被司法机关发觉的犯罪分子。我国《刑法》第417条规定："有查禁犯罪活动职责的国家机关工作人员，向犯罪分子通风报信、提供便利，帮助犯罪分子逃避处罚的，处三年以下有期徒刑或者拘役；情节严重的，处三年以上十年以下有期徒刑。"

国家公务人员在签订合同时，由于失职而被骗的，构成犯罪吗？

答：国家公务人员在签订合同时，由于失职而被骗的，构成国家机关工作人员签订、履行合同失职被骗罪。国家机关工作人员签订、履行合同失职被骗罪是指国家机关工作人员在签订、履行合同过程中，因严重不负责任被诈骗，致使国家利益遭受重大损失的行为。本罪的责任形式是过失，这里的过失，是指应当预见自己严重不负责任可能发生被诈骗致使国家利益遭受重大损失的结果，由于疏忽大意而没有预见，或者已经预见而轻信能够避免，以致发生这种结果的主观心理状态。我国《刑法》第406条规定："国家机关工作人员在签订、履行合同过程中，因严重不负责任被诈骗，致使国家利益遭受重大损失的，处三年以下有期徒刑或者拘役；致使国家利益遭受特别重大损失的，处三年以上七年以下有期徒刑。"

国有企业工作人员侵吞国有财产的，是否构成贪污罪？

答：国有企业工作人员侵吞国有财产的，构成贪污罪。我国《刑法》第382条明确规定："国家工作人员利用职务上的便利，侵吞、窃取、骗取或者以其他手段非法占有公共财物的，是贪污罪。受国家机关、国有公司、企业、事业单位、人民团体委托管理、经营国有财产的人员，利用职务上的便利，侵吞、窃取、骗取或者以其他手段非法占有国有财物的，以贪污论。与前两款所列人员勾结，伙同贪污的，以共犯论处。"由此可以得知，贪污罪的犯罪主体不但包括国家工作人员，也包括受国家机关、国有公司、企业、事业单位、人民团体委托管理、经营国有财产的人员，如果其他人员与这两类人员勾结伙同贪污，则会成为贪污罪的共犯。此外，构成贪污罪客观上要求有利用职务上的便利这一条件，行为手段有侵吞、窃取、骗取等手段。

国家工作人员拒不交代巨额财产来源的构成犯罪吗？

答：国家工作人员拒不交代巨额财产来源的，可以以巨额财产来源不明罪进行定罪处罚。我国《刑法》第395条对此有明确的规定："国家工作人员的财产、支出明显超过合法收入，差额巨大的，可以责令该国家工作人员说明来源，不能说明来源的，差额部分以非法所得论，处五年以下有期徒刑或者拘役；差额特别巨大的，处五年以上十年以下有期徒刑。财产的差额部分予以追缴。国家工作人员在境外的存款，应当依照国家规定申报。数额较大、隐瞒不报的，处二年以下有期徒刑或者拘役；情节较轻的，由其所在单位或者上级主管机关酌情给予行政处分。"据此可以得知，巨额财产来源不明罪的犯罪主体仅限于国家工作人员。此外，该罪的独特之处在于，检察机关只要证明行为人的财产明显超过合法收入就完成了举证责任，而至于财产来源是否正当则要由行为人证明，如果行为人无法证明或拒不证明，则直接以该罪定罪处罚。

第十五章 行政篇

一、行政许可

什么是行政许可？哪些事项可以设定行政许可？

答：行政许可是指行政机关根据公民、法人或者其他组织等行政相对人的申请，经依法审查，准予其从事某种特定活动的行为。根据我国《行政许可法》第12条的规定，下列事项可以设定行政许可：（1）直接涉及国家安全、公共安全、经济宏观调控、生态环境保护以及直接关系人身健康、生命财产安全等特定活动，需要按照法定条件予以批准的事项；（2）有限自然资源开发利用、公共资源配置以及直接关系公共利益的特定行业的市场准入等，需要赋予特定权利的事项；（3）提供公众服务并且直接关系公共利益的职业、行业，需要确定具备特殊信誉、特殊条件或者特殊技能等资格、资质的事项；（4）直接关系公共安全、人身健康、生命财产安全的重要设备、设施、产品、物品，需要按照技术标准、技术规范，通过检验、检测、检疫等方式进行审定的事项；（5）企业或者其他组织的设立等，需要确定主体资格的事项；（6）法律、行政法规规定可以设定行政许可的其他事项。

哪些事项可以不设定行政许可？

答：根据我国《行政许可法》第13条的规定，《行政许可法》第12条所列事项，通过下列方式能够予以规范的，可以不设行政许可：（1）公民、法人或者其他组织能够自主决定的；（2）市场竞争机制能够有效调节的；（3）行业组织或者中介机构能够自律管理的；（4）行政机关采用事后监督等其他行政管理方式能够解决的。

公民在行政许可中有要求国家机关举行听证会的权利吗？

答：我国《行政许可法》第47条规定："行政许可直接涉及申请人与他人之间重大利益关系的，行政机关在作出行政许可决定前，应当告知申请人、利害关系人享有要求听证的权利；申请人、利害关系人在被告知听证权利之日起五日内提出听证申请的，行政机关应当在二十日内组织听证。申请人、利害关系人不承担行政机关组织听证的费用。"由此可见，行政许可直接涉及申请人与他人之间重大利益关系的，公民在行政许可中有要求国家机关举行听证会的权利。

听证是不是实施行政许可的必经程序？

答：我国《行政许可法》第36条规定："行政机关对行政许可申请进行审查时，发现行政许可事项直接关系他人重大利益的，应当告知该利害关系人。申请人、利害关系人有权进行陈述和申辩。行政机关应当听取申请人、利害关系人的意见。"从这条的规定可以看出，在实施行政许可前，如果发现行政许可事项关系到第三人时，仅听取申请人、利害关系人的陈述和申辩，而没有强调一定得有一个听证的程序。不过，《行政许可法》第46条规定："法律、法规、规章规定实施行政许可应当听证的事项，或者行政机关认为需要听证的其他涉及公共利益的重大行政许可事项，行政机关应当向社会公告，并举行听证。"据此可知，只有在法律、法规或者规章规定，或者行政机关认为需要举行听证的涉及公共利益的重大的行政许可事项时，行政机关才应该举行听证。所以，听证不是实施行政许可的必经程序。

行政机关举办的听证会应按什么样的程序进行？

答：依据我国《行政许可法》第48条的规定，听证应按照下列程序进行：（1）行政机关应当于举行听证的七日前将举行听证的时间、地点通知申请人、利害关系人，必要时予以公告；（2）听证应当公开举行；（3）行政机关应当指定审查该行政许可申请的工作人员以外的人员为听证主持人，申请人、利害关系人认为主持人与该行政许可事项有直接利害关系的，有权申请回避；（4）举行听证时，审查该行政许可申请的工作人员应当提供审查意见的证据、理由，申请人、利害关系人可以提出证据，并进行申辩和质证；（5）听证应当制作笔录，听证笔录应当交听证参加人确认无误后签字或者盖章。另外，行政机关应当根据听证笔录，作出行政许可决定。

DM广告申请经营许可证，可以转让吗？

答：DM广告即固定印刷品广告，需要单独的经营许可证，需要省级以上工商部门审批。同时广告公司要具备公司名号里含有"广告"字样；公司注册3年以上；注册资金150万元以上这3个条件，才能申请。根据《行政许可法》第9条的规定，依法取得的行政许可，除法律、法规规定依照法定条件和程序可以转让的外，不得转让。因此，除法律、法规规定依照法定条件和程序可以转让的外，依法取得的行政许可不得转让，否则会受到行政处罚。

企业可以根据实际经营情况，对其具体事项进行变更吗？

答：企业可以根据实际经营情况，对其具体事项进行合法变更，但是需要通过相关管理机关办理变更手续。根据我国《行政许可法》第49条的规定，被许可人要求变更行政许可事项的，应当向作出行政许可决定的行政机关提出申请；符合法定条件、标准的，行政机关应当依法办理变更手续。此外，申请人还应当对其申请材料及证明文件的真实性负责，因为工商行政管理部门变更登记的过程是依据相关法规进行的，对于申请人在办理变更登记时提交的申请材料及证明文件的真实性，不具有审查义务。

行政许可收费吗？所收取的费用是不是行政收费？

答：根据《行政许可法》第59条的规定，行政机关实施行政许可，依照法律、行政法规收取费用的，应当按照公布的法定项目和标准收费。所以工商等行政机关可以根据实际情况收取行政许可费用，但是具体数额由法律法规规定。行政收费，是指国家行政机关或者依法履行行政职能的其他组织，为满足特别的行政支出，向与特别支出存在特定关系的行政相对人收取货币的行为。如工商管理费、过路过桥费等。一般来讲，行政收费包括行政许可收费。行政许可收费指的是进行行政许可事项申办时收取的费用，例如工商营业执照许可费就是行政许可收费。

关于行政许可收费事项，我国《行政许可法》第58条、第59条规定：（1）行政机关实施行政许可和对行政许可事项进行监督检查，不得收取任何费用。但是，法律、行政法规另有规定的，依照其规定。（2）行政机关提供行政许可申请书格式文本，不得收费。（3）行政机关实施行政许可所需经费应当列入本行政机关的预算，由本级财政予以保障，按照批准的预算予以核拨。（4）行政机关实施行政许可，依照法律、行政法规收取费用的，应当按照公布的法定项目和标准收费；所收取的费用必须全部上缴国库，任何机关或者个人不得以任何形式截留、挪用、私分或者变相私分。财政部门不得以任何形式向行政机关返还或者变相返还实施行政许可所收取的费用。

年检时，市场监督管理局或税务局会主动到企业进行各项检查吗？

答： 我国《行政许可法》第62条规定："行政机关可以对被许可人生产经营的产品依法进行抽样检查、检验、检测，对其生产经营场所依法进行实地检查。检查时，行政机关可以依法查阅或者要求被许可人报送有关材料；被许可人应当如实提供有关情况和材料。行政机关根据法律、行政法规的规定，对直接关系公共安全、人身健康、生命财产安全的重要设备、设施进行定期检测。对检验合格的，行政机关应当发给相应的证明文件。"由此可见，市场监督管理局、税务局是不会到公司检查的，否则那么多企业，将给年检工作带来很大困难，费时费力。

面对行政机关要求提供的与行政许可申请事项无关的资料，申请人可否拒绝？

答： 根据我国《行政许可法》第31条第1款的规定，申请人申请行政许可，应当如实向行政机关提交有关材料和反映真实情况，并对其申请材料实质内容的真实性负责。行政机关不得要求申请人提交与其申请的行政许可事项无关的技术资料和其他材料。因此，面对行政机关要求提供的与行政许可申请事项无关的资料，申请人完全可以拒绝。

行政机关做出授予行政许可的决定受到时间限制吗？

答： 行政机关授予行政许可，应该在法定期限内做出。我国《行政许可法》第42条规定："除可以当场作出行政许可决定的外，行政机关应当自受理行政许可申请之日起二十日内作出行政许可决定。二十日内不能作出决定的，经本行政机关负责人批准，可以延长十日，并应当将延长期限的理由告知申请人。但是，法律、法规另有规定的，依照其规定。依照本法第二十六条的规定，行政许可采取统一办理或者联合办理、集中办理的，办理的时间不得超过四十五日；四十五日内不能办结的，经本级人民政府负责人批准，可以延长十五日，并应当将延长期限的理由告知申请人。"

公民隐瞒事实骗取行政许可的，行政机关可以如何处理该行政许可？

答： 我国《行政许可法》第69条第2款规定："被许可人以欺骗、贿赂等不正当手段取得行政许可的，应当予以撤销。"由此可见，如果被许可人以欺骗等不正当手段取得行政许可的，应当予以撤销。

行政机关可以改变已经生效的行政许可吗？

答：我国《行政许可法》第8条第2款规定："行政许可所依据的法律、法规、规章修改或者废止，或者准予行政许可所依据的客观情况发生重大变化的，为了公共利益的需要，行政机关可以依法变更或者撤回已经生效的行政许可。由此给公民、法人或者其他组织造成财产损失的，行政机关应当依法给予补偿。"由此可见，在一定的条件下，行政机关是可以改变已经生效的行政许可的。

行政许可被撤回，被许可人的权益如何维护？

答：我国《行政许可法》第8条规定："公民、法人或者其他组织依法取得的行政许可受法律保护，行政机关不得擅自改变已经生效的行政许可。行政许可所依据的法律、法规、规章修改或者废止，或者准予行政许可所依据的客观情况发生重大变化的，为了公共利益的需要，行政机关可以依法变更或者撤回已经生效的行政许可。由此给公民、法人或者其他组织造成财产损失的，行政机关应当依法给予补偿。"由此可见，行政许可被撤回，被许可人的权益也应当得到维护，即获得相应的补偿。其实，这涉及的是"信赖利益"问题。所谓信赖利益的保护，是指公民、法人或其他组织在通过合法途径取得行政许可之后，行政机关不得随意改变该许可，如果由于特殊情况需要撤回许可，给公民、法人或者其他组织造成财产损失的，行政机关应当依法给予补偿。

行政机关需要对申请人说明不授予其行政许可的理由吗？

答：我国《行政许可法》第38条规定："申请人的申请符合法定条件、标准的，行政机关应当依法作出准予行政许可的书面决定。行政机关依法作出不予行政许可的书面决定的，应当说明理由，并告知申请人享有依法申请行政复议或者提起行政诉讼的权利。"说明理由制度是行政许可中的一项重要制度。对于公民、法人或者其他组织的行政许可申请，行政机关无论作出许可决定还是作出不予许可的决定，都应该以书面的形式作出。行政机关作出不予许可的决定的，应该向申请人说明不予许可的理由。

二、行政处罚

什么是行政处罚？其包含哪些类型？

答：行政处罚是指行政机关或其他行政主体依法定职权和程序对违反行政法规尚未构成犯罪的相对人给予行政制裁的具体行政行为。行政处罚包含以下几种类型：（1）人身罚，指特定行政主体限制和剥夺违法行为人的人身自由的行政处罚。这是最严厉的行政处罚。人身罚主要是指行政拘留。（2）行为罚，指行政主体限制或剥夺违法行为人特定的行为能力的制裁形式，如责令停产、停业、暂扣或者吊销许可证和营业执照。行为罚是仅次于人身罚的一种较为严厉的行政处罚措施。（3）财产罚，指行政主体依法对违法行为人给予的剥夺财产权的处罚形式，如罚款、没收违法所得、没收非法财物等。财产罚是运用得最广泛的一种行政处罚。（4）申诫罚，又称精神罚、声誉罚，是指行政主体对违反行政法律规范的公民、法人或其他组织的谴责和警戒，如警告、通报批评等。申诫罚是对违法者的名誉、荣誉、信誉或精神上的利益造成一定损害的处罚方式。

对一个违法行为能否给予两次罚款处罚？

答：针对一个违法行为，行政机关不能根据同一法律规范给予两次或者两次以上的行政处罚。这就是行政执法当中的"一事不再罚"原则。我国《行政处罚法》第29条也规定："对当事人的同一个违法行为，不得给予两次以上罚款的行政处罚。同一个违法行为违反多个法律规范应当给予罚款处罚的，按照罚款数额高的规定处罚。"由此可见，对一个违法行为不能给予两次罚款处罚。

地方性法规可不可以设定限制人身自由的行政处罚？

答：我国《行政处罚法》第10条规定："法律可以设定各种行政处罚。限制人身自由的行政处罚，只能由法律设定。"该法第12条第1款、第2款还规定："地方性法规可以设定除限制人身自由、吊销营业执照以外的行政处罚。法律、行政法规对违法行为已经作出行政处罚规定，地方性法规需要作出具体规定的，必须在法律、行政法规规定的给予行政处罚的行为、种类和幅度的范围内规定。"从上述规定可以看出，限制人身自由的行政处罚措施，只能由法律规定。这里的"法律"仅指狭义上的法律，即全国人大及其常委会制定的法律。

被处罚人有权要求执法人员回避吗？

答：被处罚人当然有权要求应当回避的执法人员回避。设立回避制度的目的是避免办案人员由于与案件或案件的当事人有某种利害关系而故意偏袒，或故意陷害他人，保证案件的公正办理，确保案件的当事人受到公平的对待。《行政处罚法》第43条规定："执法人员与案件有直接利害关系或者有其他关系可能影响公正执法的，应当回避。当事人认为执法人员与案件有直接利害关系或者有其他关系可能影响公正执法的，有权申请回避。当事人提出回避申请的，行政机关应当依法审查，由行政机关负责人决定。决定作出之前，不停止调查。"

其他公民拍摄的司机违章照片可以作为行政处罚的依据吗？

答：证据必须具有合法性，合法性是指证据必须是按照合法的程序收集的并且符合法定的形式，以威胁、利诱、胁迫甚至是逼供的手段获得的证据不具有合法性。其他公民提供的证据只要不是采用上述非法手段收集的，就不违反证据的合法性的规定，就可以作为证据使用。有人认为，在行政执法过程中，收集证据是行政机关的权利也是义务，不能让渡给公民行使，这种说法是不正确的。根据我国《行政处罚法》第54条的规定，行政机关必须全面、客观、公正地调查并收集证据，并没有规定行政机关必须亲自收集。因此行政机关既可以自己收集证据也可以调动广大群众的积极性来收集证据。由此，其他公民拍摄的司机违章照片，只要具有合法性，就可以作为处罚的依据。

行政处罚后，再收集证据合法吗？

答：我国《行政处罚法》第40条规定："公民、法人或者其他组织违反行政管理秩序的行为，依法应当给予行政处罚的，行政机关必须查明事实；违法事实不清、证据不足的，不得给予行政处罚。"行政机关做出具体行政行为，如果先作出行政处罚决定，再进行调查取证，尤其是补充不利证据，不符合依法行政原则。因此，行政机关不能在作出行政处罚之后再收集证据，并使收集到的证据符合该处罚决定，即这样做是不合法的。

行政处罚中没收的财产可以折抵刑事处罚中的罚金吗？

答：我国《行政处罚法》第8条第2款规定："违法行为构成犯罪，应当依法追究刑事责任的，不得以行政处罚代替刑事处罚。"由此可知，行政处罚中的罚款是可以折抵罚金的。而没收的违法所得，根据有关规定，则不可以折抵刑罚中的罚金。

行政机关当场收缴罚款却不出具罚款收据的，当事人能否拒绝缴纳？

答：根据我国《行政处罚法》第70条的规定，行政机关及其执法人员当场收缴罚款的，必须向当事人出具国务院财政部门或者省、自治区、直辖市人民政府财政部门统一制发的专用票据；不出具财政部门统一制发的专用票据的，当事人有权拒绝缴纳罚款。

事隔两年，行政机关还可以作出行政处罚吗？

答：根据我国《行政处罚法》第36条的规定，违法行为在2年内未被发现的，不再给予行政处罚；涉及公民生命健康安全、金融安全且有危害后果的，上述期限延长至5年。法律另有规定的除外。前款规定的期限，从违法行为发生之日起计算；违法行为有连续或者继续状态的，从行为终了之日起计算。

被处罚人逾期履行行政处罚，行政机关有权采取哪些措施？

答：根据我国《行政处罚法》第72条的规定，当事人逾期不履行行政处罚决定的，作出行政处罚决定的行政机关可以采取下列措施：（1）到期不缴纳罚款的，每日按罚款数额的3%加处罚款，加处罚款的数额不得超出罚款的数额；（2）根据法律规定，将查封、扣押的财物拍卖、依法处理或者将冻结的存款、汇款划拨抵缴罚款；（3）根据法律规定，采取其他行政强制执行方式；（4）依照《行政强制法》的规定申请人民法院强制执行。行政机关批准延期、分期缴纳罚款的，申请人民法院强制执行的期限，自暂缓或者分期缴纳罚款期限结束之日起计算。

对行政处罚不服的，可以怎么办？

答：根据我国《行政处罚法》第73条的规定，当事人对行政处罚决定不服，申请行政复议或者提起行政诉讼的，行政处罚不停止执行，法律另有规定的除外。当事人对限制人身自由的行政处罚决定不服，申请行政复议或者提起行政诉讼的，可以向作出决定的机关提出暂缓执行申请。符合法律规定情形的，应当暂缓执行。当事人申请行政复议或者提起行政诉讼的，加处罚款的数额在行政复议或者行政诉讼期间不予计算。

三、治安管理处罚

凡是行政机关都可以实施治安管理处罚吗？

答：治安管理处罚是指公安机关对违反治安管理，尚不够刑事处罚的行为人依法剥夺其人身自由、财产或其他权利的行政处罚。治安管理处罚的适用主体（处罚实施者）是公安机关。《治安管理处罚法》第7条规定："国务院公安部门负责全国的治安管理工作。县级以上地方各级人民政府公安机关负责本行政区域内的治安管理工作……"由此可见，并非凡是行政机关都可以实施治安管理处罚。除了公安机关以外，其他国家机关、社会团体、企业事业单位，以及公民个人，都不能适用治安管理处罚。

派出所有权作出行政处罚决定吗？

答：我国《治安管理处罚法》第91条规定："治安管理处罚由县级以上人民政府公安机关决定；其中警告、五百元以下的罚款可以由公安派出所决定。"由此可见，派出所有权作出警告和500元以下罚款的行政处罚决定。

公安机关扣押公民物品时，可以不制作扣押清单吗？

答：公安机关对于违反治安管理的行为，可以依法作出行政处罚，公安机关作出行政处罚，应当按照法定的程序。我国《治安管理处罚法》第89条规定："公安机关办理治安案件，对与案件有关的需要作为证据的物品，可以扣押；对被侵害人或者善意第三人合法占有的财产，不得扣押，应当予以登记。对与案件无关的物品，不得扣押。对扣押的物品，应当会同在场见证人和被扣押物品持有人查点清楚，当场开列清单一式二份，由调查人员、见证人和持有人签名或者盖章，一份交给持有人，另一份附卷备查……"由此可见，公安机关扣押公民物品时，应当制作扣押清单。

公安机关是不是有权力作出吊销营业执照的行政处罚？

答：《治安管理处罚法》第10条规定："治安管理处罚的种类分为：（一）警告；（二）罚款；（三）行政拘留；（四）吊销公安机关发放的许可证。对违反治安管理的外国人，可以附加适用限期出境或者驱逐出境。"根据此条规定，公安机关有权力吊销的，是由公安机关发放的许可证，而营业执照是由工商行政机关发放，所以公安机关无权吊销该营业执照。

行政处罚前，行政机关有义务告知被处罚人吗？

答：《治安管理处罚法》第94条第1款规定："公安机关作出治安管理处罚决定前，应当告知违反治安管理行为人作出治安管理处罚的事实、理由及依据，并告知违反治安管理行为人依法享有的权利。"行政机关如果不事先告知，或者虽然对公民进行了告知，但是对公民进行行政处罚的事实、理由和依据并不是其告知的事实、理由和依据，那么行政机关的行政处罚行为就是不成立的。

喝酒喝醉后违反治安管理的，是否应当受到处罚？

答：《治安管理处罚法》第15条规定："醉酒的人违反治安管理的，应当给予处罚。醉酒的人在醉酒状态中，对本人有危险或者对他人的人身、财产或者公共安全有威胁的，应当对其采取保护性措施约束至酒醒。"由此可见，喝酒喝醉后违反治安管理的，应当受到处罚。

疫情防控期间，在网上转发不实消息，可能面临怎样的处罚？

答：疫情防控期间，一些网民在未经核实的情况下，在朋友圈、微博等自媒体上发布、转发不实信息，甚至制造传播谣言，造成不良社会影响，是可能付出法律代价的。如我国《治安管理处罚法》第25条规定："有下列行为之一的，处五日以上十日以下拘留，可以并处五百元以下罚款；情节较轻的，处五日以下拘留或者五百元以下罚款：（一）散布谣言，谎报险情、疫情、警情或者以其他方法故意扰乱公共秩序的；……"《最高人民法院、最高人民检察院关于办理利用信息网络实施诽谤等刑事案件适用法律若干问题的解释》第5条第2款规定："编造虚假信息，或者明知是编造的虚假信息，在信息网络上散布，或者组织、指使人员在信息网络上散布，起哄闹事，造成公共秩序严重混乱的，依照刑法第二百九十三条第一款第（四）项的规定，以寻衅滋事罪定罪处罚。"

违法行为造成严重后果与没有造成严重后果的，在处罚上有何不同？

答：我国《治安管理处罚法》第20条规定："违反治安管理有下列情形之一的，从重处罚：（一）有较严重后果的；……"由此可见，违反治安管理的行为是否造成严重后果，是决定处罚轻重程度的一条标准。即违法行为造成严重后果的比没有造成严重后果的，在处罚上要重些。

警察可以随意检查公民的住宅吗？

答：我国《治安管理处罚法》第87条第1款规定："公安机关对与违反治安管理行为有关的场所、物品、人身可以进行检查。检查时，人民警察不得少于二人，并应当出示工作证件和县级以上人民政府公安机关开具的检查证明文件。对确有必要立即进行检查的，人民警察经出示工作证件，可以当场检查，但检查公民住所应当出示县级以上人民政府公安机关开具的检查证明文件。"由此可见，警察不可以随意检查公民的住宅，必须依照法定程序进行，否则就是违法搜查。

公安机关调查案件收集证据时可以采取威胁、引诱、欺骗的手段吗？

答：我国《治安管理处罚法》第79条规定："公安机关及其人民警察对治安案件的调查，应当依法进行。严禁刑讯逼供或者采用威胁、引诱、欺骗等非法手段收集证据。以非法手段收集的证据不得作为处罚的根据。"由此可见，法律是严禁公安机关人员采用非法手段取证的。公安机关通过非法手段收集的证据，不得作为处罚的根据。

在什么样的情况下，公安机关可以当场收缴罚款？

答：根据我国《治安管理处罚法》第104条的规定，受到罚款处罚的人应当自收到处罚决定书之日起15日内，到指定的银行缴纳罚款。但是，有下列情形之一的，人民警察可以当场收缴罚款：（1）被处50元以下罚款，被处罚人对罚款无异议的；（2）在边远、水上、交通不便地区，公安机关及其人民警察依照本法的规定作出罚款决定后，被处罚人向指定的银行缴纳罚款确有困难，经被处罚人提出的；（3）被处罚人在当地没有固定住所，不当场收缴事后难以执行的。

当场收缴罚款怎样进行呢？

答：根据我国《治安管理处罚法》第105条的规定，人民警察当场收缴的罚款，应当自收缴罚款之日起2日内，交至所属的公安机关；在水上、旅客列车上当场收缴的罚款，应当自抵岸或者到站之日起2日内，交至所属的公安机关；公安机关应当自收到罚款之日起2日内将罚款缴付指定的银行。此外，人民警察当场收缴罚款的，应当向被处罚人出具省、自治区、直辖市人民政府财政部门统一制发的罚款收据；不出具统一制发的罚款收据的，被处罚人有权拒绝缴纳罚款。

变卖被查封扣押的汽车是合法的行为吗？

答：司法机关按照法定的程序对公民的财产予以查封扣押后，任何人都不得擅自对该财产进行变卖。否则就触犯了《治安管理处罚法》第60条的规定，情节严重的可能构成犯罪。《治安管理处罚法》第60条规定:"有下列行为之一的,处五日以上十日以下拘留,并处二百元以上五百元以下罚款:(一)隐藏、转移、变卖或者损毁行政执法机关依法扣押、查封、冻结的财物的;……"

公安机关在办理治安案件时,在什么情况下应当举行听证?

答:《治安管理处罚法》第98条规定:"公安机关作出吊销许可证以及处二千元以上罚款的治安管理处罚决定前,应当告知违反治安管理行为人有权要求举行听证;违反治安管理行为人要求听证的,公安机关应当及时依法举行听证。"据此,当公安机关准备作出吊销许可证或者2000元以上罚款的治安管理处罚决定时,应当事先通知违反治安管理行为人,并且告诉他们有要求举行听证的权利。如果行为人要求听证的,公安机关应当举行听证。

四、行政强制

什么是行政强制?

答:行政强制是指行政执法机关为实现行政目的,对管理相对人的财产、身体及自由等予以强制采取的措施。其具有以下主要特征:(1)行政强制执行以公民、法人或其他组织不履行行政处理决定中所确定的行政义务为前提。不履行行政义务有两种情况:一是从事法律所禁止的行为,如在法律规定不得建筑住宅的土地上建筑住宅;二是不履行法律规定必须履行的义务,如应当纳税而不纳税。(2)行政强制执行的主体是行政机关或人民法院。根据行政诉讼法、行政处罚法和其他有关法律规定,法律、行政法规明确授权行政机关有强制执行权的,行政机关依法自行强制执行;法律、行政法规没有明确授权的,申请人民法院强制执行。(3)强制执行的对象可以是物,如强制划拨;可以是行为,如专利强制许可;也可以是人,如强制拘留。(4)行政强制执行的目的在于强迫公民、法人或其他组织履行行政义务。强制执行应以应当履行的行政义务为限,不能超过当事人所承担的行政义务范围。例如,从银行强制划拨,仅以所欠款项为限,不得超过其范围。

行政强制的种类有哪些?

答:行政强制的种类主要有:(1)代执行,如违法建筑物的强制拆除、代出义务工等。(2)执行罚,最典型的如滞纳金。(3)人身强制,如强制拘留、强制传唤、强制隔离、强制检查公民身体(尤其是在预防传染病时)等。(4)财产强制,如对财产的查封、扣押、冻结,划拨银行存款,对腐烂变质食品实行的强制销毁等。(5)在其职权范围内进出生产经营场所的强制检查。如现场检查安全生产状况,发现问题要求及时处理。(6)对产品或者商品的强制检验。(7)紧急状态时,临时征用交通工具或者其他财产。(8)紧急状态时,进入或处置土地、建筑物、住宅。如为了防止火灾蔓延,拆除或者破损毗邻的建筑物。(9)其他,如《集会游行示威法》规定的强制解散,拒不解散的,强制带离现场。

行政强制措施等同于行政强制执行措施吗?

答:行政强制措施是指行政机关在实施行政管理的过程中,依法对公民人身自由进行暂时性限制,或者对公民、法人或者其他组织的财产实施暂时性控制的措施。一是对人身的强制,指公安、海关、国家安全医疗卫生等行政机关,在紧急状态下,对公民的人身自由依法加以限制的行政行为,主要有强制、约束等;二是对财产的强制，指行政主体针对负有履行行政法上的财产义务而拒不履行的，依法所采取的强制手段，包括冻结、扣押、查封、划拨、扣缴、强制许可等。行政强制执行措施是指行政机关或者由行政机关申请人民法院，对不履行发生法律效力的行政决定的公民、法人或者其他组织，依法强制其履行义务的行为，包括代执行、执行罚和直接强制。例如：因欠税款被冻结账户，属于行政强制措施，不是行政强制执行措施。因此，行政强制措施不等同于行政强制执行措施。

自然灾害或事故发生时，相关政府可以采取哪些措施？

答：自然灾害、事故灾难或者公共卫生事件发生后，履行统一领导职责的人民政府可以采取下列一项或者多项应急处置措施：（1）组织营救和救治受害人员，疏散、撤离并妥善安置受到威胁的人员以及采取其他救助措施；（2）迅速控制危险源，标明危险区域，封锁危险场所，划定警戒区，实行交通管制以及其他控制措施；（3）立即抢修被损坏的交通、通信、供水、排水、供电、供气、供热等公共设施，向受到危害的人员提供避难场所和生活必需品，实施医疗救护和卫生防疫以及其他保障措施；（4）禁止或者限制使用有关设备、设施，关闭或者限制使用有关场所，中止人员密集的活动或者可能导致危害扩大的生产经营活动以及采取其他保护措施；（5）启用本级人民政府设置的财政预备费和储备的应急救援物资，必要时调用其他急需物资、设备、设施、工具；（6）组织公民参加应急救援和处置工作，要求具有特定专长的人员提供服务；（7）保障食品、饮用水、燃料等基本生活必需品的供应；（8）依法从严惩处囤积居奇、哄抬物价、制假售假等扰乱市场秩序的行为，稳定市场价格，维护市场秩序；（9）依法从严惩处哄抢财物、干扰破坏应急处置工作等扰乱社会秩序的行为，维护社会治安；（10）采取防止发生次生、衍生事件的必要措施。

五、行政复议

行政复议是怎么回事？

答：行政复议是公民、法人或者其他组织认为行政机关的具体行政行为侵犯其合法权益，依法向上级行政机关提出申请，由受理申请的行政机关对具体行政行为依法进行审查并作出处理决定的活动。对于行政机关来说，行政复议是行政机关系统内部自我监督的一种重要形式；对于行政相对人来说，行政复议是对其被侵犯的权益的一种救济手段或途径。

公民可以就哪些事项申请行政复议？

答：根据我国《行政复议法》第6条的规定，有下列情形之一的，公民、法人或者其他组织可以申请行政复议：（1）对行政机关作出的警告、罚款、没收违法所得、没收非法财物、责令停产停业、暂扣或者吊销许可证、暂扣或者吊销执照、行政拘留等行政处罚决定不服的；（2）对行政机关作出的限制人身自由或者查封、扣押、冻结财产等行政强制措施决定不服的；（3）对行政机关作出的有关许可证、执照、资质证、资格证等证书变更、中止、撤销的决定不服的；（4）对行政机关作出的关于确认土地、矿藏、水流、森林、山岭、草原、荒地、滩涂、海域等自然资源的所有权或者使用权的决定不服的；（5）认为行政机关侵犯合法的经营自主权的；（6）认为行政机关变更或者废止农业承包合同，侵犯其合法权益的；（7）认为行政机关违法集资、征收财物、摊派费用或者违法要求履行其他义务的；（8）认为符合法定条件，申请行政机关颁发许可证、执照、资质证、资格证等证书,或者申请行政机关审批、登记有关事项,行政机关没有依法办理的;(9)申请行政机关履行保护人身权利、财产权利、受教育权利的法定职责,行政机关没有依法履行的;(10)申请行政机关依法发放抚恤金、社会保险金或者最低生活保障费,行政机关没有依法发放的;(11)认为行政机关的其他具体行政行为侵犯其合法权益的。

公民对于行政机关针对民事纠纷作出的行政调解,可不可以提起行政复议?

答:我国《行政复议法》第8条第2款规定:"不服行政机关对民事纠纷作出的调解或者其他处理,依法申请仲裁或者向人民法院提起诉讼。"由此可见,公民如果对于行政机关作出的行政调解不服,是不能以该行政机关为被申请人申请行政复议的,而只能根据仲裁协议申请仲裁,或者提起民事诉讼。

能针对"会议纪要"提起行政复议吗?

答:《行政复议法》第2条规定:"公民、法人或者其他组织认为具体行政行为侵犯其合法权益,向行政机关提出行政复议申请,行政机关受理行政复议申请、作出行政复议决定,适用本法。"可见,行政复议的对象一般为"具体行政行为"。会议纪要是行政机关的一个法定公文文种,用于记载会议主要精神和议定事项。会议纪要产生于会议后期或者会后,通过记载会议基本情况、会议主要成果、会议议定事项,综合概括性地反映会议的基本精神,以便与会单位统一认识,在会后贯彻落实,它具有情况通报、执行依据等作用。作为内部行政行为的会议纪要是不应当作为行政复议申请对象的,但对已经演化成对外生效的具有拘束力的会议纪要,从构建和谐社会、保障合法权益的角度考虑,应当纳入行政复议的调整范围。

申请复议时,应该向哪些机关提出?

答:此问题涉及行政复议的管辖。我国行政复议管辖的具体情形有:(1)对人民政府部门的行政复议管辖:对县级以上(含县级)地方各级人民政府部门的具体行政行为不服的,可以向该部门的本级人民政府申请行政复议,也可以向上一级主管部门申请行政复议;对实行垂直领导的海关、金融、国税、外汇管理等行政机关和国家安全机关的具体行政行为不服的,只能向其上一级主管部门申请行政复议。(2)对地方各级人民政府的行政复议管辖:对地方各级人民政府的具体行政行为不服的,向上一级地方人民政府申请行政复议;对省、自治区人民政府依法设立的派出机关所属的县级地方人民政府的具体行政行为不服的,向该派出机关申请行政复议;对省、自治区、直辖市人民政府的具体行政行为不服的或对国务院部门的具体行政行为不服的,向作出该具体行政行为的省、自治区、直辖市人民政府或者国务院部门申请复议。(3)对派出机关、机构和被授权组织的行政复议管辖:对县级以上地方人民政府依法设立的派出机关的具体行政行为不服的,向设立该派出机关的人民政府申请复议;对人民政府工作部门依法设立的派出机构(如公安派出所、税务所等)依照法律、法规或规章的规定,以自己的名义作出的具体行政行为不服的,向设立该派出机构的部门或者该部门的本级人民政府申请行政复议;对法律、法规授权的组织的具体行政行为不服的,分别向直接管理该组织的地方人民政府、地方人民政府工作部门或国务院部门申请行政复议。(4)共同行为的行政复议管辖:对两个或两个以上行政机关以共同名义作出的具体行政行为不服的，向其共同上一级行政机关申请行政复议。（5）对被撤销的行政机关的行政复议管辖：对被撤销的行政机关在撤销前所作出的具体行政行为不服的，向继续行使其职权的行政机关的上一级行政机关申请复议。

六、信访

什么是信访？

答：根据我国《信访工作条例》的规定，信访工作是党的群众工作的重要组成部分，是党和政府了解民情、集中民智、维护民利、凝聚民心的一项重要工作，是各级机关、单位及其领导干部、工作人员接受群众监督、改进工作作风的重要途径。公民、法人或者其他组织可以采用信息网络、书信、电话、传真、走访等形式，向各级机关、单位反映情况，提出建议、意见或者投诉请求，有关机关、单位应当依规依法处理。因此，在我国，信访是除法律以外的又一种解决问题的办法，是一种比较直接的利益表达形式。

可以进行"口头"信访吗？

答：我国《信访工作条例》第19条第1款规定："信访人一般应当采用书面形式提出信访事项，并载明其姓名（名称）、住址和请求、事实、理由。对采用口头形式提出的信访事项，有关机关、单位应当如实记录。"由此可见，信访是可以口头进行的。但是，建议如果能采用书面形式还是应采用书面形式。

信访事项正在审查过程中的，信访人还能向其上级再上访吗？

答：我国《信访工作条例》第19条第3款规定："信访事项已经受理或者正在办理的，信访人在规定期限内向受理、办理机关、单位的上级机关、单位又提出同一信访事项的，上级机关、单位不予受理。"由此可见，已经上访后，要在规定的期限内耐心等待处理结果，即使向上级上访，也不会被接收。

进行走访的，应注意什么？

答：我国《信访工作条例》第20条规定，信访人采用走访形式提出信访事项的，应当到有权处理的本级或者上一级机关、单位设立或者指定的接待场所提出。信访人采用走访形式提出涉及诉讼权利救济的信访事项，应当按照法律法规规定的程序向有关政法部门提出。多人采用走访形式提出共同的信访事项的，应当推选代表，代表人数不得超过5人。

信访人在信访过程中不能有哪些行为？

答：我国《信访工作条例》第26条规定，信访人在信访过程中应当遵守法律、法规，不得损害国家、社会、集体的利益和其他公民的合法权利，自觉维护社会公共秩序和信访秩序，不得有下列行为：（1）在机关、单位办公场所周围、公共场所非法聚集，围堵、冲击机关、单位，拦截公务车辆，或者堵塞、阻断交通；（2）携带危险物品、管制器具；（3）侮辱、殴打、威胁机关、单位工作人员，非法限制他人人身自由，或者毁坏财物；（4）在信访接待场所滞留、滋事，或者将生活不能自理的人弃留在信访接待场所；（5）煽动、串联、胁迫、以财物诱使、幕后操纵他人信访，或者以信访为名借机敛财；（6）其他扰乱公共秩序、妨害国家和公共安全的行为。此外，该条例第47条规定，信访人违反前面规定的，有关机关、单位工作人员应当对其进行劝阻、批评或者教育。信访人滋事扰序、缠访闹访情节严重，构成违反治安管理行为的，或者违反集会游行示威相关法律法规的，由公安机关依法采取必要的现场处置措施、给予治安管理处罚；构成犯罪的，依法追究刑事责任。

对信访处理结果不服的怎么办？

答：根据我国《信访工作条例》第35条、第36条的规定，信访人对信访处理意见不服的，可以自收到书面答复之日起30日内请求原办理机关、单位的上一级机关、单位复查。收到复查请求的机关、单位应当自收到复查请求之日起30日内提出复查意见，并予以书面答复。信访人对复查意见不服的，可以自收到书面答复之日起30日内向复查机关、单位的上一级机关、单位请求复核。收到复核请求的机关、单位应当自收到复核请求之日起30日内提出复核意见。此外，复核机关、单位可以按规定举行听证，经过听证的复核意见可以依法向社会公示。听证所需时间不计算在前款规定的期限内。信访人对复核意见不服，仍然以同一事实和理由提出投诉请求的，各级党委和政府信访部门和其他机关、单位不再受理。

信访人捏造事实诬告他人要承担什么责任？

答：信访人捏造他人犯罪事实和违反治安管理的事实，向国家机关和有关单位告发，企图利用行政、司法机关诬告陷害他人，侵犯公民的人身权利和民主权利，不仅会使他人名誉受到损害，甚至会造成更严重的后果。因此，我国《信访工作条例》第19条第2款规定"信访人提出信访事项，应当客观真实，对其所提供材料内容的真实性负责，不得捏造、歪曲事实，不得诬告、陷害他人"。同时，第47条第3款规定："信访人捏造歪曲事实、诬告陷害他人，构成违反治安管理行为的，依法给予治安管理处罚；构成犯罪的，依法追究刑事责任。"

信访工作人员有吃拿卡要、作风粗暴、给被检举人通风报信等行为的，应受到哪些处罚？

答：根据我国《信访工作条例》第46条的规定：有关机关、单位及其领导干部、工作人员有下列情形之一的，由其上级机关、单位责令改正；造成严重后果的，对直接负责的主管人员和其他直接责任人员依规依纪依法严肃处理；构成犯罪的，依法追究刑事责任：（1）对待信访人态度恶劣、作风粗暴，损害党群干群关系；（2）在处理信访事项过程中吃拿卡要、谋取私利；（3）对规模性集体访、负面舆情等处置不力，导致事态扩大；（4）对可能造成社会影响的重大、紧急信访事项和信访信息隐瞒、谎报、缓报，或者未依法及时采取必要措施；（5）将信访人的检举、揭发材料或者有关情况透露、转给被检举、揭发的人员或者单位；（6）打击报复信访人；（7）其他违规违纪违法的情形。

七、国家公证

哪些事项可以到公证机关公证？

答：根据我国《公证法》第11条的规定，自然人、法人或其他组织可向公证机构申请办理下列公证事项：（1）合同；（2）继承；（3）委托、声明、赠与、遗嘱；（4）财产分割；（5）招标投标、拍卖；（6）婚姻状况、亲属关系、收养关系；（7）出生、生存、死亡、身份、经历、学历、学位、职务、职称、有无违法犯罪记录；（8）公司章程；（9）保全证据；（10）文书上的签名、印鉴、日期，文书的副本、影印本与原本相符；（11）自然人、

公司可以依据公证的债权文书要求法院强制执行吗？

答： 我国公证处出具的公证书具有3种法律效力：（1）使法律行为生效的效力；（2）作为证据的效力；（3）赋予强制执行的效力。根据我国《公证法》第37条第1款的规定，对经公证的以给付为内容并载明债务人愿意接受强制执行承诺的债权文书，债务人不履行或者履行不适当的，债权人可以依法向有管辖权的人民法院申请执行。例如：甲乙两公司签订了买卖合同，并经过了公证，作为债务人的乙公司在公证书中载明债务人愿意接受强制执行，那么，该公证的债权文书就具有强制执行力，当乙公司不履行债务时，甲公司可依据其申请法院强制执行。

对合同公证时，公证处会重点审查哪些内容？

答： 根据我国《公证法》第28条的规定，公证机构办理公证，应当根据不同公证事项的办证规则，分别审查下列事项：（1）当事人的身份、申请办理该项公证的资格以及相应的权利；（2）提供的文书内容是否完备，含义是否清晰，签名、印鉴是否齐全；（3）提供的证明材料是否真实、合法、充分；（4）申请公证的事项是否真实、合法。具体到合同公证，主要审查合同双方当事人的主体资格、民事权利、行为能力、担保人和代理人的情况等；买卖合同的内容真实合法性，条款明确完备性；双方意思表示真实自愿与否；双方履约能力。合同只有在真实、合法的基础上才会得到公证，也才能对合同双方的权益进行有效保护。

八、国家赔偿

国家赔偿的条件有哪些？

答： 根据我国《国家赔偿法》第2条的规定，国家机关和国家机关工作人员违法行使职权，侵犯公民、法人和其他组织的合法权益并造成损害的，受害人有依照本法取得国家赔偿的权利。由此，国家赔偿必须具备五个要件：（1）违法行使职权的主体必须是国家机关及其工作人员；（2）行使职权的行为已被确认违法；（3）违法行为侵犯了公民、法人或其他组织的合法权益；（4）已造成了损害后果；（5）违法行为与损害后果之间有因果关系。

行政赔偿的范围包括哪些？

答： 根据我国《国家赔偿法》第3条的规定，行政机关及其工作人员在行使行政职权时有下列侵犯人身权情形之一的，受害人有取得赔偿的权利：（1）违法拘留或者违法采取限制公民人身自由的行政强制措施的；（2）非法拘禁或者以其他方法非法剥夺公民人身自由的；（3）以殴打、虐待等行为或者唆使、放纵他人以殴打、虐待等行为造成公民身体伤害或者死亡的；（4）违法使用武器、警械造成公民身体伤害或者死亡的；（5）造成公民身体伤害或者死亡的其他违法行为。这是就侵犯人身权的赔偿范围，同时，《国家赔偿法》第4条还就侵犯财产权的赔偿范围作出了规定。即行政机关及其工作人员在行使行政职权时有下列侵犯财产权情形之一的，受害人有取得赔偿的权利：（1）违法实施罚款、吊销许可证和执照、责令停产停业、没收财物等行政处罚的；（2）违法对财产采取查封、扣押、冻结等行政强制措施的；（3）违法征收、征用财产的；（4）造成财产损害的其他违法行为。

国家赔偿中，侵犯公民人身自由的赔偿数额如何计算？

答：对于侵犯公民人身自由的赔偿数额的计算方法，我国《国家赔偿法》第33条规定："侵犯公民人身自由的，每日赔偿金按照国家上年度职工日平均工资计算。"

国家赔偿中，侵害公民生命健康权的赔偿数额如何计算？

答：对于侵害公民生命健康权的赔偿数额计算方法，我国《国家赔偿法》第34条规定："侵犯公民生命健康权的，赔偿金按照下列规定计算：（一）造成身体伤害的，应当支付医疗费、护理费，以及赔偿因误工减少的收入。减少的收入每日的赔偿金按照国家上年度职工日平均工资计算，最高额为国家上年度职工年平均工资的五倍；（二）造成部分或者全部丧失劳动能力的，应当支付医疗费、护理费、残疾生活辅助具费、康复费等因残疾而增加的必要支出和继续治疗所必需的费用，以及残疾赔偿金。残疾赔偿金根据丧失劳动能力的程度，按照国家规定的伤残等级确定，最高不超过国家上年度职工年平均工资的二十倍。造成全部丧失劳动能力的，对其扶养的无劳动能力的人，还应当支付生活费；（三）造成死亡的，应当支付死亡赔偿金、丧葬费，总额为国家上年度职工年平均工资的二十倍。对死者生前扶养的无劳动能力的人，还应当支付生活费。前款第二项、第三项规定的生活费的发放标准，参照当地最低生活保障标准执行。被扶养的人是未成年人的，生活费给付至十八周岁止；其他无劳动能力的人，生活费给付至死亡时止。"

侵犯公民财产权的，如何赔偿？

答：我国《国家赔偿法》第36条规定："侵犯公民、法人和其他组织的财产权造成损害的，按照下列规定处理：（一）处罚款、罚金、追缴、没收财产或者违法征收、征用财产的，返还财产；（二）查封、扣押、冻结财产的，解除对财产的查封、扣押、冻结，造成财产损坏或者灭失的，依照本条第三项、第四项的规定赔偿；（三）应当返还的财产损坏的，能够恢复原状的恢复原状，不能恢复原状的，按照损害程度给付相应的赔偿金；（四）应当返还的财产灭失的，给付相应的赔偿金；（五）财产已经拍卖或者变卖的，给付拍卖或者变卖所得的价款；变卖的价款明显低于财产价值的，应当支付相应的赔偿金；（六）吊销许可证和执照、责令停产停业的，赔偿停产停业期间必要的经常性费用开支；（七）返还执行的罚款或者罚金、追缴或者没收的金钱，解除冻结的存款或者汇款的，应当支付银行同期存款利息；（八）对财产权造成其他损害的，按照直接损失给予赔偿。"

第十六章 诉讼篇

一、民事诉讼

民事诉讼可以在线进行吗？

答： 根据我国《民事诉讼法》第16条的规定，经当事人同意，民事诉讼活动可以通过信息网络平台在线进行。民事诉讼活动通过信息网络平台在线进行的，与线下诉讼活动具有同等法律效力。此外，送达诉讼文书也可以在线进行。如《民事诉讼法》第90条规定："经受送达人同意，人民法院可以采用能够确认其收悉的电子方式送达诉讼文书。通过电子方式送达的判决书、裁定书、调解书，受送达人提出需要纸质文书的，人民法院应当提供。采用前款方式送达的，以送达信息到达受送达人特定系统的日期为送达日期。"

民事起诉应该具备什么条件？

答： 根据我国《民事诉讼法》第122条的规定，起诉必须符合下列条件：（1）原告是与本案有直接利害关系的公民、法人和其他组织；（2）有明确的被告；（3）有具体的诉讼请求和事实、理由；（4）属于人民法院受理民事诉讼的范围和受诉人民法院管辖。此外，《最高人民法院关于民事诉讼证据的若干规定》第1条还规定，原告向人民法院起诉或者被告提出反诉，应当提供符合起诉条件的相应的证据。

什么是民事起诉状？如何书写民事起诉状？

答： 民事起诉状，是与民事案件有直接利害关系的公民、法人或者非法人团体，为维护其民事权益，就有关民事权利义务的争议，向人民法院提起诉讼，请求追究被告人的民事责任所使用的法律文书。

民事起诉状包括以下基本内容：

（1）首部：

①标题：写"民事起诉状"。

②当事人基本情况：包括原告和被告的姓名、性别、年龄、民族、职业、工作单位、住所和联系方式，法人或者其他组织的名称、住所和法定代表人或者主要负责人的姓名、职务、联系方式。被告方的情况尽量从合同、负责人名片、公开网站等方面得知。如果有第三人参加诉讼的，应在列写完当事人之后，写明第三人的姓名和基本情况，并且根据案情需要，证明第三人与原、被告的关系。

（2）诉讼请求：请求事项必须写得明确、具体，不能写得含糊其词、抽象笼统。

（3）事实和理由：事实部分要围绕着诉讼目的，全面反映案件事实的客观真实情况。叙事要完整，要讲明民事案件案情事实的六个要素，即时间、地点、人物、事件、原因和结果。叙事要真实。诉状是法院受理案件的重要根据之一，叙述案情时，必须实事求是，反映案件事实的本来面貌。叙事要明确。与争议事实有直接关系的事实，要详细叙述明白，与案情事实关系不重要，但必须交代清楚的，可以简要概括。叙述事实用词要准确，达到表达恰当。理由部分主要是列举证据，说明证据来源、证人姓名和住址；根据事实，对照法律有关条款作理由上的论证。事实和理由中应写清合同签订的经过、具体内容、纠纷产生的原因、诉讼请求及有关法律、政策依据。

（4）证据和证据来源，证人姓名和住所：答辩中有关举证事项，应写明证据的名称、件数、来源或证据线索。有证人的，应写明证人的姓名、住所。

（5）尾部及附项：尾部包括致送人民法院的名称；具状人签名；起诉时间；附项主要列明起诉状副本。

民事起诉状示范格式：

民事起诉状

原告人：_____

被告人：_____

诉讼请求

_____

_____

事实与理由

_____

_____

证据及其来源，证人姓名和住址

_____

_____

此致

_____人民法院

附：本诉状副本____份。

具状人：_____

_____年____月____日

打官司如何聘请律师？聘请律师有哪些好处？

答： 有民事诉讼行为能力的人可以亲自参加诉讼或委托亲属、朋友及其他法院允许的公民作为自己的诉讼代理人，依法行使诉讼权利。但是当事人为了更好地行使诉讼权利，最大限度地维护自身利益，通常会聘请律师担任自己的诉讼代理人。

根据我国法律规定，当事人身份和居住地不同，聘请诉讼代理人的方式也不同。这里我们主要讲一下在我国国内居住的当事人聘请诉讼代理人的方式，当事人在联系到一个律师后，要与律师所在的律所签订一份《委托代理协议》，而不是和律师个人签订委托代理协议，委托代理协议包括很多内容，最重要的是要将委托事项、代理权限、代理费约定清楚。尤其是代理权限，分为一般代理和特别代理，特别代理人的权利大于一般代理人。委托律师参加诉讼能够更好地维护当事人的利益，因为我国律师根据法律规定享有广泛的执业权利，如可以更好地查阅案卷资料、调查收集证据等，律师可以用其专业法律知识更好地维护当事人权益。

民事案件应该到哪个法院去起诉？原告住所地法院还是被告住所地法院？

答： 我国《民事诉讼法》第22条规定："对公民提起的民事诉讼，由被告住所地人民法院管辖；被告住所地与经常居住地不一致的，由经常居住地人民法院管辖。对法人或者其他组织提起的民事诉讼，由被告住所地人民法院管辖。同一诉讼的几个被告住所地、经常居住地在两个以上人民法院辖区的，各该人民法院都有管辖权。"民事诉讼选择管辖法院的最为基本的一个原则就是"原告就被告"。也就是说，原告在准备向对方当事人提起民事诉讼时，不是到自己住所所在地法院去起诉，而是应该到对方当事人住所地法院去起诉。

因不动产纠纷提起的诉讼如何确定管辖？

答： 因不动产纠纷提起的诉讼属于专属管辖。专属管辖是指某类案件只能由法律规定的特定法院来管辖。专属管辖包括三种情形，一是不动产纠纷由不动产所在地法院管辖；二是港口作业纠纷由港口所在地法院管辖；三是遗产继承纠纷由被继承人死亡时住所地或主要遗产所在地法院管辖。对于这三类纠纷只能由上述法院管辖。对于不动产纠纷，应该由不动产所在地法院管辖。法律之所以如此规定，是由于不动产纠纷往往涉及对不动产的勘察检测等，由不动产所在地法院管辖，方便审理。

专利纠纷案件归哪些法院管辖？

答：《最高人民法院关于适用〈中华人民共和国民事诉讼法〉的解释》第2条第1款规定："专利纠纷案件由知识产权法院、最高人民法院确定的中级人民法院和基层人民法院管辖。"知识产权法院是由第十二届全国人大常委会第十次会议决定建立的审判机构，设立在北京、上海和广州。因侵犯专利权行为提起的诉讼，由侵权行为地或者被告住所地人民法院管辖。住所地人民法院应当是最高人民法院确定的中级人民法院和基层人民法院。

对被宣告失踪的人，原告应该向哪个法院提起离婚诉讼？

答：我国《民事诉讼法》第23条规定："下列民事诉讼，由原告住所地人民法院管辖；原告住所地与经常居住地不一致的，由原告经常居住地人民法院管辖：……（二）对下落不明或者宣告失踪的人提起的有关身份关系的诉讼；……"由此可见，对被宣告失踪的人，原告应该向自己的住所地或者经常居住地的法院提起离婚诉讼。

对于合同纠纷，除了原告住所地和被告住所地外，还有哪些法院可能有管辖权？

答：我国《民事诉讼法》第24条规定："因合同纠纷提起的诉讼，由被告住所地或者合同履行地人民法院管辖。"同时，该法第35条又规定："合同或者其他财产权益纠纷的当事人可以书面协议选择被告住所地、合同履行地、合同签订地、原告住所地、标的物所在地等与争议有实际联系的地点的人民法院管辖，但不得违反本法对级别管辖和专属管辖的规定。"由此可见，对于合同纠纷，一方当事人除了可以向被告住所地和合同履行地提起诉讼外，还可以向合同签订地、原告住所地、标的物所在地法院提起诉讼。不过，要向合同签订地、原告住所地、标的物所在地法院提起诉讼，必须要有双方当事人的书面协议作为前提，如果双方当事人没有协议约定可以由这三个法院管辖，那么这三个法院同样没有管辖权，而只能由被告住所地和合同履行地人民法院管辖。

"住所地"和"经常居住地"如何界定？

答：诉讼中经常用到"住所地""经常居住地"等词语，两词看似相似，实则不同。根据《最高人民法院关于适用〈中华人民共和国民事诉讼法〉的解释》第3条的规定，公民的住所地是指公民的户籍所在地，法人或者其他组织的住所地是指法人或者其他组织的主要办事机构所在地。法人或者其他组织的主要办事机构所在地不能确定的，法人或者其他组织的注册地或者登记地为住所地。公民和法人都有其"住所地"，而"经常居住地"只有公民才有。《最高人民法院关于适用〈中华人民共和国民事诉讼法〉的解释》第4条规定："公民的经常居住地是指公民离开住所地至起诉时已连续居住一年以上的地方，但公民住院就医的地方除外。"所以说，"住所地"一般来说是登记的地址，而"经常居住地"一般来说是实际居住的地址，具体界定依据法律规定。

已经离婚的定居在国外的中国公民，就国内财产分割起诉的，应该去哪里的法院？

答：一般在国外定居的中国公民，应当遵守定居国的法律，但其离婚后就国内财产分割起诉的，国内法院就有管辖权。《最高人民法院关于适用〈中华人民共和国民事诉讼法〉的解释》第17条规定："已经离婚的中国公民，双方均定居国外，仅就国内财产分割提起诉讼的，由主要财产所在地人民法院管辖。"所以，当事人一方应该到主要财产所在地人民法院起诉。

向被告送起诉状副本时，若被告拒绝接收，怎么办？

答：在民事案件中，一般情况下双方当事人属于对立面，都存在较强的抵触情绪。因此在人民法院向被告送达起诉状副本时，很多时候被告都不愿意配合，不愿意接收该文书。对此《民事诉讼法》第89条规定："受送达人或者他的同住成年家属拒绝接收诉讼文书的，送达人可以邀请有关基层组织或者所在单位的代表到场，说明情况，在送达回证上记明拒收事由和日期，由送达人、见证人签名或者盖章，把诉讼文书留在受送达人的住所；也可以把诉讼文书留在受送达人的住所，并采用拍照、录像等方式记录送达过程，即视为送达。"由此可见，如果被告人拒绝接收起诉状副本等诉讼文书时，送达人应该邀请基层组织（比如居委会成员）或单位代表到场，在说明情况后，再由送达人、居委会成员签名，将诉讼文书留在被告人住所，或直接以拍照、录像等方式记录送达过程，该起诉书视为已送达，诉讼继续进行。

如何行使管辖权异议的权利？

答：所谓管辖权异议，是指人民法院受理案件以后，当事人以该院对本案没有管辖权为由，提出将案件移送有管辖权的人民法院审理的申请。我国《民事诉讼法》第130条第1款规定："人民法院受理案件后，当事人对管辖权有异议的，应当在提交答辩状期间提出。人民法院对当事人提出的异议，应当审查。异议成立的，裁定将案件移送有管辖权的人民法院；异议不成立的，裁定驳回。"可见，提出管辖权异议的主体一般主要是被告，而且提出管辖权异议应当在答辩期提出，以口头或者书面的方式提出，否则就失去了提出管辖权异议的权利。

如何书写管辖权异议书？

答：管辖权异议书主要包括以下几个部分：

（1）首部：

①注明文书名称。②写明申请人的基本情况。如：姓名、性别、出生年月日、民族、职业（或工作单位和职务）、住址以及联系方式；当事人是法人、其他组织的，应写明其名称、所在地址、法定代表人（或代表人）的姓名、法定代表人（或代表人）的职务和联系方式。

（2）请求事项：写明将哪个案件移送至哪里的法院。

（3）事实和理由：结合案件事实，实事求是地写明案件不能在所受理法院审理的理由和法律依据，以及移送至某法院的理由等。

（4）尾部及附项：致送人民法院名称；申请人签名或盖章；注明申请日期。

管辖权异议书示范格式：

管辖权异议书

申请人（被告或反诉×告）：

委托代理人：

请求事项：将_____人民法院_____（写明案号、案件当事人和案由）一案移送_____人民法院管辖。

事实和理由：

……（提出管辖权异议的具体事实和理由）

此致

＿＿＿＿＿＿人民法院

申请人：＿＿＿＿＿＿

＿＿＿＿年＿＿月＿＿日

离婚案件当事人可以申请不公开审理吗？

答：我国《民事诉讼法》第137条规定："人民法院审理民事案件，除涉及国家秘密、个人隐私或者法律另有规定的以外，应当公开进行。离婚案件，涉及商业秘密的案件，当事人申请不公开审理的，可以不公开审理。"由此可见，对于离婚案件，当事人可以向法院申请不公开审理。

对同一个具体的民事案件，法院最多能够审理几次？

答：我国实行两审终审制，对于同一个案件，通常经由一审和二审。但是，有个别情况会比较特殊，就是二审终审以后，案情仍有问题，就此进入审判监督程序。审判监督程序，是指有监督权的机关或组织，或者当事人认为法院已经发生法律效力的判决、裁定确有错误，发动或申请再审，由人民法院对案件进行再审的程序。此外，另一种特殊情况，就是经特别程序审理的案件一般为一审终审制，也就是只审理一次。

在民事诉讼中，一般由哪一方当事人承担举证责任？

答：民事诉讼中，一般由起诉的一方承担举证责任。我国实施"谁主张，谁举证"的证明责任，即由起诉方的当事人对其主张的事实提供证据并予以证明，若诉讼终结时根据全案证据仍不能判明当事人主张事实的真伪，则由该当事人承担不利的诉讼后果。

当事人可以随便申请人民法院调取证据吗？

答：我国《民事诉讼法》第67条规定："当事人对自己提出的主张，有责任提供证据。当事人及其诉讼代理人因客观原因不能自行收集的证据，或者人民法院认为审理案件需要的证据，人民法院应当调查收集。人民法院应当按照法定程序，全面地、客观地审查核实证据。"由此可见，当事人在某些特定的情形下，是可以申请法院帮助调取证据的。但是，当事人并不是在收集证据过程中一遇到困难就可以向法院申请，要求法院帮忙收集证据，只有当事人及其诉讼代理人因客观原因不能收集的证据，或者人民法院认为审理案件需要的证据，才由人民法院调查收集。

遛狗时，狗把别人咬伤，狗主人需要承担举证责任吗？

答：我国《民法典》第1245条规定："饲养的动物造成他人损害的，动物饲养人或者管理人应当承担侵权责任；但是，能够证明损害是因被侵权人故意或者重大过失造成的，可以不承担或者减轻责任。"根据该条的规定，如果狗主人有证据证明狗咬伤对方是因为对方存在过错或者第三人存在过错时，狗主人可以不用承担赔偿责任或减轻责任。比如，是对方故意挑逗狗，或者第三人驱使狗而咬伤对方。但是，如果狗主人无法提供证据证明对方受伤是由对方本人或者第三人的过错造成的，这时即使狗主人本身没有过错，也应该承担赔偿责任。可见，在饲养动物致人损害的案件中，动物饲养人或管理人应就被侵权人的过错承担举证责任。

哪些人可以作为证人？

答：我国《民事诉讼法》第75条规定："凡是知道案件情况的单位和个人，都有义务出庭作证。有关单位的负责人应当支持证人作证。不能正确表达意思的人，不能作证。"《最高人民法院关于民事诉讼证据的若干规定》第67条第2款规定："待证事实与其年龄、智力状况或者精神健康状况相适应的无民事行为能力人和限制民事行为能力人，可以作为证人。"由此可见，只要是了解案情，并且其年龄、智力状况或者精神健康状况与待证事实相适应，且能正确表达意思的人，就可以作为证人予以作证。

无民事行为能力人提供的证言可以作为证据使用吗？

答：所谓证人证言是指当事人以外了解案件情况的人向人民法院就自己知道的案件情况所作的陈述。证人必须有作证能力才能提供证人证言，但作证能力与民事行为能力无直接关系，即有时候无民事行为能力人提供的证言也可以作为证据使用。

证人可以仅向法院提供证人证言而不出庭作证吗？

答：我国《民事诉讼法》第76条规定："经人民法院通知，证人应当出庭作证。有下列情形之一的，经人民法院许可，可以通过书面证言、视听传输技术或者视听资料等方式作证：（一）因健康原因不能出庭的；（二）因路途遥远，交通不便不能出庭的；（三）因自然灾害等不可抗力不能出庭的；（四）其他有正当理由不能出庭的。"由此可见，具有以上四种情形的证人在经人民法院许可的情况下，可以仅向法院提供证人证言而不出庭作证。

证据可能会遭到损毁该怎么办？

答：证据可能会遭到损毁的，当事人可以向法院申请证据保全。证据保全，是指在证据可能灭失或以后难以取得的情况下，人民法院根据诉讼参加人的请求或依职权采取措施对证据加以固定和保护的行为。我国《民事诉讼法》第84条规定："在证据可能灭失或者以后难以取得的情况下，当事人可以在诉讼过程中向人民法院申请保全证据，人民法院也可以主动采取保全措施。因情况紧急，在证据可能灭失或者以后难以取得的情况下，利害关系人可以在提起诉讼或者申请仲裁前向证据所在地、被申请人住所地或者对案件有管辖权的人民法院申请保全证据……"

偷拍偷录的视听资料是合法的证据吗？

答：我国法律规定，证据的来源应当合法。《最高人民法院关于适用〈中华人民共和国民事诉讼法〉的解释》第106条规定："对以严重侵害他人合法权益、违反法律禁止性规定或者严重违背公序良俗的方法形成或者获取的证据，不得作为认定案件事实的根据。"偷拍偷录的视听资料能否作为合法证据，要视具体情况而定，关键在于偷录的视听资料是否侵害了被偷录人的合法权益。如果没有侵害，就视为合法证据；如果侵害了，不但证据被视为非法证据，拍摄人还要因侵害了被偷录人的合法权益而被追究法律责任。

逾期举证会导致什么样的后果？

答：我国《民事诉讼法》第68条规定："当事人对自己提出的主张应当及时提供证据。人民法院根据当事人的主张和案件审理情况，确定当事人应当提供的证据及其期限。当事人在该期限内提供证据确有困难的，可以向人民法院申请延长期限，人民法院根据当事人的申请适当延长。当事人逾期提供证据的,人民法院应当责令其说明理由;拒不说明理由或者理由不成立的,人民法院根据不同情形可以不予采纳该证据,或者采纳该证据但予以训诫、罚款。"在我国,举证期限有两种确定方式:一是双方当事人协商确定举证期限;二是法院指定。无论哪种方式,当事人都必须在举证期限内提交证据,如果逾期提交法院将不予采纳,当事人提供的证据就不具有证据法上的效力,法院判决时也不会采用该证据。法律如此规定的目的是防止当事人实施证据突袭,从而降低司法成本,提高诉讼效率。

持有证据拒不交出会导致什么后果?

答: 根据我国法律规定,如有证据证明一方当事人持有证据无正当理由拒不提供,如果对方当事人主张该证据的内容不利于证据持有人,可以推定该主张成立。这就是证据法上的推定原则。所谓推定就是根据法律或经验法则直接根据某一已知事实确定另一事实的存在。在对立的双方当事人之间,如果证据持有人持有对自己不利的证据,为了胜诉或避免败诉,一般不会将对自己不利的证据出示给法庭,其有证不举的行为就构成了妨害举证,在诉讼中为了平衡双方当事人利益,法官会推定对方主张成立,让证据持有人承担有证不举的不利后果。

什么是诉讼中财产保全?法律对其有哪些规定?

答: 诉讼中的财产保全是指案子已经起诉到法院,在法院尚未判决前,若一方当事人作出有可能妨碍另一方将来判决执行的举动,另一方当事人可以向法院请求财产保全。我国《民事诉讼法》第103条规定:"人民法院对于可能因当事人一方的行为或者其他原因,使判决难以执行或造成当事人其他损害的案件,根据对方当事人的申请,可以裁定对其财产进行保全、责令其作出一定行为或者禁止其作出一定行为;当事人没有提出申请的,人民法院在必要时也可以裁定采取保全措施。人民法院采取保全措施,可以责令申请人提供担保,申请人不提供担保的,裁定驳回申请。人民法院接受申请后,对情况紧急的,必须在四十八小时内作出裁定;裁定采取保全措施的,应当立即开始执行。"可见,诉讼中的财产保全也可以由法院依职权作出。诉讼中财产保全与诉前财产保全不同的是,当事人不是必须提供担保,只有在法院要求提供担保的时候才应该提供担保。但是,如果财产保全错误造成对方当事人损失的,申请人应该承担赔偿责任。但若是法院依职权采取财产保全造成当事人损失的,则当事人可以要求国家赔偿。

申请先予执行需要什么条件?又适用于哪些情形?

答: 所谓先予执行是指为了解决当事人的某些迫切需要,先于判决执行的一种特殊制度。先予执行要满足以下几个条件:(1)当事人间权利义务关系明确;(2)被申请人有履行能力;(3)在案件受理后终审判决前提出。我国《民事诉讼法》第109条规定:"人民法院对下列案件,根据当事人的申请,可以裁定先予执行:(一)追索赡养费、扶养费、抚养费、抚恤金、医疗费用的;(二)追索劳动报酬的;(三)因情况紧急需要先予执行的。"可见,先予执行适用于追索赡养费、扶养费、抚养费、抚恤金、医疗费用、追索劳动报酬、因情况紧急需要先予执行的情况。此外,先予执行不需要提供担保。

诉讼费用应当由谁承担？

答：《诉讼费用交纳办法》第29条规定："诉讼费用由败诉方负担，胜诉方自愿承担的除外。部分胜诉、部分败诉的，人民法院根据案件的具体情况决定当事人各自负担的诉讼费用数额。共同诉讼当事人败诉的，人民法院根据其对诉讼标的的利害关系，决定当事人各自负担的诉讼费用数额。"根据该办法的规定，诉讼费用是由败诉方承担，但现实中一般是由原告先垫付。待法院判决生效后，如果被告败诉，再由被告支付给原告。

开庭时，被告不到庭，法院如何处理？

答：对此问题，我国《民事诉讼法》第147条规定："被告经传票传唤，无正当理由拒不到庭的，或者未经法庭许可中途退庭的，可以缺席判决。"从这条的规定可以看出，即使被告没有出庭或者中途退庭，法院也完全可以作出缺席判决。但值得注意的是，对于必须到庭的被告，经人民法院两次传票传唤，无正当理由拒不到庭的，人民法院可以根据民事诉讼法的有关规定对其采取拘传的强制措施。必须到庭的被告，一般是指追索赡养费、抚养费、抚恤金、劳动报酬和离婚案件的被告，以及其他不到庭就无法查清案情的被告。两次传票传唤，指人民法院送达传票，并由受送达人或者代收人在送达回证上签名或者盖章。无正当理由，一般指没有不可抗力、意外事件等使被告无法到庭的特殊情况。

在诉讼过程中，一方当事人死亡，案件如何处理？

答：我国《民事诉讼法》第154条规定："有下列情形之一的，终结诉讼：（一）原告死亡，没有继承人，或者继承人放弃诉讼权利的；（二）被告死亡，没有遗产，也没有应当承担义务的人的；（三）离婚案件一方当事人死亡的；（四）追索赡养费、扶养费、抚养费以及解除收养关系案件的一方当事人死亡的。"从本条规定可以看出，当事人在诉讼中的角色不同，其死亡后的法律后果也是不同的。对于原告而言，如果存在继承人或者继承人愿意继续诉讼的，可以继续诉讼，否则由法院裁定终结该诉讼。而对于被告，如果他在死亡后没有遗产，那么即使原告胜诉，也得不到赔偿，诉讼再继续进行下去也没有意义，所以在这种情况下，法院也应当裁定终结诉讼。在离婚、追索赡养费、扶养费、抚养费以及解除收养关系案件中，由于该诉讼与当事人的身份有着紧密关系，当事人死亡后，身份关系已经消失，诉讼自然也无法进行下去。此时，法院就应当裁定终结诉讼。

经过法院调解达成的协议具有法律效力吗？

答：法庭调解是指在人民法院审判人员的主持下，双方当事人就民事争议通过自愿协商，达成协议的活动和结案方式。民事诉讼中，如果调解成功了，就可以结案了。如果调解不成功，则诉讼继续进行。根据我国《民事诉讼法》第100条的规定，调解达成协议，人民法院应当制作调解书。调解书应当写明诉讼请求、案件的事实和调解结果。调解书由审判人员、书记员署名，加盖人民法院印章，送达双方当事人。调解书经双方当事人签收后，即具有法律效力。

什么是反诉，该诉求提出后与原案件合并审理吗？

答：反诉，是指在已经开始的诉讼程序中，本诉的被告通过法院向本诉的原告提出的一种独立的反请求。反诉是针对本诉提出的概念，反诉的原告就是本诉的被告，而被告提起反诉的目的，在于抵消或吞并原告所提起之诉，使原告败诉。反诉必须与本诉为同一诉讼程序，而且被告提起的诉与原告提起的诉是互为相反的诉，联系密切。因此，反诉可以由同一个法院合并审理。

什么是简易程序？什么样的案件适用简易程序？

答：简易程序，是指基层人民法院及其派出法庭审理简单民事案件所适用的一种简便易行的诉讼程序。根据我国《民事诉讼法》第160条的规定，基层人民法院和它派出的法庭审理事实清楚、权利义务关系明确、争议不大的简单的民事案件，适用简易程序。此外，基层人民法院和它派出的法庭审理前款规定以外的民事案件，当事人双方也可以约定适用简易程序。

提起上诉需要满足什么条件？

答：当事人在一审人民法院作出判决或裁定后，如果不服一审判决或裁定，可以向一审法院的上一级法院提起上诉。提起上诉必须满足以下几个条件：（1）必须是依法允许上诉的判决和裁定。可以提起上诉的判决有一审法院依普通程序作出的一审判决，二审法院发回重审后一审法院作出的判决，再审时按一审程序审理所作的判决。可以提起上诉的裁定有不予受理的裁定、管辖权异议的裁定、驳回起诉的裁定。（2）提起上诉的主体必须与案件有直接利害关系，包括一审原告、被告、共同诉讼人、有独立请求权的第三人、判决承担民事责任的无独立请求权第三人。（3）上诉要在法定期间内提出，不服一审判决的可以在判决书送达之日起15日内提出，不服一审裁定的在裁定书送达之日起10日内提出，这里所说的上诉期间都是从判决、裁定送达之日起第二日开始计算。如果超期没有提起上诉，过了上诉期，原审判决和裁定就发生法律效力了。（4）必须提交上诉状。

当事人不服一审判决，如何提交上诉状？

答：我国《民事诉讼法》第173条规定："上诉状应当通过原审人民法院提出，并按照对方当事人或者代表人的人数提出副本。当事人直接向第二审人民法院上诉的，第二审人民法院应当在五日内将上诉状移交原审人民法院。"从该条规定可以看出，当事人提交上诉状，可以向原审法院提交，也可以直接向二审法院提交。不过从提高诉讼效率的角度讲，建议向原审法院提交。因为即使当事人直接将上诉状提交到二审法院，二审法院也得将其转交给原审法院。

什么是民事上诉状？如何书写民事上诉状？

答：民事上诉状指民事诉讼当事人，不服地方各级人民法院第一审民事判决或裁定，依照法定程序和期限，向上一级人民法院提起上诉，请求撤销或变更原审裁判的书状。

民事上诉状包括以下基本内容：

（1）首部：

①标题：写"民事上诉状"。

②当事人基本情况：先写上诉人，再写被上诉人。包括上诉人和被上诉人的姓名、性别、年龄、民族、职业、工作单位、住所和联系方式，法人或者其他组织的名称、住所和法定代表人或者主要负责人的姓名、职务、联系方式。上诉人如有法定代理人或委托代理人的，写明法定（或委托）代理人姓名，性别，年龄，民族，职业或职务，工作单位、住址和联系方式，与上诉人的关系，代理人是律师的，只列写姓名、职务。

（2）上诉请求：说明具体的请求目的，是要求撤销原审裁判，全部改变原审的处理决定，还是要求对原审裁判作部分变更。请求目的要写得明确、具体、详尽。

（3）事实与理由：民事上诉状的上诉理由主要是针对原审裁判说话，而不是针对对方当事人的；民事起诉状则完全是论述对方当事人的无理之处，这就是上诉状和起诉状在写法上的根本区别。

针对原审裁判，论证不服的理由，可从以下几个方面进行：

①对原审认定事实错误的论证。着重提出原审裁判所认定的事实是全部错误，还是部分错误；说明客观事实真相究竟如何。上诉状中提出的与原认定的事实相对抗的客观事实真相必须举出确实充分的证据来加以证实。

②对原审确定性质不当的论证。要具体指出其定性不当之处。

③对原判适用实体法不当的论证。这就是指原判引用有关的实体法条文，或者是与案情事实不相适应，或者是在引用有关法律条文上存在片面性，或者是曲解了法律条款，等等，以致造成处理不当的。要举出有关法律条款，加以具体的分析论证。

④对原审适用程序法不当，因而影响正确审判的论证。这是指原审在审理案件中，违反了程序法的规定，因此造成案件处理不当的，可以据实予以提出，以作为要求改变原审裁判的理由。

上诉理由通常跟着写结束语。通常的写法是：综上所述，说明×××人民法院（或原审）所作的判决（或裁定）不当，特向你院上诉，请求撤销原判（或裁定），给予依法改判（或重新处理）。

（4）尾部及附项：

①致送机关，可分三行写为：此致×××人民法院转报×××中级（或高级）人民法院；也可直接写为：此致×××中级（或高级）人民法院。

②署名：上诉人：×××（签名或盖章）并注明年、月、日。

③附项：本上诉状副本×份。

民事上诉状示范格式：

民事上诉状

上诉人：

被上诉人：

_____因_____（写明案由）一案，不服_____人民法院_____年___月作出的（　）_____号民事判决/裁定，现提起上诉。

上诉请求：

_____

上诉理由：

_____

_____

此致

_____人民法院

附：本上诉状副本____份。

　　　　上诉人：_____

　　　　_____年___月___日

当事人申请再审的，应当符合哪些情形？

答：当事人申请再审，是指当事人认为法院作出的生效判决或裁定有错误，在符合法律规定条件下，请求做出生效判决的法院的上一级法院对该案再次予以审理的行为。根据《民事诉讼法》第207条的规定，当事人的申请符合下列情形之一的，人民法院应当再审：（一）有新的证据，足以推翻原判决、裁定的；（二）原判决、裁定认定的基本事实缺乏证据证明的；（三）原判决、裁定认定事实的主要证据是伪造的；（四）原判决、裁定认定事实的主要证据未经质证的；（五）对审理案件需要的主要证据，当事人因客观原因不能自行收集，书面申请人民法院调查收集，人民法院未调查收集的；（六）原判决、裁定适用法律确有错误的；（七）审判组织的组成不合法或者依法应当回避的审判人员没有回避的；（八）无诉讼行为能力人未经法定代理人代为诉讼或者应当参加诉讼的当事人，因不能归责于本人或者其诉讼代理人的事由，未参加诉讼的；（九）违反法律规定，剥夺当事人辩论权利的；（十）未经传票传唤，缺席判决的；（十一）原判决、裁定遗漏或者超出诉讼请求的；（十二）据以作出原判决、裁定的法律文书被撤销或者变更的；（十三）审判人员审理该案件时有贪污受贿，徇私舞弊，枉法裁判行为的。

法第二百零七条规定情形之一的，或者发现调解书损害国家利益、社会公共利益的，应当提出抗诉。地方各级人民检察院对同级人民法院已经发生法律效力的判决、裁定，发现有本法第二百零七条规定情形之一的，或者发现调解书损害国家利益、社会公共利益的，可以向同级人民法院提出检察建议，并报上级人民检察院备案；也可以提请上级人民检察院向同级人民法院提出抗诉。各级人民检察院对审判监督程序以外的其他审判程序中审判人员的违法行为，有权向同级人民法院提出检察建议。"

申请再审的期限是多长？

答：我国《民事诉讼法》第212条规定："当事人申请再审，应当在判决、裁定发生法律效力后六个月内提出；有本法第二百零七条第一项、第三项、第十二项、第十三项规定情形的，自知道或者应当知道之日起六个月内提出。"其中，《民事诉讼法》第207条第1项、第3项、第12项、第13项规定情形分别为：有新的证据，足以推翻原判决、裁定的；原判决、裁定认定事实的主要证据是伪造的；据以作出原判决、裁定的法律文书被撤销或者变更的；审判人员审理该案件时有贪污受贿，徇私舞弊，枉法裁判行为的。

检察院可以要求法院对已经生效的判决进行重审吗？

答：检察院可以抗诉，要求法院对已经生效的判决重新审理。抗诉，是指人民检察院对人民法院已经生效的民事判决、裁定，认为确有错误，依法提请人民法院对案件重新审理的诉讼行为。我国《民事诉讼法》第215条规定："最高人民检察院对各级人民法院已经发生法律效力的判决、裁定，上级人民检察院对下级人民法院已经发生法律效力的判决、裁定，发现有本

哪些情形下可以申请支付令？

答：我国《民事诉讼法》第221条第1款规定："债权人请求债务人给付金钱、有价证券，符合下列条件的，可以向有管辖权的基层人民法院申请支付令：（一）债权人与债务人没有其他债务纠纷的；（二）支付令能够送达债务人的。"由此可见，如果债权债务关系相对简单，可以不必起诉而直接向人民法院申请支付令。如果债务人在接到支付令之日起15日内没有执行该支付令，又对支付令没有提出异议的，债权人可以直接申请法院强制执行。

申请强制执行的条件、期限是什么？

答：申请强制执行是指人民法院的判决、裁定、调解书或者其他法律文书生效以后，其中所确定的应该承担义务的一方当事人由于各种原因，可能会拒绝履行自己的义务，那么权利人就可以向法院申请强制执行。向法院申请强制执行的法律文书必须是已经生效的判决书，裁定书，刑事判决、裁定中的财产部分或其他法律文书，如仲裁裁决书、公证文书等。申请执行的期间为两年。申请执行时效的中止、中断，适用法律有关诉讼时效中止、中断

的规定。这两年的期间,从法律文书规定履行期间的最后一日起计算;法律文书规定分期履行的,从最后一期履行期限届满之日起计算;法律文书未规定履行期间的,从法律文书生效之日起计算。

被执行财产在外地,应该委托哪个法院执行?

答:我国《民事诉讼法》第236条规定:"被执行人或者被执行的财产在外地的,可以委托当地人民法院代为执行。受委托人民法院收到委托函件后,必须在十五日内开始执行,不得拒绝。执行完毕后,应当将执行结果及时函复委托人民法院;在三十日内如果还未执行完毕,也应当将执行情况函告委托人民法院。受委托人民法院自收到委托函件之日起十五日内不执行的,委托人民法院可以请求受委托人民法院的上级人民法院指令受委托人民法院执行。"由此可见,如果被执行人或者被执行财产在外地的,受诉法院可以委托被执行人或者被执行财产所在地的法院执行。

二、刑事诉讼

什么样的刑事案件可以由当事人自己提起诉讼?

答:一般情况下,刑事诉讼都是由人民检察院提起公诉的。但是有些案件法律规定由被害人提起自诉,采用"不告不理"原则,即如果当事人不向法院提出告诉,法院不会主动受理。自诉案件由人民法院直接受理,检察院不能提起公诉。我国《刑事诉讼法》第210条规定:"自诉案件包括下列案件:(一)告诉才处理的案件;(二)被害人有证据证明的轻微刑事案件;(三)被害人有证据证明对被告人侵犯自己人身、财产权利的行为应当依法追究刑事责任,而公安机关或者人民检察院不予追究被告人刑事责任的案件。"

一个案子在经两级法院审判以后,还有机会得到上一级法院的重新审理吗?

答:我国《刑事诉讼法》第253条规定:"当事人及其法定代理人、近亲属的申诉符合下列情形之一的,人民法院应当重新审判:(一)有新的证据证明原判决、裁定认定的事实确有错误,可能影响定罪量刑的;(二)据以定罪量刑的证据不确实、不充分、依法应当予以排除,或者证明案件事实的主要证据之间存在矛盾的;(三)原判决、裁定适用法律确有错误的;(四)违反法律规定的诉讼程序,可能影响公正审判的;(五)审判人员在审理该案件的时候,有贪污受贿,徇私舞弊,枉法裁判行为的。"也就是说,在以上五种法定情形下,即使一个案件已经经过两级法院的审判,当事人在向上一级法院申请再审的时候,上一级法院是应该受理并重新审理该案的。

哪些案件必须公开审理?哪些案件不得公开审理?

答:我国《刑事诉讼法》第188条明确规定:"人民法院审判第一审案件应当公开进行。但是有关国家秘密或者个人隐私的案件,不公开审理;涉及商业秘密的案件,当事人申请不公开审理的,可以不公开审理。不公开审理的案件,应当当庭宣布不公开审理的理由。"需要说明的是,即使是不公开审理的案件,根据刑事诉讼法规定,也应该公开宣判。但是对于合议庭的审议过程,不管是公开审理还是不公开审理的案件,都是不公开的。

哪些案件由中级人民法院进行一审呢？

答：根据我国《刑事诉讼法》第21条的规定，中级人民法院管辖下列第一审刑事案件：（1）危害国家安全、恐怖活动案件；（2）可能判处无期徒刑、死刑的案件。

法官审理水平不高，能成为申请法官回避的事由吗？

答：我国《刑事诉讼法》第29条列举了刑事诉讼中应该回避的情形。审判人员、检察人员、侦查人员有下列情形之一的，应当自行回避，当事人及其法定代理人也有权要求他们回避：（一）是本案的当事人或者是当事人的近亲属的；（二）本人或者他的近亲属和本案有利害关系的；（三）担任过本案的证人、鉴定人、辩护人、诉讼代理人的；（四）与本案当事人有其他关系，可能影响公正处理案件的。此外，《最高人民法院关于审判人员在诉讼活动中执行回避制度若干问题的规定》第1条详细地规定了审判人员应当回避的情形：审判人员具有下列情形之一的，应当自行回避，当事人及其法定代理人有权以口头或者书面形式申请其回避：（1）是本案的当事人或者与当事人有近亲属关系（包括与审判人员有夫妻、直系血亲、三代以内旁系血亲及近姻亲关系的亲属）的；（2）本人或者其近亲属与本案有利害关系的；（3）担任过本案的证人、翻译人员、鉴定人、勘验人、诉讼代理人、辩护人的；（4）与本案的诉讼代理人、辩护人有夫妻、父母、子女或者兄弟姐妹关系的；（5）与本案当事人之间存在其他利害关系，可能影响案件公正审理的。根据上述条文的规定，当事人申请法官回避的情形，只限于以上法条规定的情形，而法官审理水平不高，不是审判人员应当回避的法定情形，是不能成为申请回避的事由的。

可否申请对方当事人提供的证人回避？

答：我国《刑事诉讼法》第29条规定："审判人员、检察人员、侦查人员有下列情形之一的，应当自行回避，当事人及其法定代理人也有权要求他们回避：（一）是本案的当事人或者是当事人的近亲属的；（二）本人或者他的近亲属和本案有利害关系的；（三）担任过本案的证人、鉴定人、辩护人、诉讼代理人的；（四）与本案当事人有其他关系，可能影响公正处理案件的。"第32条规定："本章关于回避的规定适用于书记员、翻译人员和鉴定人。辩护人、诉讼代理人可以依照本章的规定要求回避、申请复议。"从以上两条规定可以看出，回避适用的对象仅包括审判人员、检察人员、侦查人员和第32条中规定的书记员、翻译人员以及鉴定人。可见，证人并不适用回避制度。也就是说，不可以申请对方当事人提供的证人回避。

犯罪嫌疑人如何获得律师帮助？

答：首先，在侦查阶段，犯罪嫌疑人可以在被逮捕之后聘请律师为其提供法律咨询，代理申诉、控告，律师有权向侦查机关了解犯罪嫌疑人涉及的罪名，可以会见犯罪嫌疑人向他了解案件情况，但这个阶段的律师不是辩护人，没有辩护权，只是提供法律帮助的人。其次，在案件进入检察院审查起诉的阶段，犯罪嫌疑人就有权聘请辩护人了，同时，人民检察院自收到移送审查起诉的案件材料之日起3日以内，应当告知犯罪嫌疑人有权委托辩护人。注意这个阶段的律师是以辩护人的身份出现的。最后，案件进入审判阶段时，若犯罪嫌疑人还没有聘请律师，人民法院应当为其安排辩护律师，根据我国《刑事诉讼法》第35条的规定，犯罪嫌疑人、被告人因经济困难或者其他原因没有委托辩护人的，本人及其近亲属可以向法律援助机构提出申请。对符合法律援助条件的，法律援助机构应当指派律师为其提供辩护。犯罪嫌疑人、被告人是盲、聋、哑人，或者是尚未完全丧失辨认或者控制自己行为能力的精神病人，没有委托辩护人的，人民法院、人民检察院和公安机关应当通知法律援助机构指派律师为其提供辩护。犯罪嫌疑人、被告人可能被判处无期徒刑、死刑，没有委托辩护人的，人民法院、人民检察院和公安机关应当通知法律援助机构指派律师为其提供辩护。

在刑事诉讼中，是不是一定得请律师担任辩护人？

答：我国《刑事诉讼法》第33条规定："犯罪嫌疑人、被告人除自己行使辩护权以外，还可以委托一至二人作为辩护人。下列的人可以被委托为辩护人：（一）律师；（二）人民团体或者犯罪嫌疑人、被告人所在单位推荐的人；（三）犯罪嫌疑人、被告人的监护人、亲友。正在被执行刑罚或者依法被剥夺、限制人身自由的人，不得担任辩护人。被开除公职和被吊销律师、公证员执业证书的人，不得担任辩护人，但系犯罪嫌疑人、被告人的监护人、近亲属的除外。"从这条规定可以看出，辩护人并非只有律师才能担任。不过需要指出的是，不是律师的人担任辩护人，同律师担任辩护人相比，不能享有某些专属于律师的权利，比如《刑事诉讼法》第39条所规定的不必经有关部门许可在公安机关侦查阶段的会见权，在检察院审查起诉过程中的调查取证权和阅卷权。

一名被告人最多可以委托多少辩护人？

答：委托辩护律师也许是多多益善的，但这也仅仅是对犯罪嫌疑人、被告人而言。事实上，如果被告人一方被一群辩护律师簇拥着，众多的律师频繁地更替着发言，会造成法庭秩序的混乱，威严的庭审也就变成了闹剧。而且，众多的辩护律师，每个人的辩护方式、辩护理念都不一样，在辩护过程中肯定会起冲突，不利于维护被告人的诉讼权利。因此，为了避免不必要的意外发生，一名被告最多只能委托两名辩护人。对此，我国《刑事诉讼法》第33条也有明确规定："犯罪嫌疑人、被告人除自己行使辩护权以外，还可以委托一至二人作为辩护人。……"

律师在审查起诉阶段可以为委托人做什么？

答：审查起诉阶段是指案件移送到检察院，检察院向法院提起公诉之前的那个阶段。该阶段，犯罪嫌疑人委托的律师可以为其做的事情主要有三种：（1）辩护律师可以查阅、摘抄、复制本案的案卷材料；（2）律师可以同在押的犯罪嫌疑人会见和通信，以便于更好地为他们辩护；（3）律师可以调查取证。如《刑事诉讼法》第41条至第43条规定，辩护人认为在侦查、审查起诉期间公安机关、人民检察院收集的证明犯罪嫌疑人、被告人无罪或者罪轻的证据材料未提交的，有权申请人民检察院、人民法院调取。辩护人收集的有关犯罪嫌疑人不在犯罪现场、未达到刑事责任年龄、属于依法不负刑事责任的精神病人的证据，应当及时告知公安机关、人民检察院。辩护律师经证人或者其他有关单位和个人同意，可以向他们收集与本案有关的材料，也可以申请人民检察院、人民法院收集、调取证据，或者申请人民法院通知证人出庭作证。辩护律师经人民检察院或者人民法院许可，并且经被害人或者其近亲属、被害人提供的证人同意，可以向他们收集与本案有关的材料。

法院可在被告人没有辩护律师的情况下直接审理并判他死刑吗？

答： 我国《刑事诉讼法》第35条第2款、第3款规定："犯罪嫌疑人、被告人是盲、聋、哑人，或者是尚未完全丧失辨认或者控制自己行为能力的精神病人，没有委托辩护人的，人民法院、人民检察院和公安机关应当通知法律援助机构指派律师为其提供辩护。犯罪嫌疑人、被告人可能被判处无期徒刑、死刑，没有委托辩护人的，人民法院、人民检察院和公安机关应当通知法律援助机构指派律师为其提供辩护。"由此可见，在被告人可能被判决死刑时，如果被告人没有委托辩护人的，法院应该通知法律援助机构指派律师为其提供辩护，而不能在被告人没有委托辩护人的情况下，就直接判他死刑。

取保候审是怎么回事？

答： 取保候审，是指人民法院、人民检察院或公安机关责令某些犯罪嫌疑人、刑事被告人提出保证人或者交纳保证金，保证随传随到的强制措施。取保候审由公安机关执行。被取保候审的犯罪嫌疑人、被告人应当遵守以下规定：（1）未经执行机关批准不得离开所居住的市、县；（2）住址、工作单位和联系方式发生变动的，在24小时以内向执行机关报告；（3）在传讯的时候及时到案；（4）不得以任何形式干扰证人作证；（5）不得毁灭、伪造证据或者串供。此外，人民法院、人民检察院和公安机关还可以根据案件情况，责令被取保候审的犯罪嫌疑人、被告人遵守以下一项或者多项规定：（1）不得进入特定的场所；（2）不得与特定的人员会见或者通信；（3）不得从事特定的活动；（4）将护照等出入境证件、驾驶证件交执行机关保存。被取保候审的犯罪嫌疑人、被告人违反前面规定，已交纳保证金的，没收部分或者全部保证金，并且区别情形，责令犯罪嫌疑人、被告人具结悔过，重新交纳保证金、提出保证人，或者监视居住、予以逮捕。

此外，根据我国《刑事诉讼法》第67条的规定，取保候审的适用对象主要包括：（1）可能判处管制、拘役或者独立适用附加刑的；（2）可能判处有期徒刑以上刑罚，采取取保候审不致发生社会危险性的；（3）患有严重疾病、生活不能自理，怀孕或者正在哺乳自己婴儿的妇女，采取取保候审不致发生社会危险性的；（4）羁押期限届满，案件尚未办结，需要采取取保候审的。

可不可以在犯罪行为发生后一周，才将犯罪嫌疑人扭送至公安局？

答： 我国《刑事诉讼法》第84条规定："对于有下列情形的人，任何公民都可以立即扭送公安机关、人民检察院或者人民法院处理：（一）正在实行犯罪或者在犯罪后即时被发觉的；（二）通缉在案的；（三）越狱逃跑的；（四）正在被追捕的。"根据本条的规定，公民在一定情形下是有权利将犯罪嫌疑人扭送至公安机关的。对于通缉在案的、越狱逃跑的、正在被追捕的，公民在任何时候发现，都可以将其扭送至公安机关。除了上面所列三种情况之外，公民要将犯罪嫌疑人扭送到公安机关，只有是该犯罪嫌疑人正在实行犯罪或者在犯罪后即被发现的，才有权扭送。所以，公民不可以在犯罪行为发生后一周，才将犯罪嫌疑人扭送至公安局，而只能够向公安局报案，交由公安局处理。

在正常情况下，公安局最长可以拘留犯罪嫌疑人多少天？

答： 我国《刑事诉讼法》第91条规定："公安机关对被拘留的人，认为需要逮捕的，应当在拘留后的三日以内，提请人民检察院审查批准。在特殊情况下，提请审查批准的时间可以延长一日至四日。对于流窜作案、多次作案、结伙作案的重大嫌疑分子，提请审查批准的时间可以延长至三十日。人民检察院应当自接到公安机关提请批准逮捕书后的七日以内，作出批准逮捕或者不批准逮捕的决定。人民检察院不批准逮捕的，公安机关应当在接到通知后立即释放，并且将执行情况及时通知人民检察院。对于需要继续侦查，并且符合取保候审、监视居住条件的，依法取保候审或者监视居住。"根据上述法律的规定，正常情况下，公安机关在拘留3日后，就应该报检察院批准逮捕；特殊情况下，可以延长1日至4日。对于流窜、结伙、多次作案的，报检察院批准逮捕的时间可以延长到30日。也就是说，一般情况下，公安局最长可以拘留犯罪嫌疑人37日。

刑事附带民事诉讼是否可以提起精神损害赔偿？

答：我国《刑事诉讼法》第101条规定："被害人由于被告人的犯罪行为而遭受物质损失的，在刑事诉讼过程中，有权提起附带民事诉讼。被害人死亡或者丧失行为能力的，被害人的法定代理人、近亲属有权提起附带民事诉讼。如果是国家财产、集体财产遭受损失的，人民检察院在提起公诉的时候，可以提起附带民事诉讼。"从本条规定可以看出，刑事附带民事诉讼中所解决的赔偿范围，仅以被害人所受到的物质损害为限。而被害人提出的精神损害，比如因强奸或者侮辱而受到的精神损害，则并不属于刑事附带民事诉讼的赔偿范围。

侦查阶段，律师是否享有调查取证权？

答：根据我国《刑事诉讼法》第38条、第39条的规定，辩护律师在侦查期间可以为犯罪嫌疑人提供法律帮助；代理申诉、控告；申请变更强制措施；向侦查机关了解犯罪嫌疑人涉嫌的罪名和案件有关情况，提出意见。辩护律师可以同在押的犯罪嫌疑人、被告人会见和通信。辩护律师会见在押的犯罪嫌疑人、被告人，可以了解案件有关情况，提供法律咨询等。由此可见，在侦查阶段，律师所享有的权利是不完全的，其提供的法律服务仅包括为犯罪嫌疑人提供法律帮助和法律咨询，代理申诉、控告，申请变更强制措施，会见犯罪嫌疑人和与之通信，除此之外，还可以了解犯罪嫌疑人所涉及的罪名和案件有关情况并提出意见，而其他权利，如调查取证权、阅卷权，只能在公安机关侦查终结、移送审查起诉之后才享有。

一个案件上诉至上一级法院以后，上一级法院对于该案件可以作出哪些判决？

答：我国《刑事诉讼法》第236条第1款规定："第二审人民法院对不服第一审判决的上诉、抗诉案件，经过审理后，应当按照下列情形分别处理：（一）原判决认定事实和适用法律正确、量刑适当的，应当裁定驳回上诉或者抗诉，维持原判；（二）原判决认定事实没有错误，但适用法律有错误，或者量刑不当的，应当改判；（三）原判决事实不清楚或者证据不足的，可以在查清事实后改判；也可以裁定撤销原判，发回原审人民法院重新审判。"由此可见，上一级法院，即二审法院在处理上诉案件时，应该严格按照法律规定，根据不同情形，作出不同的处理结果。

被告人上诉，二审法院可以加重其刑罚吗？

答：我国《刑事诉讼法》第237条规定："第二审人民法院审理被告人或者他的法定代理人、辩护人、近亲属上诉的案件，不得加重被告人的刑罚。第二审人民法院发回原审人民法院重新审判的案件，除有新的犯罪事实，人民检察院补充起诉的以外，原审人民法院也不得加重被告人的刑罚。人民检察院提出抗诉或者自诉人提出上诉的，不受前款规定的限制。"这就是"上诉不加刑"原则，即对于一审判决，被害人和检察院都比较满意，没有提起上诉或抗诉，而只有被告人认为该判决对自己不公、判刑过重而向上一级法院提起上诉的，二审法院在审理该上诉案件时，就不得加重对被告人的原处罚。而检察院认为量刑过轻而抗诉的情况下，二审法院在审理案件时，就可以不受"上诉不加刑"原则的限制，而可以直接根据所认定的事实和法律对案件作出二审判决，如果认为一审法院量刑较轻的，可以加重刑罚。

对于被判处死刑的罪犯，什么情形下可以"刀下留人"？

答：我国《刑事诉讼法》第262条规定："下级人民法院接到最高人民法院执行死刑的命令后，应当在七日以内交付执行。但是发现有下列情形之一的，应当停止执行，并且立即报告最高人民法院，由最高人民法院作出裁定：（一）在执行前发现判决可能有错误的；（二）在执行前罪犯揭发重大犯罪事实或者有其他重大立功表现，可能需要改判的；（三）罪犯正在怀孕。前款第一项、第二项停止执行的原因消失后，必须报请最高人民法院院长再签发执行死刑的命令才能执行；由于前款第三项原因停止执行的，应当报请最高人民法院依法改判。"由此可见，在现实生活中，即使犯罪嫌疑人已被判处死刑，但在执行前如果有《刑事诉讼法》第262条规定的情形的，也可以"刀下留人"。这体现了少杀与慎杀的原则。

对死刑犯可以"游街示众"吗？

答：我国《刑事诉讼法》第263条规定："人民法院在交付执行死刑前，应当通知同级人民检察院派员临场监督。……执行死刑应当公布，不应示众。……"由此可见，在法治社会中，执行死刑是不能示众的，当然更不能"游街示众"。

什么是监外执行？哪些人适用监外执行？

答：监外执行，是指依照有关法律规定，对因身体有病等不适合在监狱或者其他关押场所执行的罪犯，经过法定的程序，采用暂不关押而在监外执行刑罚的一种执行方法。经过一定时间，如果批准暂予监外执行的条件已不存在，而且刑期还没有执行完毕，或者符合取消监外执行的条件时，执行机关仍然要将其收监执行。对于监外执行，我国《刑事诉讼法》第265条作出了明确的规定："对被判处有期徒刑或者拘役的罪犯，有下列情形之一的，可以暂予监外执行：（一）有严重疾病需要保外就医的；（二）怀孕或者正在哺乳自己婴儿的妇女；（三）生活不能自理，适用暂予监外执行不致危害社会的。对被判处无期徒刑的罪犯，有前款第二项规定情形的，可以暂予监外执行。对适用保外就医可能有社会危险性的罪犯，或者自伤自残的罪犯，不得保外就医。对罪犯确有严重疾病，必须保外就医的，由省级人民政府指定的医院诊断并开具证明文件。在交付执行前，暂予监外执行由交付执行的人民法院决定；在交付执行后，暂予监外执行由监狱或者看守所提出书面意见，报省级以上监狱管理机关或者设区的市一级以上公安机关批准。"

犯罪嫌疑人被抓后如实供述自己的罪行，是否真能被宽大处理？

答：很多犯罪嫌疑人被警方抓获后，存有侥幸心理，与警方周旋，不愿意讲实话，甚至还有些人将警方所讲的"坦白从宽"政策视为子虚乌有。这是极其错误的想法。我国《刑事诉讼法》第15条规定："犯罪嫌疑人、被告人自愿如实供述自己的罪行，承认指控的犯罪事实，愿意接受处罚的，可以依法从宽处理。"犯罪后，认罪服法是唯一的道路。

认罪认罚具结书是怎么回事？

答：我国《刑事诉讼法》第174条第1款规定："犯罪嫌疑人自愿认罪，同意量刑建议和程序适用的，应当在辩护人或者值班律师在场的情况下签署认罪认罚具结书。"由此可见，认罪认罚具结书是由犯罪嫌疑人在自愿认罪情形下签署的一种法律文书。当然，也不是所有的认罪认罚情形都需要签署认罪认罚具结书，根据该法第174条第2款的规定，犯罪嫌疑人认罪认罚，有下列情形之一的，不需要签署认罪认罚具结书：（1）犯罪嫌疑人是盲、聋、哑人，或者是尚未完全丧失辨认或者控制自己行为能力的精神病人的；（2）未成年犯罪嫌疑人的法定代理人、辩护人对未成年人认罪认罚有异议的；（3）其他不需要签署认罪认罚具结书的情形。

什么是速裁程序？

答：根据我国《刑事诉讼法》第222条、第224条的规定，基层人民法院管辖的可能判处3年有期徒刑以下刑罚的案件，案件事实清楚，证据确实、充分，被告人认罪认罚并同意适用速裁程序的，可以适用速裁程序，由审判员一人独任审判。适用速裁程序审理案件，不受《刑事诉讼法》关于公诉案件所规定的送达期限的限制，一般不进行法庭调查、法庭辩论，但在判决宣告前应当听取辩护人的意见和被告人的最后陈述意见。并且，适用速裁程序审理案件，应当当庭宣判。

速裁程序不得适用于哪些情形？

答：根据我国《刑事诉讼法》第223条的规定，有下列情形之一的，不适用速裁程序：（1）被告人是盲、聋、哑人，或者是尚未完全丧失辨认或者控制自己行为能力的精神病人的；（2）被告人是未成年人的；（3）案件有重大社会影响的；（4）共同犯罪案件中部分被告人对指控的犯罪事实、罪名、量刑建议或者适用速裁程序有异议的；（5）被告人与被害人或者其法定代理人没有就附带民事诉讼赔偿等事项达成调解或者和解协议的；（6）其他不宜适用速裁程序审理的。

三、行政诉讼

行政机关可以阻止人民法院受理行政案件吗？

答：根据我国《行政诉讼法》第3条的规定，人民法院应当保障公民、法人和其他组织的起诉权利，对应当受理的行政案件依法受理。行政机关及其工作人员不得干预、阻碍人民法院受理行政案件。被诉行政机关负责人应当出庭应诉。不能出庭的，应当委托行政机关相应的工作人员出庭。由此可见，人民法院应当依法受理行政诉讼案件，行政机关不可以阻止人民法院受理行政案件，并且被诉行政机关的负责人也应当出庭应诉，如果不能出庭应诉的，要委托行政机关相关人员出庭应诉。

行政诉讼中，双方当事人的法律地位平等吗？

答：民告官，是行政诉讼或行政官司的俗称。行政诉讼是"官"民矛盾的化解机制。民告官，有的"告官不见官"，导致行政诉讼起诉难、受理难、审判难等问题，引发群众抱怨和不满。

根据我国《行政诉讼法》第8条的规定，当事人在行政诉讼中的法律地位平等。由此可见，法律面前人人平等。在日常司法实践中，行政机关必须严格遵守宪法和《行政诉讼法》等相关法律法规，依法办事，依法律己，铁面无私，公道正派。在宪法和法律规定的范围内行事，自觉接受群众监督，严格规范行政行为，切实为民排忧解难，维护好广大群众的合法权益。

行政案件可跨区管辖吗？

答：《行政诉讼法》第18条第2款规定："经最高人民法院批准，高级人民法院可以根据审判工作的实际情况，确定若干人民法院跨行政区域管辖行政案件。"由此可以看出，行政案件可跨区管辖。该规定有利于打击司法审判的地方保护问题。

行政诉讼的受案范围有哪些？

答：根据我国《行政诉讼法》第12条的规定，人民法院受理公民、法人和其他组织对下列行政行为不服提起的诉讼：（1）对行政拘留、暂扣或者吊销许可证和执照、责令停产停业、没收违法所得、没收非法财物、罚款、警告等行政处罚不服的；（2）对限制人身自由或者对财产的查封、扣押、冻结等行政强制措施和行政强制执行不服的；（3）申请行政许可，行政机关拒绝或者在法定期限内不予答复，或者对行政机关作出的有关行政许可的其他决定不服的；（4）对行政机关作出的关于确认土地、矿藏、水流、森林、山岭、草原、荒地、滩涂、海域等自然资源的所有权或者使用权的决定不服的；（5）对征收、征用决定及其补偿决定不服的；（6）申请行政机关履行保护人身权、财产权等合法权益的法定职责，行政机关拒绝履行或者不予答复的；（7）认为行政机关侵犯其经营自主权或者农村土地承包经营权、农村土地经营权的；（8）认为行政机关滥用行政权力排除或者限制竞争的；（9）认为行政机关违法集资、摊派费用或者违法要求履行其他义务的；（10）认为行政机关没有依法支付抚恤金、最低生活保障待遇或者社会保险待遇的；（11）认为行政机关不依法履行、未按照约定履行或者违法变更、解除政府特许经营协议、土地房屋征收补偿协议等协议的；（12）认为行政机关侵犯其他人身权、财产权等合法权益的。除前款规定外，人民法院受理法律、法规规定可以提起诉讼的其他行政案件。以上这些就是行政诉讼的受案范围。

对于哪些事即便提起行政诉讼，法院也不会受理？

答：根据《行政诉讼法》第13条的规定，人民法院不受理公民、法人或者其他组织对下列事项提起的诉讼：（1）国防、外交等国家行为；（2）行政法规、规章或者行政机关制定、发布的具有普遍约束力的决定、命令；（3）行政机关对行政机关工作人员的奖惩、任免等决定；（4）法律规定由行政机关最终裁决的行政行为。

谁有权提起行政诉讼？

答：根据我国《行政诉讼法》第25条的规定，行政行为的相对人以及其他与行政行为有利害关系的公民、法人或者其他组织，有权提起诉讼。有权提起诉讼的公民死亡，其近亲属可以提起诉讼。有权提起诉讼的法人或者其他组织终止，承受其权利的法人或者其他组织可以提起诉讼。

人民检察院在履行职责中发现生态环境和资源保护、食品药品安全、国有财产保护、国有土地使用权出让等领域负有监督管理职责的行政机关违法行使职权或者不作为，致使国家利益或者社会公共利益受到侵害的，应当向行政机关提出检察建议，督促其依法履行职责。行政机关不依法履行职责的，人民检察院依法向人民法院提起诉讼。

认为多个机关作出的同一行政行为侵犯自己合法权益的，可以一起告吗？

答：根据我国《行政诉讼法》第26条第4款的规定，两个以上行政机关作出同一行政行为的，共同作出行政行为的行政机关是共同被告。据此可知，多个行政机关作出同一行政行为而行政相对人不服并提起诉讼的，那么共同作出行政行为的行政机关为共同被告。因此，认为多个机关作出的同一行政行为侵犯自己合法权益的，是可以一起告的。

行政诉讼中，哪些人可以担任诉讼代理人？

答：诉讼代理人是指以当事人一方的名义，在法律规定的范围内或者当事人授予的权限范围内代理实施诉讼行为，接受诉讼行为的人。根据我国《行政诉讼法》第31条的规定，当事人、法定代理人，可以委托1人至2人作为诉讼代理人。下列人员可以被委托为诉讼代理人：（1）律师、基层法律服务工作者；（2）当事人的近亲属或者工作人员；（3）当事人所在社区、单位以及有关社会团体推荐的公民。

在行政诉讼中，应当由谁承担举证责任？

答：我国《行政诉讼法》第34条规定："被告对作出的行政行为负有举证责任，应当提供作出该行政行为的证据和所依据的规范性文件。被告不提供或者无正当理由逾期提供证据，视为没有相应证据。但是，被诉行政行为涉及第三人合法权益，第三人提供证据的除外。"此外，《行政诉讼法》第35条还规定："在诉讼过程中，被告及其诉讼代理人不得自行向原告、第三人和证人收集证据。"由此可见，在行政诉讼中，应当是由行政机关提供证据证明自己所实施的行政行为合法，而不是由权利受到侵害的公民收集证据证明该行政行为违法。此外，行政机关在诉讼过程中不得向原告、第三人和证人收集证据，这也就意味着行政机关提供的证据只能是在作出行政行为时就存在的证据。

提起行政诉讼之前都需要先申请行政复议吗？

答：根据我国《行政诉讼法》第44条规定，对属于人民法院受案范围的行政案件，公民、法人或者其他组织可以先向行政机关申请复议，对复议决定不服的，再向人民法院提起诉讼；也可以直接向人民法院提起诉讼。法律、法规规定应当先向行政机关申请复议，对复议决定不服再向人民法院提起诉讼的，依照法律、法规的规定。由此可见，行政案件属于人民法院受案范围的，公民、法人或其他组织可以先向行政机关申请复议，不服复议决定的再向人民法院起诉；也可以直接向人民法院起诉。也就是说，提起行政诉讼之前不必都先进行行政复议。

图书在版编目（CIP）数据

不可不知的 1388 个法律常识：实用问答版 / 徐宪江主编；平云旺，王旭，乐雯晴副主编. —9 版. —北京：中国法制出版社，2022.8
ISBN 978 - 7 - 5216 - 2815 - 9

Ⅰ.①不… Ⅱ.①徐… ②平… ③王… ④乐… Ⅲ.①法律 - 中国 - 问题解答 Ⅳ.①D920.5

中国版本图书馆 CIP 数据核字（2022）第 147237 号

责任编辑　周琼妮（zqn - zqn@126.com）　　　封面设计　周黎明

不可不知的 1388 个法律常识：实用问答版
BUKE BU ZHI DE 1388 GE FALÜ CHANGSHI：SHIYONG WENDABAN

主编/徐宪江
副主编/平云旺 王旭 乐雯晴
经销/新华书店
印刷/三河市紫恒印装有限公司
开本/710 毫米×1000 毫米　16 开　　　　　印张/18.75　字数/396 千
版次/2022 年 8 月第 9 版　　　　　　　　　2022 年 8 月第 1 次印刷

中国法制出版社出版
书号 ISBN 978 - 7 - 5216 - 2815 - 9　　　　　定价：48.00 元

北京市西城区西便门西里甲 16 号西便门办公区
邮政编码：100053　　　　　　　　　　　　传真：010 - 63141600
网址：http：//www.zgfzs.com　　　　　　　编辑部电话：010 - 63141807
市场营销部电话：010 - 63141612　　　　　印务部电话：010 - 63141606

（如有印装质量问题，请与本社印务部联系）